权威·前沿·原创

皮书系列为
"十二五""十三五""十四五"时期国家重点出版物出版专项规划项目

B

BLUE BOOK

智库成果出版与传播平台

北京人才蓝皮书

BLUE BOOK OF BEIJING'S TALENT

北京人才发展报告（2022）

ANNUAL REPORT ON DEVELOPMENT OF BEIJING'S TALENT (2022)

北京市人力资源研究中心
北京人才发展战略研究院
主　编／张天扬

社会科学文献出版社
SOCIAL SCIENCES ACADEMIC PRESS (CHINA)

图书在版编目（CIP）数据

北京人才发展报告 . 2022 / 张天扬主编 . --北京：
社会科学文献出版社，2022. 12
（北京人才蓝皮书）
ISBN 978-7-5228-1184-0

Ⅰ. ①北…　Ⅱ. ①张…　Ⅲ. ①人才-发展战略-研究
报告-北京-2022　Ⅳ. ①C964. 2

中国版本图书馆 CIP 数据核字（2022）第 225633 号

北京人才蓝皮书
北京人才发展报告（2022）

主　　编 / 张天扬

出 版 人 / 王利民
责任编辑 / 仇　扬　王小艳　张苏琴
责任印制 / 王京美

出　　版 / 社会科学文献出版社·当代世界出版分社（010）59367004
　　　　　　地址：北京市北三环中路甲 29 号院华龙大厦　邮编：100029
　　　　　　网址：www. ssap. com. cn
发　　行 / 社会科学文献出版社（010）59367028
印　　装 / 三河市东方印刷有限公司

规　　格 / 开　本：787mm × 1092mm　1/16
　　　　　　印　张：25. 75　字　数：384 千字
版　　次 / 2022 年 12 月第 1 版　2022 年 12 月第 1 次印刷
书　　号 / ISBN 978-7-5228-1184-0
定　　价 / 198. 00 元

读者服务电话：4008918866

北京市人力资源研究中心简介

北京市人力资源研究中心是北京市委组织部直属机构，成立于 2004 年 12 月。

北京市人力资源研究中心负责围绕组织工作中心任务，开展基础性、前瞻性、应用性调查研究，为市委市政府提供决策支撑；围绕干部、人才、公务员工作，开展中长期发展规划研究制定，组织实施对规划执行、项目落实的评估工作；开展人力资源领域国内外交流合作，组织举办中欧人才论坛；指导北京人才发展战略研究院开展工作，打造新型高端智库；组织编印《北京人才参考》《北京人才发展报告》《北京地区人才资源统计报告》等书刊。

十多年来，北京市人力资源研究中心按照"小机构、大平台、宽服务"的要求，充分发挥"智囊、喉舌、触角"的作用，紧紧围绕北京市委市政府的中心工作，圆满完成了多项重大调研任务，通过出版图书和内刊等多种形式，为全市各级党委、政府、企事业单位提供了强有力的智力支撑和决策服务。

北京人才发展战略研究院简介

北京人才发展战略研究院（以下称"战略研究院"）是北京市新型研究机构，由北京市委组织部主管，实行理事会领导下的院长负责制。战略研究院立足"战略研究智库、国际合作窗口、学术交流阵地、人才培养基地、人才数据中心"职能定位，研判全球人才发展最新趋势，围绕北京市中心工作和难点问题，开展战略性、前瞻性、基础性政策理论和实证对策研究，致力于打造国际一流的人才研究智库，为加快推动北京市进入全球人才竞争力先进城市行列、抢占全球人才竞争制高点提供智力支撑。

主要编撰者简介

桂　生　中共北京市委组织部副部长（兼），北京市人才工作局局长，北京市委人才工作领导小组办公室主任。长期在北京市委组织部、北京市人力资源和社会保障局任职，从事组织人事工作。

张天扬　北京市人力资源研究中心主任，长期从事宏观经济研究和组织人事工作。

摘　要

《北京人才发展报告（2022）》由北京市人力资源研究中心和北京人才发展战略研究院共同组织编写，旨在全面总结展示一个时期北京人才发展的理论成果和实践经验。全书由总报告、战略规划篇、人才队伍篇、发展环境篇、综合篇和附录六部分组成。

总报告分析了党的十八大以来北京人才队伍建设的基本情况，系统梳理了人才政策体系，总结了人才事业发展的宝贵经验，重点围绕党的二十大提出的目标任务和北京建设高水平人才高地需要，提出工作建议。

战略规划篇、人才队伍篇、发展环境篇、综合篇主要收录了北京市重点领域的人才发展研究报告，力求从不同角度展示有关部门、各区、专家学者在推进人才工作及研究中的实践探索、工作成果和思路措施。

附录部分收录了2022年北京市人才发展的重要事件和政策文件，供读者全面了解这一时期北京人才发展的总体脉络。

目 录 ↖

Ⅰ 总报告

Ⅱ 战略规划篇

Ⅲ 人才队伍篇

Ⅳ 发展环境篇

Ⅴ 综合篇

VI 附 录

皮书数据库阅读**使用指南**

总 报 告

General Report

B.1
构建人才国际竞争比较优势
加快建设北京高水平人才高地
——2022年北京人才发展报告

北京市人力资源研究中心课题组*

摘　要： 党的二十大提出，加快建设世界重要人才中心和创新高地，促进人才区域合理布局和协调发展，着力形成人才国际竞争的比较优势。本报告分析了党的十八大以来北京人才队伍建设的概况，系统梳理了人才培养、引进、流动、评价、激励、服务等关键环节的政策体系，总结了人才事业发展的宝贵经验。在此基础上，重点围绕党的二十大提出的目标任务和北京建设高水平人才高地需要，从改进党管人才工作方式方法、建设高水平人才梯队、实施

---

* 课题组组长：桂生，北京市委组织部副部长（兼）、北京市人才工作局局长。课题组成员：张天扬，北京市人力资源研究中心主任；王选华，北京市人才工作局交流合作处副处长；邱晶莹，北京市人力资源研究中心副主任；张飞、陈焕友、闫洁，北京市人力资源研究中心干部；陈静梅、李重达、高俊杰、崔真、秦佩璇，北京人才发展战略研究院研究人员。

重大人才政策以及深化重点领域人才发展体制机制改革等方面提出工作建议。

关键词： 高水平人才高地　队伍建设　政策体系

党的二十大指出，教育、科技、人才是全面建设社会主义现代化国家的基础性、战略性支撑，必须坚持科技是第一生产力、人才是第一资源、创新是第一动力，加快建设世界重要人才中心和创新高地，着力形成人才国际竞争的比较优势。近年来，北京市深入学习贯彻习近平总书记关于做好新时代人才工作的重要思想，认真落实中央人才工作会议精神，紧紧围绕北京"四个中心"功能建设，坚持首都意识、首善标准、首创精神，深入推进高水平人才高地建设，打出一套"放权、松绑、解忧、创生态"的人才政策"组合拳"，北京人才工作迎来新起点、人才事业迈上新台阶。

一　人才队伍建设情况

党的十八大以来，北京市牢固确立人才引领发展的战略定位，不断完善人才战略布局，全力破除制约人才发展的制度壁垒，着力打造人才创新创业平台，持续优化人才发展环境，坚持各方面人才一起抓，北京人才工作取得丰硕成果，逐步形成包含勇攀科技"难峰"的战略科学家、发挥科技创新"中流砥柱"作用的科技领军人才、推动"四个占先""四个突破"[①] 领域发展的产业人才等在内的人才梯队，为北京建设高水平人才高地下好"先手棋"、打好"主动仗"。

[①] "四个占先"领域：人工智能、量子计算、区块链、生物技术；"四个突破"领域：集成电路、关键新材料、关键零部件、高端仪器。

（一）人才资源规模持续壮大

1. 人才资源总量情况

人才是指具有一定专业知识或专门技能，进行创造性劳动并对社会作出贡献的人，是人力资源中能力和素质较高的劳动者[①]。本报告中，人才包括接受过高等教育的从业人员（以下简称"学历人才"）和未接受过高等教育但被行业认定为人才的从业人员（以下简称"非学历人才"）。过去 10年，北京市着力破解人口疏解与人才吸引难题，这期间常住人口低速增长（0.58%），而人才资源总量年均增速高达 3.9%，保持强劲逆势增长。截至2021 年底，北京地区常住就业人口达到 1158.0 万人[②]，人才资源总量为792.6 万人[③]，比 2020 年增加 11.3 万人，同比增长 1.4%。人才资源高度聚集，人才密度[④]达到 68.4%，同比提高 6.4 个百分点。2012 年以来北京地区人才资源及密度变化情况见图 1。

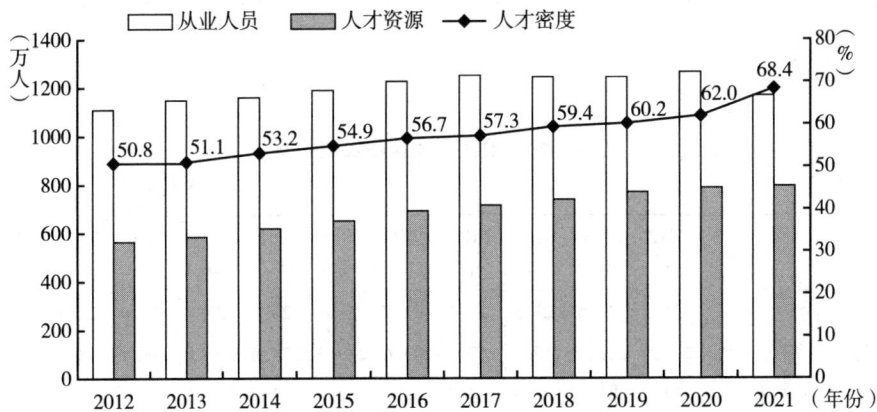

图 1　北京地区人才资源及密度变化情况

资料来源：《北京地区人才资源统计报告（2021）》。

---

① 参见《国家中长期人才发展规划纲要（2010—2020 年）》。

② 2020 年以前，市统计局统计三次产业从业人员，2021 年 1158.0 万人为市统计局提供的常住就业人口数据。

③ 参见《北京地区人才资源统计报告（2021）》。

④ 人才密度指在一定区域或系统内人才数量在从业人员或劳动就业人口中所占的比重。

2. 人才队伍情况

2021 年北京地区六支人才队伍增速较快，结构合理。党政人才、企业经营管理人才、专业技术人才、高技能人才、农村实用人才以及社会工作人才的数量分别为 22.8 万人、298.9 万人、398.5 万人（管理岗位 56.0 万人）、114.3 万人、6.1 万人、8.0 万人。其中，专业技术人才占比达到50.3%，占据全市人才的"半壁江山"。过去 10 年间，社会工作人才队伍增长速度最快，年均增长率达到 10.0%；其次是高技能人才，年均增速为5.0%；专业技术人才和农村实用人才增速相当，年均增速分别为 4.2%、4.0%；企业经营管理人才增速较缓，为 2.1%；增速最低的是党政人才队伍，为 0.8%。六支人才队伍变化情况见表1。整体看，专业技术人才数量最多，其次是企业经营管理人才，受疫情冲击和北京市减量发展影响，2020年两支人才队伍规模均出现小幅度缩减，2021 年有所回弹，管理岗位的专业技术人才数量也逐渐回升；高技能人才数量居中，略有增加；党政人才总量稳定，变化不大；农村实用人才总量较少；社会工作人才总量较少，呈稳定增长态势。

表 1 北京地区人才队伍发展情况

单位：万人，%

队伍类型 \ 年份	2012 年	2013 年	2014 年	2015 年	2016 年	2017 年	2018 年	2019 年	2020 年	2021 年	年均增速
党政人才	21.3	21.4	21.5	21.4	21.7	21.4	20.8	21.1	22.4	22.8	0.8
企业经营管理人才	247.0	249.4	257.3	269.4	283.6	279.3	288.6	301.5	298.8	298.9	2.1
专业技术人才*	274.0	283.4	302.8	324.6	354.4	358.0	370.0	386.6	383.1	398.5	4.2
高技能人才	73.4	80.0	87.7	91.8	95.5	98.4	99.6	100.5	112.3	114.3	5.0
农村实用人才	4.3	4.6	4.7	4.9	5.1	5.3	6.3	6.0	6.6	6.1	4.0
社会工作人才	3.4	4.5	5.7	6.0	6.2	6.3	6.8	7.6	7.7	8.0	10.0

注：*指专业技术人才中含管理岗位人才，2021 年为 56.0 万人。

资料来源：2021 年数据来自《北京地区人才资源统计报告（2021）》，其他年份人才数据来自《北京人才发展报告（2021）》。

（二）人才质量稳步提升

1. 劳动者素质情况

截至 2021 年底，北京地区六支人才队伍受教育情况见表 2，主要劳动年龄人口（20~59 岁）受过高等教育的比例为 57.1%，同比上升 0.2 个百分点，比 2012 年提高了 19.7 个百分点，如图 2 所示。

表 2　2021 年北京地区人才队伍受教育情况

单位：万人

人才队伍名称	学历人才	非学历人才	人才总量
党政人才	22.78	0.02	22.8
企业经营管理人才	270.5	28.4	298.9
专业技术人才	380.6	17.9	398.5
管理岗位的专业技术人才	53.4	2.6	56.0
高技能人才	46.5	67.8	114.3
农村实用人才	1.1	5.0	6.1
社会工作人才	7.0	1.0	8.0
人才总量	675.1	117.5	792.6

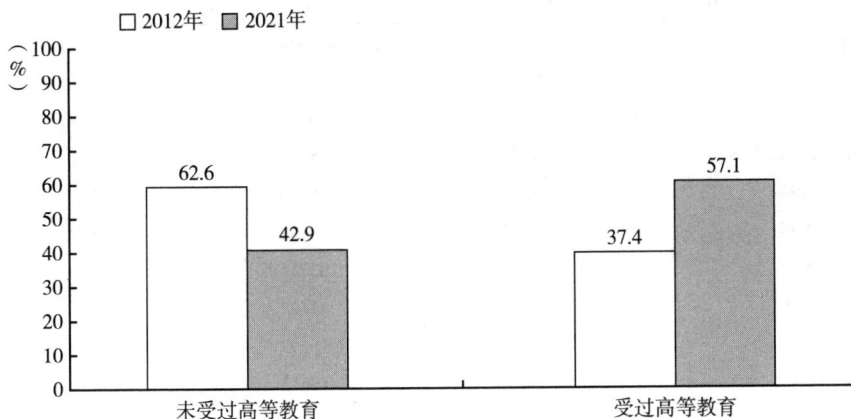

图 2　主要劳动年龄人口受过高等教育比例

资料来源：《北京地区人才资源统计报告（2021）》。

2. 高等院校毕业生情况

截至 2021 年底，全市各类高等院校共有 110 所（包括部属和市属），毕业人数共计 62.1 万。其中，研究生毕业人数为 10.4 万，占比 16.7%；普通高校本专科毕业人数为 14.7 万，占比 23.7%；成人本专科毕业人数为 4.6 万，占比 7.4%；网络本专科毕业人数为 31.2 万①，占比 50.2%。与 2020 年相比较，研究生毕业人数增加了 3.3%（硕士增加了 2.5%，博士增加了 7.6%）。毕业生数量下降幅度最大的是留学生，同比降低了 34.2%；其次是成人本科毕业生，下降了 5.9%。另外，在这些毕业生中，外国留学生人数 1.26 万。2021 年北京地区高校毕业生详细情况见表 3。

在京高校毕业生方面，近 5 年来每年约有 10 万名在京高校毕业生选择留京，平均留京率 56.7%。近年来，以北大、清华为代表的在京顶尖高校应届毕业生留京率开始反弹（见图 3），北京大学连续 3 年稳步上升，从 2018 年的 39.5%回升到 2021 年的 47.3%，清华大学 2021 年开始反弹，留京率达 44.2%。

表 3 2020~2021 年北京地区高等院校毕业生情况

毕业生类别	2020 年（人）	2021 年（人）	变化情况（%）
普通本科、专科生	147556	147346	-0.1
专科	25840	26930	4.2
本科	121716	120416	-1.1
成人本科、专科生	48258	45733	-5.2
专科	16155	15540	-3.8
本科	32103	30193	-5.9
研究生	100366	103714	3.3
硕士	83361	85421	2.5
博士	17005	18293	7.6
留学生	19157	12613	-34.2

资料来源：北京市教育委员会发布的 2020—2022 学年度"北京教育事业发展统计概况"。

---

① 北京市教育委员会发展规划处编《2020—2021 学年度北京教育事业发展统计概况》。

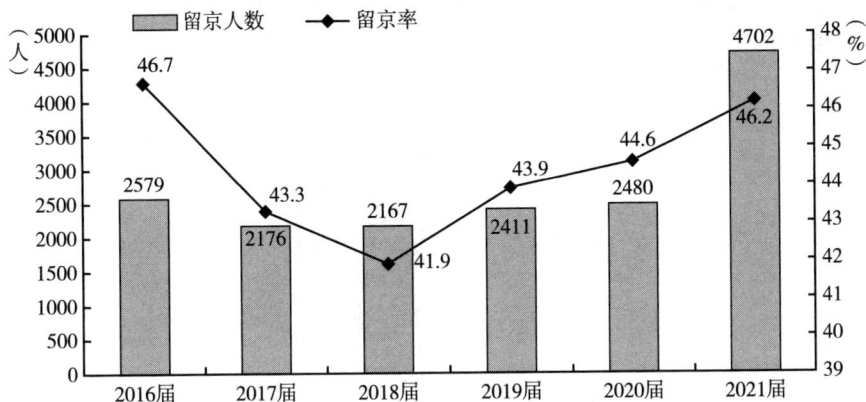

图3　近年来北大、清华毕业生留京人数及留京率

3. 高层次人才情况

截至2021年底，北京市有"两院"院士853人，其中市属单位20人。入选国家、北京市各类人才项目的专家有5000余名。近年来，北京市聚焦战略性新兴产业和先导产业发展，坚持"按需引才、以用为本"，在新一代信息技术、集成电路、医药健康、智能装备、节能环保、新能源汽车、新材料、人工智能、软件和信息服务、科技服务等紧缺急需关键领域，面向全球吸引了一大批科技领军人才和创新团队，包括企业首席科学家、企业创业领军人才、外籍创新人才、投资家、领军企业家、创新创业服务领军人才等。

（三）人才结构不断优化

三次产业人才结构分布更趋合理。截至2021年底，全市地区生产总值为40269.6亿元，同比增长8.5%。其中，第一产业增加值达到111.3亿元，占比为0.3%；第二产业增加值达到7268.6亿元，占比为18.1%；第三产业增加值达到32889.6亿元，占比为81.7%。截至2021年底，北京地区常住就业人口达到1158.0万。其中，第一产业27.0万人，占比为2.3%；第二

产业 193.0 万人，占比为 16.7%；第三产业 938.0 万人，占比为 81.0%①，
详见图 4。

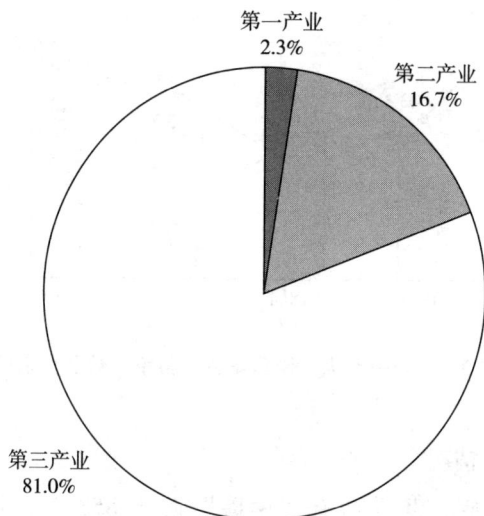

图 4　2021 年北京地区从业人员产业结构情况

资料来源：《北京地区人才资源统计报告（2021）》。

与 2020 年相比，2021 年北京地区人才资源总量增长 11.3 万人，其中
第一产业人才数量减少了 0.6 万人，增长率为-7.0%；第二产业人才数量增
加了 18.5 万人，增长率为 15.7%；第三产业人才数量减少了 6.6 万人，增
长率为-1.0%。2019 年至 2021 年北京地区产业人才结构变化见表 4。

表 4　2019~2021 年北京地区产业人才结构变化

单位：%

	第一产业			第二产业			第三产业		
	2019 年	2020 年	2021 年	2019 年	2020 年	2021 年	2019 年	2020 年	2021 年
占常住就业人口比重	3.3	3.3	2.3	13.6	13.6	16.7	83.1	83.1	81.0
占总人才比重	1.1	1.1	1.0	15.4	15.1	17.2	83.5	83.8	81.8

---

①　该数据来源于《北京统计年鉴（2022）》。

第三产业的人才数量为 648.0 万人，占全市人才总量的 81.8%，详见表5。数据表明，当前北京市大部分人才资源聚集在第三产业，人才结构与产业结构匹配度较高，聚集效应较为明显。

表5　2021 年北京地区三次产业人才数量

单位：万人

项目	第一产业	第二产业	第三产业	数量合计
人才分配系数	0.0028	0.1805	0.8167	
党政人才	—	—	22.8	22.8
企业经营管理人才	0.8	53.9	244.1	298.9
专业技术人才	1.1	71.9	325.5	398.5
管理岗位的专业技术人才	0.2	10.1	45.7	56.0
高技能人才	0.3	20.6	93.4	114.3
农村实用人才	6.1	—	—	6.1
社会工作人才	—	—	8.0	8.0
人才总量	8.2	136.4	648.0	792.6
常住就业人口	27.0	193.0	938.0	1158.0

注：1. 在计算人才总量时，需要减去在管理岗位工作的专业技术人才，以避免重复计算。
2. 由于四舍五入，相关数据存在误差。
资料来源：《北京地区人才资源统计报告（2021）》。

从北京高精尖产业人才来看，截至 2021 年底，北京拥有独角兽企业 92 家，数量全国第一，全球第二（仅次于美国旧金山）。确定瞪羚企业 5629 家，认定和培育市级"专精特新"中小企业 3370 家、市级"小巨人"企业 1141 家、国家级"小巨人"企业 257 家，单项冠军 38 家，隐形冠军 20 家。北京市国际科技创新中心网络服务平台数据显示，北京高精尖产业人才总数已经达到 5 万人，产出成果超过 100 万项，集聚人才总数排位靠前的产业主要包括可再生能源、计算机软件、生物医药、大数据等。北京市在部分高精尖产业领域人才分布及人才产出成果情况如表6所示。

表6 北京部分高精尖产业人才及成果分布

产业领域	人才总数（人）	成果总数（项）
物联网	2000~5000	78123
云计算	2000~5000	140628
计算机软件	5000~10000	189750
计算机视觉	2000~15000	79125
可再生能源	10000以上	227430
生物医药	5000~110000	121056
大数据	5000~110000	139590
人工智能	2000~15000	109170

资料来源：北京市国际科技创新中心网络服务平台。

从"三城一区"战略布局看，中关村作为北京建设国际科技创新中心的排头兵，充分发挥科技创新领头羊作用，形成了电子与信息、生物工程和新医药、新材料及应用技术、先进制造技术、新能源与高效节能技术、环境保护技术六大重点产业，吸引科技人才集聚。截至2021年底，电子与信息产业从业人员为162.8万名，占比57.1%，同比提高0.7个百分点；生物工程和新医药产业从业人员为18.3万名，占比6.4%，同比提高0.4个百分点；新材料及应用技术产业从业人员为10.7万名，占比3.8%，同比提高0.2个百分点；先进制造技术产业从业人员为26.8万名，占比9.4%，同比下降0.7个百分点；新能源与高效节能技术产业从业人员为19.2万名，占比6.7%，同比提高0.3个百分点；环境保护技术产业从业人员为8.6万名，占比3.0%[①]，与上年相比变化不大。

（四）人才贡献十分突出

1. 人才经济贡献能力显著提升

从人才经济贡献看，2021年北京地区人均GDP为18.4万元（折合2.5万美元）、劳动生产率为34.8万元/人（折合4.8万美元/人），分别比2012

① 该数据由北京市科学技术委员会、中关村科技园区管理委员会提供。

年提高了 106.7%、109.6%；人才对经济增长贡献率达到 56.6%，比 2012
年提高 13.8 个百分点，详见图 5。

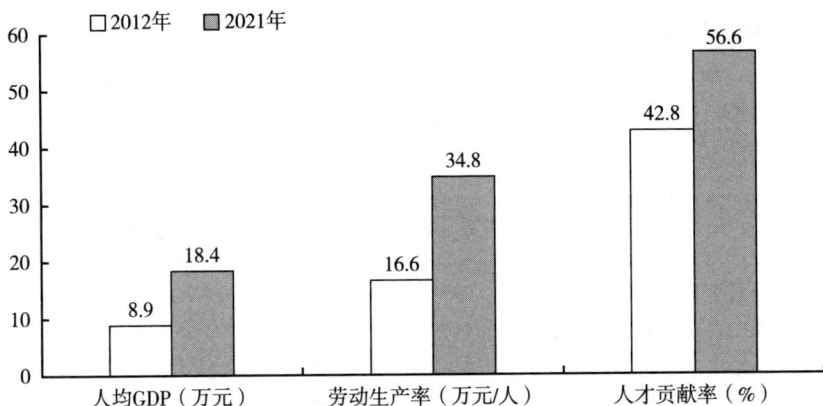

图 5　北京地区人才经济贡献变化情况

资料来源：《北京地区人才资源统计报告（2021）》。

从新兴产业情况看，以战略性新兴产业、高技术产业、现代制造业、现
代服务业和信息服务产业等为代表的新兴产业持续增长。截至 2021 年，战
略性新兴产业实现增加值 9961.6 亿元，按现价计算比上年增长 11.1%；占
GDP 比重达到 24.7%，比上年提高 0.4 个百分点。高技术产业增加值达到
10866.9 亿元，占 GDP 比重达到 27.0%（战略性新兴产业和高技术产业有
交叉）。现代制造业增加值达到 3683.0 亿元，同比增长 53.2%；占 GDP 比
重达到 9.1%，同比提高 2.4 个百分点；现代服务业增加值达到 26018.4 亿
元，同比增长 8.0%；占 GDP 比重达到 64.5%；信息服务产业增加值达到
6535.3 亿元，同比增长 18.0%；占 GDP 比重达到 16.2%，同比提高 0.9 个
百分点。具体情况见表 7。

2. 人才科技贡献突出

在科技成果产出方面，截至 2021 年底，专利授权量为 19.9 万件，同比
增长 22.1%；发明专利授权量为 7.9 万件，同比增长 25.4%。有效发明专利
拥有量为 40.5 万件，同比增长 20.5%，是 2012 年的 5.8 倍；每万人口发明

专利拥有量185件，是2012的5.4倍；规模以上工业企业发明专利拥有量7.1万件，是2012年的5倍。签署各类技术合同9.4万件，同比增长11.9%；技术合同成交额达到7005.7亿元，同比增长10.9%，是2012年的2.8倍，具体情况见表8。

表7 北京市新兴产业产值变化情况

单位：亿元、%

项目	2020年	2021年	增长速度	占全市GDP比重	
				2020年	2021年
战略性新兴产业	8965.4	9961.6	11.1	24.3	24.7
高技术产业	9242.3	10866.9	17.6	26.5	27
现代制造业	2403.4	3683.0	53.2	6.7	9.1
现代服务业	24095.3	26018.4	8.0	66.7	64.5
信息服务产业	5540.5	6535.3	18.0	15.3	16.2

注：由于四舍五入，相关数据存在误差。
资料来源：2020年数据来自《北京统计年鉴（2021）》，2021年数据来自《北京统计年鉴（2022）》。

表8 北京地区人才科技成果产出情况

项目名称	2020年	2021年	增长速度（%）
专利授权量（万件）	16.3	19.9	22.1
发明专利授权量（万件）	6.3	7.9	25.4
有效发明专利拥有量（万件）	33.6	40.5	20.5
技术合同数量（万件）	8.4	9.4	11.9
技术合同成交额（亿元）	6316.2	7005.7	10.9

资料来源：《北京统计年鉴（2022）》。

（五）人才国际竞争比较优势逐步凸显

北京建设高水平人才高地，不仅意味着将成为全球科技创新引领者、高端经济增长极、创新人才首选地、文化创新先行区和生态建设示范城，更意味着北京要为全球人才事业发展提供先进的科学理念，具有国际竞争优势的体制机制、强大的全球人才资源配置能力。

根据《全球城市人才黏性指数报告（2022）》[①]，北京在全球 102 个城市中综合得分排名第 6，较 2021 年提升 1 个位次，连续三年在中国城市中排名第一。在经济基础源动力方面，北京更好发挥人才效能，拉动全社会生产效率提升，从以数量为主的人口红利拉动转为以效率和质量为主的人才红利推动，这成为北京人才黏性水平进一步提高的重要突破口。在创新潜能驱动力方面，北京独角兽企业数量在全球 102 个城市中处于领先位置，仅次于旧金山、纽约和伦敦，创新活力依旧突出。同时，北京研发投入强度居全球第二，尤其聚焦人工智能、量子计算、区块链、生物技术等优势领域，不断加大对原创性科技攻关和基础领域研究投入，积极补足集成电路产研一体化、关键新材料、关键零部件、高端仪器设备等产业链短板。在文化开放凝聚力方面，"双奥之城"北京凭借优质的航线服务、不断优化的外籍人才服务政策、一流的教育研究资源，以更加开放的姿态融入全球人才交流互通的浪潮中。在生态健康吸纳力方面，北京在污染治理上稳步推进，全面推动扬尘精细化治理，腾退污染企业，2021 年空气质量实现首次全面达标，居民"蓝天"幸福感显著增强。在社会福利续航力和公共生活承受力方面，北京深入推进"智慧医疗"、"互联网+"健康医疗等建设，扎实提升基层卫生机构诊治能力，着力解决就医看病挂号难、排队慢的问题，通过开展分级诊疗，努力实现患者合理分流，为便利化就医创造空间。

二　人才政策体系情况

政策是人才发展的"加速器"。党的十八大以来，北京市围绕人才培养、引进、流动、评价、激励、服务等关键环节，聚焦国际科技创新中心、

---

① 城市人才黏性是指人才与城市的密切程度以及城市对人才的吸引强度。该报告从经济基础源动力、创新潜能驱动力、文化开放凝聚力、生态健康吸纳力、社会福利续航力和公共生活承受力 6 个方面设置一级指标，对国内外部分重要城市的人才黏性表现进行全面评价。

"两区"建设等重大任务，累计出台 170 余项人才政策，形成了更加积极、更加开放、更加有效的人才政策体系。

（一）人才培养政策

打造人才培养品牌。实施"北京学者计划""高创计划"等人才培养计划，打造北京人才培养品牌。截至 2021 年底，"北京学者计划"已选拔培养 5 批共 73 人，其中 10 名学者当选为中国科学院、中国工程院院士，8 名学者当选为德国、法国、英国等发达国家科学院院士，加强了本市高层次专业技术人才队伍建设。

搭建人才培养平台。聚焦量子科学、脑科学、光电子、区块链等战略前沿领域发展需要，先后成立北京协同创新研究院、北京脑科学与类脑研究中心、北京量子信息科学研究院、北京智源人工智能研究院、北京纳米能源与系统研究所等一批由战略科技人才领衔的新型研发机构，实施"智源学者计划""脑科学科研开放合作计划"等，累计支持培养 130 余名青年科技人才。

开展校地联合培养。支持在京 22 所高校建设高精尖创新中心，累计投入 58 亿元，在芯片制造、基因诊断、生物医学等领域累计培养 5735 名人才。支持清华大学等高校探索开展技术转移专业方向研究生教育试点工作，与五道口金融学院共建北京技术转移学院，设立国内首个技术转移硕士项目，两期共招收 60 名科技成果转化骨干人才。

健全产学研协同培养机制。支持企业接收高等院校学生实习和就业，支持企业、高等院校、科研院所的负责人举荐人才承担重大科技创新项目和产业项目。引导高校院所与企业深化合作，搭建面向未来产业的创产教融合平台，培养面向未来产业的创新型、研究型、应用型人才。出台加强人才服务、促进新业态新模式培育壮大发展若干措施，支持华为北京研究所、中芯国际、科兴生物等行业龙头和细分领域"隐形冠军"企业培养和集聚急需紧缺产业人才。

提高创新创业培训质量。鼓励和引导社会各类优质教育培训资源参与创业培训。加强创业培训师资队伍建设，将具备企业管理专长和实践经验的各类高素质人才充实到创业培训师资队伍中。支持高等院校利用自身优势，结合首都发展需求探索创新学科建设，开设创新创业培训课程。

加强人才职业培训。建立健全终身职业培训制度，构建开放多元的职业培训体系，构建高质量的技能考核评价体系，实施岗位技能全员培训计划、高技能人才"百千万"带动计划、紧缺技能人才培训储备计划、就业培训援助计划、大学生创新创业培训计划等一批职业培训计划。

加大科技服务人才培养力度。依托有条件的区域和机构建设一批科技服务人才培养基地，推动有条件的高等学校设立相关课程，依托科技中介服务机构，通过组织管理培训、专业技术培训等，面向高等学校、科研院所和科技型企业，培养一批懂专业、懂管理、懂市场的复合型科技服务人才。与国际组织、行业龙头企业等联合培养国际化科技服务人才。

（二）人才引进政策

集聚高水平战略科技人才。实施国家级和市级人才计划，完善企业首席科学家发现机制，遴选海外及本土战略科技人才。重点引进一批能够引领国际科技趋势的顶尖战略科学家，集聚一批从事科学前沿探索和交叉研究的世界杰出科学家，带动北京科技人才队伍实力跃升。鼓励企业为战略科技人才量身打造事业发展平台和研究团队。

大力引进国际化高层次人才。在全球范围内引进产业发展急需的高端人才，尤其是新兴产业领军人才和世界级技术专家。充分利用好国家级和市级重大人才工程，集聚大批掌握前沿技术的创新创业人才。鼓励企业和社会团体引进国际标准化领域的海外归国人才或外籍人才。

集聚高价值科技服务人才。落实天使投资税收政策，支持成立投资人联盟等平台机构，培育和壮大以天使投资人、风险投资人等为代表的投资人队伍。集聚和培养一批覆盖科技、管理、金融、法律等领域的国际化复合型科技成果转移转化人才，壮大技术经理人、科技咨询师等专业化人才队伍。实施"朱雀计划"，引进和培养一批高端科技项目管理人才。推动将高价值的科技服务人才纳入高层次人才政策范围。

实施系列人才工程集聚各类人才。大力实施中关村高聚工程，引进领军企业家、创业领军人才、投资家等人才。大力集聚连续创业者、企业高管、职业经理人等，带动形成一批优秀创新创业团队。实施"雏鹰人才计划"，加大青年企业家扶持力度，吸引从事新产业、新业态、新技术和新模式的青年领军人才。实施"全球青少年图灵计划"，在全球范围内发现、跟踪、培养有创新潜质的青少年。

采用多元化方式招才引智。一是开展项目引才。推动重点项目"以赛代评"，创设荐才伯乐奖，举办 HICOOL 全球创业者峰会，三年共吸引 91 个国家和地区的 14834 名创业人才参赛。二是依托平台引才。依托市、区人才引进和培育平台，面向医药健康、数字经济、科技服务等领域，着力集聚战略科学家、科技领军人才、高端企业家等人才和团队。三是加强合作引才。出台联合引才专项支持政策，与 81 家部属高校、院所和企业建立引才合作关系，支持引进大批海外人才。四是聚焦需求引才。精准对接各层级人才需求，探索研究分梯次的人才引进政策。五是注重网络渠道引才。聚焦北京建设国际化需求，延伸和拓展与海内外人才联系交流网络，与海内外知名科学家、企业家、投资家等各领域优秀人才保持紧密联系，打造北京人才交流合作的全新阵地。

便利海外人才来京创新创业。鼓励国（境）外科学家参与本市科技创新，支持外籍科技人才领衔和参与科技项目。鼓励外籍高端人才在京创业，优化外籍人员在中关村创办科技型企业的审批流程。及时研究开展外国专家和海外回国高层次人才涉疫服务保障工作，建立外国专家来华进京"绿色通道"，累计为 1195 名外籍人才发放签证邀请函。对于符合条件的海外高层次人才及其配偶、子女申请多次往返签证或居留许可，由市人力资源和社会保障、出入境管理部门按规定快速办理。

（三）人才流动政策

探索职业资格国际互认。全面梳理境外含金量高的职业资格，建立正面清单，鼓励清单范围内持有境外职业资格的外籍人员来京工作，在工作许可、出入境方面提供便利。动态推出境外人员可申报的职业资格考试目录，吸引全球专业人才来京工作。放宽服务业重点领域高层次和紧缺急需的外籍专业人才聘雇限制，允许符合条件的外籍人员在京执业提供专业服务，进一步便利人才国际流动。

为高端人才提供通关便利。优化高层次人才出入境的审批流程，提供通关便利。复制推广实施京津冀144小时外国人过境免签政策，吸引更多外国人通过144小时过境免签方式入境。完善外籍人才来华签证办理工作机制，保障必要的工作设备、场所和工作经费，优化办理工作流程，为研发、执业、参展、交流、培训等高端人才提供签证便利。协调我国驻外使领馆，为数字贸易重点企业的"高精尖缺"外籍工作人员来华办理普通签证、长期签证或多次往返签证提供便利。

为外籍人才提供居留便利。符合条件的服务业企业聘用的"高精尖缺"外国人才，经外国人才主管部门认定后可按照外国人才（A类）享受工作许可、人才签证等证件办理及社会保障等便利服务，包括"绿色通道"服务。外籍高端人才办理外国人来华工作许可时在学位认证、工作资历等非核心要件方面可采取"容缺受理"，无犯罪记录证明可采取承诺制。延期、注销、信息变更等基础性业务实现全程"线上"办理。

推动京津冀协同开放。推动建设京津冀协同创新共同体，推进大兴机场片区大兴区域和廊坊区域建立人才跨区域资质互认、双向聘任，建立统一的技术市场，实行高新技术企业与成果资质互认，积极探索人才、资金、技术等生产要素跨区域流动。积极争取政策突破，探索京津冀三地外国人来华工作许可互认试点工作。

（四）人才评价政策

探索下放人才评价权限。将职称评审权限进一步下放到部分科研机构，将选人用人权利交给用人主体，激发用人单位引才用才的积极性。推行代表作评价制度、扩大代表作范围，改革医学科技人才评价机制和下放医疗卫生机构自主评审权限。针对新职业新群体探索职称制度改革，增设创意设计、科学传播、人工智能、技术经纪等新业态的职称专业。鼓励行业协会等第三方社会组织开展人才评价和信用管理，建立人才信用记录，推广使用人才信用报告等信用产品。

分类推进人才评价机制改革。科学设置评价标准、评价流程和评价办法。对科技人才的评价，坚决破除"唯论文、唯职称、唯学历、唯奖项"倾向，健全以创新价值、能力、贡献为导向的评价体系，重点考核其科学精神和职业道德、科研能力和专业水平、岗位绩效和实际贡献，特别是所承担项目研发进展、创新成果和转化效益等。对企业引进的科技研发和成果转化方面的紧缺人才，建立侧重能力、业绩、潜力、贡献等综合素质的人才评价机制。完善高端领军人才专业技术资格评价办法，建立专业技术资格评审委员会，重点从专业技术和学术角度对企业中从事工程技术工作的高端领军人才进行考核评价，大力加强职业技能鉴定工作。

健全科技成果转移转化评价机制。推动高等学校、科研院所、医疗机构等单位建立符合人事管理需要和科技成果转化工作特点的职称评定、岗位管理和考核评价制度。瞄准科技成果转移转化过程中的"堵点"，2020年在全国率先增设技术经纪专业职称，两年评选出474名科技成果转移转化人才。对于特定范围内的高等学校、科研院所、医疗机构等单位中从事科技成果转化和产业化的科技人员，可列入高端领军人才专业技术资格评价试点范围，评价合格的可获得正高级专业技术资格。

探索建立过往资历认可机制。允许具有境外职业资格的金融、建筑设计、规划等领域符合条件的专业人才经备案后，依规办理工作居留证件，并在北京市行政区域内服务，其境外从业经历可视同境内从业经历（金融领域有法律法规考试等特殊要求的，须通过相关考试并符合相应的要求）。开通外籍人才报考渠道，除涉及国家主权、安全外，允许境外人士在北京市内申请参加我国相关职业资格考试（不含法律职业资格考试）。

（五）人才激励政策

深化战略科技人才放权改革。从提供稳定经费、精简科研管理、加强包容保护等方面出台 25 项改革举措，建立"充分信任、充分放手、充分依靠、充分保护"的人才发展机制。出台事业单位岗位设置管理暂行办法，允许突破现有岗位总量、岗位等级等，可采取协议工资等方式且不受单位绩效工资总额限制。

推进科研项目管理机制改革。实施科研项目"揭榜挂帅""赛马制"，充分激发人才创新潜能。建立"北京市科技管理信息系统"，推行项目材料网上报送和"材料一次报送"制度，实现项目和资金管理全流程"在线办"，减少信息的重复填报，课题任务书报送数量压减 67%，办理时限由最初的 35 天压缩至 14 天。开展科研项目承担单位"诚信典型"管理，对于纳入"诚信典型"管理试点的承担单位，给予项目经费审计便利。

推动科研经费管理改革。聚焦科研经费管理改革的"痛点""堵点""盲点"，出台若干科研经费使用改革文件，推出简化财政科研项目预算编制和评审程序、下放财政科研项目预算调剂权限、加大绩效支出激励力度、改进科研人员因公出国（境）管理方式、实施科研项目经费包干制等系列改革举措，切实增强科研人员获得感。相关改革经验被吸收到国家有关政策中，在全国推广。

强化科技成果转化政策体系建设。研究出台"京校十条""京科九条"等促进高校院所科技成果转化政策措施，突破"不敢转""不愿转""转化不畅""接不住"等难点，市、区累计出台近百项相关政策。落实国家相关要求，推动北京工业大学、北京市科学技术研究院和北京积水潭医院 3 家市属单位及 6 家中央在京单位完成 26 个项目赋权改革试点工作。落实科技成果转化所获收益可按 70% 及以上比例奖励科技人员的政策。研究探索高等学校、科研院所、医疗机构等单位领导干部任正职前在科技成果转化中获得股权的代持制度。

加强知识产权保护和运用。建成并运营中国（北京）和中国（中关村）知识产权保护中心，开启了专利快速审查"绿色通道"，大幅缩短专利审查周期。完成知识产权综合立法，构建"一站式"知识产权快速协同保护机制。设立中关村核心区知识产权质押贷款风险处置资金池，建立知识产权质押融资成本分担和风险补偿机制。开展专利权质押全流程服务试点工作，业务审批实现 3 个工作日内办结。

完善分配激励政策。进一步完善绩效工资分配办法，优化基础性绩效工资与奖励性绩效工资的结构比例、项目设置和分配方式，合理平衡不同类别工作人员间的分配关系。完善高层次人才、高技能人才的分配激励政策。探索研究技术、管理等要素按贡献参与分配的办法，稳步提高各类人才的收入水平。研究制定灵活多样、激励有效的分配办法。

探索股权和分红激励方式。高等院校、科研院所和企业按照国家和本市有关规定，可以采取职务科技成果入股、科技成果折股、股权奖励、股权出售、股票期权、科技成果收益分成等方式，对作出贡献的科技人员和经营管理人员进行股权和分红激励。

加大人才表彰激励力度。持续组织开展"北京市有突出贡献人才""北京市优秀青年人才""北京市留学人员创新创业特别贡献奖"评选表彰活动。打造全国首档人才主题电视节目《为你喝彩》，已制作播出 170 期，累计播放近 25 亿次。修订有关市级人才奖励办法，首次设立突出贡献中关村奖、杰出青年中关村奖、国际合作中关村奖等人物奖。

（六）人才服务政策

提升海外人才创新创业便捷度。探索"区内注册、海内外经营"的离岸模式，对有意向在中关村示范区创业的海外人才提供创新创业前置服务，支持海外人才就地就近创业。依托中关村海外创新中心，探索建立海外人才产业孵化器，服务园区企业产业发展和人才需求，提高海外人才与项目落地成功率。建设国际青年人才创业服务平台，支持国际知名高校优秀毕业生来华创业。举办国际人才创业加速营等活动，为国际创业者提供优质资源对接。从政策精准宣传、品牌形象塑造、服务能力提升、海外人才延揽等方面做好国际人才服务工作。

建立市场主导的人才服务体系。推动政府人才公共服务与经营性服务分离，引导高端人力资源服务机构加快集聚。持续扩大中关村国际人力资源服务联盟，加快引入国际知名猎头机构、人才测评机构等，推动取消外资出资比例限制，允许设立外商独资经营性人力资源服务机构，打造市场化、国际化、专业化的人力资源服务体系。

加强人才住房保障。按照"租购并举、以租为主、产城融合、职住平衡"原则，以配租公共租赁住房为主、配售共有产权住房为辅，在就业创业人才聚集区域筹集房源就近解决人才居住需求。支持人才租赁住房房源筹集，支持相关人才租赁住房房源筹集服务机构通过自建、收购、租赁、改建等方式筹集人才住房，用于保障示范区高新技术企业人才的住房需求。允许符合条件的外籍人才在京购买商品房，并办理产权登记手续。推进住房保障政策实施，提供人才公共租赁住房、购房补贴等多元化居住服务，营造职住一体的人才生态环境。

加大人才子女教育保障力度。对产业发展急需的高层次专业技术人才，凡符合北京市相关规定的，市有关部门协助解决子女入托或就学等问题。在人才聚集区域和重点产业功能区加快配置优质教育资源，开辟"绿色通道"支持外籍人员子女学校落地。依托现有的外籍人员子女学校，统筹协调符合条件的外籍人才子女入学就读。鼓励外商投资设立外籍人员子女学校，支持外商通过中外合作办学方式投资设立教育培训机构及项目，积极引进世界知名院校开展中外合作办学，实现教育资源良性互动。允许民间资本开办外籍人员子女学校，鼓励和支持外商投资营利性非学历语言类培训机构，落实"最后一公里"政策。在"三城一区"和海淀、朝阳、丽泽商务区等重点区域新布局一批和国际接轨的国际学校，对接产业链布局，保障国际人才和高端引进人才子女的就学需求。

打造全链条外籍人才服务体系。合理布局一批与国际接轨的高端国际医疗机构，对境外人才就医产生的医疗费用，开展市内医院与国际保险实时结算试点工作。增加涉外医疗服务供给，鼓励发展多种形式的国际医疗保险，提升外籍人才医疗服务水平。鼓励用人单位按国家规定为外籍高层次人才建立补充养老保险，不断完善外籍人才社会保险体系。为外籍人才提供购汇、结汇、用汇等跨国金融服务便利。建设"1+X+17+N"外籍人才服务工作网络，建立"落地即办、未落先办、全程代办"人才服务体系，建成 8 个市、区两级外国人服务站厅。开发北京市首个国际人才服务"易北京"App，打造外籍人才"一站式"服务平台。建立常态化的人才联络服务机制，为人才提供专业快捷的代办、陪办服务。

三　人才工作宝贵经验

党的十八大以来，北京深入学习贯彻习近平总书记关于新时代人才工作的新理念新战略新举措，增强"四个意识"、坚定"四个自信"、做到"两个维护"、牢记"国之大者"，提高做好人才工作的政治自觉、思想自觉、行动自觉，增强建设高水平人才高地的责任感紧迫感，以培养壮大国家战略人才力量为主线，以首善标准抓好人才工作，不断加强党对人才工作的全面领导，深化人才发展体制机制改革，把壮大战略人才力量作为重中之重来抓，加大人才自主培养力度，推动人才工作高水平对外开放，逐步形成了具有北京特色的人才工作模式，积累了十分宝贵的人才工作经验。

（一）始终坚持党管人才原则

坚持党对人才工作的全面领导，是做好人才工作的根本保证，是人才工作取得显著成就的重要"法宝"。党管人才，就是管宏观、管协调、管政策、管服务。党的十八大以来，北京市不断加强和改进党对人才工作的领导，推动人才发展与经济社会发展深度融合，确保人才工作紧密围绕党和国家事业发展需要；始终坚持强化政治引领，推进党建工作与人才工作深度融合，为人才成长搭桥梁、竖阶梯，不断夯实各类人才的信仰之基、学习之基、能力之基和创新之基；始终真心爱才、悉心育才、倾心引才、精心用才，求贤若渴，不拘一格，把各方面优秀人才集聚到党和人民事业中来。实践证明，坚持党管人才是中国特色人才制度优势的集中体现，只有坚持党对人才工作的全面领导，才能以更高的站位、更宽的视野发现人才、使用人才、配置人才，快速壮大人才队伍、持续增强人才效能，将人才优势转换为发展优势。

（二）始终坚持人才自主培养

致天下之治者在人才，成天下之才者在教化。综合国力竞争说到底是人才竞争，坚持全方位培养人才，是做好人才工作的重点任务。党的十八大以来，北京市始终坚持从战略高度重视和推进人才培养工作。以重大人才工程为抓手，构建与中央联动的人才培养体系，分层次、多渠道加大对战略科学家、科技领军人才和创新团队、卓越工程师、优秀青年人才等各方面人才的培养支持力度，建立自主培养和国内国际交流合作相衔接的开放培养体系。实践证明，人才培养是形成国际人才竞争比较优势的关键，只有坚定人才培养自信，坚定走好人才自主培养之路，才能加快形成人才资源竞争比较优势，把科技的命脉牢牢掌握在自己手中，为实现高水平科技自立自强夯实人才根基。

（三）始终坚持全方位人才引进

坚持聚天下英才而用之，是做好人才工作的基本要求。研究表明，人才集聚具有显著的规模效应，是促进创新的重要途径。外部引才则是加速汇聚高层次人才的抓手，必须全方位多渠道开展人才引进工作，为建设人才高地提供智力支撑。党的十八大以来，北京市始终立足于"引进最缺的人才"要求，全面研判世界科技创新和产业变革大局，从国家战略和北京实际需要出发，着力引进具有推动重大技术革新能力的科技领军人才、具有世界眼光和战略开拓能力的企业家以及经济社会发展急需的其他各类人才。北京积极参与全球性、区域性人才和智力资源交流合作，助力搭建高层次国际交流合作与政策对话平台，正在成为创新人才高度集聚、创新要素高度整合、创新活动高度活跃的人才高地。实践证明，只有实行更加积极、更加开放、更加有效的人才引进政策，才能用好全国甚至全球创新资源，精准引进急需紧缺人才，形成具有吸引力和国际竞争力的人才制度体系，助力北京加快建成高水平人才高地。

（四）始终坚持深化体制机制改革

体制顺、机制活，则人才聚、事业兴。体制机制是影响人才集聚和作用发挥的根本性问题，坚持深化人才发展体制机制改革，是做好人才工作的重要保障，是构筑人才制度优势、赢得国际竞争主动的战略之举。党的十八大以来，北京市以向用人主体授权、为人才松绑为核心，始终坚持破"四唯"与立"新标"相结合，以创新价值、能力、贡献为导向，逐步形成适应产业发展需求、符合人才成长规律的人才分类管理评价体系，真正把人才选出来、评出来。实践证明，吸引人才、留住人才、用好人才，离不开良好的体制机制，只有坚持深化人才发展体制机制改革，破除人才培养、使用、评价、服务、支持、激励等方面的体制机制障碍，才能进一步彰显新型举国体制优势，进一步激发各类人才的创新创造活力，为我国实现高质量发展提供澎湃动力。

（五）始终坚持聚焦需求提升保障水平

事业就是感召力，环境就是吸引力，服务就是凝聚力。人才生态是重要的营商环境、发展环境，坚持营造识才爱才敬才用才的环境，是做好人才工作的社会条件。党的十八大以来，北京市始终坚持构筑平台培养人才，不拘一格引进人才，优化环境使用人才，不断加大在人才政策、服务、环境等方面的创新力度，在做强公共服务的同时，努力为人才提供分类施策、"一人一策"的个性化服务，并大力营造鼓励创新、宽容失败的社会氛围，逐步形成引才聚才"强磁场"。实践证明，聚天下英才而用之，离不开"近悦远来"的人才发展生态，只有积极营造尊重人才、求贤若渴的社会环境，公正平等、竞争择优的制度环境，待遇适当、保障有力的生活环境，才能让更多人才向往、融入、扎根，让更多"千里马"竞相奔腾，为北京建成高水平人才高地汇聚磅礴力量。

（六）始终坚持弘扬科学家精神

科学成就离不开精神支撑，伟大实践创造伟大精神。充分理解科学家精神的特质并坚持大力弘扬，是做好人才工作的精神引领和思想保证，是激励各类人才挺起民族脊梁、勇于拼搏奉献的重要支撑。党的十八大以来，北京市严格贯彻落实党中央要求，切实加强作风和学风建设，积极营造良好科研生态和舆论氛围，引导广大科技工作人员争做重大科研成果的创造者、建设科技强国的奉献者、崇高思想品格的践行者、良好社会风尚的引领者，科技创新取得新的历史性成就。实践证明，加强高水平科技人才队伍建设，离不开科学家精神，只有大力弘扬胸怀祖国、服务人民的爱国精神，勇攀高峰、敢为人先的创新精神，追求真理、严谨治学的求实精神，淡泊名利、潜心研究的奉献精神，集智攻关、团结协作的协同精神，甘为人梯、奖掖后学的育人精神，才能教育引导各类人才矢志爱国奋斗、锐意开拓创新，为北京加快建成高水平人才高地提供有力人才保障。

四　助推北京建设高水平人才高地的工作建议

党的二十大提出，坚持教育优先发展、科技自立自强、人才引领驱动，加快建设教育强国、科技强国、人才强国，坚持为党育人、为国育才，全面提升人才自主培养质量，着力造就拔尖创新人才，聚天下英才而用之。下一步，北京市将紧紧围绕党的二十大提出的目标任务和北京建设高水平人才高地需求，立足北京"四个中心"功能定位，以"四个占先""四个突破"为重点，围绕坚持"四个导向"，坚持世界标准、全球视野，培养、引进、使用、服务一流人才，着力打造国际领先的创新创业生态系统，力争率先建成天下英才汇聚的人才高地，为我国建设世界重要人才中心和创新高地提供战略支撑。

（一）坚持发展导向，持续改进党管人才工作方式方法

党管人才并不是要包办人才工作的一切事项，而是要遵循人才成长规律，坚持牵头不包办、抓总不包揽、统筹不代替，不断探索改进工作方式方法。需要树立强烈的人才意识，增强历史使命感和现实紧迫感，牢固树立以人为本的理念，用心对待人才，真诚爱护人才，让人才在合适的岗位上尽显其能。需要完善党管人才工作格局，创新党管人才工作体制机制，建立健全

科学决策、分工协作、沟通交流、督促落实机制，形成工作合力。需要推进党管人才法制化，提高运用法治思维和方式破解人才发展难题、推动人才工作改革发展能力，通过出台法律、制定政策、完善制度、改进服务等手段，强化按法律、按政策、按制度、按程序办事的意识和能力。

（二）坚持目标导向，建设引领高质量发展的高水平人才梯队

战略人才是支撑北京市建立高水平人才高地的重要力量，要把建设战略人才力量作为重中之重来抓。坚持实践标准和长远眼光，发现并使用战略科学家，培养高层次复合型人才，形成战略科学家成长梯队。围绕重点领域和产业，打造大批一流科技领军人才和创新团队。青年人才是国家发展、民族进步的不竭动力和源泉。形成人才竞争比较优势，离不开对青年科技人才的培养。要把政策重心放在青年科技人才上，给予青年人才更多的信任、更好的帮助、更有力的支持，造就规模宏大的青年人才队伍。制造业是我国的立国之本、强国之基，必须充分调动高校和企业两方积极性，实现产学研深度融合，培养大批卓越工程师。

（三）坚持需求导向，制定实施重大人才政策

人才政策是做好人才工作的重要抓手，要通过政策创新解决人才发展重大问题。聚焦青年科技人才培养需求，制定实施人才培养专项政策，加快形成更高水平的人才培养体系，把科学精神、创造能力的培养贯穿教育教学全过程。聚焦"高精尖缺"总体需求，出台以高层次人才为核心的团队引进政策，制定用人主体通过市场化方式开发国际高层次智力资源的支持政策，充分发挥用人主体在引才方面的自主性。聚焦人才工作生活需求，实施个性化、定制化的服务政策，为人才提供更加高效便捷的服务保障，解决人才在落户、住房、子女教育、家庭医疗等方面的后顾之忧。

（四）坚持问题导向，不断深化重点领域人才发展体制机制改革

着力破除人才发展体制机制方面存在的壁垒，积极创新人才培养开发、

评价发现、流动配置、激励保障等机制，推进人才发展体制机制创新改革。必须扫清人才培养、使用、评价、服务、支持、激励等方面的体制机制障碍，破除"四唯"现象，把我国制度优势转化为人才优势、科技竞争优势，加快形成有利于人才成长的培养机制、有利于人尽其才的使用机制、有利于人才各展其能的激励机制、有利于人才脱颖而出的竞争机制，真正建立起既有中国特色又有国际竞争比较优势的人才发展体制机制。

战略规划篇

Reports on Strategy Planning

B.2
全球集成电路产业人才洞察

李重达*

摘　要： "十四五"时期是我国集成电路产业发展的关键时期，为缓解中国"卡脖子"关键核心技术攻关人才供需矛盾，掌握全球集成电路产业人才发展现状，摸清高水平人才分布情况，本文根据全球集成电路产业发展历史和当前集成电路产业市场份额，选取美国、欧洲、日本、韩国、中国大陆和中国台湾地区为研究对象，利用大数据统计分析方法，分析集成电路产业人才在这些国家和地区的分布情况。研究发现，高水平人才大多分布在美欧地区；美欧日资深人才储备更足，中国人才处于成长期；集成电路产业人才培养具有较强本土属性，美欧集成电路产业"产学研"融合较好。推动我国集成电路产业人才发展，要加快引进全球顶尖人才，促进集成电路学科专业建设，坚持"产学研"深度融合，加强人才国际交流合作，完善多方资本投入。

＊ 李重达，北京人才发展战略研究院助理研究员。

关键词： 集成电路　产业人才　"产学研"融合

　　1958年，美国德州仪器实验室的基尔比成功实现了将电子元器件集成在一块半导体材料上的构想，标志着集成电路的诞生。几十年来，集成电路产业迅猛发展，推动电子信息产业成为世界各国的战略性支柱产业，深刻影响着社会与国民经济发展。

　　"十四五"时期是我国开启全面建设社会主义现代化国家新征程、向第二个百年奋斗目标进军的第一个五年，也是我国集成电路产业发展的关键时期。2020年7月，国务院印发《新时期促进集成电路产业和软件产业高质量发展的若干政策》，制定出台财税、投融资、研究开发、进出口、人才、知识产权、市场应用、国际合作等方面的政策措施，从国家层面对集成电路产业的发展进行了顶层设计。根据中国半导体行业协会统计，2021年中国集成电路产业产值首次突破万亿元，销售额达到10458.3亿元，同比增长18.2%[①]。产业发展，人才是关键。为了实现中国在集成电路产业领域拥有一大批战略科技人才、一流科技领军人才和创新团队的目标，为了缓解中国"卡脖子"关键核心技术攻关人才供需矛盾，掌握全球集成电路产业人才发展现状，摸清高水平人才分布情况，对于中国集成电路产业实现跨越式发展、中国集成电路企业进入国际第一梯队具有重要意义。

一　集成电路产业人才界定与数据来源

（一）集成电路产业构成

　　集成电路产业链的构成如图1所示。产业链中直接面对市场的企业主要是 Fabless（无生产线设计企业）、IDM（Integrated Device Manufacture，集成

---

　　① 数据来自中国半导体行业协会，http：//www.csia.net.cn/Article/ShowInfo.asp? InfoID=107455。

器件制造商）和 IP 电路模块厂商。EDA 企业主要提供设计工具。Foundry（圆片代工厂）提供芯片制造代工服务。IP 是一种经过工艺验证的、可嵌入芯片中的、设计成熟的模块，IP 的来源包括芯片设计公司、Foundry、EDA 厂商、专业 IP 公司和设计服务公司，材料和专用设备公司则主要为芯片制造企业提供材料和设备。[1]

更广义的集成电路产业还包括行业协会、中介服务、风险投资、市场研究机构、销售机构等。作为人才培养和基础研究的基地，高等院校和研究机构进行的基础性、原理性研究对集成电路产业的发展也具有重要意义。

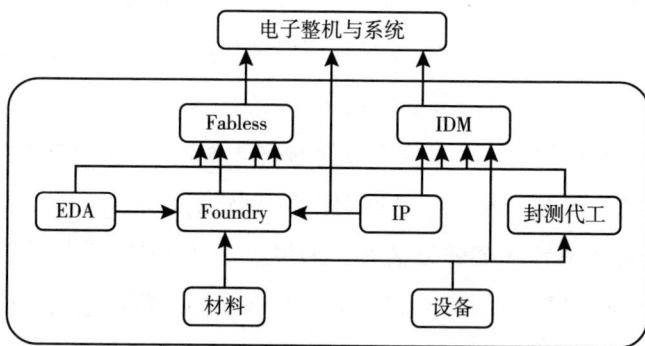

图1 集成电路产业链构成

资料来源：王阳元主编《集成电路产业丛书》，电子工业出版社，2018，第47页。

（二）集成电路产业人才构成

人才是指具有一定的专业知识或专门技能，进行创造性劳动并对社会作出贡献的人，是人力资源中能力和素质较高的劳动者[2]。本文所指的集成电路产业人才，既包括具有集成电路产业所需要的专业知识或专门技能，能够适应集成电路产业链各环节上企业不同岗位需求的人才，也包括广义的集成电路产业内的服务、销售等相关人才。

---

[1]　参见王阳元主编《集成电路产业全书》，电子工业出版社，2018。
[2]　《国家中长期人才发展规划纲要（2010—2020年）》，2010。

（三）数据来源

全球集成电路产业经历了从策源地美国为主，逐渐转移到东亚地区的发展历程，截至 2021 年底，美国、欧洲、日本、韩国、中国大陆和中国台湾地区的集成电路市场份额总和已经占到全球的 99%[①]。当前，中国台湾地区集成电路产业已经成为美国、欧洲、日本、韩国以外的第五大产业力量，有关集成电路领域的研究也大都将中国大陆和中国台湾地区分开进行[②]。据此，本文根据全球集成电路产业发展历史和当前集成电路产业市场份额和区域分布，选取美国、欧洲、日本、韩国、中国大陆和中国台湾地区为研究对象。

大数据统计分析方法可以对海量的、不同来源、不同形式、不同种类的数据进行挖掘、整理和分析。本文利用大数据统计分析方法，从上述国家和地区主流人才求职网站、企业官网等渠道搜集、汇总、整理产业人才信息，建立起内部全球集成电路产业人才数据库，据此开展有关分析，数据截止日期为 2021 年底，以下正文包括各图表的数据均来源于此数据库。

二　集成电路产业人才分布

（一）集成电路产业人才区域分布情况

图 2 显示了这些国家和地区集成电路产业人才的总体规模和直接从事集成电路产品生产的人才占比。总的来看，中国大陆地区集成电路产业人才规模已经超过美国，达到 35 万人，这得益于近年来国家对集成电路产业的高度重视和大力投入。但是中国大陆地区直接从事集成电路产品生产的人才在这几个国家和地区中占比最低，仅为 4.03%，有大量的人才从事的是与集

---

① 数据来自美国半导体产业协会（SIA）每年定期公开发布的《美国半导体产业状况》（State of the U. S. Semiconductor Industry）报告。

② 马源、屠晓杰：《全球集成电路产业：成长、迁移与重塑》，《信息通信技术与政策》2022 年第 5 期，第 68~77 页。

成电路相关的销售、风险投资、服务支持类工作。美国集成电路产业人才总规模稍次于中国大陆地区，达到 33 万人，但是其直接从事集成电路产品生产的人才比例达到 24.63%，这意味着在美国集成电路产业人才中，每四个人中就有一个是直接从事集成电路研发生产的。这与美国在集成电路产业领域的统治地位密不可分，全球前 50 位集成电路供应商中，有近一半是美国公司，全球集成电路企业综合实力排名前 10 位中，也有一半是美国公司①。美国集成电路企业覆盖了设计、制造、设备等集成电路产业链的所有环节，既培养了大量优秀的集成电路产业人才，也为人才提供了良好的发展空间与事业平台，实现了集成电路"产业链"与"人才链"的有机结合、深度融合。欧洲集成电路产业人才总规模达到 18 万人，直接从事集成电路产品生产的人才比例达到 19.08%，仅次于美国。日本、韩国和中国台湾地区集成电路产业人才规模依次为 2 万人、3 万人、9 万人，直接从事集成电路产品生产的人才比例依次为 16.70%、12.50% 和 12.80%。

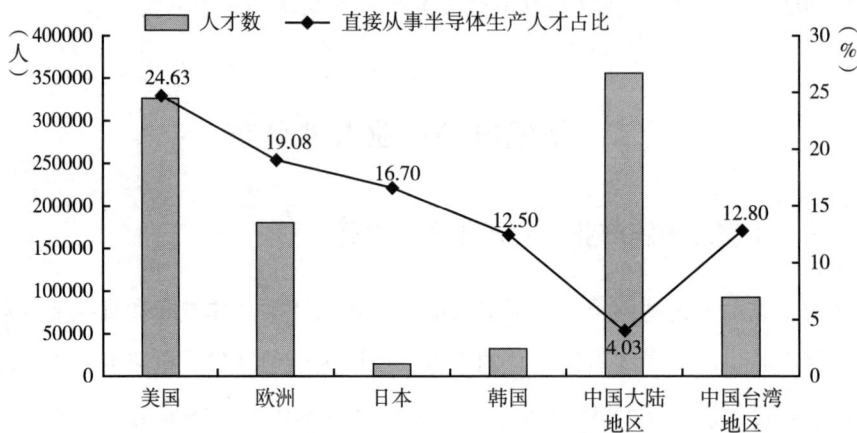

图 2　集成电路产业人才规模

美国集成电路人才主要分布在旧金山湾区、波特兰地区、凤凰城地区、奥斯汀地区和波士顿地区，其中旧金山湾区的集成电路产业人才占到了全美的

① 数据来源于 IC Insights, WSTS, 2021。

23.15%，是当之无愧的全球集成电路产业人才高地。欧洲集成电路产业人才则较为均匀地分布在荷兰布拉班特大都会区、德国慕尼黑大都会区、爱尔兰、法国格勒诺布尔和大巴黎地区等。中国大陆地区集成电路产业人才主要分布在深圳、上海、北京，占整个大陆地区人才的比例依次为 17.27%、13.59%、7.07%。

（二）集成电路产业人才所在企业分布情况

表 1 显示了这些国家和地区人才就职数量排名前 10 的公司，从中可以看出各个国家和地区人才就职的头部企业与本地区集成电路产业的发展历程密切相关。美国是全球集成电路产业的发源地，从 20 世纪中叶至今，无论是技术、规模还是产业公司，美国一直处于全球领导地位。美国集成电路人才主要就职的公司大多为美国本土企业，美国人才就职数量排名前 10 的公司中，除了阿斯麦一家是荷兰公司以外，其余的均为美国本土企业，且均为发展数十年的全球知名老牌企业，像英特尔、德州仪器、美光科技、博通等综合实力一直处于全球集成电路企业前 10[①]。

欧洲的集成电路产业紧随其后，是全球集成电路产业的重要组成部分，具有很强的竞争力，德国、英国、荷兰、瑞士都拥有实力不俗的集成电路知名企业。欧洲集成电路人才主要就职的企业除了欧洲本土企业以外，还包括美国知名企业在欧洲的分部，人才就职数量排名前 10 的公司中，意法半导体、恩智浦半导体、英飞凌都是综合实力强劲的集成电路公司，阿斯麦则是全球知名的集成电路设备公司。

日本是全球集成电路产业强国，其集成电路产业经历了 20 世纪 "引进赶超"美国，之后平稳回落的历史。其间发展出了日立、东芝、东京电子等全球知名品牌。日本集成电路人才主要就职的企业除了日本本土企业以外，还包括欧美知名企业在日本的分部，人才就职数量排名前 10 的公司中，瑞萨电子、东京电子、铠侠、罗姆等都是日本本土公司。

韩国作为后发的集成电路产业强国，其集成电路产业的起源与美国20

---

① 数据来源于 IC Insights，WSTS，2021。

表1 集成电路产业人才就职公司 Top 10

美国			欧洲			日本			韩国			中国大陆地区			中国台湾地区		
就职公司	业务类型	总部	就职公司	业务类型	总部	就职公司	业务类型	总部	就职公司	业务类型	总部	就职公司	业务类型	总部	就职公司	业务类型	总部
英特尔	IDM 设计 MEMS	美国	阿斯麦	设备	荷兰	瑞萨电子	车用	日本	SK 海力士	IDM	韩国	英特尔	IDM 设计	美国	台积电	制造	中国台湾
德州仪器	IDM 设计 MEMS	美国	意法半导体	IDM 车用 MEMS	瑞士	东京电子	设备	日本	应用材料	设备	美国	京东方	IDM	中国大陆	联发科技	设计	中国台湾
应用材料	设备	美国	英特尔	IDM 设计	美国	美光科技	IDM	美国	安靠	封装测试	美国	中芯国际	制造	中国大陆	日月光	封装测试	中国台湾
美光科技	IDM	美国	英飞凌	IDM 车用	德国	英特尔	IDM 设计	美国	阿斯麦	设备	荷兰	海思	设计	中国大陆	美光科技	IDM	美国
博通	设计 MEMS	美国	恩智浦半导体	IDM 设计	荷兰	铠侠	MEMS	日本	泛林	设备	美国	超威	设计	美国	联电	制造	中国台湾
超威	设计	美国	安谋	知识产权	英国	德州仪器	IDM 设计 MEMS	美国	飞兆半导体	IDM 设计 MEMS	美国	天马微电	IDM	中国大陆	阿斯麦	设备	荷兰
泛林	设备	美国	亚德诺半导体	IDM 设计 MEMS	美国	爱德万测试	测试	日本	三星半导体	设备	韩国	恩智浦半导体	IDM 设计 车用	荷兰	应用材料	设备	美国
格芯	制造	美国	德州仪器	IDM 设计 MEMS	美国	应用材料	设备	美国	科天	设备	美国	应用材料	设备	美国	瑞昱	设计	中国台湾
阿斯麦	设备	荷兰	安森美	车用	美国	英飞凌	IDM 车用	德国	安森美	车用	美国	德州仪器	IDM 设计 MEMS	美国	英特尔	IDM	美国
亚德诺	IDM 设计 MEMS	美国	格芯	制造	美国	罗姆	IDM 设计	日本	长电科技	封装测试	中国	中兴通讯	IDM	中国大陆	力成科技	封装测试	中国台湾

世纪利用韩国成本优势转移有关产能相关。韩国本土诞生的三星、SK海力士常年稳居全球集成电路产业综合实力前10，也是韩国集成电路人才就职的主要公司，另外人才就职数量排名前10的公司中还包括较多欧美企业在韩国的分部。

中国大陆地区的集成电路产业起步较晚，21世纪迎来了发展的高峰，在国家的大力支持下，整体实力显著提升，芯片设计、圆片制造与国际先进水平差距不断缩小，封装测试技术逐步接近国际先进水平。人才就职数量排名前10的公司中，京东方、中芯国际、海思、天马微电、中兴通讯均为中国大陆本土企业，其余为欧美企业在中国大陆的分部。

中国台湾地区的集成电路产业发展始于集成电路产业产能向东南亚的转移，在发展过程中诞生了日月光、联发科技、力成科技、台积电、联电等在全球具有一定影响力的公司，台积电更是全球第一大集成电路代工厂。人才就职数量排名前10的公司中，台积电、联发科技、日月光、联电、瑞昱、力成科技都是中国台湾地区本土企业，其余的为欧美企业在中国台湾地区的分部。

（三）高水平人才大多分布在美欧地区

表2显示了这些国家和地区集成电路产业人才分布排名前10的职位，可以看到各类工程师是各个国家和地区人才分布的重要职位之一。欧美日韩还有大量人才分布在创始人、董事长、首席执行官、工程师等高级职位中。同时，日本、韩国、中国大陆地区、中国台湾地区还有一部分销售、经理等支持管理类职位。中国大陆地区尤其缺乏创始人、首席执行官、高级工程师等高水平人才。

图3显示了这些国家和地区集成电路产业人才的学历分布①：美国、欧洲、日本、韩国集成电路产业人才中拥有博士学位的人占比均超过10%，而中国大陆地区这一比例仅为3.8%，存在明显差距；美国、欧洲、日本、韩国拥有工商管理硕士学位的人才比例仍然比中国大陆地区高，美国的这一

---

① 其中，副学士为国外一种低于大学本科的高等教育学历层次，在中国大陆地区即为大专学历。

比例达到 10.1%，而中国大陆仅为 3.1%；中国大陆地区超过半数的集成电路产业人才为本科学历，高水平人才仍然相对缺乏。

图 4 显示了这些国家和地区集成电路产业应届毕业生的学历分布。可以看到各个国家和地区的职场新人学历水平有了一定提高，尤其中国大陆地区提高较为显著。拥有博士学位的人才比例达到 6.8%，相较所有人才中的比例（3.8%）提高了 3 个百分点；拥有工商管理硕士学位的人才比例达到了4.1%，相较所有人才中的比例（3.1%）提高了 1 个百分点；拥有硕士学位的人才比例达到了 46.2%，相较所有人才中的比例（37.4%）提高了 8.8 个百分点；中国大陆地区人才处于快速成长期，潜力巨大。

表 2　集成电路产业人才 Top 10 职位分布

单位：%

美国		欧洲		日本		韩国		中国大陆地区		中国台湾地区	
职位	占比	职位	占比	职位	占比	职位	占比	职位	占比	职位	占比
工程师	2	软件工程师	3	经理	5	副经理	8	工程师	5	工程师	11
软件工程师	2	工程师	2	工程师	5	经理	7	普通员工	4	经理	4
工艺工程师	2	设计工程师	1	普通员工	3	总监	5	经理	4	高级工程师	4
创始人	1	工艺工程师	1	现场技术支持	2	高级经理	4	销售经理	4	软件工程师	2
技师	1	项目经理	1	总监	2	工程师	3	总经理	2	技术经理	2
设计工程师	1	创始人	1	销售	2	校长	3	销售	2	工艺工程师	2
制造技术员	1	经理	1	总经理	2	工作人员	2	技工	2	项目经理	2
董事长	1	技师	1	高级经理	2	研究员	2	软件工程师	2	首席工程师	1
经理	1	应用工程师	1	销售经理	2	高级工程师	2	主管	1	总监	1
首席工程师	1	高级软件工程师	1	首席执行官	1	首席执行官	1	技术员	1	助理经理	1

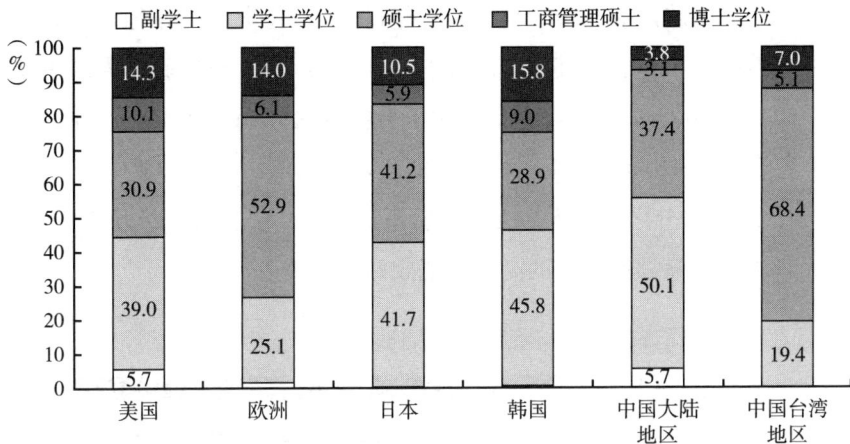

图3　集成电路产业人才学历分布（所有人才）

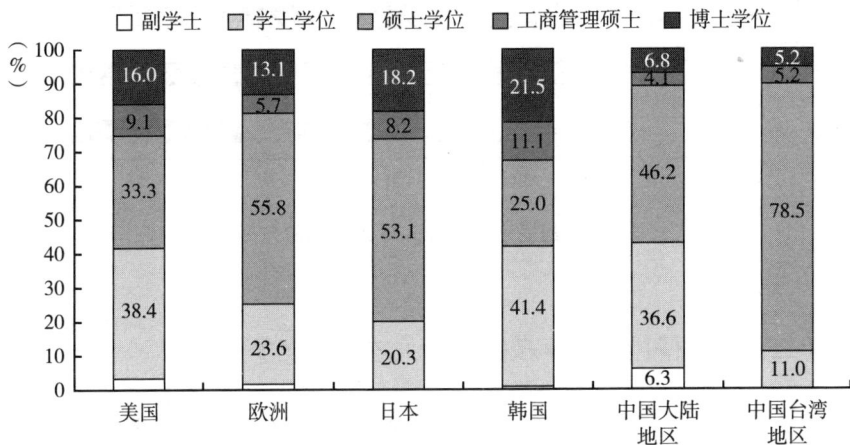

图4　集成电路产业人才学历分布（应届毕业生）

三　集成电路产业人才工作经验与技能情况

（一）美欧日资深人才储备更足，中国人才处于成长期

图5显示了这些国家和地区集成电路产业人才工作经验分布。美国、欧

洲、日本集成电路产业起步较早，拥有超过 16 年（含）工作经验的人才占
到人才总数的一半左右，其中美国拥有 16 年及以上工作经验的人才占比高
达 56.97%。韩国、中国大陆地区和中国台湾地区作为集成电路产业的后发
地区，各自拥有 16 年及以上工作经验的人才占比依次为 36.19%、22.95%、
28.08%，有近四分之一的人才工作经验不足五年，仍然处于成长期。美国、
欧洲、日本拥有该领域更多的高经验值成熟型人才。

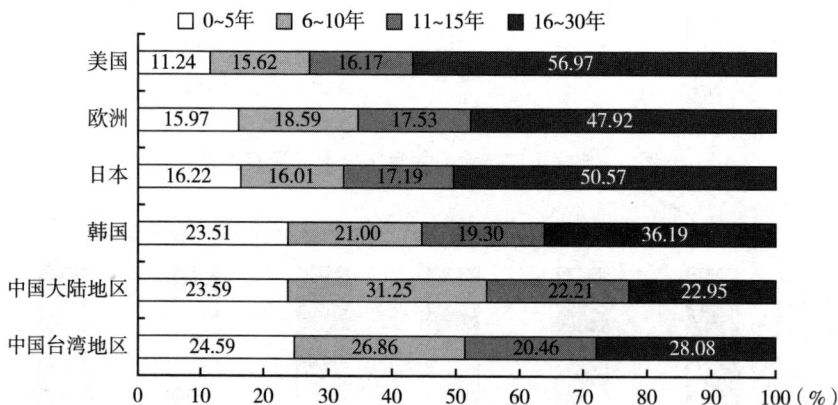

图 5　集成电路产业人才工作经验分布

（二）软件使用与数字技能成为人才核心竞争力

集成电路产业作为硬件行业，对各类工业软件使用的要求较高，掌握
AutoCAD、SolidWorks 等工业制图软件技能对于集成电路产业的人才至关重
要。同时，在数字经济和各行业数字化转型的大趋势下，数字化技能越来越
成为各行各业对人才最为迫切的需求。对于本身就高度依赖信息技术的集成
电路产业而言，数字化技能的重要性更是不言而喻。机器学习、深度学习、
数据分析、数据演示等技能，以及熟练使用 Python、SQL 等数据处理与分析
软件，对集成电路产业人才而言至关重要。

不过数据分析显示，在不同国家和地区集成电路产业人才增长最快的技
能呈现一定差异。表 3 显示了这些国家和地区集成电路产业人才增长最快的

前 10 项技能①。作为一个高度依赖创新的产业，分析技能在集成电路产业
人才技能中占据重要位置。欧美地区作为集成电路产业的发源地，日本作为
全球集成电路产业研发强国，对原始创新的研发人员均有较大的需求，所以
其人才的实验室技能增长较快，同时这些国家和地区对于 AutoCAD、
SolidWorks、机械工程、计算机辅助技术、集成电路工艺、集成电路设备等
硬技能的需求也在飞速上升。韩国、中国大陆地区、中国台湾地区最初因欧
美集成电路产业产能转移而发展起集成电路产业，相较于欧美日在研发方面
仍然存在一定的差距，其对于人才技能的需求也展现出更多的软技能需求，
涉及销售与市场、运营管理、金融（集成电路产业的投融资）、国际贸易、
国际销售等技能。

表 3　集成电路产业人才增长最快技能 Top 10

单位：%

美国		欧洲		日本		韩国		中国大陆地区		中国台湾地区	
技能	增长率	技能	增长率	技能	增长率	技能	增长率	技能	增长率	技能	增长率
分析技能	24.6	分析技能	42.1	实验室技能	62.8	分析技能	179.8	运营管理	32.3	人工智能	43.3
实验室技能	19.9	实验室技能	30.0	机器学习	50.0	设备维护	119.8	分析技能	29.4	金融	40.6
机器学习	19.0	机器学习	29.0	集成电路工艺	46.0	销售与市场	94.9	国际贸易	26.9	Git	40.0
AutoCAD	17.5	Python	26.5	机械工程	43.8	AutoCAD	57.9	数据演示	25.4	Python	38.8
Python	16.8	AutoCAD	25.8	Python	41.1	现场服务	53.3	协调能力	20.0	分析技能	37.7
SolidWorks	16.3	SolidWorks	25.7	分析技能	40.7	数据分析	52.5	质量控制	18.7	深度学习	37.1
机械工程	14.4	计算机辅助技术	25.2	集成电路设备	34.9	故障排查	50.2	人工智能	18.7	MySQL	35.1
SQL	13.5	数据分析	23.5	数据分析	26.3	机械工程	49.6	国际销售	17.5	机器学习	35.0
数据分析	13.3	Git	22.2	MATLAB	22.6	运营管理	39.5	Python	16.4	SQL	33.1
库存管理	12.3	机械工程	20.7	质量保证	18.0	技术支持	38.3	金融	16.3	数据分析	29.5

① 近一年增长率通过 2021 年掌握该项技能的人才数量与上一年度掌握该项技能的人才数量对比计算得到。

四　集成电路产业人才培养情况

（一）集成电路产业人才培养具有较强本土属性

表 4 显示了这几个国家和地区集成电路产业人才毕业人数排名前 10 名的院校。各个国家和地区毕业人数排名前 10 的院校全部为各自的本土院校，且多为当地知名的工科院校，具有较强的本土属性，如美国的加州大学伯克利分校、斯坦福大学，欧洲的慕尼黑工业大学、代尔夫特理工大学，日本的东京大学，韩国的首尔国立大学，中国大陆地区的上海交通大学、清华大学和中国台湾地区的台湾大学等。表 5 显示了这些国家和地区集成电路产业人才所学专业排名前 10 情况。排名第 1 的均为电气与电子工程专业，集成电路学科本身就是该专业主要研究方向，其他专业均为与集成电路产业密切相关的工科专业，例如计算机科学、电子学、材料科学与工程等。非工科专业中，各个国家和地区人才前 10 名毕业的专业中都有工商管理，该专业为集成电路产业培养大量管理人才。另外，在中国大陆排名前 10 的专业中还有英语，这主要是因为很多国外集成电路企业的中国分部提供销售等管理支持类职位，对英语较好的人才有较高需求。

表 4　集成电路产业人才毕业人数 Top 10 院校

美国	欧洲	日本	韩国	中国大陆地区	中国台湾地区
亚利桑那州立大学	爱因霍芬理工大学	早稻田大学	汉阳大学	上海交通大学	"国立交通大学"
圣何塞州立大学	方提斯大学	东京大学	高丽大学	电子科技大学	台湾大学
德州大学奥斯汀分校	慕尼黑工业大学	东京工业大学	延世大学	复旦大学	台湾成功大学
加州大学伯克利分校	代尔夫特理工大学	大阪大学	首尔国立大学	华中科技大学	台湾清华大学
得克萨斯 A&M 大学	米兰理工大学	庆应义塾大学	成均馆大学	西安电子科技大学	"台湾中央大学"

续表

美国	欧洲	日本	韩国	中国大陆地区	中国台湾地区
凤凰城大学	都柏林理工大学	日本东北大学	仁荷大学	浙江大学	台湾科技大学
波特兰州立大学	格但斯克大学	东京理工大学	韩国科学技术院	东南大学	"国立中山大学"
斯坦福大学	德累斯顿工业大学	京都大学	光云大学	上海大学	中原大学
俄勒冈州立大学	特温特大学	筑波大学	庆熙大学	清华大学	台北科技大学
伊利诺伊大学香槟分校	加勒斯特理工大学	同志社大学	韩国亚洲大学	西安交通大学	中正大学

表5　集成电路产业人才所学专业 Top 10

美国	欧洲	日本	韩国	中国大陆地区	中国台湾地区
电气与电子工程	电气与电子工程	电气与电子工程	电气与电子工程	电气与电子工程	电气与电子工程
计算机科学	物理学	物理学	计算机科学	工商管理	计算机科学
机械工程	计算机科学	计算机科学	材料科学与工程	计算机科学	材料科学与工程
工商管理	电子学	机械工程	工商管理	电子信息工程	机械工程
物理学	机械工程	电子学	电子学	机器人与机电工程	工商管理
通信工程	通信工程	经济学	机械工程	工程物理	化学工程
化学工程	工商管理	工程物理	物理学	材料科学	通信工程
电子学	信息科学	信息科学	化学工程	机械工程	物理学
化学	数学	通信工程	半导体制造技术	英语	信息科学
材料科学	经济学	工商管理	通信工程	自动化工程	化学

（二）美欧集成电路产业"产学研"融合较好

图6显示了这些国家和地区的集成电路产业人才在其他行业之间的流动情况①。从图中可以明显看出，美国、欧洲集成电路产业人才在其他行业之

---

① 图6列出了每万人流动总数排名前5的行业。图中数字计算过程为：在过去一年中，离开集成电路产业并进入图中所列行业，和离开图中所列行业并进入集成电路产业的人才数量相加，得到人才在集成电路产业与其他行业之间的总流动人数，除以该国家和地区集成电路产业人才总数，再乘以10000，得到每万人流动总数。

间流动频繁，日本、韩国、中国台湾地区集成电路产业人才在其他行业之间流动较弱，中国大陆地区集成电路产业人才在其他行业之间流动极弱。

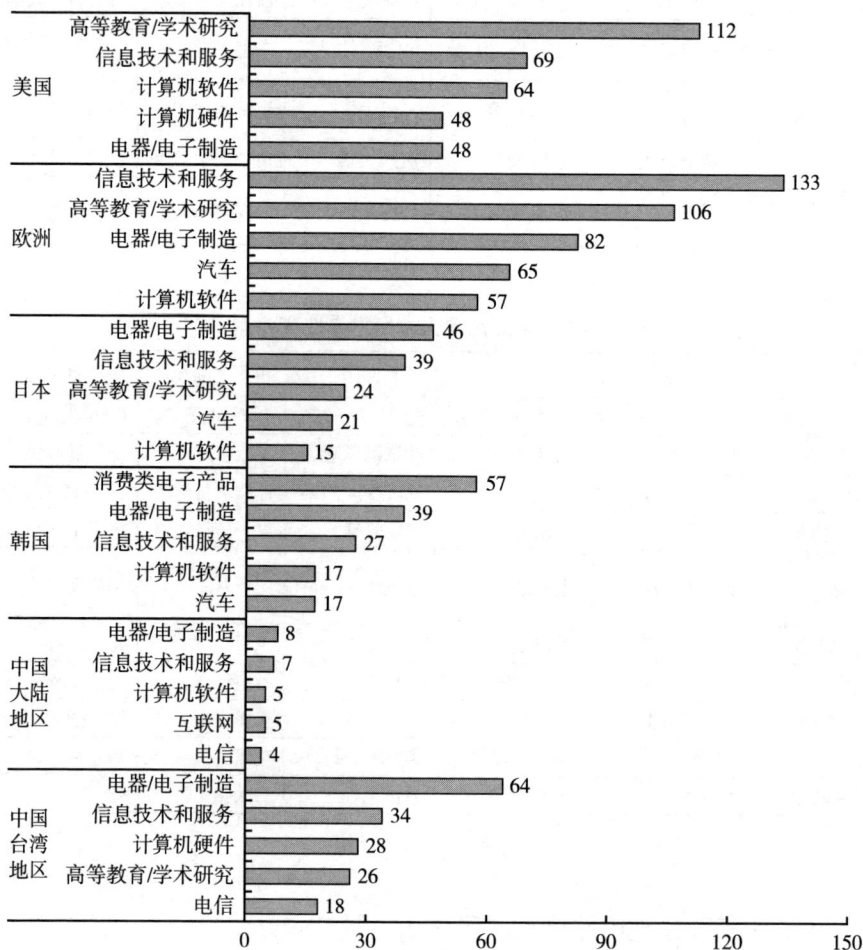

图6 集成电路产业人才流动 Top 5 行业

　　集成电路产业人才主要在信息技术和服务、电器/电子制造、计算机软件、计算机硬件等产业之间流动。同时，高等教育/学术研究领域是美国集成电路产业人才流动最频繁的行业，在欧洲则排名第2，每万名集成电路产业人才在过去一年就有超过百人在集成电路企业与高等教育/学术研究之间流动，这表示在美国与欧洲集成电路产业人才与高等院校和学术机构之间的互相流动较为频繁，实现了"产学研"的深度融合，另外，如前文提到的，美国和欧洲集成电路产业人才学历较高，具有博士学位的人才占比较高，这些人才主要从事研发工作，较为容易在产业发展与学术研究之间实现身份切换。

五　国内集成电路产业人才发展对策建议

一是加快引进全球顶尖人才。把高端人才队伍建设作为发展集成电路产业的核心目标。集成电路产业的高端、成熟人才主要分布在美欧地区，中国应该用好全球创新资源，聚焦集成电路产业"卡脖子"关键核心技术，从美国、欧洲等世界集成电路产业科技和人才强国，以及其他具有科技比较优势的国家和地区引进领军人才、急需紧缺人才，通过海内外同学、校友、师承关系等方式"以才引才"，实现高端人才精准引进，形成集成电路产业人才高地，聚天下英才而用之。

二是促进集成电路学科专业建设。2020年12月国务院学位委员会和教育部下发通知，决定设置"交叉学科"门类，并在该门类下设置"集成电路科学与工程"一级学科，我国集成电路学科建设迎来了新发展。未来各高校要利用自身优势，均衡合理地引进、培养师资力量，并大力打造交叉学科师资队伍，加强学生实操技能培养。结合全球和国家集成电路产业发展前沿和实际需求，将学科培养方案有效地与产业发展联系起来，培养一批集成电路青年储备人才。

三是坚持"产学研"深度融合。探索实行高校和企业联合培养人才的有效机制，提高集成电路产业人才的工程实践能力和产业适应性。支持国内重点高校的工程学院与企业联合，组织学生参与国际交流、到海外企业研修实习。支持国内领先的集成电路企业创建示范实践基地，服务重点高校工程硕士博士开展专业实践、国际交流。让"人才链"衔接"创新链"推动"产业链"，以"产业链"吸引"人才链"，以"人才链"反哺"产业链"，实现三链融合,充分发挥和释放中国集成电路产业人才的整体实力和巨大潜能。

四是加强人才国际交流合作。支持国内集成电路行业重点企业、高等院校及科研机构有关学科研究人员和学生到世界一流大学和科研机构学习深造。支持教学科研人员开展国际学术交流。支持引进国际一流高校、科研机构来中国大陆联合办学,吸引并支持集成电路外资企业在华设立研发中心。牵头组织一批集成电路产业国际大科学计划和工程,吸引高水平国际化科学团队、优秀工程技术团队参与项目的建设和管理。

五是完善多方资本投入。政府在安排职业教育专项经费时,适当向高技能人才培养基地倾斜,加强集成电路高技能人才队伍建设。鼓励集成电路企业设立人才专项基金,用于开展员工培训、专项奖励等。大力支持企事业单位、社会团体等力量依法开办各类集成电路职业培训机构。积极引进民间资本、金融机构投身集成电路产业发展,建立和完善政府、企业、社会联合开发的多方投入机制。

参考文献

1. 《新时期促进集成电路产业和软件产业高质量发展的若干政策》,2020。
2. 王阳元主编《集成电路产业全书》,电子工业出版社,2018。
3. 《国家中长期人才发展规划纲要(2010—2020年)》,2010。
4. Semiconductor Industry Association, State of the U. S. Semiconductor Industry, 2021.
5. 马源、屠晓杰:《全球集成电路产业:成长、迁移与重塑》,《信息通信技术与政策》2022年第5期,第68~77页。
6. 《国务院学位委员会、教育部关于设置"交叉学科"门类、"集成电路科学与工程"和"国家安全学"一级学科的通知》,2020。

B.3
多措并举打造高层次科技创新人才梯队

——基于北京地区科技人才队伍专项调研*

北京市科学技术委员会　中关村科技园区管理委员会课题组

摘　要： 北京市科委、中关村管委会认真落实中央人才工作会议精神，紧
紧围绕北京国际科技创新中心建设的中心任务，以习近平总书记
关于科技人才工作的重要论述为指导，不断深化对高水平人才高
地的理解和认识，扎实开展调查研究，分析北京地区科技人才队
伍的现状，查找存在的问题。研究提出了深化科技体制改革、促
进科技人才队伍发展、支撑国际科技创新中心建设等方面的改革
举措，助力北京高水平人才高地建设。

关键词： 科技人才　高水平人才高地　人才活力

一　调研的基本情况

本次调研对标中央人才工作会议要求，聚焦"四个占先""四个突破"
领域，坚持问题导向，较为深入地了解了相关战略科学家、领军人才及团
队、青年科技人才的基本情况，听取了关于科研体制机制改革、"卡脖子"

---

* 课题组组长：刘晖，市科委、中关村管委会党组成员、副主任。课题组成员：张振华，市科
委、中关村管委会外国专家服务与科技人才处处长；张翼燕，中国科学技术信息研究所政策
与战略中心副主任、研究员；李海燕，市科委、中关村管委会外国专家服务与科技人才处副
处长；张春雷，北京科技人才发展中心副主任；张文琼，北京科技人才发展中心副主任；蔡
静、王雪梅、王征、胡张可，北京科技人才发展中心干部。

技术攻关、产学研结合、人才引进培养等方面的意见建议。调研工作采取了发放调查问卷、走访调研、集中座谈、个别访谈、查阅文献资料等多种方式。扎实的调研工作为研究分析奠定了良好基础。个别访谈环节先后走访了多位科学家；走访调研环节覆盖了新型研发机构、创新型科技企业、投资孵化机构、基金公司等多类创新主体和促进机构；线上召开多场座谈会，听取了新型研发机构等科研机构代表，以及青年科技人才的意见建议；累计回收调查问卷 326 份，有效问卷 318 份；同时，进行文献研究，收集并分析了发达国家代表性城市和国内代表性省市青年科技人才培育相关研究资料和政策文本。

二　高水平人才高地应具备的关键要素

对标硅谷、纽约、伦敦、东京等世界主要科学中心和创新高地的特点，对标高质量发展和高水平科技自立自强的战略需求，我们认为高水平人才高地应包含以下关键要素。

要有大师级顶尖人才。基础研究是科技创新的源头活水，而基础研究的持续突破，必须要有一批诺奖级大师作为引领。作为"世界三大湾区"的美国旧金山湾区、纽约湾区和日本东京湾区，是公认的国际科技创新中心，同时也是诺奖级大师聚集的高地。据统计，有超过百位的诺贝尔奖和菲尔兹奖得主曾在旧金山湾区求学或工作，纽约湾区聚集了 200 多名美国科学院院士。

要有战略科学家。战略科学家首先是科学家，其次是战略家，具体有三种类型。第一种能够看清天下大势，高瞻远瞩，为学科发展和国家科技创新战略乃至经济和社会发展提供全面意见，如王大珩。第二种能够领导"大兵团作战"，对领域内甚至跨领域的优秀科学家了如指掌，能够站在国家高度团结其他科学家，就关键问题组织开展研究攻关，如科学界的朱光亚、黄大年，产业界的任正非。第三种是以上两种能力兼备，如钱学森。近代以来，科学发展史揭示了一条基本规律：世界科学中心的转移更替，往往与各国战略科学家群体的成长紧密相关。

要有国际化人才。世界科技强国必须能够在全球范围内吸引人才、留住人才、用好人才。李光耀曾经表达一个观点："中美的差距就是人才，主要体现在中国是从 13 亿人里选人才，而美国是从 70 亿人里选人才。"对比分析国际人才集聚的主要城市，其有以下几个特征：一是常住外籍人员达到一定比重；二是有一批成熟的国际化社区，有国际化学校等完善的配套设施，形成一流的国际化环境；三是城市年入境人数达到一定规模。

要有一批优秀青年人才。青年人才思维活跃、敢于大胆创新，世界上许多著名科学家的成就是在青年时代创造出来。比如，爱因斯坦 26 岁时完成论文《论动体的电动力学》，独立完整地提出狭义相对性原理，开创物理学的新纪元。国际科技创新中心的一个重要特征就是青年人才集聚，比如特拉维夫面积只有 51.8 平方千米、人口约有 40.3 万，三分之一人口是 18 岁到 35 岁的年轻人，平均每 431 人中就有 1 人从事科技创业。

要有高水平的大学、科研机构和科技企业。高水平的大学、科研机构和科技企业，是集聚、培养和使用人才的重要载体，也是人才施展才华、实现价值的事业平台。硅谷、波士顿、伦敦、东京等世界知名的人才高地，都聚集了世界顶尖的大学、科研机构、科技企业。

综上所述，我们认为，世界级"高水平人才高地"的主要特征为：聚集人才数量多，人才水平高，人才结构合理，国际化程度高，基础研究、应用研究、产业发展、技术创新人才均衡分布，重点方向有引领性人才，有具备企业家精神的人才，同时有能够激发人才活力的政策和制度环境。

三　北京地区科技人才工作现状

在市委人才工作领导小组的领导下，市科委、中关村管委会始终坚持以习近平总书记关于科技人才的重大论断为指引，深入贯彻落实市委市政府的各项决策部署，围绕国际科技创新中心建设，以服务国家战略科技力量为主线，努力做好科技人才的引进、培养、使用、服务等工作。

（一）北京地区科技人才队伍规模大质量高

人才总量呈现稳定增长态势。2020 年，北京地区六支人才队伍（党政人才、企业经营管理人才、专业技术人才、高技能人才、农村实用人才、社会工作人才）总量为 830.9 万人，与 2015 年相比增加了 112.8 万人。其中专业技术人才数量 2020 年为 383.1 万人，约占人才总量的 46%，相比 2015年增加了 58.5 万人①，占总体增量的一半左右。科技人才队伍快速发展。2020 年，北京地区每万名劳动力中研发人员为 267 人②。

科技人才队伍素质高精。高学历人才成为研发主力，2020 年北京地区研发人员中本科以上学历占比 89.1%③。

（二）北京地区是国家战略科技力量的集中承载地

北京地区坐拥 9 家新型研发机构、90 多所高校、1000 多家科研院所和2.7 万家高新技术企业、约 90 家独角兽企业；两院院士 913 人，占全国49%④；拥有一支从战略科学家到顶尖产业领军人才再到青年科技人才的高水平人才队伍。

（三）北京地区是国家基础研究和原始创新的策源地

从投入来看，北京地区支持开展数学、物理、生命科学等领域自由探索，基础研究投入占比从 2014 年的 12.6% 提升至 2020 年的 16%，居全国首位。

从高水平科研人员数量来看，2020 年，北京高被引科学家共 230 人次，较 2019 年增长 72.36%，科学家数量及所在机构数量均位居全国第一。

（四）北京地区人才发展体制机制改革迈出新步伐

高水平新型研发机构实现"五个新"的制度突破：推动建设 9 家新型

---

① 数据来自《北京人才发展报告（2021）》。
② 数据来自《北京人才发展报告（2021）》。
③ 数据来自《北京统计年鉴》。
④ 根据课题组调研数据统计。

研发机构，以放权赋能、松绑除障为重点，在治理模式和运行机制、财政资金支持与使用、绩效评价、知识产权和固定资产管理等方面实现了"五个新"的重大制度突破，吸引了王晓东、丘成桐等一批全球顶尖人才，培养了一大批青年人才。

推进中关村人才特区建设。为外籍人才开通申请在华永久居留证"直通车"，在国内率先探索开展永久居留积分评估制度，支持外籍人员使用永久居留证创办企业享受国民待遇。

分类推进人才评价机制改革。推进科研机构专业技术职务自主评聘，为科研成果转化人才开通职称评价通道，在国内首次实现正高级、副高级、中级、初级层级全覆盖。对从事基础研究、应用研究、技术开发与推广的人员实施分类评价，推行代表作制度。

探索"揭榜挂帅"并初步积累经验。实施"强链工程"，探索"谁被卡谁出题、谁出题谁出资、谁能干谁来干、谁牵头谁采购"的新机制，聚焦人工智能、集成电路、智能制造等高精尖产业领域，支持中关村领军企业结合产业链关键环节，提出技术需求，面向全国遴选揭榜单位，牵头组建创新联合体进行研发攻关，研发成功后直接进入发榜单位供应链体系。首批发布12项技术需求榜单，所有项目都有揭榜。

探索科技项目经理人制度。自 2020 年下半年起实施"朱雀人才—科技项目经理人"计划，为全国范围内首创，开创了科研机构和科技项目管理新模式。复合型的朱雀人才将为北京市重大科技成果专项管理、国家实验室及新型研发机构建设和前瞻性、颠覆性原始创新成果转化落地提供专业支撑。

四　北京地区建设高水平人才高地面临的挑战

新一轮科技革命和产业变革正在重构全球创新版图，北京建设高水平人才高地面临更为激烈的竞争。高质量发展和高水平科技自立自强，对科技人才队伍创新能力提出更高要求。进入新发展阶段，党中央明确了支持北京建设国际科技创新中心的战略任务，加快打造高水平人才高地是关键之举、决胜之要。

与高水平人才高地的要素相比，北京市科技人才工作存在的主要问题如下。

（一）攻关"卡脖子"技术难题，铸就"国之重器"，亟待加快战略科学家队伍建设

大师级顶尖人才匮乏。科技革命深刻改变世界发展格局，近代的三次技术革命无不源于前期科学基础理论的重大突破，当前北京甚至全国还没有能够突破基础理论的大师级人才。第四次技术革命的窗口期已到来，亟须聚焦人工智能、量子计算、前沿生物技术等领域培养能够在基础理论方面取得重大突破的大师，争取引领下一次技术革命，使北京成为下一个世界科学中心。与硅谷、东京、纽约、伦敦等世界重要的科学中心获得诺奖人数在 30 位左右相比，北京只有 1 位诺奖获得者，相差很远。

战略科学家紧缺。目前，我国在人工智能、生物医药、新材料等领域集聚了一批高水平的人才，但与美国等发达国家相比，差距较大。如，在人工智能领域，根据 2021 年度 AI 2000 的数据，美国有 1159 人，占比 57.97%，中国有 225 人，占比 11.25%；在量子信息领域，全国从事相关研究的约千人规模，其中做系统和软件的不足百人，不及谷歌、IBM 等美国单一公司的量子计算团队体量。近期国内"全球学者库"网站发布了"全球前 10 万顶尖科学家"榜单，数据显示，我国在材料、物质、化学等领域具有一定优势。《国际科技创新中心指数 2021》显示，在高被引科学家比例方面，波士顿以 6.77% 的比例排名第一，旧金山—圣何塞、圣地亚哥紧随其后，比例均超过 5%。北京高被引科学家比例为 2.24%，全球排名第 32。由此可见，我国世界级战略科学家资源严重不足。

世界级科技战略家稀缺。建设创新高地，不仅需要战略科学家，还需要一批站得高、看得远、把得准，重视科技、对科学技术发展给予坚定支持、能够超前布局产业发展的科技战略家，他们对世界格局、未来趋势、变革动

力、引领力量有着准确的把握和深刻的理解，北京如何加快培育这样的科技战略家，成为亟待破解的难题。

（二）青年人才面临普惠性支持不足、领衔机会少、生活压力大等难题

青年科技人才的无缝支持体系尚未建立，主要表现在本市青年拔尖人才计划有一定重复性，但对职业起步期的普惠性支持不够。韩国大力支持理工领域青年教师开展职业首次研究，每年新入职教师约 750 名，2023 年支持项目将达到 800 个。北京市青年人才科研项目竞争压力大，稳定性支持不够。以国家自然科学基金青年项目为例，资助比重从 2014 的 25.3% 降至 2019 年的 17.9%①。

青年人才脱颖而出的机会少。研究显示，诺贝尔奖获得者做出代表性贡献的平均年龄是 37 岁，但我国青年科技人才群体在关键岗位上、重大科技项目攻关中成长和历练的机会不多，大多跟随导师或团队从事研究工作；提出的具有创新性、颠覆性的非共识项目和技术难题很难得到资金支持。

青年人才评价和发展难题突出。现行人才培养评价标准"一把尺子"量到底，没有考虑青年人才的发展特征。体制内单位存在论资排辈、平衡照顾的问题，在学术团体、决策咨询和项目评审等活动中，一些优秀青年科技人才没有施展才华的机会。

青年人才交叉学科培养力度不够，融合创新不够。当前，科技的突破与创新越来越依赖多学科的交叉融合，对复合型人才的培养提出了更高的要求。北京已经建立一些协同创新中心和交叉学科平台，但总体来看，北京交叉学科发展仍相对缓慢，培养青年人才能力有限，有影响力的高质量研究成果还不多。究其原因，主要是长期以来的学科分类导致部分学科之间相对孤立，从事交叉学科的研究还缺乏足够的政策鼓励和制度保障。

青年人才缺乏安心科研的生活保障。北京作为我国最主要的科技创新资源集聚地，在教育文化水平和科研硬环境建设方面处于领先地位，但是青年

---

① 源于课题组调研数据。

科技人才普遍面临住房压力大、生活成本高的现实问题，这客观上造成北京地区优秀青年科技人才流失的问题。

（三）国际化程度不高，集聚海外人才面临系统性困境

北京外籍人才数量较少，外籍从业者占比不高。据统计，硅谷地区外籍人员占地区从业人员的比重超过36%，近65%的科技人员在国外出生，超过四分之一的高科技公司由外国人创办。伦敦的创业公司中46%的员工为国际人才。截至2020年底，在京常住外籍人员13万名，其中在京长期工作外籍人才不足3万人。根据科技部开展的调研，与上海、深圳等沿海城市相比，北京并非外专人才在中国的首选工作地。

北京对海外华人群体的吸引力有待进一步加强。改革开放后，我国有大量的理工科学生赴境外留学，迄今仍有一大部分在境外科研院所或知名企业从事科研或技术创新工作。据统计，美国人工智能领域研究者中，有29%是在中国完成本科学业赴美的留学生，在美国拿到AI博士学位的中国留学生有高达88%选择留在美国发展。在生物医药领域，美国顶级的前200位华裔科学家，只有不到20位选择回国发展。当前，中美科技竞争加剧的形势下，海外华人受到打压，特别是在半导体等敏感领域工作的海外华人职业发展受到限制，我们应抓住窗口期，进一步优化北京的创新创业环境，吸引海外华人中科技专家回流。

海外人才引进信息渠道仍不畅通。受限于国内外信息传播渠道、搜索信息推送算法的不同，海外人才往往对国内产业和人才政策缺乏全面、真实的了解，对回国发展信心不足。

（四）科技服务人才层次、结构难以满足科技产业发展需要

缺少高端科技项目管理人才。北京市高度重视科技创新工作，近年来新建了一批新型研发机构，组织了一批关键科技攻关项目，产生了一批重大科研成果。当前，科技项目管理主要依赖立项与结果管理，需要着力提升科研组织效率，加速产生高水平科研成果，因此，急需一批高水平的科技项目管

理人才，连接基础研究和产业发展，协助开展科研机构评估和管理，参与重大科技项目组织实施和"三城一区"等重点区域以及科技园区建设，推动前瞻性、颠覆性科技成果在京转化落地。

缺少一支专业化的科技成果转移转化人才队伍。目前，我国科技成果转化率较低，创新链与产业链之间缺少一批专业化的转移转化人才，技术转移转化工作主要集中在沟通买卖双方，对科研成果进行管理、评估，引入风险投资、对科研成果进行二次开发、集成配套等方面，能够全链条推动完成技术转移的技术经理人数量较少，急需一批能够参与技术研发前端并全链条推动科技成果转化的技术经理人，以及在转化过程中的 CEO、CTO、创业导师和有国际视野的知识产权师、注册会计师、律师等。

缺少本土高端的国际化科技咨询机构和具有国际视野的科技咨询人才。现有的科技咨询机构多为具有政府背景的体制内机构，与麦肯锡、波士顿、埃森哲等国际一流咨询机构相比，在高端人才吸纳和国际化方面存在差距，为政府和科技创新主体提供独立客观的科技决策咨询和支撑服务能力不足。从科技发展和产业安全角度看，急需培养一批高端复合型科技咨询人才，培育本土专业化程度高、具有国际化视野和影响力的科技咨询机构。

（五）良好的人才生态尚未建立，体制机制改革仍需大胆探索和深入落实

新型研发机构还需进一步创新机制。人才跨单位、跨身份流动机制不畅，部分科研机构兼职兼薪渠道不畅，不利于集中优势力量办大事，同时制约科研创新与产业需求的对接。还需进一步建立促进青年人才脱颖而出的机制，减少不必要的干扰，让他们心无旁骛开展科研工作。在提高境外回国科学家退休待遇等方面还需进一步探索有效的政策机制。

治理"四唯"成效不明显，科研浮躁、急功近利的风气还没有根本扭转。科技评价改革政策尚未真正落地，对科研人员的考核评价仍然存在重视量化和短期绩效指标、考核周期短的现象，不利于激发科研人员自由探索的动力，也使科研人员难以潜心研究；"四唯"未有效破除，基于能力、贡献

和价值的多维度指标尚未建立。

有利于科研人员攻关关键技术和前沿技术的科研管理手段跟不上。我国面临的很多"卡脖子"技术问题，根子是基础理论研究跟不上，重大原创性成果缺乏。由于长期采取跟踪、追赶国际科技前沿的发展路径，当前我国科研管理模式落后于国家引领新科技革命的需求，不利于科研人员在基础研究、前沿技术、关键技术等领域产出原创性成果和颠覆性成果。急需建立能够破除"小圈子"，摆脱项目指南限制，科学有效的"揭榜挂帅"出题机制。

产学研协同攻关的人才堵点未打开。学术界科研人员的研究与经济社会发展的需求脱节，承担企业课题意愿不强，科技主动服务滞后；产学研"旋转门"政策落实难。科研人员离岗创业面临"回不去"或者"回去了没位置"的困境。

崇尚科学、热爱科学的氛围没有形成。青少年追星不追科学家，最有天赋的青年学生选择金融领域，不利于我国科技创新事业未来发展。

五 新时代新阶段北京地区科技人才工作的任务与举措

全面贯彻习近平总书记关于人才工作新理念新思想新战略，围绕国际科技创新中心、世界领先科技园区建设和国家战略科技力量打造三条主线，要坚持引进和培养"双轮驱动"，建设形成从战略科学家到以领域顶尖人才、青年科技人才、专业人才、国际化人才为主体的多层次创新人才梯队，在制约人才发展的体制机制关键环节取得实质突破，为实现更多从0~1的突破贡献北京力量。

（一）大力引进培养战略科学家及顶尖创新人才

强化平台引才，发挥国家实验室、新型研发机构、高校院所、头部企业等创新平台的作用，集聚一批有极高学术造诣、很强的人员组织和资源配置能力的顶尖人才。全力建好北京怀柔综合性国家科学中心，发挥"大科学装置+大科学任务"的模式优势，推动大科学装置和科技基础设施面向全球开放共享。立足创新范式变革，加强共性技术平台建设，营造良好的创新生态，吸引海内外英才。

（二）培养具有国际竞争力的青年人才后备军

在基础研究与前沿探索阶段，实施"杰出青年科学基金项目"和"青年科学基金项目"，探索建立青年人才培养的长周期资助模式，发现和培养一批具有原创思想、富有创造力的优秀青年人才。在应用基础研究和技术创新阶段，实施"科技新星计划"，发现和培养一批创新思维活跃、敢闯"无人区"的青年人才。

（三）着力提升人才国际化水平

落实"两区"建设国际人才服务保障全环节实施方案，着力打造高品质的国际化工作与生活环境。加大北京市科技计划项目开放力度，试点资助一批外国专家，使之享有和中国科学家同等的权利。鼓励外资研发中心在京落户，争取设立国际科学研究基金，加强国际科技合作。

（四）加快科技服务人才队伍体系化、高端化建设

引进、培养、使用高端科技项目经理人，为政府加强科研项目顶层设计提供战略咨询，为重大科技专项管理、重点机构管理、重大科技成果转化落地提供专业支撑。培养一支高水平专业化的成果转移转化人才队伍。建设国际转移转化培养基地，培养高水平技术经理人。建立 CEO、CTO 等成果转化人才池。吸引、培养一批具有国际视野的知识产权师、注册会计师、律师等。

（五）持续深化改革，激发人才创新创业活力

用好"两区"、中关村先行先试等政策，继续建设好中关村人才特区，争取一批新的先行先试政策。激发各类人才的创新活力，坚持"破四唯"

和"立新标"并举，完善科技人才评价制度；实行"揭榜挂帅""赛马"等制度，推行经费包干制、信用承诺制；深化"放管服"改革，赋予科研单位、科学家更多的自主权；鼓励高校科研院所科研人员离岗创业、开展科技成果转化，推动校企人才柔性双向流动。打造一批有类海外环境、有多元文化、有创新事业、有宜居生活的特色人才社区，推动建设国际化医院、国际学校，为国际人才提供社保医疗、人才就医、子女入学等便利。

B.4
坚持引育并举双轮驱动
推动石景山区建设高层次人才队伍

摘　要：　培育高层次人才队伍是高质量发展与建设人才高地的基础与内生动力，对于实施人才强国战略、落实首都城市定位、推进石景山区转型发展都有着重要意义。作为城市复兴新地标与京西人才高地的重要引擎，石景山区通过强化顶层设计、实施专项引育、加强平台建设等措施完善人才培育机制、扩容人才培育队伍、丰富人才培育载体。对标高水平人才高地建设对人才工作的要求，石景山区目前还存在着高层次人才集聚效应较弱、高层次人才效能发挥不明显、青年人才培育储备不足等问题。培育高层次人才队伍要坚持引育并举的双轮驱动模式，以"优化增量，盘活存量，激发潜力"为总体思路，持续优化高层次人才队伍结构，最大限度激发和释放人才创新创造活力，助力北京加快建设高水平人才高地。

关键词：　高层次人才　人才队伍培育　高水平人才高地

2021年中央人才工作会议强调，要深入实施新时代人才强国战略，全方位培养、引进、用好人才，加快建设世界重要人才中心和创新高地。我国

经济已由高速增长阶段转向高质量发展阶段，正处在转变发展方式、优化经济结构、转换经济增长动力的攻关期。高层次人才是转换经济动能、驱动创新发展的主导力量，也是打造高水平人才高地的基础与内生动力。新时代，人才工作亟须提质增效，不仅要关注人才增量，还要注重人才质量和效用，凸显人才资源竞争优势。如何培育政治坚定、德才兼备的高层次人才成为地方高质量发展与建设人才高地的必答题。石景山区作为城市复兴新地标与京西人才高地的重要引擎，培育高层次人才队伍对于下好人才"先手棋"、深入实施城市更新和产业转型两大战略至关重要。

一　培育高层次人才队伍的意义

高层次人才是指具有较强的专业知识或专业技能，拥有较强的创新能力，在一定的专业领域受到绝大多数人认同并有较大影响力，能对国民经济和社会发展带来较大贡献，或者对科技研发创新起到积极作用的人才[①]。人才高地以高层次人才为基础，是人才流动与聚集形成的高势能区域[②]，主要特点是人才数量多、素质优、结构好、效益高[③]。培育高层次人才对于国家高质量发展、北京创新发展与石景山区转型发展都有着重要意义。

（一）有利于实施人才强国战略，塑造高质量发展的人才优势

2021年中央人才工作会议指出，"我国进入了全面建设社会主义现代化国家、向第二个百年奋斗目标进军的新征程，我们比历史上任何时期都更加接近实现中华民族伟大复兴的宏伟目标，也比历史上任何时期都更加渴求人才"。在新一轮科技革命和产业变革中，国际环境更趋错综复杂，全球疫情形势依然严峻复杂，中华民族伟大复兴处于关键阶段，我国发展仍然处于重

---

① 王文静：《泉州市高层次人才政策执行问题研究》，硕士学位论文，华侨大学，2020，第6页。
② 伊彤、王涵、陈媛媛、庞立艳：《全力打造世界高水平人才高地——北京科技人才发展的问题与对策研究》，《中国科技人才》2022年第1期。
③ 王通讯：《人才高地建设的理论与途径》，《中国人才》2008年第3期。

要战略机遇期①。这些新形势对人才培养工作提出了更高要求，人才资源是实现民族振兴、赢得国际竞争主动的战略资源，充分认识新时代人才发展大势与人才强国战略意义，释放创新发展新动能，是构建新发展格局的必然要求。2016 年《国家创新驱动发展战略纲要》中提出"建设高水平人才队伍，筑牢创新根基。加快建设科技创新领军人才和高技能人才队伍"。2020 年，习近平总书记对研究生教育工作的重要指示中提出党和国家事业发展迫切需要培养和造就大批德才兼备的高层次人才。作为高水平人才高地建设的重要基础，只有培育出高素质、专业化的高层次人才队伍才能突破核心技术瓶颈、推进重大原创性成果产生，才能更好地服务和支持人才强国战略，才能在激烈的国际竞争局势中掌握主动权与话语权，让"中国号"巨轮向着中华民族伟大复兴不断前进。

（二）有利于落实首都城市定位，筑牢创新发展的人才基石

习近平总书记指出，要在北京、上海、粤港澳大湾区建设高水平人才高地，对北京而言，这既是机遇也是挑战。作为全国科技创新中心，以首善标准建立高水平人才高地的示范区，是推动新时代首都发展、创新人才工作的重大课题。北京是我国最大的科研基地、高等教育基地和最大的科技人才聚集之地，截至 2021 年，北京人才资源总量达 781 万人，人才密度达 62%，有两院院士 800 余名，占全国的近一半，入选各类国家级人才项目者超过3000 人，占全国近 1/4，全市专业技术人才总量达 395 万人，技能人才总量达 370.1 万人，其中高技能人才总量达 114.4 万人②，人才对首都经济社会发展支撑作用日益突出，人才对全市经济增长贡献率达 55%③。进一步激发人才创新活力，将人力资源转变为人才资源，将人才优势转化为发展优势，

---

① 龚旗煌：《走好新时代高水平人才自主培养之路的思考与实践》，《国家教育行政学院学报》2022 年第 5 期。

② 《高质量建设北京高水平人才高地》，中国共产党新闻网，http://theory.people.com.cn/n1/2022/0717/c40531-32477308.html。

③ 《北京：以首善情怀，聚四方之才》，光明网，https://m.gmw.cn/baijia/2022-01/19/35456908.html。

培育适应"四个中心"和"两区"建设的高层次人才队伍，对于北京建设全球科技创新引领者、高端经济增长极、创新人才首选地、文化创新先行区和生态建设示范城具有重要意义。

（三）有利于建设京西人才高地，夯实转型发展的人才支撑

"创新之道，唯在得人。得人之要，必广其途以储之"。石景山区牢牢把握"建设国家级产业转型发展示范区、绿色低碳的首都西部综合服务区、山水文化融合的生态宜居示范区"的功能定位，围绕城市更新和产业转型两大战略，深入实施"景贤计划"，加速集聚重点领域人才，使石景山区成为人才创新创业的舞台与成长发展的港湾，为打造新时代首都城市复兴新地标、京西人才高地提供强有力的人才保障。中原地产研究院统计数据显示，2019 年以来，全国有超过 150 座城市发布了各种不同力度的人才政策，与2018 年同期相比，数量上涨超过 40%[①]，人才政策密集出台表明了各地对人才引育的高度重视，城市之间的"人才争夺战"日趋白热化。新时代人才培育工作不仅要注重数量，更需量质结合充分发挥人才效能。只注重数量的提升，忽视人才队伍的培养可能会形成区域人才聚集的表象繁荣，既不利于人才发挥专业优势，也会造成财政资金的浪费。石景山区人才工作若要在众多城市（区）中脱颖而出、依托人才赋能城市更新与产业转型战略，高层次人才队伍的培育至关重要。

二 培育高层次人才队伍的经验借鉴

（一）深圳经验借鉴

深圳是典型的人才输入型城市，在建设国际化、创新型城市中，坚持面

[①] 《今年已有超 150 个城市发布人才政策，抢人还是卖房？》，百度，https：//baijiahao. baidu. com/s？id＝1647602904050249897&wfr＝spider&for＝pc。

向国内外先进地区借智引才，其亮点做法如下。

一是设立专门人才服务机构。深圳市高层次人才发展促进会由四十余所海内外高校联合发起设立，单位会员涵盖各类人才载体，个人会员全部为政府认定的国家、省市高层次人才。作为社会主义先行示范区的高端人才服务机构，其在政府和高层次人才、用人单位之间发挥桥梁纽带作用，发掘、培育、聚集了一大批一线创新创业人才，源源不断地提供强有力的智力支持。

二是搭建人才引育平台。前瞻布局重大科技基础设施集群，着力建设源头创新平台，大力发展高水平大学和特色学院、优化升级各类"双创"基地、积极增设博士后培养平台，给予充足专项经费支持，积极打造以才育才平台，设立技能大师工作室、高技能人才培训基地等聚集高层次人才。对标城市发展战略需求，高标准实施杰出人才、核心技术研发人才、基础研究人才、创客人才、金融人才、教育人才、技能人才等 15 项专项培养计划①，每项计划中明确人才队伍培育目标、资金支持等具体措施。

三是创新人才培育模式。探索以赛育才新模式，结合区域主要经济业态、新兴产业发展方向、广大职工需求，举办行业技能人才职业竞赛，打造以赛促学、以赛促训、赛训结合的新型劳动技能提升载体，培养高素质技术技能型人才、能工巧匠乃至大国工匠。推出深圳市中小企业产业紧缺人才培训项目，包括创新创业人才、"小升规"企业培育、"专精特新"企业培育、上市辅导、质量管理、知识产权、军民融合、企业管理、工业互联网 9 个培训方向②，精准化培育区域发展所需的人才。

四是推动政校专项合作。深圳龙华区人民政府与电子科技大学（深圳）高等研究院签约建立产业创新园，以培育高层次人才服务深圳市电子信息产业发展为目标，在高层次创新人才培养、科学研究、成果转化、平台建设和国际交流等领域展开全面合作，形成"培育基地-孵化器-加速器-产业园"

---

① 《关于实施"鹏城英才计划"的意见》，深科信，https：//sz. shenkexin. com/news/info-news-2923. html。

② 《深圳市中小企业产业紧缺人才培训项目 2022 年 8 月至 12 月计划》，深圳市中小企业服务局，http：//zxqyj. sz. gov. cn/gkmlpt/content/9/9984/post_ 9984700. html#1450。

四级业态，汇聚电子信息领域上下游资源，打造"产业链、创新链、人才链、教育链"四链协同发展的电子信息产业集聚带。

（二）上海经验借鉴

上海形成了"塔尖集聚高层次人才、塔身培育领军骨干人才、塔基培养行业创新人才"的金字塔式海内外人才引育结构，努力造就适应新时代发展需要的高层次人才队伍，其亮点做法如下。

一是加强人才队伍培育顶层规划。制定《关于新时代上海加强产业人才队伍建设的实施意见》，提出四方面12项具体任务，包括自主培养产业人才，加快建设产业领军人才队伍，实施集成电路、生物医药、人工智能三大先导产业人才培育专项，加大产业人才供给、构建产教深度融合发展格局等，为汇聚和培育产业人才、建设高层次产业人才队伍指明了工作方向。

二是实施专项人才队伍引育项目。推出"上海产业菁英"高层次人才培养专项计划，聚焦本市"3+6"新型产业体系，紧扣数字化转型，加快培育绿色低碳、元宇宙、智能终端新赛道，选拔培养一批产业领军和青年高层次人才。同时，印发《上海金融领域"十四五"人才发展规划》《上海市社会工作人才队伍建设"十四五"规划》《会计行业人才发展规划（2021—2025年）》等重点领域人才队伍专项规划，培育符合国家与地方发展需求的高层次人才队伍。

三是构建全面的人才培育体系。整合全市人才计划，形成高峰、领军、青年有机衔接的人才培养体系，重点实施高峰人才引领工程、基础创新人才培育工程、卓越制造人才提升工程、高技能人才振兴工程与城市治理专业人才培育"五大工程"[①]。针对不同成长阶段的战略人才发布相应的培育政策，如推出鼓励32周岁以下青年科技人员大胆创新的扬帆计划、促进35周岁以下杰出青年科技人员成为学科/技术带头人的启明星计划、培养和选拔50周

[①] 《面向"十四五"时期，上海人才政策升级》，网易，https：//www.163.com/dy/article/FQ6N44UG0525MNTI.html。

岁以下跻身世界科技前沿的学科带头人和领军企业科技创新的技术带头人的学术/技术带头人计划等①。

四是探索产教融合人才培育模式。推出《上海市深化产教融合协同育人行动计划（2021—2025 年）》，从增强产教融合协同育人主体内生动力、建立开放共享的协同育人信息平台、建立健全产教融合协同育人体系三个方面规划了上海深化产教融合改革、建设人才高地的具体举措。推动职业院校专业设置由"学科导向"转变为"行业岗位需求导向"，由需求端出发提供订单式人才培养方案，高校将为企业对口直供人才。全面推行现代学徒制和企业新型学徒制，开展覆盖 61 个专业的"招工即招生、入企即入校、企校双师联合培养"学徒制试点②。

（三）杭州经验借鉴

杭州是国内外高层次人才聚集的重要基地，连续多年人才净流入率位于全国前列，其亮点做法如下。

一是深化人才政策体系改革。以"准确识变、科学应变、主动求变"的精神，不断改革深化人才政策体系，先后推出"新世纪人才工程"、"杭 27 条"、"杭 22 条"、"聚才 10 条"、"杭 37 条"以及相应配套的人才支持政策，及时适应人才工作以及经济社会发展需求，对人才政策进行改革再深化。如"杭 37 条"为"抓防控、促发展"提供坚强的人才保障，加大对生命健康、公共卫生等领域创新领军人才、专业技术人才的招引，给予抗疫人才更大的专项政策支持。

二是搭建高能级人才发展平台。搭建城市集群平台、产业园区平台、高校科研院所平台、赛会聚才平台、众创空间平台、战略试验平台"六大平台"，为人才成长发展、智力转化等提供多元集群的平台基础。如赛会聚才

---

① 《上海如何建设高水平人才高地，激发人才创新活力》，百度，https：//baijiahao. baidu. com/s？id＝1735141216390874826&wfr＝spider&for＝pc。

② 《直面"招工难"，上海新兴产业探路"订单式"人才培养》，腾讯网，https：//new. qq. com/rain/a/20211123A079BS00。

平台包括"杭州国际人才交流与项目合作大会""杭州市海外高层次人才创新创业大赛""侨界精英创新创业峰会"等，以重大赛事活动引聚国内外高层次人才，形成"大平台-大团队-大项目-大成果"的引才育才品牌链，培养造就更多的战略科学家和科技领军人才。

三是建立完善人才评价体系。坚持破除"四唯"用人观，探索建立以创造价值、业绩、贡献等为主要评价导向的分类评价体系，率先推出"三定三评"高层次人才分类评价新模式，并授权用人单位更大的自主评价权，建立用人主体自治协同发展联盟，不断激发人才活力，营造"不拘一格降人才"的发展环境。如杭州滨江区制定"天堂硅谷人才"分类认定目录，形成评审认定和授权认定相互补充的人才评价机制，重点关注新产业新业态新商业人才，激励核心高管和科研技术团队等关键群体。

四是优化青年人才发展环境。积极引育高校科研机构、新型科教融合平台，实施"西湖青荷工程""大学生杭聚工程"，打造"杭帮彩"大学生创新创业工作品牌，重点扶持具有较强成长潜力的优秀青年人才和团队①。推进青年友好型、发展型城市建设，印发《杭州市青年发展型城市建设试点实施方案》，出台体系化、普惠性的青年发展政策，帮扶行业领军青年人才、青年企业家、大学毕业生、新业态从业者、技能型人才等青年群体，持续优化青年人才发展环境，为青年人才创新创业、安居生活创造良好条件。

三 石景山区培育高层次人才队伍的探索与实践

（一）石景山区高层次人才队伍建设现状

石景山区认真落实中央、市委决策部署，统筹谋划人才工作布局，聚焦

---

① 《杭州发布"建设人才生态最优城市　打造人才创新高地行动方案"!》，百度，https：//baijiahao.baidu.com/s？id=1715745588521278190&wfr=spider&for=pc。

高精尖产业人才、创新型科技人才、行业骨干技术技能人才等人才队伍建设，人才总量与人才结构进一步优化，人才效能不断提升，人才工作成效得到了海内外人才和企业的普遍认可和广泛关注。截至 2022 年 8 月，石景山区人才资源总量达到 27.1 万人，较 2018 年增长 14.8%[①]。到"十三五"末期，全区入选国家、市级和区级人才计划的高层次人才数量达到 280 名，其中两院院士 12 名、中央和北京市人才计划入选者 90 名，每万名劳动力中研发人才总量达到 246 名，技术研发人员年均增长速度达到 15.93%，超过中关村示范区研发人员年均增速 6.6 个百分点[②]。

自"景贤计划"实施以来，高层次人才进一步细分为顶尖人才、领军人才、青年拔尖人才、工作类海外高层次人才和创业类海外高层次人才 5 个类别。2020 年以来，已认定"景贤人才"171 名[③]，涵盖了科研院所、医疗卫生、教育教学、现代金融、科技服务、数字创意、新一代信息技术、商务服务等高精尖产业领域，引进了与石景山区产业结构相契合、与经济社会发展相融合的高质量人才，如"景贤人才"肖明国所在单位荣获全国应急管理系统先进集体，本人接受习近平总书记亲切接见，亢泽峰入选"国家卫生健康突出贡献中青年专家"，史晓刚、杨波入选第九批"北京市优秀青年人才"。截至 2022 年 10 月，共有 21 家"景贤人才"所在单位陆续被评为北京市"专精特新"企业，其中 4 家被评为国家级"小巨人"企业，充分反映出"景贤人才"在引领企业经济发展中的带头作用[④]。

（二）石景山区培育高层次人才队伍的实践

1. 强化顶层设计，完善人才培育机制

一是加强组织领导，健全工作机制。认真落实中央、市委关于人才工作的部署要求，成立区委人才工作领导小组，出台《石景山区委人才工作领

---

① 数据来源：课题组调研数据。
② 数据来源：《2020 年石景山区人才工作调研报告》。
③ 数据来源：课题组调研数据。
④ 数据来源：课题组调研数据。

导小组工作规则》，细化和明确各成员单位职能分工，进一步优化党管人才工作格局。召开人才工作领导小组会，谋划全年重点工作，部署人才培育重点任务，进一步增强人才工作执行力和协调力。

二是强化规划引领，谋划工作布局。编制印发《石景山区"十四五"时期人才发展规划》，聚焦加快集聚高层次人才、大力引育急需紧缺人才和统筹推进各类人才队伍建设三大主要任务，以长远规划引领阶段性任务，压实主体责任，推进各项人才工作有效落实。

三是完善政策体系，加大人才支持。制定印发《关于进一步加强石景山区人才工作的意见》《石景山区吸引和鼓励高层次人才创业和工作计划实施办法（试行）》等政策，推动《北京市支持科幻产业人才引进若干措施》《石景山区人才住房管理暂行办法》《石景山区教育系统人才引进暂行办法》等人才支撑政策出台，完善"1+1+N"人才政策矩阵，全方位加大人才支持力度。

2. 实施专项引育，扩容人才培育队伍

一是实施"景贤计划"，引聚高层次人才。围绕石景山区"1+3+1"高精尖产业和区域重点发展行业人才需求，坚持外引内聚相结合，面向全球发布"景贤计划"，明确五类高层次人才认定标准，设立每年5000万元人才发展专项资金，用于高层次人才和引才机构的专项奖励，切实加大对海内外高层次人才引聚支持力度。

二是加强需求调研，引聚急需紧缺人才。开展急需紧缺人才需求调研和人才需求预测，发布急需紧缺人才目录。建立重点领域部门人才开发协调机制，加强与第三方机构对接，拓展人才引进市场化手段，把急需紧缺人才目录中紧缺指数较高的人才列为人才政策重点支持对象。

三是开展政校合作，储备优秀青年人才。开展"景贤礼士·WE梦相聚"走进高校引才系列活动，与北京大学、清华大学等17所高校共同发起成立"高校京西发展联盟"，在政治引领、创新创业、社会治理、青年发展、智力支撑五大方面开展政校合作，设立"景贤未来人才"社会实践基地，为区域经济社会发展储备一批战略人才。

3. 加强平台建设，丰富人才培育载体

一是创新培育载体，激发人才活力。举办"北京·景贤杯"创新创业大赛，以"创想无止境·赢在石景山"为主题，聚焦现代金融、科技服务、数字创意、新一代信息技术、商务服务等高精尖产业发展，向全球征集创新创业项目并推动其在石景山区落地发展，加强与国内外各大创新创业赛事的交流合作，承接中关村技术创新溢出效应，持续吸引海内外青年创新创业人才，加速建设国际人才交流合作平台。

二是拓宽培养渠道，赋能人才成长。筹建"景贤学院"，组织开展"景贤人才"影响力提升培训班，抓好人才专业培训，依托"园区讲堂""民企学堂"等平台，采取"请进来"和"走出去"相结合的方式，邀请行业名家、高校名师围绕经济形势、政策解读、企业发展开展集中授课，组织"景贤人才"到先进地区参观学习、开阔视野，切实赋能人才成长。

三是发挥区域优势，助力人才发展。深化国际合作，建设"国家级+市级+创新型孵化器"相结合的孵化服务体系，促进区内创业机构优势互补和资源共享，引导创业孵化服务做精做专，打造国际化、集聚化事业平台，结合新首钢国际人才社区、"侨梦苑"、海外院士专家北京工作站、银保园、中关村石景山园、文创园等支点，打造"一线多港"国际化人才引育平台，为高层次人才的集聚发展提供广阔的承载空间。

四　石景山区培育高层次人才队伍存在的不足

（一）高层次人才的集聚效应仍需增强

石景山区通过实施"景贤计划"集聚了一批优秀人才，但高层次人才队伍有而不大、有而不强、有而不优，集聚成效仍有待加强。高层次人才引进手段和渠道较为单一，人才引进模式仍以政府主导、用人主体自发引进为主，市场化的专业人才机构参与度较低，如石景山区专业的人力资源机构不足 50 家[1]，

---

[1]　数据来源：课题组调研数据。

普遍存在规模小、层次低的问题，难以满足市场多样化的需求，在人力资源转移与引进方面的"纽带"和"桥梁"作用发挥有限。外埠引进高层次人才的频次不够高、成效不明显，重点领域如医疗卫生系统、教育系统等高层次人才较为缺乏，未来仍需进一步扩容提质，完善人才结构。

（二）高层次人才效能仍需进一步提高

用好用活人才、充分发挥人才效能是高层次人才队伍培育的重要内容。石景山区人才培育的联动体系、科技成果转化体系仍需完善，人才培育的针对性和实效性有待提升，如"景贤学院"培训课程的精准化、培训形式的多样化、培训机构的专业化等方面还存在较大的提升空间。此外，对认定的"景贤人才"和引进的高层次人才实际贡献情况掌握不全面，未能建立精准科学、专业化、分类的人才评价体系，缺乏与评价体系结果相配套的奖惩激励措施，对人才的激励效果不够明显，无法精准反馈人才效能的发挥情况，如开展"景贤人才"认定工作以来，三年共认定了171名"景贤人才"，但对于人才的履职绩效、创新成果、实际贡献等评价不够科学全面，难以有效评估与指导人才引进工作。

（三）青年人才挖掘培育机制有待完善

青年人才的挖掘与培养，是整个人才队伍建设工作的重要组成部分。作为后备发展力量，石景山区通过"走进高校引才计划"、"景贤未来人才"社会实践基地等活动推介石景山区情和人才、产业政策，持续吸引青年人才，但未能建立起跟踪培育机制，对有潜质、复合型战略后备青年人才的选拔与培养力度不足，思想引领不够充分，政校企三方合作不够紧密，青年人才创新创业的保障措施不够全面精准，软硬件载体建设有待进一步加强。

五　加强高层次人才队伍培育的建议

人才引进是需求导向，目标明确，易于展现成效；而人才培养周期长，成效慢，需要长期坚持。培育高层次人才队伍是一个系统工程、长期工程，需要更加前瞻的视野、更加开放的格局、更加包容的环境、更加务实的举措。要坚持引育并举的双轮驱动模式，以"优化增量，盘活存量，激发潜力"为总体思路，将海内外高层次人才吸引到推动本地经济社会高质量发展的热潮中来，培育德才兼备的高层次人才。

（一）优化人才增量，完善人才结构

一是健全高层次人才供需对接机制。加强人才工作信息化建设，建立和完善高层次人才档案及人才数据库，实时掌握人才队伍动态发展情况，及时预警人才缺失和流失。探索授权松绑的机制，加快建立以信任为基础的人才引进管理机制，聚焦"1+3+1"高精尖产业急需的高层次、高技能、创新型人才，以按需引才为指导，赋予用人主体更多的人才引进和评价自主权，鼓励以高层次人才为核心的团队引进形式，针对特殊高层次人才，建立"一事一议、一人一策"的灵活引进机制，激发用人单位引才积极性，使引才工作更精准高效，持续促进人才结构科学化、合理化。

二是多元扩展市场化人才引进手段。积极学习借鉴其他地区、国家的先进经验做法，探索市场化引才新机制，拓宽市场化引才渠道。引进并培育优质人才资源服务机构，支持开展高端人才猎聘业务，建设高端猎头服务网络，使其在政府和高层次人才、用人单位之间发挥桥梁纽带作用，积极协助引进地方发展所需要的优秀人才和紧缺人才。落实"引才伯乐奖"专项奖励，延伸人才工作阵地，对于招才引智成效显著的引荐主体给予相应奖励，鼓励各方力量参与高层次人才引进工作。

三是加快实施人才专项引育计划。对标城市发展战略需求，深入实施《石景山区吸引和鼓励高层次人才创业和工作计划实施办法（试行）》，紧扣城市更新和产业转型战略，制定并印发培育高精尖产业和教育、医疗等重点领域高层次人才队伍专项规划，如持续推进名师培养工程和"特级教师工作室""校长工作室""书记工作室"等项目，稳步推进区级医学重点学科建设项目和名中医传承工作室项目，挖掘引进优质中医资源等。每项计划

中明确各类人才队伍的引进目标、选拔标准、培育课程与资金支持等具体措施，提高人才队伍培育的科学性和精准性。

四是提升"景贤计划"影响力。拓展"景贤计划"品牌矩阵，做好"景贤人才"申报认定工作，举办好"北京·景贤杯"创新创业大赛、打造好"景贤学院"，建设好"景贤创业小镇"等，有序引育一批能够提升产业链层次、填补产业链空白的高层次人才。加强人才领导小组各成员单位之间联动，加大"景贤计划"和人才发展政策宣传力度，发挥公众号、人才网等媒介传播优势，定期推送和更新内容。在严格遵守疫情防控相关规定的前提下，适时组织人才政策专场宣讲会，加大走访人才、企业频次，送政策上门，持续提升"景贤计划"影响力和辐射力。

（二）盘活人才存量，激发人才效能

一是探索"以才育才"的培养机制。建立行业培育联动机制，整合利用好各类优质培训资源，积极建设更多"以才育才"平台。以长安金轴为主线，结合新首钢国际人才社区、"侨梦苑"、海外院士专家北京工作站、银保园、中关村石景山园等多个支点，加快建设宜业宜居、具有石景山特色的人才集聚港，打造一线多港的人才引育平台，发挥引进认定人才的辐射带动作用。设立重点领域专业人才实训基地、人才技能工作室，通过"师承制"培育模式，发挥"传帮带"作用，鼓励领军企业与人才培养输送专业素质高、业务能力强的各类人才。

二是助力科技成果落地转化。科技成果转化是科学技术转化为第一生产力的前提[1]，是高层次人才发挥自身才能、贡献自身力量的有效途径。围绕国家战略需求，聚焦地方发展需要，以创新企业为主体、坚持市场导向，培育若干专业化科技成果转化基地，进一步整合科研院校、科技企业孵化器、众创空间等各类专业技术创新要素，推动博士后科研工作站、院士工作站等

---

[1]《建立三个机制促进成果转化》，光明网，https：//m.gmw.cn/baijia/2021－06/16/34925477.html。

创新创业实践基地的建设，促进科技成果向现实生产力转化，结合新首钢发展规划，积极开发合适的产业发展路径，推进产才融合。加强技术经理人队伍建设，协助人才解决技术研发、技术改造、技术配套等难题，激发人才创新创业活力。

三是健全人才分类考核评价机制。探索建立分级分类、精准科学的人才评价体系，发挥人才评价的指挥棒作用。遵循科研规律和创新发展需要，依据各类人才的履职绩效、创新成果、实际贡献建立相应的评价指标，对掌握顶尖技术、经济贡献突出、地方发展急需的高层次人才，在评价时可适当突破年龄、学历、职务等限制。强化结果应用，建立动态退出机制，"一人一档"记录考评结果，将其作为人才扶持、奖励和清退的重要依据，通过日常考核、年度评审、不定期回访相结合的方式，延长人才评价周期，确保人才发展保障资金投入切实有效，对人才起到一定的约束作用，激励高层次人才更好地投入区域经济建设发展。

四是构建全面的人才培育体系。以"景贤学院"为核心，整合优质人才培育资源，形成顶尖、领军、青年拔尖有机衔接的人才培养体系。坚持"精准培养、按需施教、学以致用"的办学理念，制订人才培育方案，常态化开展人才培训，针对不同类型人才的需求提供针对性、多样化主题课程，提升人才专业技能、管理能力、心理素质等综合素养，帮助人才改善知识结构，了解国家大政方针、分析行业前沿、规划公司战略，促进人才交流合作，精准化培育区域发展所需的人才，进一步提升人才培训的专业和实效，使人才始终有学习和成长机会。

（三）挖掘人才潜力，培育青年人才

一是强化青年人才思想引领。坚持"党管人才"原则，最广泛地团结、凝聚青年人才，关心帮助青年成长成才，积极为党和国家的事业培养和输送优秀青年人才。加强对青年人才的政治引领，着力强化党性教育和爱国情怀培养，定期选派青年人才参加国情研修和访学进修，促进青年人才坚定理想信念，推动青年人才工作更好融入中心大局。把握正确价值导向，营造呵护青年人才成长发展的宽松氛围，营造鼓励创新、宽容失败的科研氛围，把科学精神、创造能力的培养贯穿青年人才培养的全过程，激发青年人才干事创业的创造性思维，激励青年人才主动担负起时代赋予的使命责任。

二是建立政校企三方合作机制。充分发挥高校人才培养主阵地作用、企业承载创新人才主体作用，政府统筹协调产学研融合作用，通过政校企"三位一体"协同育人，促进产学研深度融合，优化配置生产要素。激发"高校京西发展联盟"活力，依托北方工大、中国科学院大学、首钢工学院、首钢技师学院等属地资源，深入对接清华大学、国科大等"双一流"高校，推进"政校企"三方在人才培养、科技创新、产业发展、社会治理等领域的深度交流与合作，建立"校地合作"青年人才"订单式"培养机制，加强对产学研结合项目的鼓励、引导和支持，形成以社会需求为导向和能力建设为核心的青年人才培育机制，坚持实践能力和理论能力的同步提高，为产业转型发展输送源源不断的生力军。

三是保障青年人才就业创业。为青年人才实践就业提供多元渠道，做实"景贤未来人才"社会实践基地，扩大岗位规模，举办特色鲜明、富有实效的主题实践活动，持续开展"景贤礼士·WE梦相聚"走进高校引才系列活动，提供免费职业技能培训和创业培训，注重发掘具有潜质的青年优秀人才进入后备人才库，跟踪支持青年人才创业发展，助力青年职业发展规划。构建青年人才创新创业平台，探索"以赛引才育才"新模式，举办行业技能人才职业竞赛，形成以赛促学、以赛促训、赛训结合的新型劳动技能提升平台，持续开展"北京·景贤杯"创新创业大赛，针对青年人才优秀创业项目，优先安排入驻"景贤创业小镇"，为其提供政策扶持、保障对接、创业培训、项目孵化、加速成长等专业化服务，推动青年人才就业创业与城市发展、产业需求紧密结合。

四是加大青年人才支持力度。在人才培养、引进、支持计划等方面，适当向高层次青年人才倾斜，持续优化支持方式，建立早期发现和跟踪培养机制，扩大青年人才项目支持规模。在资金、项目等资源分配中，适度对青年科技人才予以单列，探索建立优秀青年人才长期稳定支持项目特殊晋升机制，承担重大任务"举荐制"等，尊重人才的科研自主权，发挥青年人才的探索精神和首创能力，为青年科技人才创新实践提供相应保障。进一步发挥市场机制，积极调动市场和社会力量参与青年科技人才创新能力培养，对培养青年人才创新能力具有突出贡献的企业、单位和组织进行资源倾斜和政策配套。

B.5

关于激活"两支队伍"创新活力
助力高水平人才高地建设研究

北京市人力资源和社会保障局课题组 *

摘　要： 2021 年 9 月召开的中央人才工作会议上，习近平总书记强调"加快建设世界重要人才中心和创新高地，需要进行战略布局"，并明确提出"可以在北京、上海、粤港澳大湾区建设高水平人才高地"。市委人才工作会议强调，要深入学习贯彻习近平总书记关于新时代人才工作的新理念新战略新举措，以建设国家战略人才力量为主线，以首善标准抓好人才工作，力争率先建成高水平人才高地，为我国建设世界重要人才中心和创新高地提供战略支撑。为落实好中央及市委有关要求，本文分析总结了北京市专业技术人才和技能人才队伍建设取得的成效和存在的不足，围绕高水平人才高地建设，有针对性地提出了人才引进、培养、评价、激励及服务等方面的对策建议。

关键词： "两支队伍"　专业技术人才　技能人才　人才高地

---

* 课题组组长：荀连忠，市人力资源社会保障局党组成员、副局长。课题组成员：高永辉，市人力资源社会保障局人力资源市场处处长，二级巡视员；王小兵，市人力资源社会保障局职业能力建设处处长，二级巡视员；庄仪青，市人力资源社会保障局表彰任免处处长；刘武，市人力资源社会保障局专业技术人员管理处处长；刘洪朗，市人力资源社会保障局事业单位人事管理处处长；毛艾，市人力资源社会保障局工资二处处长；方爱明，市人力资源社会保障局人力资源开发处处长；李庚申，市人力资源社会保障局人力资源开发处副处长；杨晓宇，市人力资源社会保障局人力资源开发处四级主任科员；李晓婷、徐海峰、王江涛，北京劳动保障职业学院教师。

一　概述

当今世界的竞争实质上是人才的竞争、科技的竞争、创新的竞争。人才作为支撑发展的第一资源，在经济社会发展中的基础性、战略性、决定性作用也愈益凸显。做好新时代人才工作是关系经济社会发展的全局性、战略性问题，也是推动高水平科技自立自强、全面建成社会主义现代化强国、实现第二个百年奋斗目标的关键举措。

建设高水平人才高地是以习近平同志为核心的党中央对北京人才工作提出的重要战略要求，是我国建设世界重要人才中心和创新高地的重要组成部分。高水平人才高地有以下特征：一是各类人才高度聚集，科技、资本、信息资源高度聚集的全球人才枢纽；二是国家优质资源重点支持、人才机制体制改革先行先试、人才活力创造力迸发的最佳沃土；三是体现世界标准和一流水平、具有全球影响力竞争力的人才发展平台。

当前，北京市已明确作出"力争率先建成高水平人才高地，为我国建设世界重要人才中心和创新高地提供战略支撑"的部署要求，需要结合工作实际，以首善标准抓好落实。专业技术人才和技能人才队伍是人才队伍的重要组成部分，在高水平人才高地建设中具有不可替代的作用。因此，应坚持党管人才原则，坚持"四个面向"，聚焦专业技术人才和技能人才队伍的特点和需求，围绕人才培养、引进、使用、评价、激励、服务等关键环节，持续深化人才发展体制机制改革，积极营造良好人才生态环境，不断激发技术技能人才创新活力，全力推进高水平人才高地建设。

二　北京市专业技术人才和技能人才
"两支队伍"发展现状

截至 2020 年底，北京地区从业人员达到 1259.4 万人，人才资源总量达到 781.3 万人，其中专业技术人才 383.1 万人、技能人才 370 万人（高技能人才 112.3 万人）[①]。

（一）专业技术人才队伍建设稳步推进[②]

1. 创新人才培养机制，实施"登攀"计划

一是发挥博士后制度作用，培养引进具有国际水平的青年科技人才。以培养国际一流的科技领军人才和创新团队为目标，坚持"两打破一打通"，打破传统的人事、职称、编制制度限制，打破不同学科、科研领域、行业壁垒，打通高校科研院所和企业间人才流动渠道，鼓励高精尖产业和前沿科技领域设立博士后科研工作站。截至 2022 年 9 月底，北京市已在 8 所市属高校设立博士后流动站 51 个，覆盖了除军事学以外所有学科所有门类；设立博士后工作站 174 个，覆盖了北京市优先发展的十大"高精尖"产业领域；在 15 个中关村科技园区设分站 271 个，重点支持包括民营经济在内的高新技术企业，已有 12 家独角兽企业设立了博士后科研工作站。2011 年以来，北京市属设站单位出站博士后近 3291 名，完成项目 5800 项，申请专利 2402 项，出版专著 500 余部，留京工作、创业 2842 人，部分成长为学科、技术带头人和科技领军人物，在基础科学研究、技术攻关、新产品研发等方面取得丰硕成果。

二是扎实推进专业技术人才知识更新工程。统筹推进重点行业、重点领域专业技术人才队伍建设，大力实施专业技术人才知识更新工程，建设一支爱党报国、敬业奉献，善于推动理论、科技、文化创新的专业技术人才队伍。2011 年以来，累计承办和举办国家、市级高级研修活动 700 余期，培养高层次人才近 4 万名；按照"优化布局、突出特色、资源共享、注重实效"的原则，共设立 50 家国家级、市级专业技术人员继续教育基地。围绕专业技术人才的职业发展方向和岗位适应能力，指导行业主管部门培养培训

---

① 数据来源：《北京地区人才资源统计报告（2020）》。
② 下文数据均来源于北京市人力资源和社会保障局工作统计。

高层次人才、急需紧缺人才和岗位骨干人才共计 30 万余人。2019 年以来，依托北京市继续教育网，聘请优秀师资，研发网络课程，开展专业技术人员公共知识培训，累计培训 80 余万人次。近年来，已将非公经济科技创新机构纳入高级研修项目资助范围，每年资助十余家科研能力强、创新比较活跃、影响力比较广泛的新兴领域行业协会（学会）、民营企业举办市级高研班。

2. 创新人才开发机制，促进人才顺畅有序流动

一是用"猎头机构"全球引才。2018 年底，北京市出台《关于进一步发挥猎头机构引才融智作用　建设专业化和国际化人力资源市场的若干措施（试行）》，鼓励通过猎头机构市场化引才方式，为用人单位寻访急需紧缺人才，给予猎头机构和用人单位资金奖励。截至 2022 年 9 月底，已先后发布两批"人才选聘项目"清单，通过搭建供需对接平台，组织专项活动，共推荐成功 15 个清单岗位。

二是用"职业资格"全球引才。聚焦"两区"建设需要，深化职业资格领域先行先试改革，支持和鼓励境外专业人员来京创业工作。2021 年 4 月，发布"两区"对境外人员开放职业资格考试目录（1.0 版），面对境外人员开放了 35 项职业资格考试；2022 年 9 月，进一步加大改革开放力度，出台了"两区"对境外人员开放职业资格考试目录（2.0 版），支持境外人员在京申请参加的职业资格考试达到 40 项。同时，探索建立境外职业资格认可制度。2021 年 9 月，出台了境外职业资格认可目录（1.0 版），首批认可 82 项境外职业资格；2022 年 6 月，又发布了境外职业资格认可目录（2.0 版），累计认可 1.10 项境外职业资格，提出了更大力度的支持保障措施。

三是用"开发目录"全球引才。北京市从 2020 年起探索通过政府和市场相结合的方式编制人力资源开发目录，为各类用人单位、劳动者、人力资源服务机构在招聘求职、教育培养、技术技能提升等方面提供了指引。2020 年以来，已编制三版人力资源开发目录，并在中国国际服务贸易交易会上向社会发布。

四是颁布实施《北京市促进人力资源市场发展办法》。该办法对人力资源市场体系、人力资源市场培育、人力资源服务活动等做出系统规定，并首次将人力资源服务业纳入北京市高精尖产业登记指导目录，综合运用各类产业政策重点支持发展。办法自2021年5月1日起施行，将促进人力资源自由有序流动，营造稳定、公平、透明、可预期的人力资源市场发展环境。

3. 创新人才评价机制，积极发挥"指挥棒"作用

2018年以来，北京市先后出台《关于深化职称制度改革的实施意见》以及工程技术、农业技术、自然科学研究、社会科学研究、工艺美术、文物博物、档案等多个系列的改革文件，对实行30年的职称制度进行了突破性变革。

一是破除职称评价"一尺量"，研究制定职称分类评价标准。以"品德、能力、业绩"为导向，按照职业属性和岗位职责对人才进行分类，量身定制不同的评价标准和考核要素权重，形成了导向明确、精准科学、规范有序、竞争择优的科学化职称评价机制。

二是破除职称评价"唯论文"，实行代表性成果评审制度。贯彻国家部署，除论文、专著外，支持人才以代表性成果（专利、标准、报告、课例、病案等）替代论文，重点考察工作实绩。同时，打破职称评价门槛，取消外语、计算机等硬性要求。

三是破除评价使用"两张皮"。在高校和条件成熟的科研机构、新型研发机构实行职称自主评聘，实现职称评价结果与岗位聘用、考核晋升等制度相衔接。

四是推进评审制度创新。打破职称逐级晋升模式，推行职称评审"直通车"制度，高端领军人才可不受学历、资历等限制凭业绩参评职称。截至2022年9月底，累计1014人通过"直通车"实现正高职称一步到位。打破职称评价领域限制，增设动漫游戏、数字编辑、科学传播、技术经纪、知识产权、人工智能、应急工程、消防工程和创意设计等职称专业，支持新职业、新业态人才发展。截至2022年9月底，已有1500余人取得动漫游戏和数字编辑相应职称、500余人取得科学传播专业职称、260余人取得技术经纪专业职称。打破职称评价地域限制,与津冀人社部门签署职称资格互认协议,持续为北京市疏解外迁人员提供职称评价服务,鼓励条件成熟的评审机构赴津冀提供职称评价上门服务。打破国籍、身份限制,将外籍和自由职业人才纳入职称评价范围,实现了职称评审人群全覆盖。优化职称服务,推行职称证书和职业资格证书电子化改革,应用电子印章,并提供网上查询、验证、下载等服务。

4. 创新人才激励机制,进一步调动人才工作积极性

一是强化以增加知识价值为导向的科研人才薪酬激励机制。本市出台《关于服务北京国际科技创新中心与"两区"建设 鼓励和促进事业单位创新激励工作的通知》,对事业单位符合条件的高层次人才实行年薪制、协议工资、项目工资等灵活多样的分配形式且不受本单位绩效工资总量限制;对事业单位开展科技成果转化、承担竞争性财政科研项目、提供科研设施与仪器开放共享服务等有关科研人员进行激励,不受本单位绩效工资总量限制。充分发挥绩效工资分配的激励作用,有效调动高层次人才的积极性和创造性。

二是放宽对高校、科研院所、医院、新闻等事业单位绩效工资总量的调控。印发《关于做好事业单位年度绩效工资总量调整和年度绩效工资总量核定有关工作的通知》,对承担国家或北京市全面深化改革的政策研究、改革试点等重大改革任务的事业单位,给予核增一次性绩效工资进行激励。同时,积极完善对北京市高校、科研院所、医院、新闻等领域的创新激励措施,进一步加大激励力度。

(二)技能人才队伍建设不断加强

近年来,北京市以习近平总书记关于技能人才工作的重要讲话和指示批示精神为根本遵循,全面落实国家相关部署,立足实际出台实施了《关于全面加强新时代首都技能人才队伍建设的实施意见》《北京市职业技能提升行动实施方案(2019—2021年)》等文件,通过构建终身职业技能培训体系、创新技能培训管理体制、健全技能人才评价机制、提高技能人才待遇水

平等，大力推动首都技能人才工作创新发展。

1. 落实职业技能提升行动，多渠道加强技能人才培养

一是注重加大塔基技能人才培养力度。以职业技能提升三年行动为契机，面向企业职工和重点就业群体，大力实施以训稳岗、以训兴业培训补贴政策，面向社会征集并发布人工智能、大数据、云计算等领域154门前沿科技创新课程，大规模开展职业技能培训。积极调动企业培训积极性，支持全市各类企业大规模开展岗前适应性培训、新型学徒培训、岗位技能提升培训等，并给予培训补贴。充分调动个人培训积极性，建立企业职工个人技能提升补贴制度，取得国家职业资格证书或技能等级证书的，每人最高可享受3000元的补贴。通过开展技能提升行动，年培训规模已从60万人次提高到百万人次以上，为高技能人才培养筑牢了塔基。

二是注重加强塔尖高技能人才培养。对标对表世界技能大赛国家集训基地人才培养标准，注重实训成果转化，持续加强高水平高技能人才培训基地建设。在第45届世界技能大赛中，北京市16个国家集训基地项目全部获奖，取得8金5银2铜1优胜的好成绩。在第一届全国技能大赛中，北京代表团获得1金、3银、1铜和37个优胜奖，20名选手入围第46届世界技能大赛国家集训队。同时，建立了世赛、国赛、市级赛三位一体的竞赛培养选拔机制，通过以赛代训、以赛促训，带动百万余人岗位练兵、技术比武，培养选拔了一大批优秀高技能人才。

2. 搭建技能人才发展平台，提高人才开发使用效率

结合首都产业发展，坚持高端发展方向，以战略性新兴产业、高新技术产业、现代服务业和传统优势产业为重点，在技能含量较高、高技能人才密集的行业和大型企业集团以及公共实训基地中，依托有突出贡献的技师、高级技师建立技能大师工作室，推行名师带徒制度，更好地发挥高技能领军人才在技能攻关、技艺传承、技能推广等方面的重要作用。截至2021年底，重点建设142家技能大师工作室，积极创新技能大师工作室管理机制，引入项目制管理，每年预算近千万资金支持工作室项目建设，项目成果实现了很好的经济效益和社会效益。

3. 实行多元化技能评价，全方位创新人才评价机制

落实国家职业资格改革要求，将技能人才水平评价由政府部门鉴定改为社会化职业技能等级认定，大力推行企业自主评价和社会培训评价组织评价。截至 2022 年 9 月底，已有 263 家机构开展评价工作，覆盖 70 万职工，为 17 万余人完成职业技能等级认定。为加大技能人才评价"放管服"改革力度，主要从"破、放、融、新"四个方面推进工作，每年技能人才评价规模达到 6 万人次以上。

一是以破为立，建立人才评价新机制。不断完善技能人才多元评价方式，率先探索建立了企业技能人才自主评价制度，致力于冲破制约技能人才评价的"玻璃门"，最大限度地让技能人才动起来、活起来。

二是以放促管，增强用人单位自主性。充分发挥行业企业用人主体作用，把评价权放还给企业，实现"评价谁、如何评价、评价结果"都由企业说了算。积极建立社会第三方职业技能等级认定机制，使评价更能满足人力资源市场流动需要。

三是以融促评，不拘一格选拔人才。企业技能人才自主评价坚持"三融合、一挂钩"的原则，即国家职业标准与生产岗位实际相融合、职业能力考核与工作业绩评价相融合、企业评价与社会认可相融合、培训考核与使用待遇相挂钩。

四是以新致远，建立人才成长贯通渠道。打破职业技能评价与专业技术职称评审的界限，支持优秀高技能人才破格申报高级职称，努力改变人才发展天花板、独木桥现象。2021 年以来，支持 800 余人次高技能人才申报职称，搭建了技能人才与专业技术人才成长的立交桥。

4. 强化技能人才激励表彰，提高政治经济社会待遇

一是贯彻国家提高技术工人待遇要求，提高高技能人才政治待遇、经济待遇、社会待遇。对为国家和北京市经济社会发展作出突出贡献的生产服务一线高技能人才，探索实行在工会等群团组织中挂职和兼职，纳入党委联系专家范围。建立以技能价值为导向的薪酬分配制度，逐步提高技能人才工资待遇水平。加大高技能人才引进力度，凡获得中华技能大奖等五类荣誉奖项

的高技能人才可直接办理人才引进，配偶及未成年子女可一并随调随迁，吸引带动北京市技能人才梯次成长。

二是加大高技能人才奖励激励力度。建立了"北京市有突出贡献的高技能人才"和"享受北京市政府技师特殊津贴人员"评选制度，先后表彰为首都经济建设和社会发展做出突出贡献的优秀高技能人才149名、享受北京市政府技师特殊津贴高技能人才599名，并分别一次性给予每人5万元、3万元奖励或津贴。同时，积极向国家推荐北京市优秀拔尖高技能人才，已有5人荣获"中华技能大奖"，82人经评选获得"全国技术能手"荣誉称号，87名高技能人才享受国务院政府特殊津贴，充分调动了北京市技术工人立足岗位做贡献的积极性。

5. 实施"金蓝领"培育计划，激发技能人才活力

围绕技能人才培养、使用、评价、激励等方面，结合首都产业发展、城市运行保障以及市民生活服务等需要，开展大规模、多层次培训，让劳动者从无技能到有技能，从低技能到高技能，培养造就一大批首都高质量发展所需要的技能人才。

三　存在问题分析

近年来，北京市"两支队伍"建设工作取得了显著成效，但与率先建成高水平人才高地的目标相比，与用人主体和人才的期盼相比，还有一些不足。根据调研的情况，主要表现在以下几个方面。

（一）北京地区资源优势尚未充分发挥

北京市有丰富的人才和科技资源。北京有90多所高校，1000多家科研院所，2万多家高新企业，还有约90万名在校大学生。顶尖人才最好的学科和最佳的实验室有一半在北京，北京研发投入强度稳居全国首位。独角兽企业数量居世界城市首位。但受人才管理体制、运行机制等多重因素影响，北京市对这些优质资源的开发利用率还不够高，人才资源存量活力没有得到有效激发。以

高校毕业生为例，北京"双一流"建设高校多、高水平研究型大学多，但近年来兄弟省市相继出台积极的人才政策，北京市的竞争压力进一步增大。

（二）人才链、创新链、产业链相互融合仍需加强

近年来，市委、市政府作出了建设国际科技创新中心、推进"两区"建设、打造全球数字经济标杆城市、以供给侧结构性改革创造新需求、推动京津冀协同发展"五子"联动以及发展高精尖产业等重大战略部署，需要强化人才支撑保障。2021年，市委人才工作会议又提出要围绕"四个占先"和"四个突破"等关键核心技术领域，集聚和支持一批科技领军人才和创新团队。调研发现，有的区和企业仍反映在"两支队伍"建设方面还有短板，毕业生引进、博士后站点建设、新产业新职业人才评价还没有完全适应新时代发展要求，对重点领域、重点项目的实际需求还未能充分满足。

（三）专业技术人才和技能人才发展生态仍需优化

全市专业技术人才、技能人才队伍是人才队伍中的骨干力量，处于人才金字塔的"塔基"，对推动经济社会发展和科技创新起着重要的支撑作用。实际工作中，在一些小微企业中还存在"重引进、轻服务，重使用、轻开发，重学历、轻技能"的认知，人才"不够用、不适用、不被用"等问题仍然不同程度存在。调查发现，个别单位在人才引进后忽视可持续发展，需要加强人才的再培训、再学习、再教育；一些单位反映，部分重点产业、重点领域高技能人才供不应求，与发展需求存在较大差距。受全球疫情、外籍人才子女来京就学难，以及设站单位科研实力、外籍人才软环境吸引力还不强等因素影响，国际博士后引进等有关项目推进需要进一步加强。覆盖全市劳动者的培训长效机制还需巩固。新职业技能等级认定工作仍需加快推进。

四　对策建议

围绕率先建成高水平人才高地的战略目标，针对调研中发现的问题和对形势的研判，提出以下对策建议。

（一）着力创新人才培养机制，壮大涵养人才的"蓄水池"

一是全方位加强博士后人才培养。扩大博士后人才培养规模。适度扩大设站规模，择优增设博士后科研工作站。优先支持国家实验室、新型研发机构、高新技术企业、专精特新"小巨人"企业设立博士后科研工作站，支持中关村科技园区设立园区类博士后科研工作站。加大博士后科研资助经费投入力度，增加对科研活动和国际化培养的资助范围和强度。积极申请博士后科研工作站独立招收博士后的审批权。实施国际博士后引进计划，加强国际化培养派出项目实施，全面提升博士后培养国际化水平。指导相关单位加大国际博士后引进力度。举办博士后创新创业大赛。

二是持续推进专业技术人才知识更新工程。通过专业技术人才知识更新工程的引领、示范作用，带动全市专业技术人员继续教育。组织实施国家级和市级高级研修项目，按照高水平、小规模、重特色的要求，发挥高级研修项目的引领性、示范性、公益性作用，增强重点发展领域人才优势。加强对50家专业技术人员继续教育基地的指导、监督，提升基地规范化建设水平。围绕大数据、区块链、智能制造等数字技术技能领域，着力培养、培训数字技术技能人员。完善培训体系，开发优质课程，扎实做好专业技术人员公共知识培训。组织开展全市范围教育培训工作检查，提升继续教育工作科学化、制度化、规范化建设水平。

三是加大高技能人才培养力度。全面落实中共中央办公厅、国务院办公厅《关于加强新时代高技能人才队伍建设的意见》，加强高级工以上的高技能人才队伍建设，构建以行业企业为主体、职业学校为基础、政府推动与社会支持相结合的高技能人才培养体系。优化高技能人才培养资源和服务供给。依托国家级高技能人才培训基地和技能大师工作室，围绕国家重大战略和首都经济社会发展对高技能人才的需求，实施高技能领军人才培育计划。建立高技能人才培训制度，健全职业技能培训体系，加快探索"互联网+职业技能培训"，构建线上线下相结合的培训模式。

四是深入实施首都技能人才"金蓝领"培育行动计划。完善重点群体职业技能培训、创业启航培训、企业稳岗兴业技能提升专项培训等配套政策，大力开展重点产业领域企业职工稳岗兴业技能提升培训和重点群体定岗扩岗技能就业培训，全面推行"招工即招生、入企即入校、企校双师联合培养"的中国特色企业新型学徒制培训，支持企业组织高技能人才参加技术革新、工艺改造等研修培训项目，进一步提高技能人才培养质量。对标新就业形态、新职业和新标准，面向社会广泛征集第三方评价机构，积极推进职业技能等级认定工作，切实回应新职业从业人员评价需求。组织开展北京市高技能人才评选活动。

（二）着力创新人才引进机制，筑牢汇聚人才的"强磁场"

一是完善毕业生引进政策体系，提升优秀人才引进灵活性。主动对接关键核心技术领域以及国家实验室、新型研发机构，开辟落户绿色通道。赋予自贸试验区引进毕业生行政确认权，支持自贸试验区内用人单位采取更为开放、更为灵活的举措吸引优秀青年人才。

二是进一步优化人才引进程序，系统化设计人才引进政策。"猎十条"政策实施采用"先选聘、再评估"模式，由企业先提出需求，猎头公司进行对接，完成选聘工作后政府再评估，根据评估结果给予精准化引才奖励，提高工作效率。

三是完善海外人才引进工作，加大海外人才引进力度。实施国际博士后引进计划。鼓励设站单位招收外籍和留学回国人员进站，吸引一批大学排名位于全球前100的优秀外籍博士毕业生来京从事博士后研究工作。吸引海外人才和留学回国人员来京创新创业。通过政策扶持、平台搭建、周到服务，为海外人才和留学回国人员营造创新创业的优良环境。设立海外高层次人才创新创业引导基金。加快建立并动态调整外籍人才来华工作指导目录。

四是持续优化升级"三个目录"。坚持市场化、专业化、产业化、国际化方向，持续做好境外职业资格认可目录、对境外人员开放职业资格考试目录和人力资源开发目录动态调整，积极探索更多应用场景，支持更多国内外优秀人才在京创新创业，更好服务新时代首都发展。

（三）着力创新人才使用机制，建强锻造人才的"大舞台"

一是全面畅通事业单位人才流动渠道。促进人才顺畅有序流动是激发人才创新创业创造活力的重要保障，是深化人才发展体制机制改革的重要任务，是实施人才强国战略的重要内容。着力破除阻碍人才合理有序流动的体制机制障碍，打破限制人才流动的户籍、地域、人事关系、身份、待遇等的刚性制约，促进人才合理有序流动，提高人才开发配置效率。支持高校、科研院所设立"流动岗位"，吸引企业人才担任"产业导师"；支持和鼓励高校、科研院所专业技术人才通过兼职、项目合作、创办企业及离岗创业等方式，推动科技成果转化和技术转移。

二是赋予事业单位和人才更多自主权。事业单位公开招聘、岗位聘用全面实行备案制，在政策允许的范围内单位自主决定招聘方式、自主设置岗位条件。推行科研任务"揭榜挂帅"，赋予科学家更大的研究路线决定权、经费支配权、资源调度权，明确责任，奖优罚劣，最大限度释放创新创造活力。

三是提升事业单位人才队伍国际化专业化水平。通过特设岗位面向全球引才，不受岗位总量、结构比例、最高岗位等级限制；破除事业单位聘用外籍人才限制，出台管理办法，规范标准条件，为事业单位融汇全球智慧创造便利条件。

（四）着力创新人才评价机制，畅通成就人才的"快车道"

一是持续深化职称评审改革。实施战略科技人才职称认定工程。围绕北京市占先、突破的8个关键技术领域设立职称专业，破除国籍、身份、资历、论文等限制，建立职称认定机制，坚持标准和质量，实行人才科研成果"一票决定"制，支持重点研发机构（平台）人才直接申报研究员或正高级工程师职称。向新型研发机构、高端智库下放职称评审权。支持条件成熟的新型研发机构、高端智库开展研究系列职称自主评聘，健全适合单位特点、分层分类的评价标准和聘任条件，调整并优化科研机构高级职称比例。重点支持北京市占先、突破的关键技术领域科研机构，增加高级职称岗位数量，进一步畅通科技人才职业发展通道。

二是推动技能人才评价提质扩面。健全以市场为导向、以行业企业等用人单位为主体、以职业技能等级认定为主要方式的技能人才多元评价体系。持续推进企业和第三方社会化等级认定工作，深入开展技工院校技能等级认定，充分发挥技能人才评价指挥棒的作用。聚焦新经济、新业态、新职业，探索实行"一试双证"，推进市场化行业认证与技能等级认定相融合。开展特级技师评聘试点，拓展高技能人才职业发展通道。

（五）着力创新人才激励机制，激活发展人才的"动力源"

一是加大表彰奖励，提高人才待遇。强化以技能价值激励为导向的工资分配机制，完善科技成果转化收益分享机制，对在技术革新或技术攻关中作出突出贡献的高技能人才给予奖励，加大"中华技能大奖"获得者等五类高技能人才引进力度，提高技能人才政治、经济和社会待遇。加大高技能人才评选表彰力度，开展好"北京市有突出贡献的高技能人才"和"享受北京市政府技师特殊津贴人员"评选活动，表彰一批优秀工匠。

二是建立高技能人才休假疗养制度。重视专业技术人才和高技能人才的身心健康，加强人文关怀和心理疏导，依法依规制订年度疗养计划，以休息疗养、康复治疗、健康体检、心理咨询、文体活动等形式多样的方式组织开展高技能人才休假疗养活动，为高技能人才提供更人性化、更精细化的疗养服务，增强其职业荣誉感、自豪感和尊严感。

三是进一步完善事业单位绩效工资政策。鼓励和引导事业单位用好政策，对国家及市级人才主管部门认定的海内外高层次人才，可实行年薪制、协议工资、项目工资等灵活多样的分配形式。加大对科技创新和成果转化的薪酬奖励力度，其现金奖励不受绩效工资总量限制。

（六）着力创新人才服务机制，做优留住人才的"生态圈"

一是支持人力资源服务产业园建设。争取设立市级人力资源服务产业园扶持专项资金,打造国家、市、区三级人力资源产业园体系。结合数字经济、人工智能等新动能、新业态,完善产业园功能,打造集职业技能培训、就业创业指导、服务产品展示等多功能于一体的新型数字化产业园。创新园区管理体制,充分发挥人力资源服务产业园集聚优质资源的优势,重点集聚人力资源服务行业骨干企业、"专精特新"中小企业和高新技术企业等。

二是全方位增强人才服务保障。增强人才养老和医疗保障服务供给。鼓励商业保险公司开发更多商业养老保险产品,支持用人单位为人才提供多元化养老保障,进一步提高人才退休后的待遇水平。完善外籍人才社保退保工作,实现全程网上办理,优化个人账户清算资金发放流程,缩短资金到账时间。

参考文献

[1] 《中共北京市委办公厅、北京市人民政府办公厅印发〈关于全面加强新时代首都技能人才队伍建设的实施意见〉的通知》,《北京市人民政府公报》2019年第12期,第52~67页。

[2] 谢莉花、吴扬:《基于专长理论的高技能人才职业能力理论模型探析》,《高等工程教育研究》2022年第3期。

[3] 黄湘闽:《发挥高技能人才在科技创新中的重要作用》,《中国人力资源社会保障》2022年第7期。

[4] 董长麟、李燕萍、张天保、王珊:《湖北构建高质量人才服务体系路径研究》,《中国人事科学》2022年第4期。

[5] 陈丽君、李言、傅衍:《激活人才创新活力的生态系统研究》,《治理研究》2022年第4期。

[6] 孙锐、孙彦玲:《构建面向高质量发展的人才工作体系:问题与对策》,《科学学与科学技术管理》2021年第2期。

[7] 崔艳:《我国人力资源服务产业园区发展现状、问题及对策研究》,《当代经济管理》2017年第10期。

[8] 张立伟、王珏:《我国海外科研人才的需求分析及人才引进对策》,《科学学研究》2020年第8期。

人才队伍篇

Reports on Talent Pool

B.6
北京教育系统高水平人才
队伍建设研究报告

张　革*

摘　要： 本报告分析了北京教育系统高水平人才队伍现状，研究认为，教育系统高水平人才科技创新能力、总量、国际竞争力需要提升，高水平人才考核评价机制不够健全；提出了深化高校招生制度和人才培养方式改革、推进职业教育高技能人才建设改革、扩大新增博士硕士学位授权审核和招生事权、增加市属高校申请国家级人才项目数量、为吸引海外高端人才提供良好的保障、支持北京进一步扩大教育对外开放等对策建议。

关键词： 北京教育系统　高水平人才高地建设　人才培养机制

---

* 张革，中共北京市委教育工委委员、分管日常工作的副书记。

当前，我国进入全面建成社会主义现代化强国、实现第二个百年奋斗目标，以中国式现代化全面推进中华民族伟大复兴的新征程，我们比历史上任何时期都更加接近实现中华民族伟大复兴的宏伟目标，也比历史上任何时期都更加渴求人才。教育、科技、人才是全面建设社会主义现代化国家的基础性、战略性支撑。我们要坚持教育优先发展、科技自立自强、人才引领驱动，加快建设教育强国、科技强国、人才强国，坚持为党育人、为国育才，全面提高人才自主培养质量，着力造就拔尖创新人才，聚天下英才而用之。

为贯彻落实习近平总书记在中央人才工作会议上的重要讲话精神以及北京市委人才工作会议精神，紧紧围绕中央和市委人才工作会议作出的"在北京建设高水平人才高地"的战略部署，坚持党管人才，坚持首善标准，全方位培养、引进、用好人才，为推动新时代首都发展提供强有力的人才支撑，市委教育工委、市教委（以下简称"两委"）就首都教育系统高水平人才高地建设情况进行了研究，有关情况如下。

一　进一步明确教育系统服务高水平人才高地建设的总体思路，巩固人才优势地位

两委高度重视高水平人才高地建设，认真履行为党育人、为国育才的初心使命，始终坚持把人才作为教育事业科学发展的第一资源，作为强教之本，通过培养、吸引和汇聚世界一流人才，引领高层次人才和创新团队发展，持续提升首都教育人才的国际竞争力，在首都人才队伍中发挥基础性、战略性、先导性作用。

（一）人才队伍现状

北京教育系统人才优势突出，汇集了 90 多所高校，顶尖高校占全国的 23%[①]。

[①] 2022 年 2 月 11 日，教育部、财政部、国家发展改革委发布第二轮"双一流"建设高校及建设学科名单，共有高校 147 所，其中北京 34 所。

根据 2021 年底统计数据①，北京教育系统高层次人才队伍情况如下。

1. 两院院士

北京高校两院院士 337 人，外国科学院院士 74 人，中国社会科学院学部委员 37 人，其中两院院士占北京地区总数的 42.3%（截至 2020 年底）；市属高校工程院院士 3 人，中科院院士 2 人。

2. 杰青和优青

北京高校拥有国家杰出青年科学基金资助者 1550 人，国家优秀青年科学基金资助者 1013 人。其中，市属高校杰出青年科学基金资助者 48 人，国家优秀青年科学基金资助者 46 人。

3. 长江学者

北京高校入选教育部长江学者奖励计划约 948 人，其中市属高校 39 人。

4. 百千万人才

北京地区拥有百千万人才工程国家级入选者 137 人，其中市属高校 53 人；北京市级人选 468 人，其中市属高校 164 人。

5. 其他人才

北京学者 108 人，其中市属高校 45 人；海聚工程入选者 1441 人，其中市属高校 180 人；享受国务院政府特殊津贴北京地区 4177 人，其中市属高校 127 人。

北京高校"双一流"建设优势明显，为高水平人才高地建设打下坚实基础。在 2022 年第二轮国家"双一流"建设高校及建设学科名单中，全国共有建设高校 147 所，北京以 34 所继续领跑，占全国的 23%。而且，新一轮"双一流"建设对北京来说，进一步扩大了优势，从已经公布的 433 个一流学科②中看到，北京有 91 个，占全国的 20%，另外，还全面赋权北大、清华自主设置或建设一流学科（第一轮一流学科中，北大有 41 个、清华有 34 个）。

---

① 2021 年北京市委教育工委、北京市教委年度工作统计数据。
② 参见第二轮"双一流"建设高校及建设学科名单。

但是，面对国内外复杂形势的挑战，面对人才高地建设的新形势新要求，北京教育系统的工作基础还有欠缺，人才高地建设存在诸多挑战和压力。通过调研发现，比较集中的问题主要有4个方面。一是高水平人才科技创新能力需大力提升，能够承担重大科技攻关任务、取得标志性科技成果的高水平创新团队较少。二是高水平人才总量有待提升，与新时代首都发展的要求相比，具有重要学术影响力的学科领军人才和拔尖创新人才不足，且分布不均衡，特别是市属高校在引进高层次人才薪酬待遇、科研平台、研究生招生指标等方面与部属高校相比竞争力不足。三是高水平人才的国际竞争力需要进一步提高，人才培养的国际化程度不高，开放程度不够，突出表现为国际留学生数量不多和质量不足、国际高端人才不多，诸如SAT①等国际性考试在北京没有考点，国际化的创新环境需进一步优化。四是高水平人才考核评价机制不够健全，人才选聘、培养、评价等的科学性有待加强，创新的基础制度有待完善，治理能力和治理水平仍需进一步提升。

为此，北京教育系统必须进一步增强责任感、使命感、紧迫感，以更强的创新精神、更大的工作力度，着力打造高质量教育体系，在高水平人才高地建设中展现更大的担当和作为。

（二）基本思路

为建设成高水平人才高地，北京需要有一批国内领先、国际知名的高水平专家学者，有较多在行业产业领域权威的技术和管理人才，有能够满足首都经济社会发展需要的高素质建设人才，有吸引人才、留住人才、培育人才、发展人才的良好环境。建设高水平人才高地要注重"五个结合"。

一是存量与增量相结合。在保证一大批高水平人才留在北京的同时，要逐年增加人才总量，实现人才队伍可持续发展。二是培养与引进相结合。既要加大对国内外高水平人才的招募，又要加强人才培养的顶层设计，同时创

---

① SAT, Scholastic Aptitude Test，也称"美国高考"，是由美国大学理事会主办的一项标准化的、以笔试形式进行的高中毕业生学术能力水平考试。其成绩是世界各国高中毕业生申请美国高等教育院校入学资格及奖学金的重要学术能力参考指标。

造人才自然成长的有利条件，让更多的本地人才脱颖而出。三是吸引与使用相结合。要让留在北京的人才充分发挥作用，让人才在最合适的岗位上做出最大的贡献。四是理科与文科相结合。既要加大理科人才的培养，也要重视人文社会科学人才的培育，形成文理人才聚集的良好局面。五是硬件与软件相结合。要为人才提供良好的服务环境，同时也要形成必要的约束激励机制。

（三）主要任务

"十四五"期间，北京教育系统服务高水平人才高地建设主要有 5 方面任务。一是转变教育理念，突出各教育阶段学生创新能力培养，以学生为中心，注重创新能力、自主学习能力培养，激发学生潜能。二是推进教育教学改革，提升高水平人才培养能力，不断完善人才培养标准，改革评价标准，建设高水平教师队伍，扩大教育领域国际合作交流，实施鼓励学生自主探究和团队学习的课堂教学改革。三是加强高水平人才选拔和培养机制建设，具体包括基础教育特殊人才选拔机制、职业教育领域应用型人才校企联合培育机制、高等教育领域研究型人才重点培养机制建设等。四是推进各类人才梯队建设，加大人才储备，在聚焦当前急需领域人才的同时，也要着眼未来发展，关注冷门领域。五是加强项目引领，建设高水平人才培养高端平台，搭建市级引领性项目，通过遴选、培育、竞赛、科研攻关等模式开展。

二　改进人才培养支持机制，走好人才自主培养之路

国家对人才数量、质量、结构的需求是全方位的，建设高水平人才高地，主要靠自主培养，不断提高人才自主供给可控能力。党中央正在对"加快建设世界重要人才中心和创新高地"进行战略布局，对北京"建设高水平人才高地"寄予厚望。履行好人才培养职责，是教育系统义不容辞的责任。要突出人才培养的中心地位，加快急需高层次创新人才培养，加

快高素质技术技能人才培养，加快培养一流人才方阵，形成高水平人才培养体系。

（一）完善特殊潜质青少年成长培养体系

一是鼓励和支持清华大学、北京大学等高校大力发展"丘成桐英才班"等特殊潜质青少年发现和培养模式，吸引初、高中在读学生通过参加"科研夏令营"、中外青少年联合科技创新、特殊招考等方式，进入北京地区高校就读。清华大学"丘成桐英才班"已于2018年正式成立并开始招生。其为入选学生制定个性化培养方案，配备优秀导师，从学业和身心健康等方面提供全方位指导，鼓励学生深入开展科研探索，选派优秀学生赴世界著名大学交流访问，探索具有特殊潜质人才的成长规律，培养新一代科研领军人才。

二是探索中小学学生拔尖创新人才培养模式。以"翱翔计划"为基础，完善协作体制机制，打造"三支队伍"（由高校、科研院所、科普场馆、博物馆等各领域专家500余人组成的专家队伍；由700余位学科教师组成的骨干教师队伍；由各高校、科研院所的硕士、博士研究生，有着科技创新教育或经历的大学生以及退休教师150余人组成的志愿者队伍），推动"四项创新"（工作机制、培养方式、教育方式、评价方式），建设"五类基地"（包括29家培养基地、31家课程基地、140余所高校和科研院所的200余家实验室的实践基地、近200所高中校生源基地、全市300余所中小学校及幼儿园的雏鹰基地），开发"六类资源"（高等院校、科研院所、科普场馆与博物馆、企业、教育系统重点实验室、社会团体），推进"七项探索"（翱翔学员培养、雏鹰建言行动、青少年"模拟政协"、"小创客"培育、"雏鹰爱心行动"、"科学探秘"奥林匹克、初中开放性科学实践活动）。

三是实施"中小学创新型教师培养计划"，加大高校及科研机构对创新型教师的研究与培养力度，有针对性地培养一大批具有创新能力的中小学高水平教师，为更好地培养基础教育阶段拔尖创新人才创造条件。

（二）建设高水平研究型大学及科研机构

一是积极推动"双一流"建设，支持一流大学和一流学科发展，建设高水平研究型大学或学院。通过建设"一流专业""高精尖学科"等方式支持学科专业发展建设，支持相关高校与海内外高水平大学开展合作，联合培养人才和开展科学研究。落实《关于统筹推进北京高等教育改革发展的若干意见》，对北京工业大学、首都师范大学、首都医科大学按"高水平研究型大学"，中国音乐学院、首都经济贸易大学、北京工商大学按"高水平研究型大学（B类）"，进行分类建设、分类支持、分类考核，为市属高校高层次人才建设提供更多的高端平台。

二是围绕"四个占先""四个突破"重点领域优化在京高校学科布局，提高高校学科设置和调整灵活性，创新学科评估方式。已立项建设 99 个高精尖学科；组织开展了高精尖学科中期考核评估工作，初步探索了破"五唯"的高精尖学科评价方式。争取教育部更多支持，探索建立多维多元分类的学科评估新模式，探索中国特色高水平大学建设新模式。

三是鼓励市属高校与中央高校开展学科共建。通过市属高校与中央高校学科共建，充分利用中央高校学科优势资源，带动市属高校尽快提升学科水平。合作高校之间建立学科共建工作机制，进一步凝练学科方向，明确建设重点，通过联合申报国家级项目、聘请专家指导等方式，开展科研合作；师生学术交流日益频繁，通过互聘研究生导师、组建研究团队等措施，着力培育青年学术骨干；通过学生课程互选、学分互认等联合培养模式，共同提升人才培养质量。

四是优化人才引育体系。发挥好国家重大人才工程的引领作用，着力打造高水平创新团队，引进和培养一批具有国际影响力的战略科学家、学科领军人才和青年学术英才。加强市属高校哲学社会科学人才和高端智库建设，汇聚和培养一批哲学社会科学名师。支持市属高校根据发展需要引进"两院院士"等高层次人才。持续面向在京高校实施"北京高等学校卓越青年科学家计划"，鼓励和支持市属高校重点培育一批有发展潜力的青年科学家。

（三）产学研一体化培养卓越工程师

一是提升高校人才培养质量，培养卓越工程技术人才。坚持中国特色社会主义高等教育发展道路，以立德树人为根本任务，强化高校"三全育人"，突出铸魂引领，培养爱党报国、敬业奉献、具有突出技术创新能力、善于解决复杂工程问题的工程技术人才。启动高校人才培养方案的深刻调整工作，以社会需求为导向，促进高校工程技术相关专业招生、培养、就业密切联动，新建一批新兴学科专业，推动学科交叉融合，优化人才培养方案，提高课堂教学和实践教学的现实性和针对性，培养一流工程技术人才方阵。加强理工类基础研究，加大原创性、引领性自主创新力度，瞄准人工智能、量子计算、区块链、生物技术等关键领域和集成电路、关键新材料、关键零部件、高端仪器设备研发制造等方面，鼓励并支持学生、教师开展"卡脖子"关键核心技术攻关，提升原始创新能力，促进科技成果转化应用。开展工程硕博士培养改革专项试点，大力推动北京高校与昌平、中关村、怀柔国家实验室以及新型研发机构等联合培养博士生，加快培养高层次工程科技人才，2022 年推动联合培养博士生 400 余名[①]。

二是加强战略人才储备。积极加强战略人才特别是从事基础研究的理工科人才储备，为高科技发展提供人才支撑。针对当前理科毕业生留京就业比例呈现小幅下降（近 2 年来下降 5 个百分点左右）、物理学科毕业生留京比例下降（近 5 年来下降 10 个百分点左右）、数学学科毕业生从事科学研究的比例较低（10% 左右）的现象，应加强对毕业生的就业引导，在落户、住房、工资待遇等方面为数学、物理等基础学科毕业生留京从事高技术学科研究工作创造更加有利的条件。

三是完善校企合作机制，提高理工人才实践创新能力。统筹规划首都产教融合新格局，健全或完善高校和产业多元合作新模式。支持行业企业深度参与高校改革，全面加强校企交流合作，在人才培养方案制定、专业课程教

---

① 北京市教委关于 2022 年北京地区博士研究生招生计划汇总。

材建设、实践创新基地发展、师资队伍能力提升等方面充分发挥各自长处，资源共享、优势互补，建立健全长效共赢机制。鼓励校企合作建设学生教师实习实践平台，接收高校学生深入生产管理一线实习实践，深入开展高校教师在企培训，聘请行业企业专家到校指导学生实践创新。鼓励校企合作共建产业学院、工程师学院和大师工作室，支持企业与高校合办企业大学、职工培训中心、继续教育基地，促进教育链、人才链与产业链、创新链有效衔接。在职业教育、生物医药、高端家政、集成电路、数字金融、汽车制造等领域探索产教融合校企协同培养模式，支持学校与企业共同开展职业技能竞赛，鼓励学校师生参加。对积极开展校企合作的企业，按一定比例减免应缴教育费附加和地方教育附加。

四是突出职业技能提升，培养应用型高水平工程师。创新德技并修、工学结合的高等职业教育育人机制，深化复合型技术技能人才培养培训模式创新，探索推进中国特色现代学徒制和企业新型学徒制，实现工程类学生入学即入职，毕业即上岗。深化"三教"改革，推进"岗课赛证"综合育人，将职业技能等级标准内容及要求有机融入课程教学。支持高等职业院校联合区域、行业骨干企业组建产教融合集团（联盟），推进实体化运作，培养国家和首都急需的应用型高水平工程师。

（四）吸引优秀外国留学生来京留学

一是加强留学生教育管理。按照《北京地区高等学校招收和培养国际学生管理办法》，在规范招生、加强入学教育、居留证件管理、学籍考勤等日常管理方面提出了明确要求。同时，制定国际学生在自贸试验区试点开展勤工助学活动的规定，联合海外学人中心、教育部留学服务中心召开高校留学生与企业对接会，在"引人、育人、留人"人才建设全环节提供保障。

二是实施留学生预科教育，作为外国基础教育与我国高等教育的衔接，提高留学生的适应性，降低留学生对学习预期的不确定性，增强留学吸引力。

三是建立留学生教育质量保障体系。加强对各高校留学生教育质量的评估和认证，提高留学生教育标准，全面提升留学生教育质量。

四是针对长期在京工作的外籍高层次人才，进一步加强国际学校建设，解决其子女教育等问题。

三 深化人才发展体制机制改革，激发人才创新创造活力

建设北京高水平人才高地，必须向改革要动力、用改革增活力。要打破体制壁垒和机制障碍，根据需要和实际向高校充分授权，发挥高校在人才培养、引进、使用中的主体作用。完善人才管理制度，做到人才为本、信任人才、尊重人才、善待人才、包容人才，加强对人才的关怀、扶持和聘后管理，为人才开展研究、创新创业营造良好环境，科学合理用好各类人才，激发人才的生机活力，促进人才分类发展。

（一）全面落实北京高校选人用人自主权

进一步完善面向全球自主公开招聘高水平人才的规则和程序，依法依规和依据办学实际需要，自主招聘高水平人才，依法采取多元化聘用方式自主灵活用人。统筹用好编制资源，优先保障教学科研需求，向重点学科、特色学科和重要管理岗位倾斜。

（二）深入推进高水平人才岗位聘用改革

实施岗位聘期制管理，进一步探索准聘与长聘相结合等管理方式，落实和完善能上能下、能进能出的聘用机制。鼓励北京高校根据工作需要设置流动岗位，聘用有创新实践经验的企业家、科技人才、管理人才、海外高水平创新人才到高校兼职（工作）。流动岗位不受本单位岗位总量限制，不占本单位高级岗位职数。积极鼓励高校设立由第三方出资的讲席教授岗位。

（三）深化高水平人才评价制度改革

进一步完善北京高校高水平人才职务聘任制，由高等学校自主组织职称评审、按岗聘任。完善不同学科、不同岗位特点，分类设置评价指标，创新高水平人才职称评审方式，完善同行专家评价机制，推行代表性成果评价；对承担国防和关键核心技术攻关任务的教师，探索引入贡献评价机制。进一步畅通高层次特殊人才职称评审绿色通道。加强各类高水平人才质量标准研究，完善高水平人才评价体系，加快建立以创新价值、能力、贡献为导向的高水平人才评价体系，形成并实施有利于科技人才潜心研究和创新的评价体系。

（四）深化经费管理和薪酬分配制度改革

深化科研经费管理改革，优化整合人才计划，让人才静心做学问、搞研究，多出成果、出好成果。落实以增加知识价值为导向的收入分配政策，大幅度提高高水平人才的薪酬水平，创新高水平人才薪酬分配方式，完善高水平人才管理办法和薪酬分配办法，可实行年薪制、协议工资等灵活多样的分配形式，符合国家及市级人才主管部门认定标准的高层次人才的薪酬，不受本单位绩效工资总量限制。高水平人才依法取得的职务科技成果转化现金奖励不受本单位核定的绩效工资总量限制，不纳入总量基数。健全和完善内部分配政策与科研项目管理规定，可在职务科技成果转化净收入、竞争性财政科研项目间接费用以及科研设施与仪器开放共享服务收入扣除相关成本费用后的结余部分中，按国家及本市相关规定对作出重要贡献的人员给予现金奖励；允许高层次人才作为项目负责人从非竞争类科研项目经费中提取不超过20%作为项目团队奖励经费，对作出重要贡献的人员给予现金奖励。

（五）为高水平人才创造良好工作环境

加强市级统筹和部门联动，切实落实国务院办公厅《关于改革完善中央财政科研经费管理的若干意见》，扩大科研项目经费管理自主权，破除科研经费申请、下达、使用、报销等财务管理环节中不合理的瓶颈和掣肘，减少非学术因素对科技创新活动的影响。提高科研管理的专业化水平，科学决策。赋予科学家更大技术路线决定权、更大经费支配权、更大资源调度权，同时要建立健全责任制和军令状制度，确保科研项目取得成效。持续推进国际学校建设，推动优化国际学校布局。完善义务教育阶段入学工作协调机制，积极做好北京市高层次人才的服务保障工作，对战略科技人才及其团队核心成员按需解决子女入学，对其他高层次人才子女优先保障居住区就近入学，2022 年已协调解决 66 名高层次人才子女入学需求①，其中小学 41 名、初中 25 名。

（六）强化青年高水平人才培养支持

加大高校青年高水平人才培养和扶持力度，不断提高博士后招收培养数量，非京生源不受进京指标限制，大力吸引出国留学人员和外籍优秀青年高水平人才。鼓励高校对优秀青年高水平人才实行破格晋升，大胆使用。根据学科特点确定青年高水平人才评价考核周期，鼓励大胆创新、持续研究。对符合公租房、保障性租赁住房、共有产权住房保障条件的高校青年高水平人才，原则上按政策规定纳入属地予以保障，同时通过校内建设单身人才宿舍（公寓）、盘活挖掘校内存量资源、发放补助及提高所引进的知名教授和优秀人才薪酬待遇等多种方式，切实解决青年高水平人才的住房困难。

（七）建立健全教育系统人才服务管理机构

加强党对人才工作的全面领导，这是做好人才工作的根本保证。加强对教育系统人才高地建设的顶层设计，实施一系列重点项目，有效推动高水平人才建设。成立北京市教育系统人才工作领导小组，统领北京市教育系统人才建设，高水平人才所涉及的职能部门各司其职。领导小组要建立在京市属

---

① 根据北京市教育委员会《关于 2022 年义务教育阶段入学工作的意见》（京教基二〔2022〕5 号）入学方式之规定，区级以上引进人才的子女入学按有关规定办理。市、区教委共同实际协调解决 66 名学生入学。

和部属高校、科研机构、高职高专、中小学高水平人才统筹管理机制，围绕"四个占先""四个突破"重点领域开展联合攻关。建立北京市各类高水平人才数据库。建立教育系统高水平人才高地建设研究机构作为市级教育系统人才管理机构的智囊，围绕教育系统人才高地建设研究建设的诸多问题，开展深入研究，为市级教育系统人才高地建设政策研制及落实提供强有力的智力支持。

四　加快先行先试的政策创新步伐，不断开辟高水平人才建设新路

积极争取政策支持，解决制约人才发展的热点难点问题，加快形成高水平人才高地建设的政策环境与制度优势，推动首都教育系统人才工作再上新台阶。

（一）深化高校招生制度和人才培养方式的改革

建议在北京高校遴选与"四个占先"（人工智能、量子计算、区块链、生物技术）和"四个突破"（集成电路产研一体、开展关键新材料"卡脖子"技术攻关、聚焦通用型关键零部件、推动高端仪器设备研发）重点领域高度关联的一流高校的一流专业（学科专业水平在全国乃至全球领先位置），探索招生制度改革，面向全球遴选有特殊潜质的优秀学生，创新人才培养方式。建议教育部允许北京市属高校自主设定前沿交叉专业方向，并开始招生。

（二）推进职业教育高技能人才建设改革

支持北京符合条件的高职院校升格为职业教育本科院校。推动总部企业、国有企业和头部企业率先成为产教融合型企业，明确"金融+财政+土地+信用"组合式激励政策细则和操作细则；切实落实职业学校通过校企合作、技术服务、社会培训、自办企业等所得收入，其可按最高70%的比例提取作为绩效工资来源，不受绩效工资总量限制，不纳入总量基数，不纳入

社会保险缴费基数的规定。允许学校聘任无教师资格证的高水平技能人才任教。

（三）扩大新增博士硕士学位授权审核和招生事权

允许根据首都重大战略规划和经济社会发展需求，将在京科研机构，特别是新型研发机构增列为博士硕士学位授予单位。定向扩大研究生培养规模，科研机构可根据北京和国家经济社会发展，自主提出招生学科和数量需求申请，北京市教委按人才需求布局审批，并报教育部备案后，灵活确定人才培养学科和规模。研究生培养经费可由科研机构从科研经费中划拨，市教委可根据实际情况进行统筹。

（四）增加市属高校申请国家级人才项目数量

依据科研水平和学术实力，增加市属高校申请国家级人才项目的名额。在科研成果突出的情况下，允许市属高校在申报时突破名额限制，为市属高校高水平人才建设提供有效支持。

（五）为吸引海外高端人才提供良好的保障

以清华大学为代表的顶尖大学需要在诺贝尔奖获得者、发达国家科学院或工程院院士等海外高端人才引进上得到相应支持。

一是提高退休待遇。吸引海外人才，不仅要保证在职时的待遇，也要保证退休后的待遇，提高退休保障水平。建议在有需求的清华大学试行商业养老保险税优计划，即购买商业养老保险，享受税前扣除优惠，并打通财务支出渠道。

二是出台减税或补退税政策。将税率优惠政策作为国家吸引海外高层次人才的重要举措，参照大湾区的成功经验，出台相关减税或补退税政策，吸引更多海外高层次专家来华工作。

三是改革外籍教师公费医疗制度。尽管外籍教师已加入公费医疗，但报销比例和类别受限，与国外顶尖大学差距较大，外籍人才家属缺少基本的社会保障，不利于吸引和稳定外籍人才安心工作。建议借鉴国外高校模式，为教研系列教师个人和家属建立补充商业医疗保险机制或建立医疗保险基金。

四是将住房支持作为福利或用人成本的一部分考虑。建议以清华大学、北京大学为试点，放开国家政策上的资金使用限制，为海外高层次人才提供购房首付款，作为共有产权份额；发放学校"金融牌照"，为教师购房提供低息贷款；重新对国有资金损失进行定义，允许教师按原价赎回学校持有的产权份额。

（六）支持北京进一步扩大教育对外开放

服务北京国际交往中心建设，积极探索 SAT 等国际性考试在北京设立考点，引进世界一流大学建设高水平中外合作办学机构，加大对外开放的力度。

B.7
以职工创新工作室为平台
推进职工技能人才队伍建设探究

北京市总工会职工发展部课题组*

摘　要： 职工技能人才是人才队伍的重要组成部分，是推进首都高质量发展的重要支撑力量。劳模和高技能人才是技能人才队伍的优秀代表，以劳模和高技能人才为领军人搭建职工创新工作室是发挥劳模和高技能人才技艺特长，示范引领职工爱岗敬业，传播和弘扬劳模精神、劳动精神、工匠精神的重要平台。本报告通过对职工创新工作室在企事业单位中的工作实绩进行调研分析，了解职工创新工作室在推进职工技能人才队伍建设中的作用发挥情况，提出深化职工创新工作室建设、推进职工技能人才队伍建设的对策建议。

关键词： 创新工作室　人才培养　技能人才队伍

党的十八大以来，以习近平同志为核心的党中央高度重视以创新驱动发展的治国方略。从党的十八大报告提出"实施创新驱动发展战略"，到十八届五中全会把创新放在五大发展理念第一位；从党的十九大报告强调创新是引领发展的第一动力，到《中华人民共和国国民经济和社会发展第十四个五年规划和2035年远景目标纲要》提出"坚持创新在我国现代化建设全局

---

* 课题组组长：李刚，北京市总工会职工发展部部长。课题组成员：井峰岩，北京市工会干部学院职工教育与匠师发展中心职员，管理学博士，研究方向为经济技术创新；于瑞国，北京市总工会职工发展部二级调研员。

中的核心地位"，充分凸显了创新在我国经济社会建设中的地位作用。作为激发职工创新活力、提升企业创新能力的重要载体，职工创新工作室在培养知识型、技能型、创新型职工，增强企业自主创新能力，实施创新驱动发展战略方面具有不可或缺的地位和作用。

职工创新工作室是以行业或企事业单位中具有专业特长的劳模或高技能人才为领军人，带领职工进行技术攻关的创新实体。由行业或企事业单位工会组织建立，成员以本单位职工为主。创建的目的是发挥劳模和高技能人才的专业特长，示范引领职工爱岗敬业、学习技能、勇于创新。主要任务是围绕企业生产一线的难题开展技术改造、技术革新、发明创造等一系列创新实践活动，为本行业、企业解决实际技术问题，促进企业技术进步；同时在领军人的带领下，积极开展技能培训、名师带徒等活动，为行业、企业培养技能人才，传承弘扬劳模精神、劳动精神、工匠精神。北京市总工会于2009年开展北京市职工创新工作室创建认定工作以来，坚持每年评选认定一批市级职工创新工作室，推动引领全市职工创新工作室的创建工作，逐步打造了一支在推动职工职业发展中发挥重要作用的职工创新队伍。为切实摸清职工创新工作室在推进职工技能人才队伍建设中发挥的作用，2022年8~9月，市总工会职工发展部以工作室数据信息统计与实地查验相结合的调研方式，共收集了1162家职工创新工作室的工作信息。对部分市级职工创新工作室进行了实地调研，采用现场查看、集体座谈和个别谈话相结合的形式与创新工作室领军人和成员交流研讨，初步摸清了全市职工创新工作室的底数及在推进职工技能人才队伍建设中发挥的作用。下面从职工创新工作室发展现状，工作室培养技能人才情况，工作室创新创效情况，工作室传承劳模精神、劳动精神、工匠精神情况，深化职工创新工作室工作、推进职工技能人才队伍建设的意见建议等五个方面进行剖析。

一 职工创新工作室发展现状

北京市探索建立职工创新工作室的工作始于2006年前后，在部分市属企业中先行展开。自市总工会 2009 年发起创建市级职工创新工作室以来，各级工会积极响应，纷纷创建本级职工创新工作室，全市职工创新工作室得到了蓬勃发展，队伍不断壮大。

（一）职工创新工作室规模及分布

职工创新工作室的规模及分布情况是工作室发展状况的主要依据，下面从数量、行业领域、单位性质三个方面进行分析。

1.各级职工创新工作室数量情况

从调研单位来看，截至 2021 年底共有职工创新工作室 1162 家，较 2014 年增加了 533 家，约为 2014 年的 1.85 倍。2016~2021 年职工创新工作室实现平稳增长，平均年增长率为 9.18%（如图 1 所示）。

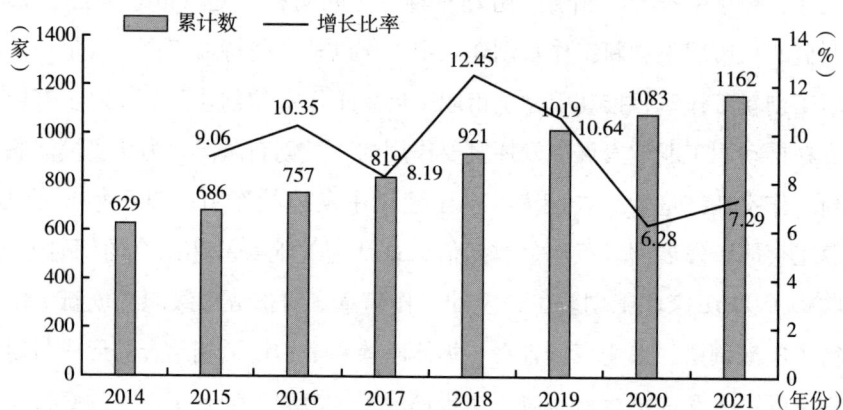

图 1 2014~2021 年各级职工创新工作室累计数量及每年增长变化情况

资料来源：本报告图表和正文中的数据均来自课题组调研，以下不再标注。

截至 2021 年底，调研单位市级及以上职工创新工作室共有 348 家，较 2014 年末 132 家增加了 216 家，增加了约 164%。2016 年和 2019 年工作室增加速度较快，分别为 20.95% 和 19.48%，2019 年后工作室数量增加速度放缓。2014~2021 年平均年增长率为 14.91%（如图 2 所示）。

在市总工会政策引导下，区、局、集团公司级职工创新工作室得到了快

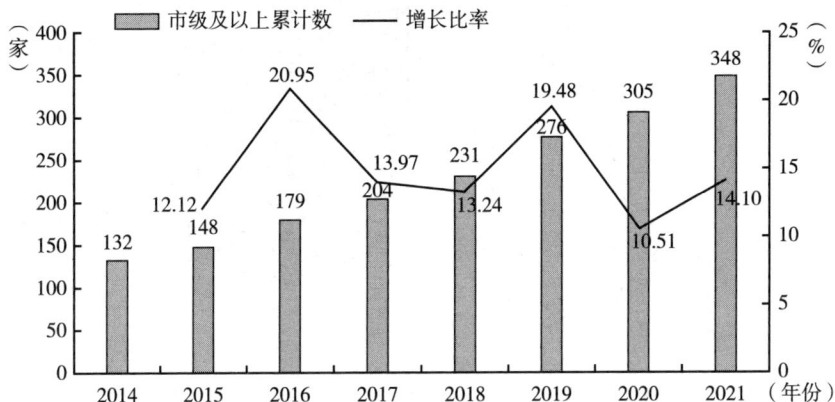

图 2　2014~2021 年市级及以上职工创新工作室累计数量及每年增长变化情况

速的发展。截至 2021 年底，调研单位区级及以下工作室共有 814 家，较 2014 年末 497 家增加了 317 家，约为 2014 年的 1.64 倍。2018 年工作室增加速度较快，达到 12.20%；2014~2021 年工作室数量平稳增长，平均年增长率近 7.33%（如图 3 所示）。

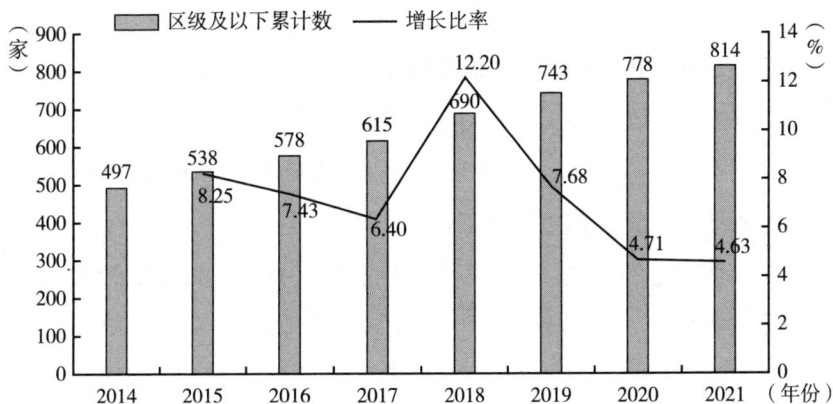

图 3　2014~2021 年区级及以下职工创新工作室累计数量及每年增长变化情况

　　按市级及以上和区级及以下两个层级进行划分，在 1162 家职工创新工作室中，市级及以上的工作室占比 31%；区级及以下的工作室占比 69%（如图 4 所示）。

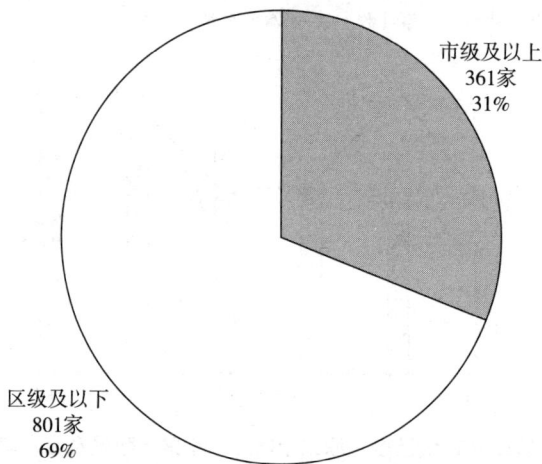

图4　各级职工创新工作室数量及占比

调研数据表明，目前我市已经建成了一支以市级职工创新工作室为龙头，以区、局、集团级职工创新工作室为主体的工作室队伍，且呈现逐年增长态势，正日益成为首都企事业单位创新创效活动和职工成长成才的一个重要平台。

2.职工创新工作室所属行业领域情况

为更好发挥职工创新工作室对于首都经济社会发展的促进作用，北京市总工会始终引导企事业单位围绕首都产业结构转型升级和"四个中心"功能建设开展职工创新工作室创建工作。

按照生产制造、建筑交通、医药卫生、信息技术、文化教育和其他服务六个行业大类划分，在被调查的1162家职工创新工作室中，228家工作室属于生产制造行业，占比20%；436家工作室属于建筑交通行业，占比37%；183家工作室归属医药卫生行业，占比16%；73家工作室归属信息技术行业，占比6%；58家工作室归属文化教育行业，占比5%；其余184家工作室归属其他服务业，占比16%（如图5所示）。

调研数据表明，目前我市职工创新工作室已形成以信息技术行业为引领，以生产制造和建筑交通行业为主体，涵盖医疗卫生、文化教育和生活服

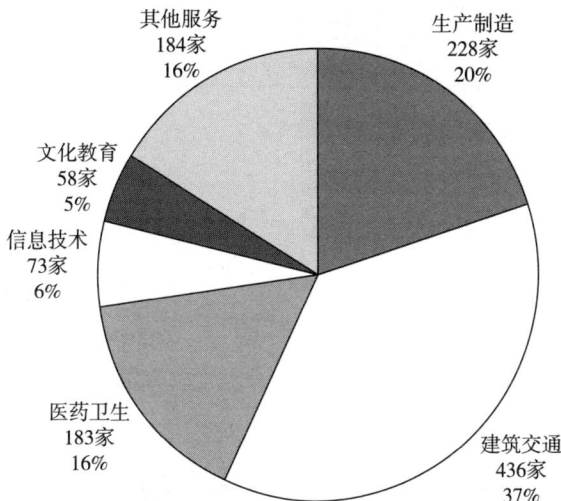

图5 职工创新工作室行业领域分布

务业的行业分布格局。工作室涉及行业领域广泛，在助力首都城市全面建设中一定大有作为。

3. 职工创新工作室所在单位性质情况

调研数据显示，按照国有企事业和非公企业对1162家职工创新工作室所在企业的性质进行划分，922家工作室所在企业的性质为国有企事业单位，占比79%；240家工作室所在企业的性质为非公企业，占比21%。（如图6所示）

调研数据表明，目前我市已经形成了以国有企事业职工创新工作室为骨干，以非公企业职工创新工作室为补充的分布样态。非公企业在首都经济结构中占有重要地位，深入挖掘非公企业职工创新工作室的增长潜力，对于壮大工作室队伍，在首都经济社会发展中发挥更大作用具有积极的意义。

（二）职工创新工作室成员构成情况

职工创新工作室成员结构体现了工作室的人员素质、专业特长和技术攻

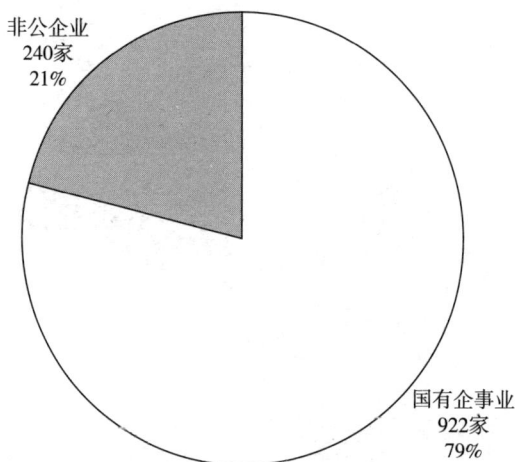

非公企业
240家
21%

国有企事业
922家
79%

图6 职工创新工作室所在企业性质分布

关方向等，是工作室发展状况的重要参考，下面从成员数量、年龄结构、学历结构、职称比例四个要素进行解析。

1.职工创新工作室成员数量

职工创新工作室领军人往往是在技术、业务方面有专长，具有精湛技艺、管理经验和创新能力的劳动模范或高技能人才，成员主要为工作室创新领域相关的技术技能人才。工作室成员的数量直接关乎企业创新创效和职工成长进步。

截至2021年底，1162家职工创新工作室的成员总数（含领军人）为21555人，每家工作室平均人数约为19人。其中，在348家市级及以上工作室中，成员总人数为9966人，在各级工作室成员总数中占比46%，平均每家工作室约有29人；在814家区级及以下工作室中，成员总人数为11589人，占比54%，平均每家工作室约有14人（如图7所示）。

调研数据显示，职工创新工作室成员数量相对不多，市级及以上工作室成员数量略多于区级及以下工作室成员数量。而成员数量在某种程度上也代表了工作室的创新能力，吸引更多职工加入创新工作室是工作室急需关注的任务之一。

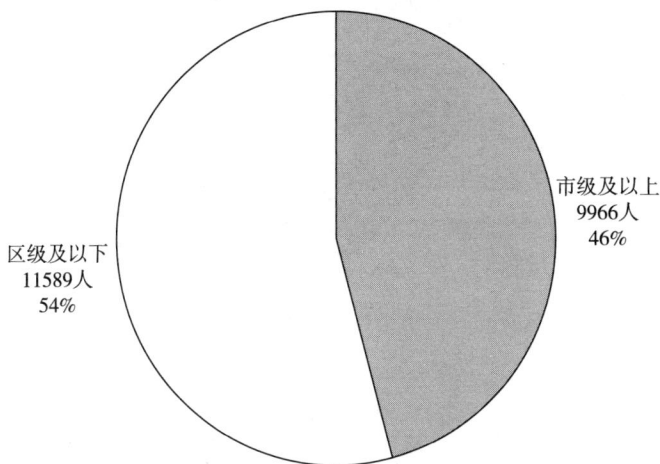

图7 各级职工创新工作室成员数量

2.职工创新工作室成员年龄结构

职工创新工作室成员的年龄梯次结构对工作室开展活动的成效及工作室的长远可持续发展具有至关重要的意义。调查数据显示，在21555名工作室成员中，年龄为30岁及以下的成员共有5051人，占比23%；年龄为31~50岁的成员共有14251人，占比66%；年龄为51岁及以上的成员共有2253人，占比11%。年龄在31~50岁的成员人数最多，51岁及以上的成员人数最少（如图8所示）。

从不同层级职工创新工作室成员的年龄构成情况看，在市级及以上工作室成员中，30岁及以下共有2350人，占比24%；31~50岁共有6483人，占比65%；51岁及以上共有1133人，占比11%（如图9所示）。

在区级及以下职工创新工作室成员中，30岁及以下成员共有2701人，占比23%；31~50岁成员共有7781人，占比67%；51岁及以上成员共有1107人，占比10%（如图10所示）。

调研数据显示，各级职工创新工作室成员以31~50岁的中青年为主，年龄梯次结构比较合理。表明工作室团队是一个年富力强、精力充沛、充满活力的集体，多数成员处于"能干事、干成事"的人生黄金阶段。在各级

51岁及以上
2253人
11%

30岁及以下
5051人
23%

31~50岁
14251人
66%

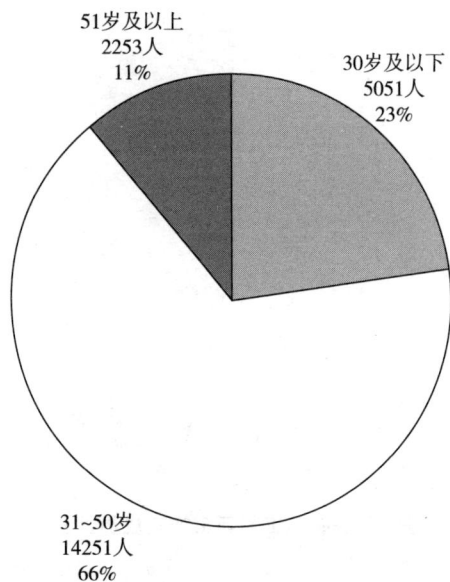

图8　职工创新工作室成员年龄结构

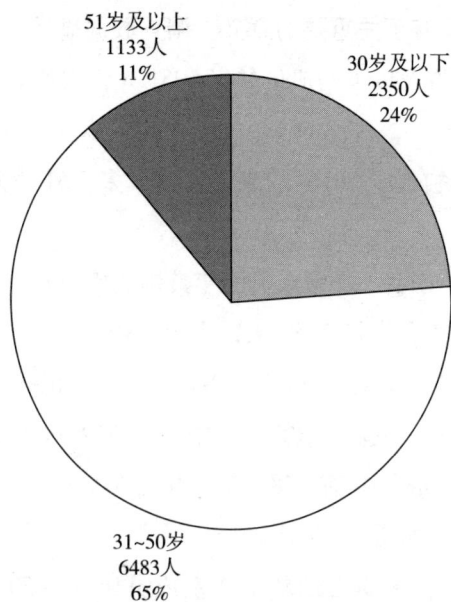

51岁及以上
1133人
11%

30岁及以下
2350人
24%

31~50岁
6483人
65%

图9　市级及以上职工创新工作室成员年龄结构

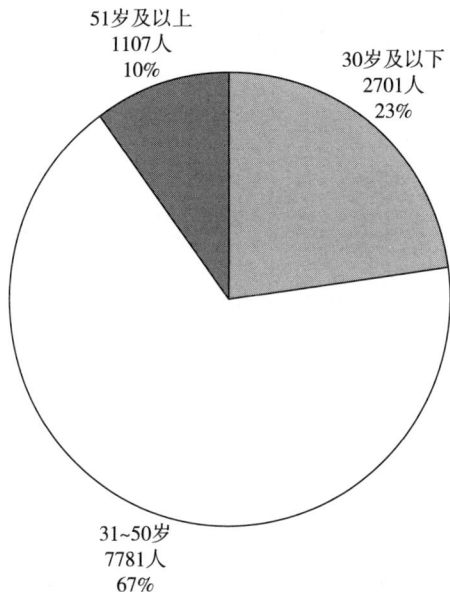

图10 区级及以下职工创新工作室成员年龄结构

工会的正确指导下，工作室定能成为各种技能人才建功立业、价值体现的舞台。

3. 职工创新工作室成员学历结构

职工创新工作室成员的学历结构直接影响工作室团队的专业技能和综合素养，关乎工作室创新创效的活动开展。调查显示，在21555名工作室成员中，大专及以下学历的人数为5159人，占比24%；本科学历的人数最多，为11198人，占比52%；硕士学历的人数为4141人，占比19%；博士学历的人数较少，仅有1057人，占比5%（如图11所示）。

调研情况显示，职工创新工作室成员学历呈现中间粗两头细的样态，本科学历是主体，硕士、博士学历和大专以下学历人员比例相当，充分体现了职工创新团队的特点。学历层次在一定程度上代表了其创新能力素质。吸引高学历人才加入创新工作室，提升成员学历层次，改善成员学历结构，有助于工作室更好的发展。

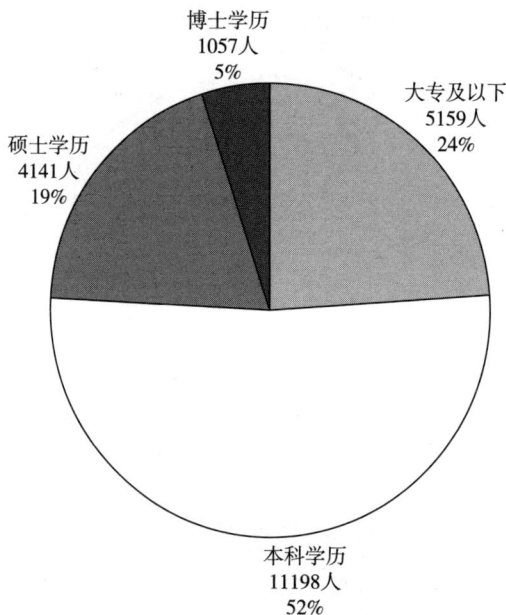

图11 职工创新工作室成员学历结构

4. 职工创新工作室成员职称比例

职工创新工作室成员的职称比例直接决定工作室团队的业务技能和创新能力，是工作室开展创新创效活动的重要基础。调查显示，在21555名工作室成员中，有职称人数为15865人，占比74%；无职称人数为5690人，占比26%。在15865名有职称的工作室成员中，有4579人拥有初级职称，占总人数的比例为21%；有6377人拥有中级职称，占总人数的比例为30%，与拥有其他职称的人数相比相对较多；有4909人拥有高级职称，占总人数的比例为23%（如图12所示）。

调研数据显示，职工创新工作室成员中高、中、初级职称及无职称人员比例相当，其中中高级职称人员占到了总数的一半。说明工作室主要成员具有较好的理论基础和实践经验，对于工作室组织技能培训、开展创新创效活动提供了良好的支撑。

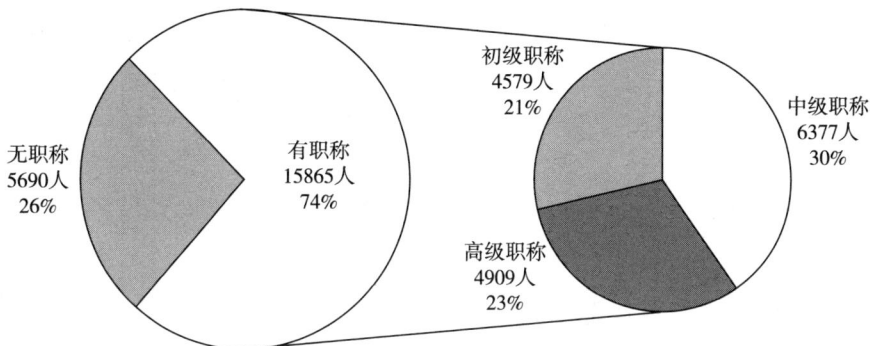

图 12　职工创新工作室成员的职称结构

二　职工创新工作室培养技能人才情况

培养技能人才是各级工会赋予职工创新工作室的重要职能，也是所有工作室作用发挥最广泛的领域。

（一）主要成效

1. 培训有力有效，职工创新工作室已成为职工技能提升的"练兵场"

职工创新工作室培训的特点是理论学习和实操练习相结合、学习训练与日常工作相结合，能够合理利用碎片时间，精准解决操作短板，具有各专业培训机构不具备的优势。随着工作室队伍的发展壮大，这一平台在技能人才培训中的作用越发明显。从调研情况看，调研单位从工作室成立至2021年底，组织技能培训累计66693场次，累计培训288.85万人次。

职工创新工作室的技能培训得到了企业的支持和职工的欢迎。调研数据显示，2016～2021年，工作室组织技能培训场次逐年递增，从2016年的7613场次增加到2021年的15938场次。技能培训人数逐年递增，2020年拓宽线上培训渠道后，培训人数更是实现大幅增长（如图13、14所示）。

调研数据显示，近年来，职工创新工作室技能人才培训场次和培训学员

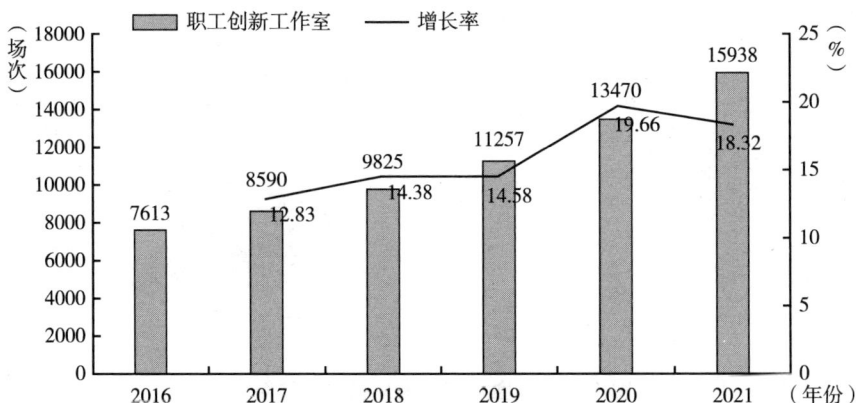

图 13　2016~2021 年职工创新工作室组织技能培训场次及增长率

图 14　2016~2021 年职工创新工作室组织技能培训总人次及增长率

数量愈来愈多，各级工作室尤其是区级及以下工作室已将技能人才培训作为重要的职能任务，为企业培养了大批职工技能人才。目前，各级工作室已发展成为企业技能人才培养的新基地，为企业的技术进步和升级发展提供有力的技能人才支撑。

2.传授有章有法，职工创新工作室成员成长迅速

在职工创新工作室中开展"名师带徒"活动，由工作室领军人亲自带徒弟，并签订"师徒协议"，提升了师傅的责任感和徒弟的归属感，推动了

技艺绝活的传承。从调研单位看，工作室成立以来共有名师带徒总数为15175对。2016~2021年，工作室有师徒协议的名师带徒总数逐年递增，总体上来看，从2016年的1786对增长到2021年3644对，增长了1倍多。这种名师带徒的传统形式，为高技能人才的培养提供了便捷的通道（如图15所示）。

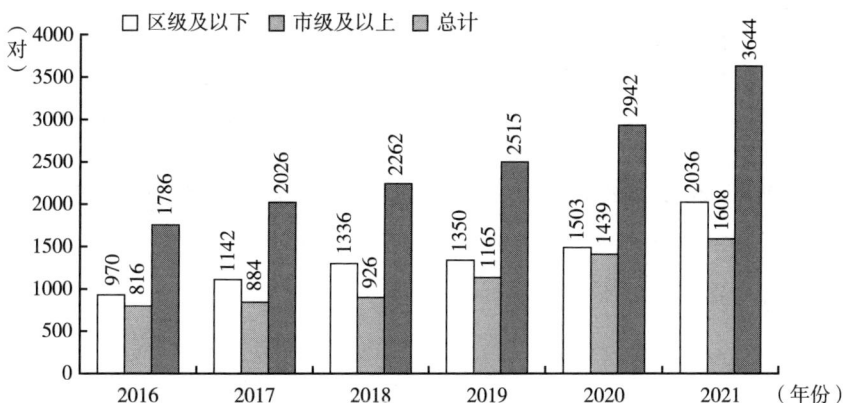

图15 2016~2021年各级职工创新工作室有师徒协议的名师带徒总数

职工创新工作室成员在领军人"一对一"的精心帮带下，其技能得到了快速提升。从调研情况看，调研单位工作室自成立至2021年底，所有工作室成员得到技能/职称提升的人数累计达到23000余人。其中，在2016~2021年，工作室成员技能/职称提升人员数量逐年递增，从2016年技能/职称提升2735人增长到2021年5125人，增加了近1倍，年平均增长率达到13%（如图16、17所示）。

调研数据表明，职工创新工作室"名师带徒"在职工技能培训中发挥了重要的作用。这种培训模式有利于高精尖人才培养和绝活技艺传承，能够有效弥补专业培训机构的不足，在职工高技能人才培养中作用明显。

（二）典型事例

北京奔驰赵郁创新工作室是2009年市总工会首批认定的市级示范性创

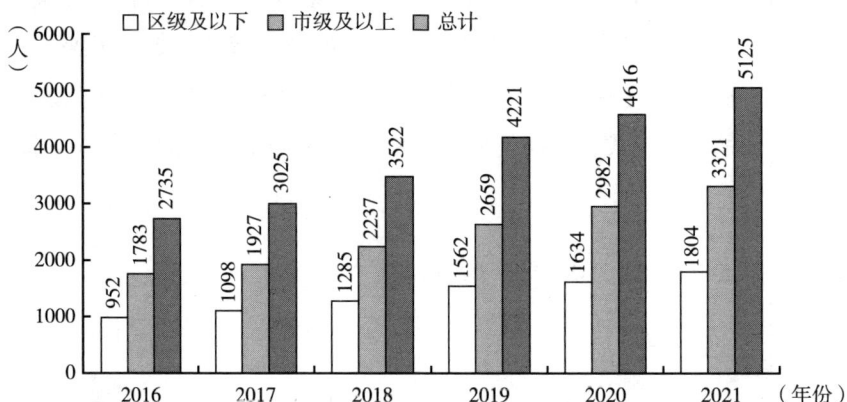

图 16　2016~2021 年各级职工创新工作室成员技能/职称提升人员数量

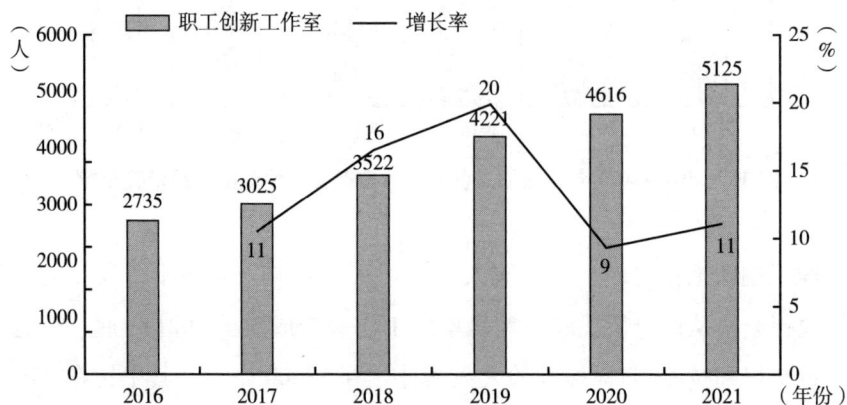

图 17　2016~2021 年职工创新工作室成员技能/职称提升人员数量

新工作室。该工作室紧紧围绕本土化人才培养，构建了适合一线员工发展及创新人才培养的机制，即"选、育、用、留、引"。坚持正确的育人导向，完善并规范人才识别与选拔流程，为技能人才成长提供"工作有条件、创造有机遇、发展有空间、利益有保障"的四有平台。赵郁创新工作室先后编纂了《班组长培训课件开发》《技能人才培养体系金字塔》《总装员工培训手册》等培训教材，成为北京奔驰汽车有限公司指导及规范职工培训、技能鉴定与能力考核参照标准。近三年，赵郁创新工作室累计完成技术类培训47项，管理类培训42项，完成培训总课时7.3万课时，培训4899人次，人均40.2课时。其中"班组长素质提升课程"作为特色课程共计有6批147人参加培训。课程包括领导力、MPS精益生产等内容。由赵郁创新工作室连同BBOS（精益生产）办公室共同搭建的班组长素质提升工程体系建设在总装车间落地。工作室自主设计制作20余项系列培训教具，大大降低了培训成本，填补了国内高端汽车装配及维修工种技能培训教具的空白。工作室人才培养效果显著，先后获得市级竞赛冠军2个，第二名到第八名6个。截至2021年底，已培养出集团首席技师1名、高级技师15名、中级技师41名。

（三）主要不足

工作室成员中相当一部分是生产一线岗位人员，不少人具有技师和高级技师职称，在解决某一专业技术问题上具有较多的经验，但在进行技术攻关时，有时会停留在传统固有的思维中，缺乏尝试探索新事务、新技术的能力和胆识。

三 职工创新工作室创新创效

创新创效是职工创新工作室最核心的职能，也是工作室发挥作用的重要体现。

（一）主要成效

随着职工创新工作室队伍的发展壮大，其在企事业单位技术创新领域的地位和作用日趋显著。从调研情况看，多数工作室已成为企业创新攻关的重要力量，部分工作室已成长为企业的重要研发中心。从调研数据来看，工作室创新成果丰硕，各级工作室已发展成为企业解决生产技术难题的"攻关站"和企业经营发展的"助推器"，成为企业创新攻关的重要力量。

1.创新成果数量稳步增长

创新成果数量是职工创新工作室解决企事业单位生产技术难题，开展创新攻关活动效果的重要体现。调查显示，在调研单位从职工创新工作室成立至2021年底，所有工作室的创新成果累计数量超过23270项。其中，2016~2021年，工作室获得的创新成果数量从2016年的2698项增加到2021年的5018项（如图18所示）。

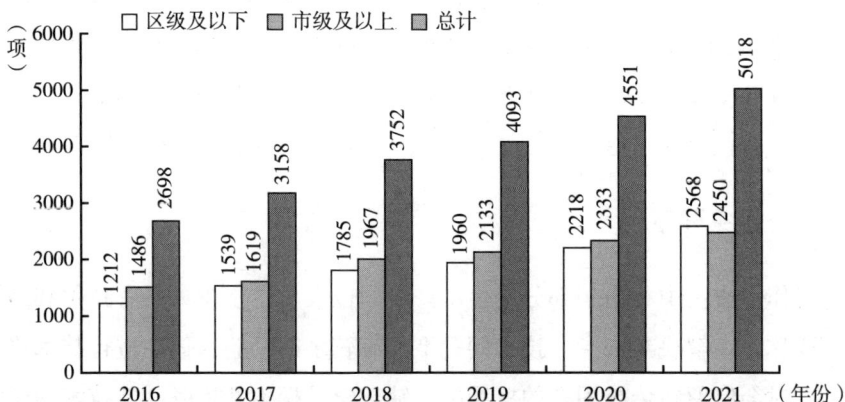

图18　2016~2021年各级职工创新工作室获得的创新成果数量

调研数据表明，职工创新工作室在技术攻关中硕果累累，成果数量逐年递增，展示了工作室技术攻关方面不断突破的良好势头。

2. 创新成果质量不断提升

创新成果获得科技奖励情况是职工创新工作室创新成果质量高低的一个重要体现。调查显示，截至2021年底，所有调研单位创新工作室累计获得各类科技奖励成果5132项。其中，获得省部级（含）以上科技奖励的成果数量为1006项，占比20%；获得全国行业级科技奖励的成果数量为831项，占比16%；将2/3的成果获得企业级科技奖励（如图19所示）。

调研数据表明，职工创新工作室成果众多、质量很高，不少成果达到了行业顶尖，充分体现了工作室在企业技术进步中不可或缺的地位和作用。

3. 创新成果推广应用广泛

创新成果推广应用数量是职工创新工作室积极开展创新创效活动效果的重要体现，也是工作室健康发展的保证。调查显示，自调研工作室成立至

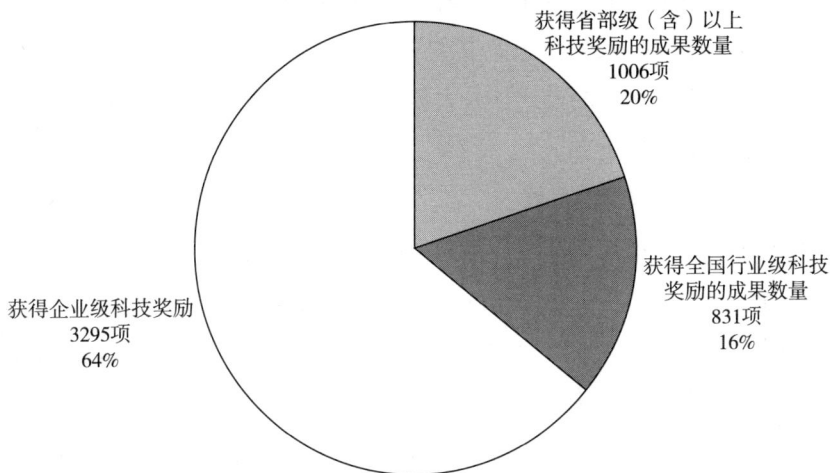

图19 职工创新工作室累计获得各类科技奖励的成果数量

2021年底，所有工作室累计完成成果转化7202项，创新成果转化率大约为31%。其中，在7202项转化成果中，企业内转化成果最多，为4222项，占比59%；行业内转化数量为1830项，占比25%；行业间转化数量为1150项，占比16%（如图20所示）。

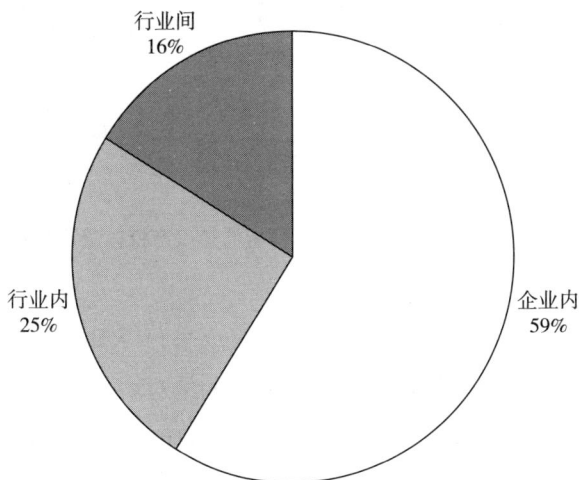

图20 职工创新工作室成果转化方向分布

调研数据显示，创新成果转化率达到了 31%，表明职工创新工作室面对生产一线难题进行技术攻关，其创新成果直接应用于生产一线难题的解决，这种供求直接对接的模式，大大提高了成果转化率，充分体现了工作室开展技术攻关的优势所在。

4. 申报知识产权情况良好

对创新成果申报知识产权，是激发职工创新工作室成员积极参与经济技术创新活动的重要途径，也是增强企事业单位竞争优势的重要举措。调查显示，调研单位自工作室成立至 2021 年底，所有工作室获得的知识产权累计数量超过 14000 项。其中，包括 13237 项专利权及 1225 项其他知识产权。在 13237 项专利权中，实用新型专利共计 7601 项，占比 58%；发明专利共计 2967 项，占比 22%；计算机软件著作权专利共计 1827 项，占比 14%；外观设计专利共计 842 项，占比 6%（如图 21、22 所示）。

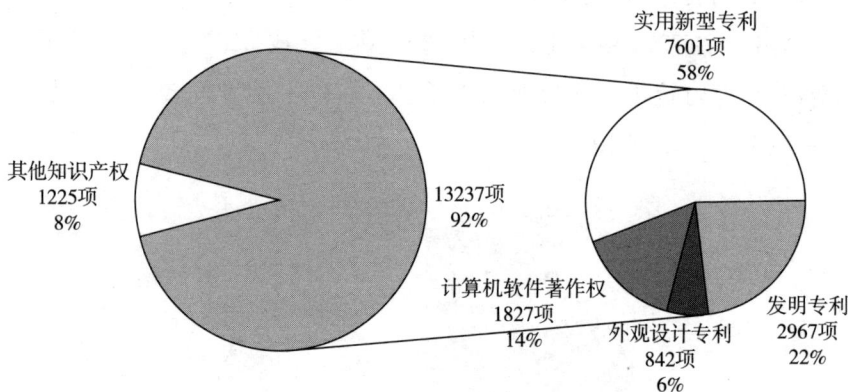

图 21 职工创新工作室累计获得的知识产权数量及分布

调研数据显示，近几年职工创新工作室成果获得知识产权的相对增长率虽出现了下降，但是创新成果获得知识产权的绝对增长数量仍然有了较大幅度的提高。从知识产权的分布看，发明专利占比 22%，说明工作室的总体创新能力在不断提升。随着工作室创建数量的不断增多，知识产权数量不断攀升的趋势会愈加稳定。

图22 2016~2021年职工创新工作室获得的知识产权总数及增长率

5. 经济效益增势明显

经济效益对于提升企事业单位自主创新能力和核心竞争力、增强职工群众获得感、进一步调动广大职工参与创新创效活动的积极性主动性创造性具有极其重要的作用，是职工创新工作室价值的体现。调查显示，调研单位自首批工作室成立至2021年底，所有工作室累计创造经济收益超过1200亿元。2016~2021年，工作室成果转化产生的经济效益逐年递增，2021年经济收益为328.75亿元，较2016年增加201.65亿元，增长约为1.59倍（如图23所示）。

图23 2016~2021年每年职工创新工作室成果转化产生的经济效益

调研数据说明，以职工创新工作室为平台的创新创效活动，已经成为首都经济社会发展的一个重要助推器，必将为新时代首都高质量发展做出更大的贡献。

（二）典型事例

北京地铁运营有限公司杨才胜创新工作室于 2012 年被市总工会认定为市级示范性职工创新工作室。工作室的工作领域是针对设备维修、检修技术手段、员工培训、突发故障的应急处置和进口设备板卡国产化的工作方向开展工作。在领军人杨才胜的带领下，工作室积极开展技术攻关和成果应用。工作室研发的 33 项科研成果全部应用在北京地铁通信、信号、AFC 系统领域，提高了北京市公共交通智能化水平。在进口设备国产化维修方面，工作室修复的"地铁 AFC 系统自动售票机纸币单元主控板""地铁 AFC 系统自动售票机回收单元控制板"等 19 种板卡，应用在 17 条运营线上，节约维修成本 1250 万元，维修周期与之前相比提速 10 倍以上；在技术革新和升级改造方面，工作室主持设计开发的《地铁 JTC 系统数据采集分析系统》使设备原本不可能实现的多通道同步测量和数据采集变为现实，提高工效百倍以上；工作室发明的"转辙机电流监测系统""地铁自动售检票（AFC）系统自动售检票机（TVM）在线检测装置"等 14 项技术创新成果在路网广泛应用，弥补了国内地铁相关技术领域的空白，维系了城市交通的正常运营；在进口系统运行本地设备方面，工作室应用本土技术，突破了厂商的技术控制，修复了地铁列车移动闭塞（CBTC）系统车载计算机自动驾驶模块进口信号设备，每年带来的经济效益可达 400 万元，使公司彻底告别了进口设备检修"全依赖"的历史。

（三）主要不足

创新成果推广应用有待提升。部分创新成果转化仅仅局限在集团公司内部，在向市场推广应用中缺少渠道和平台。

四 职工创新工作室传承劳模精神、劳动精神、工匠精神

习近平总书记在 2020 年 11 月 24 日全国劳动模范和先进工作者表彰大会上的讲话中指出，劳模精神、劳动精神、工匠精神是以爱国主义为核心的民族精神和以改革创新为核心的时代精神的生动体现，是鼓舞全党全国各族人民风雨无阻、勇敢前进的强大精神动力。弘扬劳模精神、劳动精神、工匠精神是新时代创新工作室的新职能，也是工作室发挥作用、服务社会的新舞台。

（一）主要成效

开展交流合作是创新工作室的重要任务。以工作室为平台广泛开展学术交流、参观见学等学习交流活动，既是创新攻关和技艺传承成果的展示，又是传播劳模精神、劳动精神、工匠精神的窗口，在带动职工积极投身技能强国的道路中发挥着良好的示范引领作用。

1. 榜样作用突出

职工创新工作室领军人是有技艺特长的劳模和高技能人才，其所带领的工作室成员是职工队伍的优秀代表。从调研情况看，在 1162 名领军人中，有 309 人曾荣获省部级及以上荣誉，获奖人数占总人数比例为 27%。其中，256 人曾荣获省部级劳模荣誉（全国五一劳动奖章），占总人数的 22%；53 人曾荣获全国劳模荣誉，占总人数的 5%。在 1162 家工作室中，工作室领军人及成员获得区级奖励或荣誉的达到了 853 人（如图 24 所示）。

调研数据表明，工作室领军人及成员用"荣誉"证明他们是劳模精神、劳动精神、工匠精神的践行者。各级工会搭建以劳模和工匠技能人才为领军人的创新工作室，就是为职工打造提升技能、发展进步的灯塔，引领职工队伍向技能提升、技能成才的道路前进。劳模精神已经作为一种感召力和内动力，嵌入工作室的日常工作中，成为工作室发展进步的力量之源。

省部级劳模
（全国五一劳动奖章）
256人
22%

全国劳模
53人
5%

区级荣誉
853人
73%

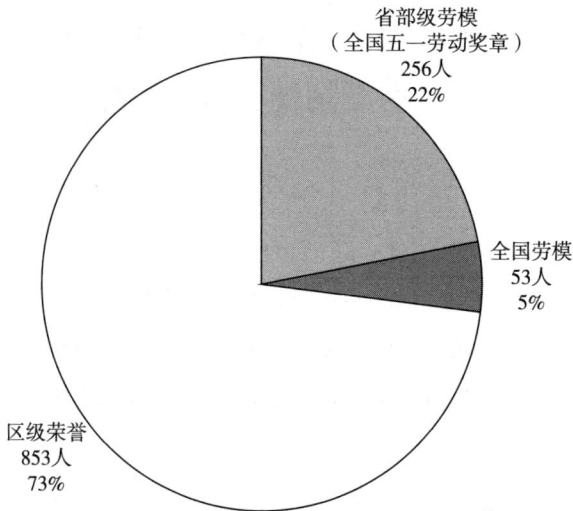

**图24 职工创新工作室领军人荣获区级及省部级（含）以上
劳模、全国五一劳动奖章情况**

2. 观摩交流活动丰富

观摩交流是职工创新工作室宣传推介的重要形式，也是弘扬"三种精神"的重要路径。调研单位工作室自成立至2021年底，累计进行超过25000场次的观摩交流。其中2016~2021年工作室组织观摩交流次数逐年递增，2021年达到5379场次，较2016年增加了61%（如图25所示）。

在调研单位范围内，自职工创新工作室成立至2021年底，所有工作室参与观摩交流的人数累计超过41万人。2016~2021年工作室组织观摩交流人数呈逐年递增趋势，2016年交流总人数约为4.93万人，2021年为9.08万人，较2016年增加84%（如图26所示）。

调研数据显示，近年来各级职工创新工作室观摩交流活动从次数到人数都呈明显上升趋势，说明各工作室运转正常、工作开展良好。观摩交流作为学习互鉴、弘扬"三种精神"的渠道受到了工作室的欢迎，也得到各级工会的支持。工作室通过观摩交流学习，一方面提高了工作室成员吸纳新知识的能力，有利于将各方面知识融会贯通，为己所用；另一方面提高了知识转

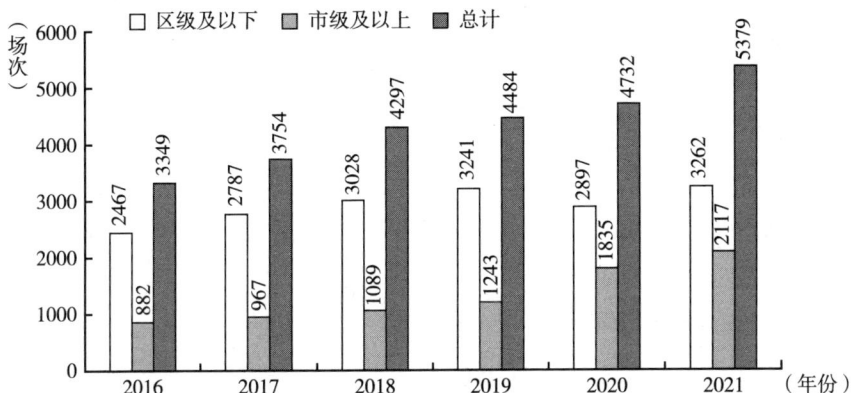

图 25　2016～2021 年各级职工创新工作室组织观摩交流场次

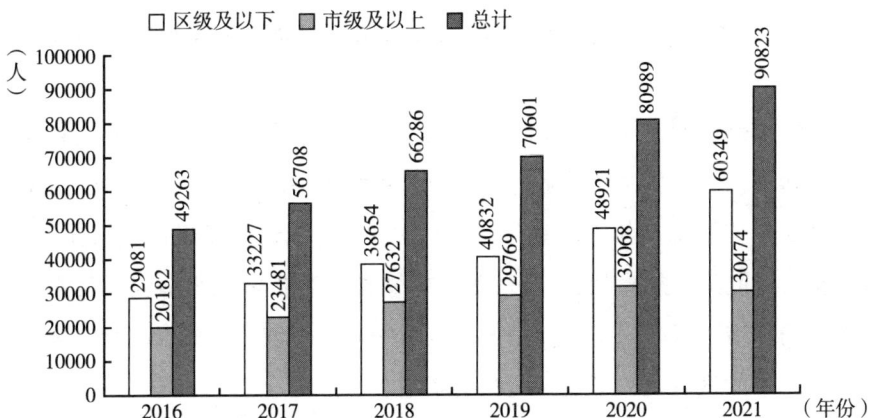

图 26　2016～2021 年各级职工创新工作室组织观摩交流总人数

化的能力，把理论知识和具体工作结合，通过领悟、提炼、升华，提高了解决问题的能力。各工作室通过观摩活动，将"三种精神"有效融入交流中的"学"和"习"，践行在日常工作的"知""行"合一之中。

3. 社会影响愈来愈大

媒体关注和宣传是工作室弘扬"三种精神"的重要渠道。从调研情况看，截至 2021 年底，所有工作室及创新成果在社会媒体报道的数量累计超过 13000 条。2016～2021 年，工作室及创新成果在社会媒体报告的数量呈逐年递增趋势，2021年总报道数量达到3078条，较2016年的1688条增加了82%（如图27所示）。

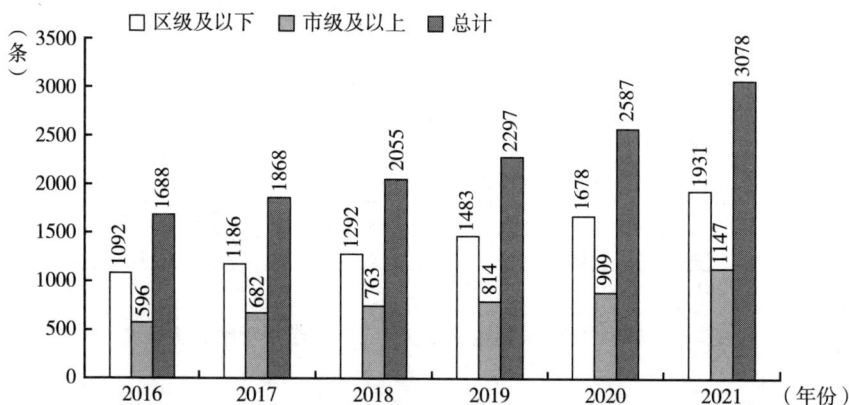

图27 2016~2021年各级职工创新工作室及创新成果在社会媒体报道的数量

调研数据说明，职工创新工作室这一职工创新平台的价值得到了各单位的广泛认可，为工作室宣传造势逐渐成为各级工会的共识。近几年，劳动午报社开设了"职工创新工作室"专栏，持续宣传报道创新工作室情况。《工人日报》《北京日报》、北京电视台等媒体先后对北京市职工创新工作室服务职工的举措进行了报道，在全市叫响了争创职工创新工作室品牌，为职工创新工作室的发展营造了良好的社会氛围。

（二）典型事例

北京市设备安装工程集团有限公司陶建伟创新工作室成立于1999年，2013年被认定为北京市级示范性职工创新工作室。工作室始终坚持围绕电梯安全运行保障领域开展科研设计开发和技能人才培养工作，秉持传承优秀技能、传播劳模和工匠精神的"双传"并举发展模式，在创新攻关和培训人才的同时，积极以工作室为平台弘扬劳模精神、劳动精神、工匠精神。在线上，通过搜狐、新浪、网易、中工网等网络报道100余篇，《北京日报》《工人日报》《劳动午报》等平面媒体报道300余篇，中央电视台、北京电视台等相关视频报道 10 余篇，入选学习强国 2 篇，并通过微信公众号、拍摄工作室"微电影"、广播电台等多种形式开展工匠宣传活动。此外，工作室先后参与了国务院新闻办公室举行的中国共产党年轻党员中外记者见面会，北京市党的十九大精神全市宣讲团、北京市总工会职工大学开展的"劳模大工匠"讲堂等活动，通过全视角、立体式宣传，积极开展宣传报道活动，营造浓厚的宣传氛围，并始终坚持突出亮点，突出行业特点和专业优势，形成了叫得响的劳模工匠工作室品牌。

（三）主要不足

工作室在宣传方式上传统媒介用得多，而新传媒手段开发不足。在1162 家工作室中，仅有 117 家工作室有独立的网站或微信公众号，占比仅为 10%，在一定程度上制约了工作室品牌资源的开发和利用。

五　深化职工创新工作室工作、推进职工技能人才队伍建设的建议

北京市先后出台了《北京市总工会关于加强首都职工技能人才培训的实施意见》（京工办发〔2020〕7 号）、《关于进一步深化北京市职工创新工作室工作的意见》（京工办发〔2020〕28 号）、《北京市职工创新工作室创新项目助推资金管理办法》（京工办发〔2021〕24 号）等文件，对职工创新工作室平台的建设和发展提出了指导性的意见。结合调研情况，围绕进一步深化职工创新工作室工作，推进职工技能人才队伍建设，提出具体建议如下。

（一）规范建设，做强职工创新工作室队伍

职工创新工作室发展到今天，进一步加强规范化建设迫在眉睫。一要坚持依法建设。严格按照《北京市职工创新工作室管理办法》开展职工创新工作室的创建和管理，完善创新工作室制度规范，做细日常管理，提升创新工作室成员的"创新工作室"意识。创新工作室的人员组成要打破行政隶

属关系,将"志同道合"的创新人才拉进职工创新工作室队伍,将创新工作室打造成人才集聚平台,加强创新工作室的力量,增强其创新能力。二要坚持动态管控。坚持做好认定满五年的市级职工创新工作室的复评审核工作,及时撤销因退休、转岗、离职或企业倒闭不能履行职能和部分围绕中心工作任务开展工作不力的创新工作室,确保职工创新工作室队伍的质量。三要坚持文化引领。各级工作室要积极打造自己特有的创新文化,各项创新工作室制度和创新文化符号要经常性呈现在职工面前,营造创新、传承的文化氛围,让职工潜移默化间接受创新文化熏陶,提升创新意识,增强职工创新工作室的感召力和凝聚力,激发工作室成员开展创新工作的使命感和责任感。

(二)加强宣传,做大职工创新工作室品牌

职工创新工作室对企业技术升级和职工技能素质提升的作用已得到了广大企业和职工的认可,但要进一步发挥职工创新工作室在职工创新中的引领作用,必须注重"营销",让"职工创新工作室"成为全市公认的北京工会维护职工职业发展权的"招牌"。首先要加强宣传引导。工会宣传部门要利用各种宣传渠道主动向职工创新工作室工作聚焦,精心策划、挖掘一批劳模领军人创新工作室的先进事迹、先进人物和典型案例,通过中央、省级主流媒体以及集团官网、微博、微信等,全方位、高标准、宽领域、多层次地进行宣传,提高劳模领军人创新工作室的知名度和影响力。其次要突出创新工作室成果标识。各职工创新工作室成果在宣传、交易、使用时要突出强调成果来自"创新工作室",让成果的应用方和关注的媒体、公众熟知创新工作室的品牌,通过优秀职工创新工作室成果的影响力辐射强化对创新工作室成果的认同感,进而提升创新工作室的品牌价值。

(三)精准服务,做实创新创效平台

服务有效到位是职工创新工作室快速发展的重要保障。一要完善职工创新服务。为职工创新工作室提供实用性强的助推项目,提升品牌感召力。要

丰富助推项目类别，延长创新助推服务的链条。在现有 10 万元、5 万元、3 万元助推类别的基础上，进一步增加助推类别，既解决职工小发明、小改进项目的助推需求，又为开发大的创新项目提供更多的资金支持。二要搭建转化应用平台。整合北京大工匠、职工创新工作室领军人、市技协专家、职工技协杯大赛冠军等人力资源和市职工职业发展助推、创新助推等项目资源，探索搭建高技能人才交流平台，为职工创新提供政策咨询、技术指导、创新支持、知识产权保护等专业服务，开展技术推广、经验交流、成果展示等活动。依托北京市工会职工技能网络学习培训平台，开发职工创新成果网上推介系统，免费为职工创新成果搭建网上交易通道，解决创新成果信息与市场需求不对称的问题，促进创新项目孵化和成果转化，为职工创新工作室的持续健康稳定发展提供强力的支撑。三要健全成果转化收益分配激励机制。制定成果转化奖励制度，量化考核，根据工作室创新成果转化所获得的收益，给予创新工作室及其成员阶梯式奖励；对获得专利、主持制定行业以上标准、发表论文等情况分别给予相应的奖励。协调人力资源、科技管理等职能部门将职工创新工作室年度绩效、获得荣誉情况、创新成果转化情况等方面的表现纳入企事业薪酬管理制度，结合创新工作室成员贡献度进行加分，形成对工作室成员的长效激励机制。四要广泛搭建创新工作室联盟。整合职工创新工作室的资源，贯通各个工作室之间的联系，发挥各个工作室的优势，建立跨区域、跨行业、跨企业的职工创新工作室之间的协作关系，开展工作室之间的创新交流，收集企业生产一线的难题，联合开展技术攻关、技能培训、科学研究和管理创新等活动。重点贯通上下游企业的创新链、产业链和服务链，推进职工创新工作室集约化发展。

（四）多措并举，拓宽技能人才成长通道

职工创新工作室是技能人才培养的平台，同时技能人才的大量涌现必然促进职工创新工作室的发展。多方施策激励技能人才成长是职工创新工作室发展的有力支撑。一是大力开展劳动和技能竞赛活动。各级工会要抓住群众性经济技术创新活动这条主线，围绕企业生产经营的重点、难点，积极开展

大规模、多项目、广范围、高标准的各类劳动和技能竞赛活动，广泛实施竞赛月度分析推进、季度小结考评、年终评比等，保证竞赛效果。要善于挖掘人才，在劳动和技能竞赛中涌现出来的积极分子都是未来技能人才培育的后备军，要及时发现这些人才，动员技术工人加入创新工作室队伍，为创新工作室的人才储备提供良好保障。二是加强创新思维和创新方法培训。各单位工会要聘请创新思维和创新方法领域方面的专家授课，丰富创新工作室成员思维方式，训练创新工作室成员多层次、多角度认识和分析问题的习惯，助力工作室成员捕捉新现象、提出新问题、探索新规律、提出更好的解决方案。三是深化技能人才制度改革。首先要完善工作室各项制度，使创新工作室的运营规范化、正规化。尤其在工作室成员的选择方面，要综合考虑成员的学历、年龄、工作经历、现有技能水平等多方面因素，打造分布合理、专兼结合的技能人才结构。其次在工作室开展技能人才评价改革试点工作，建立以职业资格评价、职业技能等级认定和专项职业能力考核等为主要内容的技能人才评价制度，改变技能人才职业等级"天花板"现象。努力营造有利于技能人才才能充分发挥、创新力量充分释放的干事创业环境。四是保障技能人才工作效益。以创新工作室为平台，鼓励工作室成员更多参与各级科研项目，开展科技攻关活动。支持工作室成员参加前沿技术理论和技能革新项目研修，参加创新成果评选、展示和创业创新等活动，切实保护工作室成员的知识产权和技术创新成果转化权益。五是打通技能人才职业晋升通道。探索以创新工作室的核心成员为试点，开展技能人才职称评定程序。鼓励符合条件的工程系列专业技术人才直接参加高级以上职业资格鉴定和技能等级认定。鼓励企业普遍设立"首席技师""技能专家""工匠人才"等技能人才专属岗位，拓宽技能人才晋升通道。

参考文献

［1］尹晓燕：《创新工作室：如何让赋能真正落地？》，《工人日报》2022年9月

28 日。

［2］蒲洪平：《打造职工创新工作室　激发企业创新创造活力》，《企业文明》2021 年第 4 期。

［3］顾春英：《职工创新工作室的创建实践与思考》，《现代国企研究》2018 年第 12 期。

［4］时晔：《职工创新工作室的作用与实践探讨》，《管理观察》2017 年第 34 期。

［5］胡倍嘉：《建立基于劳模工作室的职工技术创新体系》，《企业改革与管理》2015 年第 23 期。

［6］王文桃：《把握时代要求　推动创新发展　全面推进职工（劳模）创新工作室建设》，《中国职工教育》2015 年第 11 期。

［7］王明哲：《创新工作室的创建与管理》，人民日报出版社，2018。

B.8
北京市文物保护工程管理及专业技术人员队伍建设研究

北京市文物局课题组*

摘　要： 通过对北京市近五年文物保护工程参建单位进行问卷调查，分析
文物保护工程管理及专业技术人员队伍的规模和结构，指出这一
领域人员队伍规模显著壮大、行业分布差异明显、专业能力突出
等特点，并发现人员队伍建设中存在着高水平人才和后备人员相
对短缺、行业人才吸引力有所不足、人才培训体系和评价激励制
度不够完善等问题。最后，立足于新形势新要求提出要进一步推
进政府引导、市场主导、社会组织广泛参与的人员队伍建设模式
和人才培养体系，以及完善人才工作制度和培训体系、加大分类
培训培养力度、健全人才评价机制、构建人才激励机制、搭建专
业载体、打造关键支撑平台等对策建议。

关键词： 文物保护工程　人员队伍　建设模式　人才培养体系

北京建城 3000 多年、建都 800 多年，拥有世界遗产 7 处，文物古迹
3000 余处，文化底蕴深厚，文物资源丰富。做好首都文物保护工程建设，

---

* 课题组组长：王翠杰，北京市文物局党组副书记、副局长，高级政工师。课题组成员：王
昕，北京市文物局组织宣传处（人事处、对外联络处）处长、一级调研员；郭明宇，北京市
文物工程质量监督站站长；曹秋月，北京市文博发展中心主任；刘晓曦，北京市文物局团委
书记；孙艳群，北京市文物工程质量监督站四级调研员；张凯，北京市文物工程质量监督站
一级主任科员。

是深入贯彻习近平总书记关于文物工作重要论述精神、推进首都文物事业高质量发展、传承保护好首都宝贵历史文化遗产的重要抓手。一直以来，北京市在加强文物保护工程建设的过程中，强化人才引领意识，集聚了能力突出的专业人才。但是，随着首都文物保护工程规模的增加和工程质量要求的提高，管理及专业技术人员相对缺乏、文物保护技术传承断层、人才成长空间相对有限等问题逐渐突出，制约着全市文物保护事业发展。为进一步支撑北京市文物事业高质量发展，打造一支适应新时代要求的高素质、专业化的管理及专业技术人员队伍，特开展本研究。

一　数据调查和收集情况

为摸清全市这一领域管理及专业技术人员队伍的基本情况，本研究对全市近五年来参与文物保护工程建设，且实施三个以上项目的建设单位，以及所有的设计单位、施工单位、监理单位，进行了全覆盖调查。

根据 2017~2021 年全市文物保护工程注册登记情况，文物保护工程数量共 521 项，涉及单位 210 家，其中，建设单位 161 家，设计单位 15 家，施工单位 27 家，监理单位 7 家。调查问卷共发放至 81 家，包括建设单位 37 家，设计单位 15 家，施工单位 24 家，监理单位 5 家，调查问卷全部回收。另外，从中选择了 24 家进行现场调研。

二　人员队伍现状与特点

（一）规模总量与结构

根据调查，截至 2021 年底，全市文物保护工程管理及专业技术人员队伍总量 3077 人。其中，建设单位 593 人，设计单位 731 人，施工单位 1534 人，监理单位 219 人（见表 1）。其中，施工单位在文物保护工程中占据主要地位，人员数占人员队伍总量的一半左右。

表1　人员队伍总量

	人数(人)	占比(%)
建设单位	593	19.27
设计单位	731	23.76
施工单位	1534	49.85
监理单位	219	7.12
合　计	3077	100

资料来源：课题组调研所得。

1. 从性别结构看

人员队伍中，男性人数居多，人数达到2096人，占人员队伍总量的2/3；女性981人，约占1/3。另外，设计单位的男性、女性在本类单位中占比分别为51.98%、48.02%，比例大致持平；施工单位和监理单位的男性占比均在3/4左右，男性比例偏高（见图1）。

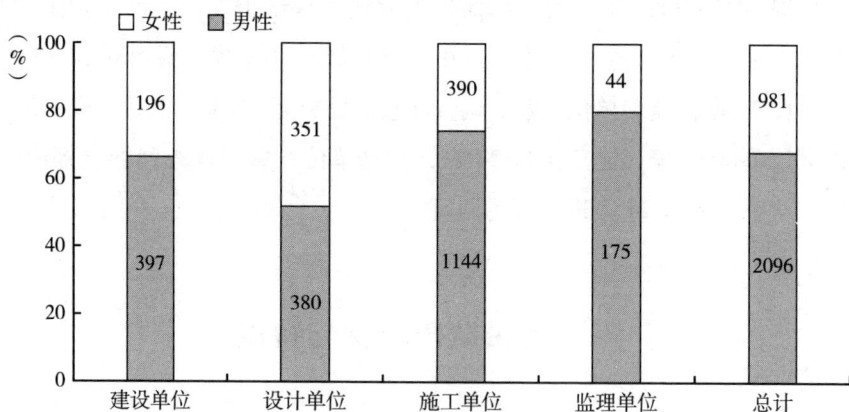

图1　人员队伍性别结构

资料来源：课题组调研所得。

2. 从年龄结构看

25岁及以下人员256人，占人员总数的8.32%，比重偏低；26~35岁人员 888 人，占比 28.85%；36~45 岁人员 913 人，占比 29.68%；46~55 岁人员 528 人，占比 17.15%；56 岁及以上人员 492 人，占比 16.00%（见图2）。青年、中年员工（按 26~45 岁合计）占比 58.53%，是人员队伍的主力。另外，监理单位 56 岁以上的人员 116 人，比重超过一半，人员队伍老龄化问题比较突出。

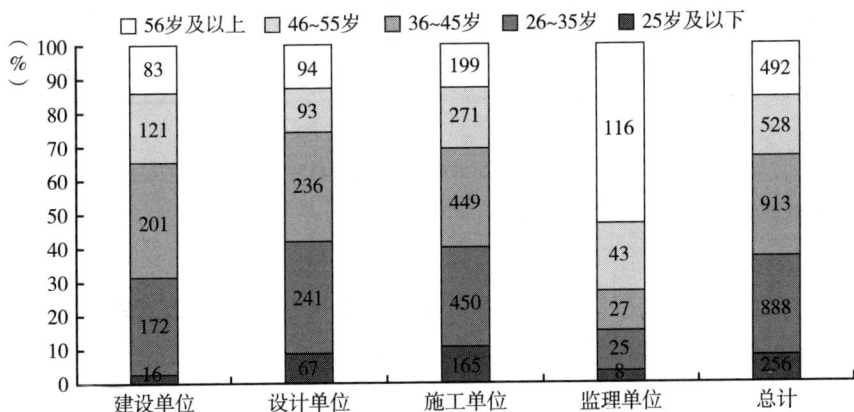

图 2　人员队伍年龄结构

资料来源：课题组调研所得。

3. 从工作年限结构看

工作 1~5 年的人员 570 人，占人员总数的 18.52%；工作 6~10 年的 583 人，占比 18.94%；工作 11~15 年的 628 人，占比 20.40%；工作 15 年以上的 1296 人，占比达到 42.13%，人员队伍中聚集了一批具有较长工作年限的人员（见图 3）。

另外，人员队伍中返聘人员 249 人。其中，建设单位 1 人，施工单位 144 人，监理单位 104 人。监理单位返聘人员数量占本方单位人员总数的 47.49%，人员返聘情况较多。

4. 从岗位结构看

从事管理岗位的人员 767 人，占人员总数的 24.93%；从事技术岗位的 1430 人，占比 46.47%；从事技能岗位的 553 人，占比 17.97%（见图 4）。

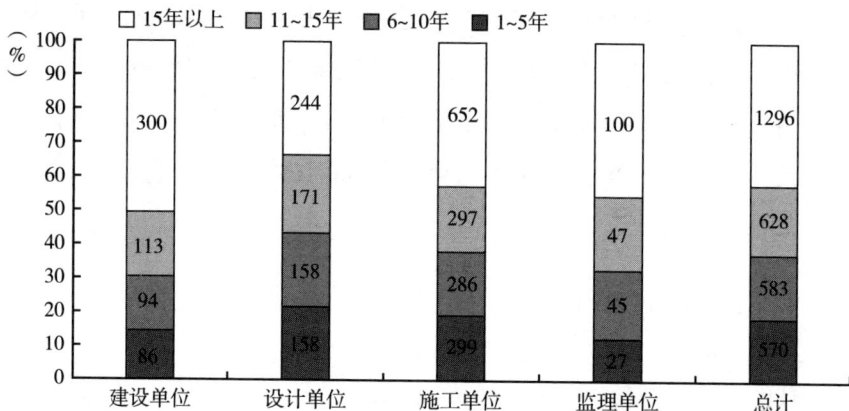

图3　人员队伍工作年限结构

资料来源：课题组调研所得。

另外，施工单位中技能岗位占本方单位人员总数的比重为22.69%，人员队伍中的技能人员仍比较缺乏。

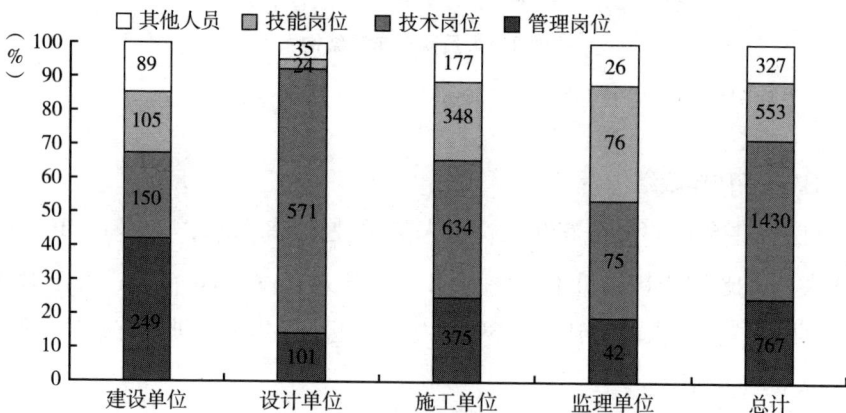

图4　人员队伍岗位结构

资料来源：课题组调研所得。

5. 从学历结构看

博士学历人员共30人，占人员总数的0.97%；硕士学历386人，占比12.54%；本科学历1374人，占比44.65%；专科及以下学历1287人，占比41.83%。人员队伍的学历以本科学历比重最高（见图5）。其中，设计单位高学历人才最多，本科学历以上占本方单位比重达到83.99%；而施工单位、监理单位中，专科及以下学历人员比重最高，分别为56.45%、69.41%。

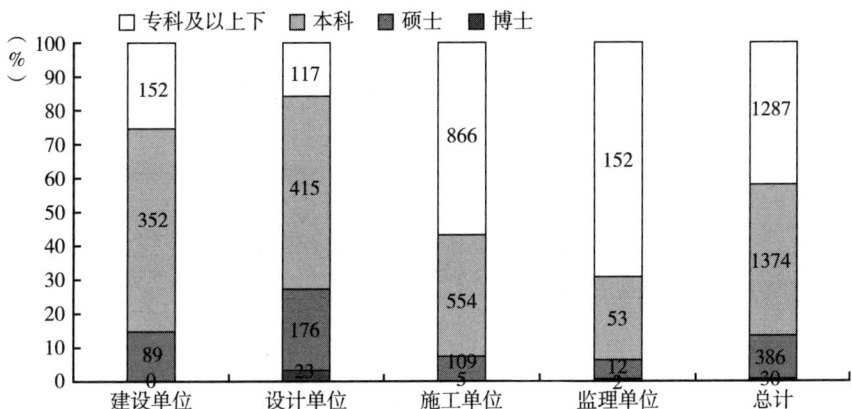

图5　人员队伍学历结构

资料来源：课题组调研所得。

6. 从专业人员资格结构看

人员队伍中，取得文物保护工程专业人员资格的共523人，仅占人员队伍总数的17.00%。其中，责任设计师174人，分布在设计单位的有151人，占比86.78%；责任工程师298人，分布在施工单位的有287人，占比96.31%；责任监理师51人，全部分布在监理单位（见图6）。

7. 从专业技术职称结构看

人员队伍中，具有专业技术职称的共1256人，占人员队伍总数的40.82%。另外，设计单位、监理单位的职称认证比例较高，占本方单位比重分别达到53.35%、51.14%；建设单位、施工单位的职称认证比例偏低，比重分别为38.46%、34.29%（见图7）。

8. 施工单位人员队伍中的技能人员结构

专业领域结构，施工单位技能人员中，古建筑、石窟寺及石刻、古遗址

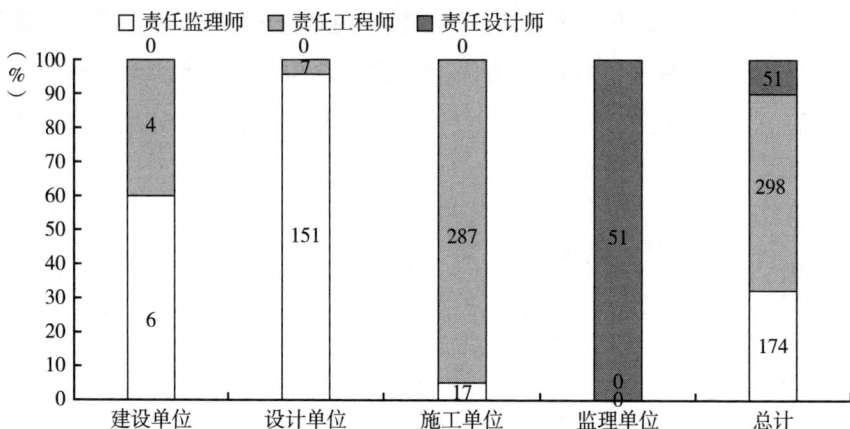

图6　人员队伍专业人员资格结构

资料来源：课题组调研所得。

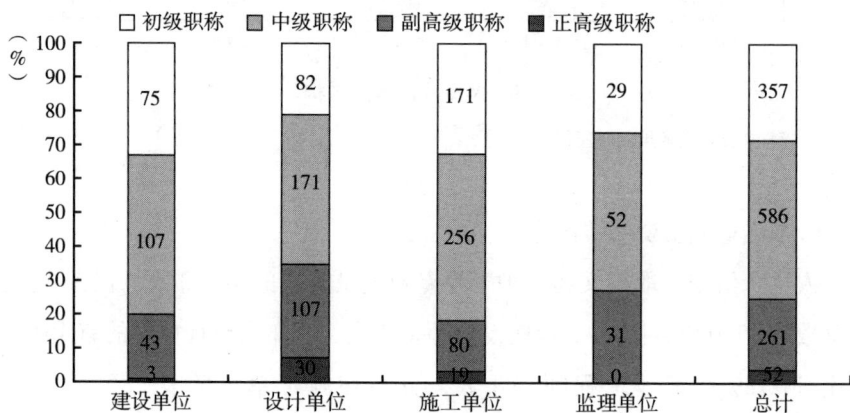

图7　人员队伍专业技术职称结构

资料来源：课题组调研所得。

古墓葬、近现代重要遗迹以及代表性建筑、壁画修复等五大领域所占比重分别为49.72%、3.81%、9.32%、34.89%、2.26%，古建筑领域技能人员最多。专业工种结构中木工、油漆工、画工、瓦工等四大工种所占比重分别为25.98%、21.57%、15.93%、36.52%，瓦工最多。专业技能结构中高级技师、技师、高级工、中级工、初级工所占比重分别为4.47%、7.44%、15.63%、

35.98%、36.48%，高技能人才占技能人才比重达到27.54%（见表2），略低于全市平均水平（2021年，30.91%）。

表2 施工单位技能人员结构

单位：人，%

专业领域	古建筑	石窟寺及石刻	古遗址古墓葬	近现代重要遗迹以及代表性建筑	壁画
人数	173	13	32	121	8
比重	49.72	3.81	9.32	34.89	2.26
专业工种	木工	油漆工	画工	瓦工	—
人数	90	75	55	127	—
比重	25.98	21.57	15.93	36.52	—
技能等级	高级技师	技师	高级工	中级工	初级工
人数	16	26	54	125	127
比重	4.47	7.44	15.63	35.98	36.48

资料来源：课题组调研所得。

（二）主要特点

1. 人员队伍规模显著壮大

对比20世纪70年代北京市只有4家古建筑施工企业、工匠约500人，当前勘察设计甲级资质的单位共28家，施工一级资质的单位30家，监理甲级资质的单位6家，从业人员达到3000多人，人员队伍规模显著壮大。按照全市每年约100个文物保护工程建设计算，平均每项工程30余人（不包括临时人员），充足的人员队伍为文物保护工程的顺利实施奠定了基础。

2. 人员行业分布差异明显

人员队伍在建设、设计、施工、监理四类单位的分布特点体现出明显的差异性。建设单位以管理岗位人员为主，从事管理岗位的人员占建设单位人员总数的42.08%；故宫博物院、颐和园管理处、明十三陵特区办等文物保护单位，还拥有自己的技术团队，在技术和技能岗位上也拥有一批专业人员。设计单位以高学历的年轻设计人员为主，技术岗位人员 571 人，占比 78.11%。施工单位以施工技术、技能人员为主，合计 982 人，占施工单位总人数比重达到 64.02%。监理单位以技术人员为主，退休返聘人员居多，56 岁以上人员占比 52.97%，超出了一半。

3. 人员队伍专业能力突出

随着文物保护理念持续强化，文物保护工程的建设在参考新建工程的基础上，对专业性要求提高，突出表现在北京市文物保护工程人员队伍中，设计单位、施工单位的技术岗位、技能岗位人员队伍规模大，占比高。技术岗位、技能岗位人员合计 1983 人，占人员总数比重达到 64.44%；具有专业技术职称的共 1256 人，占人员队伍总数的 40.82%。在专业性上，人员队伍专业能力比较突出，与当前文物保护工程规划和实施的具体要求相符合。

另外，青年和中年员工是人员队伍的主力（按 45 岁及以下算），占到总人数的 66.85%，工作 15 年以上的人员占比达到 42.13%，为队伍积累丰富的工程经验提供了必要条件。

三　人员队伍建设存在的问题及原因分析

（一）高水平人才和后备人员短缺

高水平专业人才仍然缺乏。文物保护工程设计、施工对能动手操作修复的专业技术、技能人才需求高。但是，全市高水平专业人才短缺，施工单位中高技能人才仅占单位人员总数的 7.26%。另外，在文物修复、古建筑修缮上，具有领队资格的人员缺少尤为突出；也缺少在行业内具有知名度、影响力的知名匠人和专家。同时，由于众多建设单位本身规模小、人数少，缺乏具有专业背景知识的管理人员，并且在工程管理上常常一人身兼数职，现有的人员数量和质量都无法满足实际工作需要。

人员队伍后备力量相对薄弱。文物保护工程人才需要长年的经验积累和"手把手"传承。调查问卷显示，25 岁以下人员比重偏低，仅占人员总数的

8.32%，尤其在监理单位仅有 8 人，占本方人员总数的比重仅 3.65%，反映出人员队伍后续力量有所不足。随着老一辈工匠陆续退休，文物保护工程需要更多的后备人员来继承传统技艺，但是人员的流动性强、年轻人员缺少，带来了文物保护工程行业的专业经验难以积累传承等问题，随着未来一批老一辈工匠、技艺大师陆续离开岗位，他们积累的技艺面临失传困境。

（二）行业人才吸引力有所不足

受行业特点、市场化需求导向的影响，设计单位、施工单位、监理单位的人员流失现象突出，特别是当前年轻人从事文物行业的意愿不足，人员内部不稳定性突出。由于薪资低、定位模糊、工作环境差、专业要求高、体力劳动多等问题，文物保护工程行业对专业技术人员的吸引力明显偏低。调研显示，施工单位人员普遍薪酬水平为每月 5000~10000 元，新入职员工在 6000 元左右，即使具有一定的工作年限、积累了相应经验的人员，月薪超过 1 万元也很困难，新招聘人员中能留在文物保护行业内超过两年的不足 50%，人员流失严重。

（三）人员队伍培训体系不完善

文物保护行业知识体系复杂，涉及的知识领域众多，需要对从业人员建立终身培训体系，特别是施工单位和监理单位学历结构以专科及以下人员为主，分别占到相应单位总人数的 56.45%、69.41%，对培训的需求更为强烈。

根据现场调研，超过 90% 的企业反映企业难以自建培训体系，并且在市场上很难找到第三方渠道对人员进行相关的专业培训，文物保护工程的专业培训环节严重缺失。参建单位对于上岗人员大多未进行过岗前培训，后期可参与的专业培训班多为短期培训，且无考核机制。特别是在管理人员的培训上，重视程度不够，从而，管理人员很难把控好具体工程建设的进度和质量要求。

另外，全市职业教育培训体系不成熟，文物保护修缮等相关职业技术种类尚未被纳入国家职业资格体系，制约了职业技术人才的培养和使用。

（四）人才评价激励制度相对滞后

按照国家深化文物博物专业人员职称制度改革的要求，职称评审权将下放，但是各地方在承接上还缺乏相应的举措和办法，参建四方单位中设计单位和监理单位中从业人员通过规划师、工程师系列进行评审，文物保护工程专业人员资格评审还没有受到足够的重视。调查问卷显示，设计单位、监理单位的专业技术等级认证人员占比较高，均超过本方单位总人数的一半以上；但取得文物保护工程专业人员资格的仅占人员队伍总量的 17.00%，施工单位中具有职业技能资格证书的人员占比仅为 26.27%。

此外，在文物保护工程专业技术岗位结构比例中，高级岗位数量设置远低于中级、初级，专业技术人员职称晋升慢、难度大，也影响着从业人员的工作积极性，制约了高水平人员的引入和使用。

在行业人员激励机制上，文物保护工程行业还没有建立相应的制度，在晋升渠道、发展平台、荣誉奖励等方面缺少统筹安排，更多的单位或者从业人员只能借助其他行业的渠道争取成长空间。

四 人员队伍建设的形势和要求

（一）发展形势

2021 年 9 月，习近平总书记在中央人才工作会议指出，坚持党管人才，坚持面向世界科技前沿、面向经济主战场、面向国家重大需求、面向人民生命健康，深入实施新时代人才强国战略，全方位培养、引进、用好人才，加快建设世界重要人才中心和创新高地，为 2035 年基本实现社会主义现代化提供人才支撑，为 2050 年全面建成社会主义现代化强国打好人才基础。

1. 我国文物事业改革发展再上新台阶

习近平总书记历来重视文物保护工作，强调要加强文物保护和利用，加强历史研究和传承，使中华优秀传统文化不断发扬光大，并强调要坚持保护第一、加强管理、挖掘价值、有效利用、让文物活起来的工作方针。"十三五"以来，我国文物保护主体责任进一步强化落实，文物保护利用水平显著提升，文物领域改革持续深化，文物保护社会共识全面形成，探索符合国情的文物保护利用之路迈出了坚实步伐。国家"十四五"规划纲要锚定建成文化强国目标，明确提出加强文物保护研究利用，系统部署文化遗产保护传承重大工程项目。《"十四五"文物保护和科技创新规划》提出，"十四五"时期，是我国由文物资源大国向文物保护利用强国跨越的关键时期，要以强化文物科技创新和人才队伍建设为动力，全面加强文物保护研究利用。在"十四五"规划的指引下，未来五年乃至更长一段时期文物事业高质量发展的宏伟蓝图已然形成，文物保护工程也同步进入蓬勃发展的新阶段，对文物保护工程管理及专业技术人员的需求将持续增加。

2.文物事业发展对人才的需求进一步提高

按照中共中央和国务院关于加强文物保护利用改革的要求，文物保护由抢救性保护向抢救性与预防性保护并重、由注重文物本体保护向文物本体与周边环境整体保护并重转变，这对文物人才队伍素质提出更高的要求。为此，《"十四五"文物保护和科技创新规划》提出，要综合施策推动构建与文物资源规模和文物保护利用任务相匹配的学科结构、管理机构和专业队伍，不断健全文博人才培养体系，创新人才机制，弘扬践行"莫高精神"，让文物事业后继有人、人才辈出。《新时代文物人才建设工程实施方案》提出要构建多层次文物人才培养体系，加快建设一支门类齐全、技艺精湛的技能人才队伍，稳步造就一支具有科技研发能力和技术应用能力的科技人才队伍，持久锤炼一支熟悉专业、素质优良的管理人才队伍。

3.北京市全面开启文博事业发展新征程

北京作为国家首都、文化名城，积极擦亮历史文化"金名片"，把文物保护和"博物馆之城"提到新高度。《北京市"十四五"时期文物博物馆事业发展规划》提出，立足首都"四个中心"城市定位，以文物保护利用改革为动力，围绕"一轴一城、两园三带、一区一中心"总体工作框架，在新的历史起点奋力推进首都文博事业高质量发展。同时，全面加强文博人才队伍整体建设，完善人才工作机制，优化人才发展环境，着力打造一支高素质专业化、适应新时代首都文博工作高质量发展的人才队伍。围绕加强文物保护工程管理，北京市将加强文物保护行业管理，引导行业有序发展，推动文物保护工程全流程的管理，加强对文物保护工程立项、勘察设计、施工、监理及验收管理的监管力度。

（二）发展要求

1.新技术新理念新手段广泛应用

当前全球新一轮科技革命和产业变革深入发展，以5G、AI等为代表的新一代信息技术不断突破，为文物保护工程建设带来了新理念、新模式和新手段，也对掌握新技术、拥有新理念的人才产生了更大的需求。同时，人才培养模式也面临着新的升级，元宇宙、短视频等新的培训手段不断成熟也直接影响了传统文物保护工程人才的培养。

2.我国人才工作不断向纵深发展

随着国家人才工作体制机制改革和职业职称改革向纵深发展，围绕文物事业发展的人才职业发展通道将进一步拓宽，以准确反映专业技术人才水平的职称评价标准进一步升级为导向，人才发展环境进一步优化，为人才工作提供了良好的政策基础，全市文物保护工程人员队伍建设面临高质量升级发展的新阶段。

3.北京市文物保护工作持续强化发展

"十三五"时期，北京市文物保护工程建设扎实推进，每年实施近百项文物保护工程，建设资金近10亿元，文物保护状况得到明显改善。随着"十四五"时期首都"一轴一城、两园三带、一区一中心"文物工作的推进，文物保护传承利用持续强化，北京市文物保护工程的规模将持续增加，相应地对人员队伍在数量和质量上的需求也进一步扩大。

五 人员队伍建设的思路和对策

（一）总体思路

按照习近平总书记关于人才工作八个"坚持"的新理念新战略新举措，贯彻落实党的人才工作路线方针政策，充分发挥市文物局党组对全市文物保护工程人员队伍建设的指导作用，健全完善工作机制，坚持人才引领发展的战略地位，进一步推进政府引导、市场主导、社会组织广泛参与的人员队伍建设模式和人才培养体系，推动文物保护工程人员队伍建设的体制机制改革，提升人才发展和工程建设项目相结合的综合服务能力，营造人才发展良好环境，打造数量充足、结构合理、技术过硬的文物保护工程人员队伍。

（二）对策建议

1. 完善人才工作制度和培训体系

（1）加强人才工作制度顶层设计。强化人才引领发展理念，落实国家、北京市文物系统人才工作精神，把加强人才工作放在更加重要的位置，坚持需求导向，对标先进水平，立足文物保护工程项目建设对专业技术人才、管理人才的急迫需要和长远需求，不断完善顶层设计。明确人员队伍建设的目标和方向，探索建立新路径，制定和实施具有文物保护工程特色的人员队伍建设实施方案。根据不同专业的具体需求，研究制定各专业人员队伍建设的重大举措，推进落实分级分类评价体制改革等重点工作。

（2）大力支持市场主导的培训活动。发挥政府引导作用，积极发挥文物保护行业协会的桥梁作用，充分挖掘市场化资源，共同为参建四方单位提供定期、不定期的业务培训活动，帮助四方单位的从业人员提升在文物保护工程技术、管理等方面的业务能力和专业水平。

（3）打造项目带人才的培养模式。根据工程特点，选择一批开放工地，组织参建单位进行现场研习，开展人员培训。制定文物保护工程工匠手把手传授专项奖励政策，以文物保护工程项目为抓手，在项目实施中支持老匠人通过手把手传授，带动一批技能人才培养，从项目验收、老匠人奖励等方面给予支持。

（4）推进"互联网+文物人才"建设。充分发挥互联网在文物人才培养中的优化与集成作用，支持企业和专家根据自身特长制作培训课程，加大线上培训力度，鼓励有条件的单位建设直播教室，开发与课程配套的虚拟仿真实训系统，采用直播或录播方式举办线上培训班。

2. 加大从业人员分类培训培养力度

（1）加强综合管理人员培训。加强文物系统干部队伍建设，加大优秀年轻干部选拔、培养力度，积极推荐优秀年轻干部，开展直属系统内部干部交流任职，为优秀年轻干部成长搭建平台。加强建设单位综合管理人才培训，联合有关文博单位、高校、科研院所和社会组织等，组织举办文物保护工程管理、安全管理等培训。

（2）加大技术技能人才培训力度。积极与国家文物局、国内文保先进单位开展交流，选派有潜质的高水平人员参加专业技能培训或交流会，针对古建筑修缮和革命文物保护修缮等急需技能方向，联合国内高水平地区举办专题培训活动。

（3）实施青年人才培养计划。加强科技保护的青年人才培训，积极对接北京市高校院所，支持文物科技保护专业人员参加国家文物局举办的文物预防性保护、保护研究等业务培训班次，组织举办文物修复等业务培训。培养青年后备人才群体，安排文物领军人物加强传、帮、带，鼓励支持加入创新团队，参与重大项目、课题与工程项目，支持推荐参加学习考察、进修研学和脱产培训。

（4）加强文物保护行业的人员交流。以工程项目、交流会等为抓手，促进工程从业人员与其他专业人员之间的交流，更好地吸纳各个专业领域的知识，为更好地完成文物保护工程提供帮助。重视同类工程之间的经验交流，推进文物保护工程的修缮理念、技艺等交流，重视文物保护工程从业人员与其他专业如文物考古、科技保护、综合管理、专业技能等人才队伍的合作。鼓励与外地文物保护单位开展交流，组织开展青年人才岗位交流、合作科研或交流挂职。

3. 健全符合行业发展需要的人才评价机制

（1）完善人才分类评价体系。根据国家职业分类大典，细化文保工程领域职业资格体系。明确从业人员岗位结构类型，建设行业人才数据库，重点围绕专技人才、责任三师、技师，打造文物保护工程人员队伍数据库，通过采集和存储分析文物保护工程行业发展、文物保护工程人才成长的相关信息，构建人才档案数据库，为人才的培养、选拔、使用、管理与交流提供依据。落实《文物修复师国家职业技能标准》，规范文物修复师职业管理，推进职业技能评价科学化，打通高技能人才与专业技术人才职业发展通道。

（2）制定人才分类评价标准。坚持德才兼备、以德为先，建立健全"定向评价、定向使用"制度。改进人才评价方式，加强职称评审的过程评价和后续监督管理，结合北京市自身特点，放宽学历、年龄等条件限制，突出业绩水平和实际贡献。发挥用人单位在职称评审中的主导作用，建立完善以同行评价为基础的业内评价机制，调动发挥有关行业社会组织作用，丰富职称评价方式，提高人才评价的科学性和针对性。

4. 构建以价值为导向的人才激励机制

（1）完善人才引进机制。建立人才供求市场化调节机制，依据行业发展动态调整人才引育方向和重点。完善人员队伍定期调查统计制度，开展人才盘点和人才需求调查，编制文物保护工程系统人才目录和急需紧缺人才、高技能大师需求目录。实施更加积极、更加开放、更加有效的人才引进政策，打造人才引进制度体系。拓展高层次人才引进方式，制定高层次人才引进专项扶持政策。探索柔性引才方式，支持企业采取合作研究、短期聘用、学术咨询等方式，柔性引进在国内外具有知名度的高水平人才。

（2）全力举办职业技能大赛。对接国家职业技能大赛，定期举办文物保护工程职业技能大赛，以赛促培，以赛促学，为专业技能人才的发展提供必要的平台，培养更多人对于技能成才、技能报国观念的认同。借助互联网移动传媒等渠道，以综艺型赛事、纪录片等形式，以贴近社会兴趣话题为专题举办技能竞赛，一方面推广宣传文物保护工程的高水平人才，另一方面让更多的人了解和认识文物保护工程的内容，培育社会关注点。

（3）建立人才荣誉奖励奖项。设立文物保护工程的人才荣誉奖项，打造具有一定影响力的市级文物保护工程人才品牌，让更多的文物保护工程参与者在精神上得到激励，在物质上得到支持。

（4）开展人才宣传推广。充分利用各类新媒体，及时发布文物保护工程行业研究、政策、人才需求、人才推介等信息，为参建各方主体和各类人员进一步了解文物保护形势、行业发展趋势、北京市文物保护进展情况提供便捷渠道，为人才进行推广宣传，为企业吸引人才提供方便。

5. 搭建具有行业特色的专业载体

（1）建设一批工匠（技师）工作室。对接北京市技能大师工作室等政策，设立专项扶持资金，支持建设一批以文物保护工程为主题的工匠（技师）工作室，并设定培训培养的人员名额、设计培训标准。在职称评定、资格认定上，优先支持由工匠（技师）工作室培训和推荐的人才。

（2）建设技能人才实训培养基地。积极推进文物保护单位与知名高校院所、科研机构合作，以古建筑、近现代重要遗迹以及代表性建筑等为重点方向，建设专业技能人才实训培养基地，加强实践培养，提升人才培养规模和质量。

6. 打造高水平发展的关键支撑平台

（1）优化专业资格人员管理的制度平台。以强化文物保护工程的质量监督为手段，制定工程建设中对参建四方单位在人员配置上的要求，明确具有"责任三师"专业资格人员在工程招投标、实施验收、监督管理中的角色和职责，推广专业资格在工程建设中的应用，推动参建单位重视专业资格人员培养，进一步提升专业资格人员在人员队伍中的比重。

（2）支持行业标准平台建设。对接技术能力强大、资金实力雄厚的参建方，开展文物保护工程相关行业标准、人才培养标准等方面的建设，通过一系列标准化提升文物保护工程行业的规范性，为吸引更多的从业人员进入这一领域提供必要条件。

（3）建设人员队伍智慧管理平台。打造文物保护工程信息化平台，更为规范、更为科学地进行行业人员管理，进一步优化市场环境。借助智慧管理平台，参考新建工程的管理模式，推进文物保护工程的实名制管理系统，为进一步规范工程管理、掌握人员队伍情况提供帮助。

参考文献

［1］《全国文物工作会议在京召开　王沪宁出席并讲话》，http：//www.gov.cn/xinwen/2022-07-22/content_5702248.htm，2022-07-22。

［2］《中共中央办公厅、国务院办公厅印发〈关于加强文物保护利用改革的若干意见〉》，https：//www.sohu.com/a/258515922_203478。

［3］中共北京市委：《关于深化首都人才发展体制机制改革的实施意见》，2016年6月27日。

［4］《北京市"十四五"时期文物博物馆事业发展规划》，北京市文物局，2021年11月19日。

［5］周华：《我国文物保护与修复人才培养困境与对策》，《中国文物科学研究》2020年第1期。

［6］高超：《基层文博单位人才培养问题与对策—以苏州市为例》，《常州文博论丛》2020年第12期。

B.9
首都"十四五"社会工作专业人才
队伍建设专题研究报告

北京市委社会工委、北京市民政局课题组*

摘　要： 社会工作人才是我国人才队伍的重要组成部分,发挥社会工作的专业优势,让社会工作人才队伍在民生保障、社会治理和社会服务等方面发挥更大专业优势和作用,成为摆在我们面前的新目标和新挑战。本报告梳理了北京市社会工作人才队伍建设的重要举措,分析了社会工作人才队伍建设发展现状,同时,在总结社会工作人才队伍建设发展的特点,反思存在的问题及成因的基础上,提出了"十四五"时期加强北京市社会工作人才队伍建设的目标任务和政策建议,为首都创新社会治理体制、提高社会治理水平提供更有力的人才资源支撑。

关键词： "十四五"时期　社会工作人才　队伍建设

社会工作是新时代全面贯彻新发展理念,推进国家治理体系和治理能

* 课题组组长:富大鹏,北京市委社会工委副书记,北京市民政局副局长,一级巡视员。课题组副组长:邢桂丽,北京市委社会工委北京市民政局社会工作处(志愿者和社会动员工作处)处长。课题组成员:祝金岳,北京市委社会工委北京市民政局社会工作处(志愿者和社会动员工作处)副处长;史柏年,中国社会工作学会学术委员会主任,中国青年政治学院教授,研究方向为社会工作教育;刘玉,北京市委社会工委北京市民政局社会工作处(志愿者和社会动员工作处)一级主任科员;马烨,中国社会工作教育协会家庭社会工作专委会秘书长,北京城市学院讲师,博士,研究方向为儿童、家庭社会工作和社会工作管理。

力现代化的重要力量,是体现社会主义制度优越性的重要方面,是新时代党的群众路线的重要补充和有力帮手。党的十八大以来,社会工作及其专业人才[①]队伍主动融入国家发展战略,积极参与社会重大事件和危机干预,在社会治理、脱贫攻坚、乡村振兴、新冠肺炎疫情防控中凸显专业优势。[②]

北京市一直以来高度重视社会工作专业人才队伍建设,将其作为全市重点建设的人才队伍之一,纳入"党管人才"范畴和人才发展战略。

《北京城市总体规划(2016年—2035年)》明确了北京作为全国政治中心、文化中心、国际交往中心、科技创新中心的城市战略定位。[③]围绕首都的城市战略定位,紧扣高质量发展的时代要求,加快创新社会工作发展的体制机制,满足市民便利性、宜居性、多样性、公正性、安全性的服务需求,构建与社会主义大国首都、超大城市治理相适应的社会工作事业高质量发展格局,亟须建设高质量的社会工作专业人才队伍。

根据《关于开展首都"十四五"人才发展专题调研的通知》要求,本报告在系统梳理北京市社会工作专业人才队伍建设政策文件的基础上,通过实地调研,全面了解党的十八大以来北京市在社会工作专业人才队伍建设中的重要举措、发展现状和存在问题,进而结合《北京市"十四五"时期民政事业发展规划》,提出"十四五"期间北京市社会工作专业人才队伍建设的政策建议,进一步推动首都社会工作高质量发展。

[①] 按照相关政策文件对于社会工作专业人才的统计口径,具备以下条件之一即可纳入"社会工作专业人才":取得全国社会工作者职业水平证书;取得社会工作及相关专业(社会学、社会政策、民政管理、社区管理等)大专以上学历;2015年以来接受过累计不少于120小时的社会工作专业教育或培训。本报告所涉及的社会工作专业人才均以此作为界定标准。

[②] 闫薇:《法治引领,壮大善的社会力量和专业力量——"十三五"时期慈善社会工作事业发展综述》,《中国社会工作》2021年第1期。

[③] 《关于〈北京城市总体规划(2016年—2035年)〉实施情况的报告(书面)——2020年11月26日在北京市第十五届人民代表大会常务委员会第二十六次会议上》,《北京市人大常委会公报》2020年第6期。

...

一　北京市社会工作专业人才队伍建设的重要举措

（一）建立市级社会工作相关的部门联席会议制度

一直以来北京市高度重视社会工作专业人才队伍建设，将其作为全市重点建设的人才队伍之一，纳入"党管人才"范畴和人才发展战略。自 2016 年起，北京市建立社会工作专业人才队伍建设联席会议制度，形成以市委组织部牵头抓总，市委社会工委市民政局、市人力社保局具体负责，包括市编办、市发改委、市财政局在内的 18 个相关部门和各区密切配合的社会工作人才领导体制机制，搭建了包括社会建设和民政、人力社保、教育、禁毒、司法、医务、信访、工会、共青团、妇联、残联、退役军人事务、应急管理等 20 多个领域在内的社会工作专业人才队伍体系。通过联席会议制度，最大限度地整合党政部门资源，形成工作合力，推动社会工作在不同领域、不同系统繁荣发展、融合发展，为各部门培养了大量高素质人才。

（二）加快社区工作者专业化职业化建设

自 2008 年起，北京市连续出台《北京市社区管理办法（试行）》《北京市社区工作者管理办法（试行）》《关于进一步规范社区工作者工资待遇的实施办法》等政策文件，面向社会公开招考社区工作者，其一般要求持有国家社会工作者（助理社会工作师、社会工作师、高级社会工作师）职业水平证书（有效期内），并将职业水平补贴纳入其工资结构，明确为专业技术等级工资，并不断提高专业技术等级工资标准。2018 年，中共北京市委办公厅、北京市政府办公厅印发《北京市社区工作者管理办法》，明确提出"社区工作者坚持职业化、专业化发展方向，纳入社会工作者职业序列"。①

---

① 《北京市社区工作者管理办法》，中华人民共和国民政部网站，https：//www.mca.gov.cn/article/xw/mtbd/202208/20220800043581.shtml。

（三）开发设置专业社会工作岗位

2014 年，北京市民政局发布《关于加强民政事业单位社会工作岗位设置管理的实施办法（试行）》，要求全市民政部门所属有关领域的公益类事业单位，原则上都要"以社会工作岗位为主体专业技术岗位"加以设置。2017 年，北京市民政局等 15 个部门和群团组织联合发布《关于加强社会工作专业岗位开发设置与人才激励保障的实施意见》①，将社会工作岗位开发设置的范围进一步扩大。市总工会、市禁毒办、共青团市委、市妇女联合会、市司法局、市民政局、市卫生健康委员会等部门先后发文，就不同领域社会工作岗位开发设置及社会工作人才使用做出具体规定。

（四）贯彻落实社会工作者职业水平评价制度

自 2008 年起，北京市将社会工作者职业水平评价制度纳入市专业技术人员职业资格制度统一管理。② 北京市社会工作者职业水平考试工作由市人事局、市社会建设工作办公室和市民政局共同组织实施，迄今已连续 13 年顺利组织相关人员参加考试（除 2020 年）。2019 年，市人力资源和社会保障局、中共北京市委社会工作委员会、市民政局发布《北京市高级社会工作师评价实施办法》，开展首批高级社会工作师考试工作；2020 年，成立全国首个省级高级社会工作师评审委员会，制定《北京市高级社会工作师评审工作细则（暂行）》，经过两次评审，共有 16 人取得高级社会工作师资格。③

---

① 《关于加强社会工作专业岗位开发设置与人才激励保障的实施意见》，北京市民政局网站，http://mzj.beijing.gov.cn/art/2017/11/3/art_ 9372_ 26348.html。
② 左颖：《北京市人事局：社会工作者将被纳入职称体系》，中国新闻网，https://www.chinanews.com/sh/news/2008/03-04/1181381.shtml。
③ 北京社会工作者协会：《北京市社会工作发展报告（2020）》，中国社会出版社，2021，第 7~28 页。

（五）大力加强社会工作者继续教育

2014 年，市民政局制定《北京市社会工作者继续教育实施办法》，对取得国家社会工作者职业水平证书并在北京市登记的社会工作者接受继续教育做了明确规定，要求"助理社会工作师在每一个登记有效期内接受社会工作继续教育的时间累计不得少于 72 小时。社会工作师、高级社会工作师……不得少于 90 小时"。为提升各领域社会工作者能力素质，自 2015 年起，北京市除了持续开展综合性的社会工作高级人才研修班以外，还面向医务、学校、妇女、禁毒、灾害等分领域举办社会工作高级人才研修班。

（六）通过项目示范和服务督导提升社会工作者专业技能

1. 实施创新项目

自 2010 年起，利用社会建设专项资金在全市范围内实施社会工作创新项目，按照"一街一社工"（一个街道一个专业社会工作岗位）的标准购买岗位，截至 2020 年，累计开展岗位建设 1500 余个（次）。此外，利用社会建设转移支付资金，实施"三社联动"基层社会治理创新项目。2019 年，项目覆盖 23 个街道（乡镇），开展服务活动 929 次，服务对象 1.9 万人次。2020 年，项目覆盖 47 个街道（乡镇），开展服务活动 705 次，服务对象 4.5 万人次。

2. 开展服务督导

自 2015 年起，利用社会建设专项资金在全市范围内优选 90 个社区实施督导项目。2019 年，开展督导项目 63 个，服务活动 927 次，服务对象 9806 人次。2020 年，开展督导项目 62 个，服务活动 2010 次，服务对象达 4.3 万人次。此外，2020 年和 2021 年，在全市范围内开展优秀社区社会工作专业人才培养试点工作（简称"优才计划"），累计培养 170 名兼具专业服务和专业督导能力的社区社会工作专业人才。

（七）营造有助于社会工作人才队伍建设的环境

1. 加强宣传，提高社会工作的社会知晓度

2015 年，市民政局制定《关于进一步加强社会工作宣传的意见》，要求各区县民政局加大对社会工作的宣传，并对重点内容、主要措施和政治保障等做出明确规定。2016 年，市民政局印发《"北京社会工作者"徽章和宣传标识使用管理办法（试行）》，以提升首都社会工作者的职业形象及社会辨识度。

2. 举办活动，提升社会工作者的职业自豪感

每年 3 月的第 3 个星期二是"国际社工日"，中共北京市委社会工作委员会、市民政局及社会工作者协会每年组织开展一系列形式多样、内容丰富的庆祝活动。同时，充分发挥电视、广播、报刊、网络等多种媒体的作用，报道社会工作者先进典型和优秀事迹，提升社会工作服务机构及社会工作者的认同度、归属感、成就感。

3. 以评促建，增强社会工作者的专业自信心

从 2012 年起，连续举办 7 届寻找"首都最美社工"活动，共评选出 74 名首都"最美社工"、276 名首都"优秀社工"，发挥了"最美社工"评选活动的辐射和带动作用，扩大了社会工作专业人才队伍的社会影响力，进一步推动社会工作者向专业化、职业化发展。

二 北京市社会工作专业人才队伍建设的发展现状

（一）政策文件相继出台

近年来，北京市相继制定及颁布了一系列有关社会工作发展的政策文件，形成了较为完善的政策体系，推动社会工作事业发展。其中，为推动社会工作专业人才队伍建设，陆续出台了一系列政策文件，明确了首都社会工作专业人才队伍建设的指导思想、工作目标、主要任务和保障措施，提出的

"九大计划"和"四大工程"对近年来北京市社会工作专业人才队伍建设起到了提纲挈领、保驾护航的作用。北京市社会工作专业人才发展相关政策详见附件。

（二）社会工作专业人才总量基本达标

《首都中长期社会工作专业人才发展规划纲要（2011~2020年）》提出，到2020年北京市社会工作专业人才总量要达到8万人。[①] 经过多年努力，尤其是经过"十三五"期间的大力推进，北京市社会工作专业人才队伍数量逐年增加，截至2020年底，人才总量达到7.68万名（详见表1）。同时，北京市社会工作专业人才资源分布呈现"两广"的特点：一是覆盖系统广，几乎遍及民政、司法、公安、教育、人社、信访、卫生健康、退役军人、应急管理、群团组织等所有社会工作实务领域（详见图1）；二是单位性质广，在基层群众自治组织、社区服务机构、事业单位、群团组织、社会组织、企业和行政机关等各类性质的单位均有分布（详见图2）。不过，当前北京市的社会工作专业人才大部分集中在城市，占比74.67%，表现出明显的城乡发展不平衡现象。

表1 北京市"十三五"期间社会工作专业人才总量（截至2020年底）

年份	人才总数（万人）	40岁及以下占比（%）	大专及以上人员占比（%）	持证人员占比（%）
2016	6.15	62.39	85.85	40.76
2017	6.28	55.12	85.46	42.71
2018	6.78	55.20	92.47	49.66
2019	7.57	65.79（45岁及以下）	87.05	47.95
2020	7.68	66.21（45岁及以下）	87.25	47.29

资料来源：课题组调研所得。以下均如此，不再标注。

[①] 《首都中长期社会工作专业人才发展规划纲要（2011~2020年）》，中国发展门户网，http://cn.chinagate.cn/education/2010-08/03/content_ 20628298.htm。

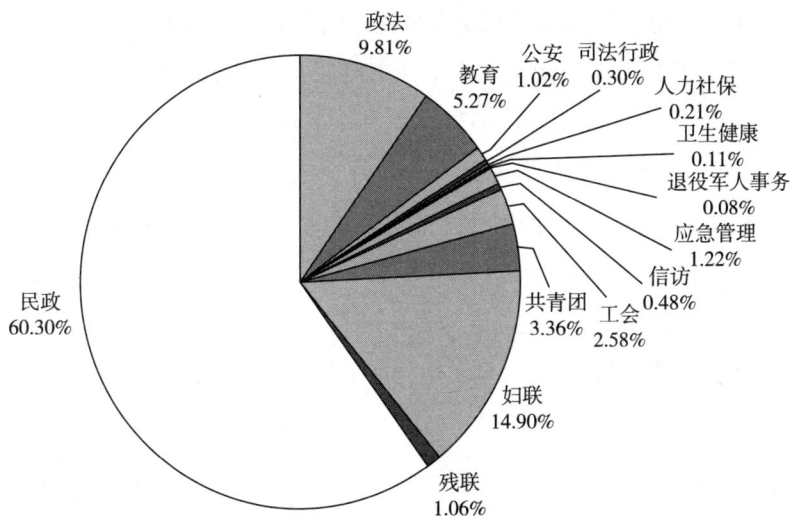

图1　北京市社会工作专业人才系统分布情况（截至2020年底）

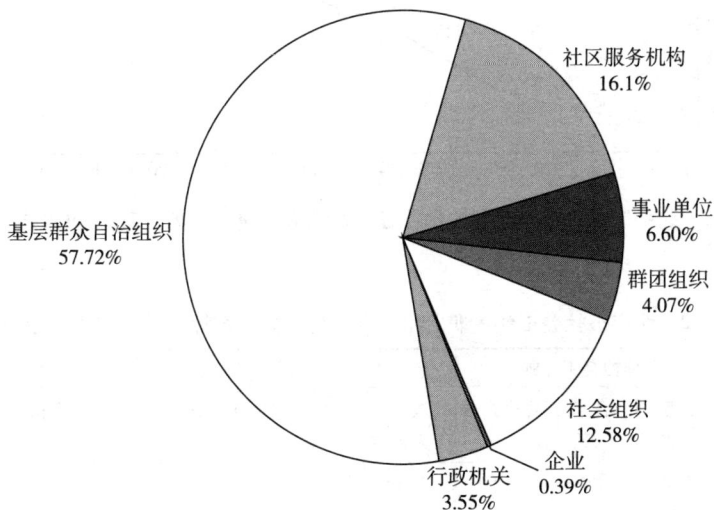

图2　北京市社会工作专业人才单位性质分布情况（截至2020年底）

（三）社会工作专业人才质量逐年提升

《首都中长期社会工作专业人才发展规划纲要（2011～2020年）》提出，

到 2020 年，获得社会工作者职业水平证书的专业人才不少于 4 万人。[①] 2008 年以来，北京市社会工作者职业水平证书持证人数逐年增加（详见图 3）。截至 2019 年底，持证人数达到 36336 名，其中助理社会工作师 26854 名、社会工作师 9482 名（详见表 2）。2021 年全国社会工作者职业水平考试于 10 月 16 日至 17 日组织开展，其中助理社会工作师 1966 名、社会工作师 824 名，另有 26 人通过高级社会工作师考试。同时，在年龄分布上北京市社会工作者职业水平证书持证人员中 35 岁及以下的占比最高，呈现年轻化特征；在性别分布上男女性别比维持在 1∶4，可见女性持证人员明显多于男性。

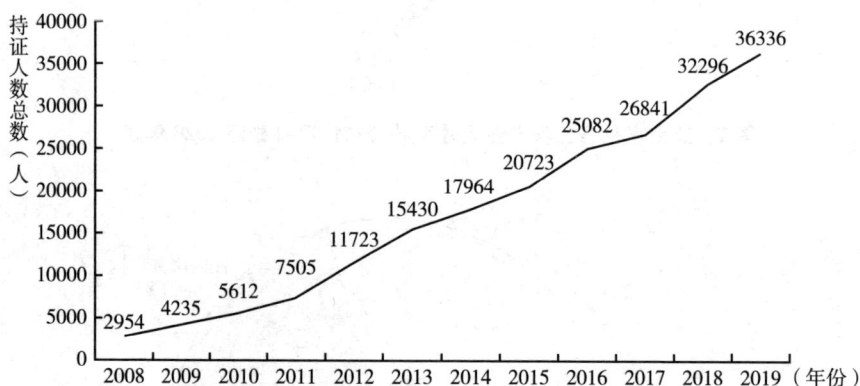

图 3 北京市社会工作者职业水平证书持证人数增加趋势（截至 2019 年底）

表 2 北京市社会工作者职业水平证书持证人数统计（截至 2019 年底）

年份	助理社会工作师			社会工作师			合计		
	报考人数	合格人数	合格人数占比(%)	报考人数	合格人数	合格人数占比(%)	报考人数	合格人数	合格人数占比(%)
2008	6087	2553	41.94	6195	401	6.47	12282	2954	24.05
2009	5481	788	14.38	4428	493	11.13	9909	1281	12.93
2010	6944	981	14.13	2778	396	14.25	9722	1377	14.16
2011	9504	1543	16.24	3060	350	11.44	12564	1893	15.07

[①] 《首都中长期社会工作专业人才发展规划纲要（2011～2020 年）》，中国发展门户网，http://cn.chinagate.cn/education/2010-08/03/content_20628298.htm。

年份	助理社会工作师			社会工作师			合计		
	报考人数	合格人数	合格人数占比(%)	报考人数	合格人数	合格人数占比(%)	报考人数	合格人数	合格人数占比(%)
2012	11504	3492	30.35	2914	726	24.91	14418	4218	29.26
2013	11223	2605	23.21	3760	1102	29.31	14983	3707	24.74
2014	9426	1833	19.45	3911	701	17.92	13337	2534	19.00
2015	10821	1865	17.24	4538	894	19.70	15359	2759	17.96
2016	10650	3234	30.37	4787	1125	23.50	15437	4359	28.24
2017	10705	950	8.87	5792	809	13.97	16497	1759	10.66
2018	13633	4122	30.24	6673	1333	19.89	20306	5455	26.86
2019	16467	2888	17.54	9739	1152	11.83	26206	4040	15.42
总计	122445	26854	21.93	58575	9482	16.19	181020	36336	20.07

（四）持证人员继续教育稳步开展

北京社会工作者协会自 2014 年起，承担起对首都社会工作者职业水平证书持证人员进行注册登记、继续教育、专业培训等工作任务。截至 2020 年，共举办 86 期继续教育专题培训班，受训人数达 22921 名，其中助理社会工作师 14990 名、社会工作师 7931 名。

（五）社会工作专业教育体系完备

高等院校是社会工作专业人才培养的主要场所，北京市作为全国高等教育最发达的地区，经过多年建设，截至 2021 年，开办社会工作专业本科教育的高等院校共计 22 所，开办社会工作专业硕士学位（MSW）教育的高等院校和科研机构共计 21 家，在社会学博士专业中设置社会工作方向的有 5 家。此外，有高等院校开设社会工作高职高专教育、成人继续教育。由此形成了结构合理、层次齐全的社会工作专业教育体系。

三 北京市社会工作专业人才队伍建设的特点与反思

（一）北京市社会工作专业人才队伍建设的特点

1. 党建引领，政府主导

社会工作专业人才队伍建设是党的干部队伍建设的有机组成部分，按照党管人才的原则，加强党和政府对社会工作专业人才队伍建设的领导，是保障其方向正确和发展顺利的首要前提。作为首都地区的社会工作事业更要坚持党委领导、政府负责的原则。

（1）健全党和政府领导社会工作事业发展的组织架构。一是在全国率先成立省级党委下属的社会工作专业委员会；二是建立党和政府多部门合作的联席会议制度；三是依据机构改革的要求实现党和政府相关部门的合署办公。

（2）建立和完善社会工作事业发展的政策法规体系。从2008年至2020年，北京市出台《首都中长期社会工作专业人才发展规划纲要（2011～2020年）》等系列文件，明确了首都社会工作人才队伍建设发展方向。[1] 市级陆续出台的社会工作者职业水平考试、证书登记、继续教育、岗位开发设置、人才激励保障以及社会工作参与精准救助等相关政策制度20余项；各区出台的相关政策30余项，初步形成了以综合政策规划为引领、专项政策为配套、各区政策为支撑的专业社会工作政策体系[2]，使得社会工作发展的每一项大的举措都有相关政策法规作为依据。

（3）推动社会组织加强党的组织建设和思想建设。为实现社会组织党的组织和工作全覆盖，按照"规模适中、性质相近、有效衔接、全面覆盖"的原则，以及先易后难、先小后大的步骤，北京市委社会工委市民政局稳步

---

[1] 《首都中长期社会工作专业人才发展规划纲要（2011～2020年）》，中国发展门户网，http://cn.chinagate.cn/education/2010-08/03/content_20628298.htm。
[2] 北京社会工作者协会：《北京市社会工作发展报告（2020）》，中国社会出版社，2021，第7～28页。

推进行业协会商会综合党委系统社会组织联合党委组建工作，通过党建引领方式，搭建平台、凝聚资源，把优质的服务引入各个部门或街道社区，实现党建引领促发展。

2. 侧重社区，深耕基层

由于历史的原因，社会工作在中国的发展中一度中断，在作为职业和专业的社会工作消失期间，社会福利服务在非专业的情境下继续运行，因而，中国社会工作人才出现了"专业社会工作者"和"实际社会工作者"两部分群体。如何看待和处理这两部分人才的关系，是社会工作发展绕不过去的议题。

北京市将大量"行政性、非专业"的社会管理和服务人员纳入社会工作专业人才队伍建设的视野，尤其是将城乡基层社区工作者作为北京市社会工作人才队伍的重要组成部分，推动其向职业化、专业化的方向转变。一是出台一系列有关加强社区工作和社区工作者管理的政策文件，明确提出"社区工作者坚持职业化、专业化发展方向，纳入社会工作者职业序列"的要求①。二是推动建立城乡基层社区服务站，招收大学生社区工作者充实基层。三是动员并鼓励社区工作者参加社会工作者职业水平考试和进修培训，使北京市社会工作专业人才中城乡基层自治组织人员占比达到 57.72%。四是针对社区工作者的社会工作知识与技能方面的继续教育实现全覆盖。五是致力于改善社会工作者薪酬待遇政策的主要受益群体是城乡基层社区工作者。

3. 人才资源国内领先

（1）社会工作高等教育资源在全国居第一梯队。截至 2021 年北京市开设社会工作本科专业教育的高等院校共计 22 所，占全国开设类似专业教育院校的 6%，且大部分都是在 2004 年之前开设的，办学历史长、师资队伍齐；北京市开设社会工作专业硕士学位教育的高等院校和科研机构共计 19

---

① 赵雪：《〈北京市社区工作者管理办法〉修订出台加强首都社区工作者职业体系建设》，https：//mp. weixin. qq. com/s？ _ _ biz＝MzA4ODE0OTk0MA＝＝&mid＝2650593527&idx＝1&sn＝ceef03721ad1833fdf8e7010dbf6135a&chksm＝8826e22cbf516b3af079cc73ab5e38e3e924db e4b3274e453f9bcc77ae4646e49e5d4620e22b&scene＝27。

家，占全国开设类似专业教育院校和科研机构的 12.1%。

（2）按总人口计算的社会工作持证人数占比全国第一。截至 2019 年底，北京市社会工作者职业水平证书持证人数达 36336 人，与北京市 2019 年底常住人口 2153.6 万人相比，持证人数为每千人 1.68 人，是同期全国持证人数每千人 0.37 人的 4.5 倍。

（3）按总人口计算的民办社会工作服务机构数量全国第一。截至 2019 年底，全国各地共成立 1.3 万家民办社会工作服务机构。其中，江苏、浙江、广东民办社会工作服务机构超过 1000 家，属于第一梯队；北京、上海、湖南、四川民办社会工作服务机构超过 500 家，属于第二梯队。但是，从地区总人口与社会工作服务机构数量的比例计算，北京市的占比在全国排第一。2020 年底，北京市民办社会工作服务机构总计 887 家，每万名常住人口拥有 0.41 家社会工作服务机构，同期全国每万人口拥有 0.09 家社会工作服务机构。

4. 深入参与社会治理

作为全国政治、经济、文化中心的北京，社会工作事业发展的出发点和着力点就是发挥社会工作在社会治理体系创新中的独特作用。为此，市委、市政府制定和实施相关政策，推动"三社联动"机制建设；政府购买社会工作服务也向社会治理创新点项目倾斜，着力推进社会工作融入社会治理各领域；社会工作者致力于实践创新，逐步建立完善了社区自治机制、社会组织协同机制、志愿服务统筹协调机制、驻区单位共驻共建共商共治机制和重大社会动员、日常社会动员、应急社会动员机制，基本形成了北京市社会动员工作体系。

（二）对北京市社会工作专业人才队伍建设的反思

经过多年砥砺前行，北京市社会工作专业人才队伍建设取得长足发展，与此同时，也存在一定问题与不足。

第一，社会工作专业人才队伍的地域分布存在不平衡现象，表现为重城市轻农村、重中心城区轻边远郊区。无论是社会工作职业水平考试持证人员数量，还是民办社会工作服务机构数量，虽然总体上处于全国领先位置，但在北京市的范围内主要集聚在城区，尤其是集聚在东（城）西（城）海（淀）朝（阳）丰（台）等中心城区，其他远郊区和农村地区，社会工作者、社会工作服务机构数量都较少，专业化服务水平也相对较低。

第二，社会工作人才队伍的内在结构存在不合理现象，表现为高层次人才数量少、低层次人才比例大。截至 2022 年初，北京市社会工作者职业水平证书持证人员为 39142 名，其中大部分为助理社会工作师、社会工作师，而高级社会工作师仅有 16 名。初级、中级、高级人才的比例为 73.63%、26.33%、0.04%，离结构合理的初始目标差距较大。

第三，社会工作专业人才队伍的数量增长与质量提升存在不同步现象，表现为数量增长迅猛、质量提升缓慢。许多社会工作者是通过全国社会工作者职业水平评价考试获得社会工作者职业水平证书，并没有受过长期、系统的专业教育与训练，专业素养较为欠缺，服务质量不尽理想。

第四，分领域社会工作专业人才队伍存在基础薄弱、发展受限现象，表现为政策尚待完善、数量缺口明显、专业能力不足。尽管北京市对青少年、老年、妇女等主要群体，在医务、司法等主要场域和禁毒等主要议题方面都出台了相应政策文件，但是由于起步较晚、投入较少，这些领域的专业人才数量和专业素质能力显然仍有待提高。同时，学校社会工作等分领域，由于缺乏自上而下的政策推动，发展更为受限。

四　北京市社会工作专业人才队伍建设的主要目标和任务

依据党的十九届五中全会精神，北京市"十四五"规划期间社会工作事业发展的目标是推动社会工作事业高质量发展，其中社会工作专业人才队伍的高质量发展是重中之重，到 2025 年底北京市"十四五"规划完成之时，努力建成一支数量充足、结构优化、分布合理、素质精良、服务优质、管理有序的社会工作专业人才队伍；营造一个法规完善、制度健全、体制多元、机制灵活、政府支持、保障有力、民众认同、社工舒心的社会工作发展环境。具体目标和任务如下。

其一，人才数量稳步增加。"十四五"末，全市社会工作专业人才达到 10 万人，其中，持有社会工作者职业资格证书的人数达到 6 万，形成与北京市经济社会发展相适应的社会工作专业人才规模。

其二，人才结构趋于合理。在保持初级、中级人才队伍稳步增加的同时，积极推动社会工作高级人才队伍发展，形成较为合理的社会工作人才梯次结构。

其三，人才素质明显提升。社会工作从业人员的思想政治、职业道德、专业价值伦理、专业知识技能等综合素质明显提升，解决实际问题的专业能力显著增强。

其四，人才分布趋于均衡。结合乡镇（街道）社会工作站建设，在站点建设、岗位设置、经费投入等方面，尽量向乡镇、农村地区倾斜，通过实施社区社会工作者"优才"培养计划和农村"乡土社工"计划，缩小城乡人才分布差距，形成城乡社会工作人才分布均衡的格局。

其五，人才发展载体不断拓展。支持鼓励相关政府机构、事业单位、社会服务机构、城乡基层开发设置社会工作岗位，使民众社会工作专业服务需求与岗位数量相契合。培育发展社会工作专业服务机构，"十四五"末，全市专业社工服务机构达到 1200 家。

其六，人才发展环境明显改善。社会工作专业人才队伍建设的体制机制和法规政策更为健全，社会工作专业人才参与社会治理的途径更为畅通，社会对社会工作专业人才的价值更加认同，社会工作者的薪酬福利制度更加合理。

五 加强北京市社会工作专业人才 队伍建设的政策建议

（一）推动社会工作服务中心大局

一是推动社会工作服务巩固党的执政基础。充分发挥社会工作联系、服务群众的优势特点，让社会工作成为传递党的路线方针政策、传送党和国家温暖、密切党同人民群众血肉联系的桥梁与纽带。拓展党的群众工作方法，在党的群众工作中进一步融合社会工作的理念、理论和方法，有效提升群众工作水平。将社会工作专业知识纳入基层党政干部培训课程，支持基层党组织通过向社会工作服务机构购买服务等方式，丰富群众服务供给，提升专业化服务水平。

二是推动社会工作服务保障改善民生。支持、引导社会工作专业人才充分运用专业理念和技能，为人民群众特别是特殊困难群体提供帮困扶弱、情绪疏导、心理抚慰、精神关爱、行为矫治、就业辅导、社会康复、权益维护、危机干预、关系调适、矛盾化解、能力提升、资源链接、社会融入等方面的服务，帮助个人、家庭恢复和发展社会功能，建立支持系统。坚持基本公共服务与专业化个性化服务相补充的理念，推动民生保障服务从单纯的物质保障，向包括心理、社会、文化等全方位服务转变，满足首都人民群众对美好生活的新期待。

三是推动社会工作服务社会治理。畅通和规范社会工作者参与社会治理的途径，创新社区与社会组织、社会工作者、社区志愿者、社会慈善资源的联动机制，在社区建设、纠纷调解、应急处置、犯罪预防、矫正帮教、禁毒戒毒等领域广泛开展社会工作专业服务，综合协调解决好社会领域一般性矛盾和深层次矛盾交织叠加问题，提升基层治理专业化水平。充分发挥社会工作在加强社会诚信体系建设和社会心理服务体系建设中的专业作用，对于群众诉求做到早发现、早改善，培育自尊自信、理性平和、积极向上的社会心态，促进形成共建共治共享的社会治理格局。

四是推动社会工作服务乡村振兴。积极推动社会工作下沉农村基层，实施农村社会工作"乡工计划"，面向农村所在地及返乡入乡人员、高校毕业生、妇女、合作社带头人、退役军人等开展体系化、有针对性的培训和持续性的陪伴支持，培养一支爱农村、爱农民、懂专业、会服务的本土社会工作人才队伍，探索一套行之有效的农村社会工作人才培养模式和体系，支持社会工作服务机构开展农村地区社会工作服务项目，培育本土社会工作服务机构，培养一批具有农村社会工作实践经验、熟悉农村、了解农民的社会工作服务机构，着力解决农村社会工作发展薄弱问题，推动社会工作城乡均衡发展。

（二）健全社会工作服务体系

一是建立基层社会工作服务体系。依托党群服务中心等现有平台和场所，统筹社会工作服务资源，完善基层社会工作服务机制，推动社区社会工作人才配备使用，推动社会工作服务平台建设，力争在"十四五"时期实现区社会工作指导中心、街道（乡镇）社会工作服务中心全覆盖，有条件的地方可在社区（村）设立社会工作服务站，逐步实现社区（村）社会工作服务全覆盖，综合考虑服务半径，在社区服务和治理需求较为集中的社区（村）建立社会工作服务站点，形成以社会工作服务站为基础平台、社会工作专业服务为主要内容的"区—街道（乡镇）—社区（村）"三级社会工作服务体系。[①]

二是完善政府购买服务长效机制。坚定社会工作服务从"养人"向"办事"、从"行政化"向"社会化"、从"粗放式"向"专业化""精细化"方向转变的发展思路。发挥财政性资金引导作用，积极引导社会资金投入社会工作领域。将政府购买社会工作服务纳入同级财政预算和政府购买服务清单。建立党政机关、群团组织分层次、分领域、按需购买社会工作服务的供给机制。引导供需精准对接，社会建设和民政部门协调有关部门和群团组织，依托乡镇（街道）社工站等服务平台，做好辖区内人民群众特别是困难群众社会服务需求的摸底调查与分析评估，编制年度社会工作服务项目需求清单，建立政府购买社会工作服务项目库。健全政府购买社会工作服务的评审、督导和考核评估机制，考核评估结果作为社会工作服务项目进入或退出项目库、承接主体选择、预算

---

① 《关于印发〈北京市加强基层社会工作服务体系和服务能力建设的实施方案〉的通知》，百度，https：//baijiahao.baidu.com/s？id=1722828408992805335&wfr=spider&for=pc。

安排和政策调整的依据。

三是健全"五社联动"机制。完善社会力量参与基层治理激励政策，建立社区与社会组织、社会工作者、社区志愿者、社区慈善资源的多方联动机制[①]，实现叠加效应。深化慈善资源供需对接机制，引导慈善组织支持社会工作服务机构开展公益服务，推动形成以政府购买服务为主、慈善等社会资金为补充的多元化社会工作服务投入机制。建立慈善组织、志愿服务组织与社会工作服务机构常态化合作机制，支持慈善组织、志愿服务组织引入社会工作专业人才，鼓励相关从业人员积极参加全国社会工作者职业资格评价，发挥社会工作者在组织策划、项目运作、资源链接等方面的专业优势，推动各方融合发展。

（三）提升社会工作专业化和职业化水平

一是提升社会工作教育水平。发挥北京市高校社会工作专业教育的优势，通过政校合作、校社合作等途径，推动社会工作职业教育专、本、硕、博完整体系的建立，提高社会工作专业院校培养社会工作专业人才的规模和质量，为北京市培养更多更优质的社会工作专业人才。发挥国家开放大学社会工作学院北京学习中心的作用，动员和鼓励非专业教育背景的持证人员接受和完成社会工作学历教育。加大宣传动员力度，开展系统考前培训，鼓励和组织社会服务相关领域的从业人员参加社会工作者职业水平评价考试并取得合格证书，扩大首都社会工作专业人才队伍。统筹规划和组织社会工作职业资格持证人员继续教育，尤其要加强对于非专业院校毕业持证人员的系统培训，帮助其补齐社会工作理论知识与方法技能方面的短板，使其成为真正合格的社会工作者。创造条件、加大投入，引导和支持优秀的中级社会工作师参加高级社会工作师考试、申报和评审，扩大高级社会工作师持证人员规模，优化全市社会工作专

---

① 《关于印发〈2022 年新型城镇化和城乡融合发展重点任务〉的通知》，中华人民共和国中央人民政府网，http://www.gov.cn/zhengce/zhengceku/2022-03/22/content_ 5680416. htm。

业人才队伍结构。

二是建立健全分层分类职级体系。进一步落实国家社会工作者水平评价类职业资格与相应系列专业技术职务评聘相衔接的政策,对取得国家社会工作者初级、中级、高级职业资格证书的,用人单位可根据实际需要,设立相应级别的专业技术职务。城乡社区要将社会工作职业资格评价、继续教育等纳入社区工作者职业体系建设中,鼓励具备全国社会工作职业资格证书,社会工作专业学历、学位的人员到城乡社区工作。各类事业单位应根据社会功能、职责任务、工作性质和人员结构等因素,分类设置社会工作专业岗位,对聘用到专技岗位上的社会工作专业人才,应按照国家有关规定确定工资待遇。社会组织、企业等用人单位综合职业资格等级,以及学历、资历、业绩和岗位等因素并参考同类人员合理确定社会工作专业人才薪酬标准。政府购买社会工作服务项目中,社会工作专业人才的数量应不低于项目执行总人数的50%,人力成本可参照上一年度本市全口径城镇单位就业人员平均工资标准的80%~120%进行确定。

三是加大重点领域社会工作专业岗位开发力度。以社会治理创新和基层群众迫切需求为导向,在社会福利、社会救助、慈善事业、社区建设、婚姻家庭、精神卫生、残障服务、教育工作、就业援助、职工帮扶、犯罪预防、禁毒戒毒、矫正帮教、卫生健康、纠纷调解、应急处置等领域大力开展社会工作服务。① 探索不同的社会工作岗位设置途径。在需要社会工作服务的各种机构内部设置岗位,将从业人员纳入机构人事系统统一管理。鼓励扶持成立各种专业社会工作机构,通过政府购买服务的方式聘用专业社会工作者,按照服务的分类派驻到需要社会工作专业服务的机构中开展服务。在需要社会工作专业服务的场域(如街道、乡镇、社区)成立社会工作服务中心(站点),设置社会工作专业岗位,聘用专业社会工作者,为辖区民众提供专项性或综合性服务。"十四五"期间,重点在学校、

---

① 《关于加强社会工作专业人才队伍建设的意见》,中华人民共和国中央人民政府网,http://www.gov.cn/gzdt/2011-11/08/content_ 1988417.htm。

医院等公共服务场所以及司法矫正、禁毒戒毒等领域建立健全社会工作服务制度。

四是大力培育民办社会工作服务机构。完善社会工作服务机构扶持政策，通过提供启动资金、服务场所、办公场地、税收优惠等方式，鼓励具备资质、符合条件的组织和个人创办社会工作服务机构。引导社会工作服务机构建立健全规章制度，完善内部治理结构，加强服务管理队伍建设，提升服务水平、项目管理和资源整合，增强承接政府购买服务的能力，打造一批枢纽型、专业化的机构品牌。支持社会工作行业组织发展，加强行业自律和管理。

（四）加大社会工作高质量发展保障力度

一是加强制度建设。要加强社会工作制度建设，明确各方面推进、发展专业社会工作的职责任务，以及专业社会工作者的工作职责、服务范围、权利义务等。健全完善政府购买社会工作服务、分级分类职级体系建设等制度体系，进一步推动制定重点领域社会工作发展专项文件。

二是加强组织领导。要强化各领域资源统筹管理，整合社会建设和民政、公安、司法、教育、卫生健康、退役军人事务以及工会、共青团、妇联和残联等部门的社会工作资源，聚集发展合力。要压实工作责任，细化工作措施，制定本领域推动社会工作发展任务清单，推动工作落地落实。要充实加强基层社会工作服务力量，对落实社会工作政策积极主动、发展成效明显的单位给予政策鼓励。

三是加强标准化建设。加强社会工作理论研究和实务研究，总结提升社会工作实务经验并做好成果转化。加快实施社会工作服务标准化建设工程，根据各类服务领域、不同服务对象的特点和规律，逐步制定服务和管理相关标准，建立协调配套、科学合理的标准体系。推动社会工作服务机构、基层社会工作服务平台开展社会工作示范化建设。

附件：近年来北京市社会工作专业人才发展相关政策一览

序号	文件名	发文号	发文单位
1	《关于加强社会工作人才队伍建设的意见》	京发〔2007〕27 号	中共北京市委、北京市人民政府
2	《关于贯彻执行〈社会工作者职业水平评价暂行规定〉和〈助理社会工作师、社会工作师职业水平考试实施办法〉的通知》	京人发〔2008〕26 号	北京市人事局、北京市社会建设工作办公室、北京市民政局
3	《北京市民政事业单位岗位设置管理指导意见》	京人发〔2009〕5 号	北京市人事局、北京市民政局
4	《关于"首善之区社会工作人才发展工程"的实施意见》	京社委发〔2011〕14 号	中共北京市委社会工作委员会、北京市社会建设工作办公室
5	《关于印发〈首都中长期人才发展规划纲要（2011～2020 年）〉的通知》	京组发〔2012〕5 号	中共北京市委组织部、中共北京市委社会工作委员会、北京市民政局、北京市人力资源和社会保障局
6	《〈首都中长期社会工作专业人才发展规划纲要（2011～2020 年）〉任务分解方案》	京人才发〔2012〕6 号	北京市人才工作领导小组办公室
7	《关于印发〈北京市社区工作者考核评议办法〉的通知》	京民基发〔2012〕296 号	北京市民政局、北京市人力资源和社会保障局
8	《关于开展农村社会工作人才队伍建设试点的通知》	京民组发〔2013〕427 号	北京市民政局
9	《关于印发〈关于加强民政事业单位社会工作岗位设置管理的实施办法（试行）〉的通知》	京民组发〔2014〕13 号	北京市民政局
10	《关于印发〈北京市社会工作者继续教育实施办法〉的通知》	京民组发〔2014〕89 号	北京市民政局
11	《关于印发〈北京市社会工作者职业水平证书登记实施办法〉的通知》	京民组发〔2014〕90 号	北京市民政局
12	《印发〈关于进一步加强工会工作者队伍建设的实施方案〉的通知》	京工发〔2015〕13 号	北京市总工会
13	《关于进一步加强社会工作宣传的意见》	京民社工发〔2015〕201 号	北京市民政局

序号	文件名	发文号	发文单位
14	《关于推广应用〈儿童社会工作服务指南〉、〈社会工作服务项目绩效评估指南〉和〈养老机构社会工作服务规范〉的通知》	京民社工发〔2015〕253号	北京市民政局
15	《关于进一步加快推进民办社会工作服务机构发展的实施意见》	京民社工发〔2015〕334号	北京市民政局
16	《关于加快"三社联动",推动基层社会治理创新的意见》	京民社工发〔2015〕458号	北京市民政局
17	《关于进一步规范社区工作者待遇有关事项的补充通知》	京社委发〔2015〕5号	中共北京市委组织部、中共北京市委社会工作委员会、北京市社会建设工作办公室、北京市民政局、北京市财政局、北京市人力资源和社会保障局
18	《印发〈关于进一步规范社区工作者工资待遇的实施办法(试行)〉的通知》	京社领办发〔2015〕11号	北京市社会建设工作领导小组办公室
19	《关于印发〈北京市禁毒专职社会工作人员管理办法〉的通知》	京禁毒办字〔2016〕53号	北京市禁毒委员会办公室、北京市社会建设工作办公室、北京市民政局、北京市财政局、北京市人力资源和社会保障局
20	《关于印发〈"北京社会工作者"徽章和宣传标识使用管理办法(试行)〉的通知》	京民社工发〔2016〕305号	北京市民政局
21	《关于印发〈2016年度"三社联动"服务指引(试行)〉的通知》	京民社工发〔2016〕306号	北京市民政局
22	《印发〈关于开展社会工作事务所规范化建设试点工作的意见〉的通知》	京社委发〔2016〕6号	中共北京市委社会工作委员会、北京市社会建设工作办公室
23	《关于印发〈关于购买青少年社会工作服务加强团的基层组织建设和基层工作的意见〉的通知》	市团办发〔2017〕16号	共青团北京市委员会办公室
24	《关于社会工作参与精准救助的实施意见》	京民社工发〔2017〕23号	北京市民政局、北京市财政局

续表

序号	文件名	发文号	发文单位
25	《关于推进妇女儿童社会工作专业服务的指导意见》	京妇发〔2017〕32号	北京市妇女联合会、北京市民政局
26	《关于印发〈关于进一步加强社会力量参与社区矫正和安置帮教工作实施办法（试行）〉的通知》	京司发〔2017〕71号	北京市司法局、首都社会治安综合治理委员会办公室、北京市教育委员会、北京市民政局、北京市财政局、北京市人力资源和社会保障局、北京市社会建设工作办公室
27	《关于加强社会工作专业岗位开发设置与人才激励保障的实施意见》	京民社工发〔2017〕415号	北京市民政局、中共北京市委组织部、中共北京市委社会工作委员会、中共北京市委农村工作委员会、首都社会治安综合治理委员会办公室、北京市教育委员会、北京市公安局、北京市司法局、北京市财政局、北京市人力资源和社会保障局、北京市卫生和计划生育委员会、北京市总工会、共青团北京市委员会、北京市妇女联合会、北京市残疾人联合会
28	《关于通过政府购买服务支持社会组织培育发展的实施意见》	京财综〔2017〕2254号	北京市财政局、北京市民政局、北京市社会建设工作办公室
29	《北京市社区工作者管理办法》	京办发〔2018〕	中共北京市委办公厅、北京市政府办公厅
30	《关于建立基层儿童队伍有关事宜的通知》	京民儿福发〔2018〕241号	北京市民政局
31	《关于发展医务社会工作的实施意见》	京卫权益〔2020〕4号	北京市卫生健康委员会、北京市教育委员会、中共北京市委社会工作委员会、北京市民政局、北京市财政局、北京市人力资源和社会保障局
32	《北京市街道（乡镇）社会工作服务中心试点建设实施方案》		中共北京市委社会工作委员会、北京市民政局

发展环境篇

Reports on Development Environment

B . 10
全球城市人才黏性指数报告（2022）

北京人才发展战略研究院课题组*

摘　要：　　人才黏性指数作为一个可以直观、真实获取城市人才生态情况的评价指数，反映了人才与城市的关系。全球城市人才黏性指数报告（2022）（简称报告）将观察城市扩大到 102 个，包含 17 个指标，测评了城市在经济基础、创新潜能、文化开放、生态健康、社会福利、公共生活等六个维度的表现，北京在全球 102 个城市中位列第 6，在国内排名第 1。研究表明，雄厚的经济基础是高黏性城市长期发展的"护城河"，充分激发创新活力是城市提升人才黏性的内生动力，关注人才公共生活感知体验将成为重塑未来城市人才关系的关键。此外，报告形成产学研融合和大型

* 课题组组长：张天扬，北京市人力资源研究中心主任。课题组成员：王选华，北京市人力资源研究中心副主任，北京人才发展战略研究院执行院长；房鸿宇，北京人才发展战略研究院助理研究员；秦佩璇，北京人才发展战略研究院助理研究员；齐佳伟，北京人才发展战略研究院助理研究员；徐展，北京人才发展战略研究院助理研究员；唐鸿鸣，北京人才发展战略研究院助理研究员；王佳宁，北京人才发展战略研究院实习研究员；孙一鸣，北京人才发展战略研究院实习研究员。

科学装置建设经验借鉴两个专题研究。

从旧金山、伦敦等创新潜能前列城市的发展经验来看，积极搭建产学研融合平台、发挥创新要素空间集聚效应、畅通创新主体交流网络、深度构建多元化创新生态、形成完善的政策支持体系，是当前城市增强创新潜能，进而推动人才黏性水平向更高层次迈进的有效路径。从大型科学装置构建经验来看，大型科学装置是设立科技创新之城的鲜明标志，也是释放城市创新潜能的人才"蓄水池"。大型科学装置"固存量""增流量"的引才模式契合城市人才黏性内涵，把握装置集群的"外溢效应"有望成为城市人才黏性新增长极。报告旨在启发城市人才工作者针对人才吸纳留存方面的薄弱环节，制定改善措施与城市人才"同舟共济"，共克时艰。

关键词： 人才发展生态　人才黏性　产学研融合　大型科学装置

2022 年全球经济预期普遍下调，通胀高企、俄乌冲突、疫情反复，多种不确定性因素交错出现，需求收缩、供给冲击、预期转弱已经成为全球城市面临的共同挑战。越是困难时期，越是需要人才挑大梁，担重任。城市与人才如何"共患难"成为全球城市管理者普遍关注的话题。事实上，城市真正的魅力在于能够吸引并留住人才，而服务人才恰恰是城市与人才彼此成就的关键环节。如何在这一环节增进相互了解、构建彼此信任、形成多边共赢，成为城市管理者必须面对的实际问题。关注人才感知体验，给予人才充分支持，依旧是未来城市人才工作的主旋律。报告秉持用实际数据说话的设计初衷，总结城市吸引人才的客观要素，关注城市人才感知体验，致力于促进社会各界对改善人才发展环境的深度思考，为城市管理者探索更好服务人才、关爱人才的"新路径"提供参考建议。

一 城市人才黏性

（一）城市人才黏性界定

城市人才黏性是指一个城市对人才的吸引能力，反映了人才与城市的链接程度。一个城市人才黏性强，说明城市"硬实力"突出，能够给人才提供广阔的发展空间；同时也说明，人才在城市工作生活更容易获得超预期体验，根植对城市的深情厚谊。

（二）城市人才黏性特征

城市人才黏性有两个特征：一是城市具有内部吸附力，本地人才愿意继续留在这里安居乐业。二是城市具有外部磁吸力，能吸引大量人才流入这里干事创业。

城市人才黏性的产生，主要源于三方面客观要素积累：第一，城市可持续增长的手段，包括经济发展基础、创新投入强度等；第二，城市软硬件配套设施的聚合，包括文化资源、医疗教育以及生态健康状况等；第三，居民对城市生活的评判，包括城市公共安全、住房负担、出行便利度以及生活成本等。因此，报告以城市经济基础、创新潜能、文化开放、生态环境、社会福利及公共生活等作为人才黏性构成的客观因素。

人才黏性指数可以直观、真实地获取全球城市人才生态情况。一方面，指数体系在继承中不断优化，尽可能聚焦热点问题，便于发掘城市人才生态优势与短板；另一方面，人才黏性指数评价更加关注人才感知和人才需求，评价结果能够给予相关各方有益启发，可作为城市管理者政策布局的参考依据。

二 指标体系与标杆城市

全球城市人才黏性指数报告（2022）根据城市人才黏性内涵，从经济基础、创新潜能、文化开放、生态健康、社会福利、公共生活等维度设置一级指标，每个一级指标下设有若干二级指标，构成一套评价城市人才黏性的指标体系。与2021版报告指标体系相比，一级指标保持不变，对部分二级指标进行调整。具体为：在生态健康吸纳力维度下新增疫情防控指数；考虑到数据可获取性，在社会福利续航力维度下删除保险密度指标。

（一）一级指标

报告评价维度逻辑结构如图1所示，使用经济基础源动力、创新潜能驱动力、文化开放凝聚力、生态健康吸纳力、社会福利续航力、公共生活承受力六个一级指标，全面评价全球102个城市的人才黏性表现情况。

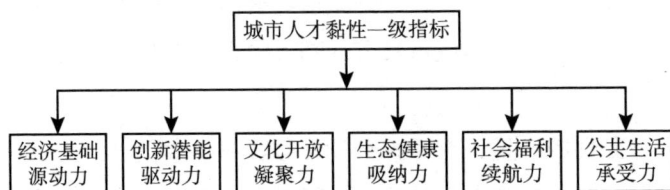

图1　城市人才黏性评价维度

资料来源：课题组整理制作，以下均为此，不再标注。

（二）二级指标

六个一级指标下，设有17个二级指标，共同构成评价城市人才黏性的指标体系。指标体系及数据来源见表1。

表1　城市人才黏性指标体系及数据来源

一级指标	二级指标	指标含义	指标属性	数据来源
经济基础源动力	VIIRS夜间灯光指数	反映城市繁荣程度	+	NPP-VIIRS卫星夜间灯光数据
	劳动生产率	反映城市经济活力	+	城市统计公告

续表

一级指标	二级指标	指标含义	指标属性	数据来源
创新潜能驱动力	研发投入强度	反映城市科技研发实力	+	城市统计公告
	独角兽企业数目	反映城市科技创新潜能	+	CBInsights 等独角兽榜单
文化开放凝聚力	城市联通性	反映城市国际化程度	+	Variflight
	外籍人口比重	反映城市人才国际化程度	+	NYC Global City Data
	留学生规模	反映城市开放程度	+	城市高校公布数据
生态健康吸纳力	气候指数	反映城市气候宜居情况	+	Numbeo 数据库
	污染指数	反映城市环境质量	−	Numbeo 数据库
	疫情防控指数	反映城市疫情防控	+	各地疫情公布数据
社会福利续航力	月收入水平	反映城市居民收入水平	+	Numbeo 数据库
	教育投入力度	反映城市教育水平	+	各地财政部门预算公告
	医师密度	反映城市医疗水平	+	城市劳动力统计公告
公共生活承受力	住房负担	反映城市居民居住压力		Numbeo 数据库
	生活成本指数	反映城市居民衣食行等生活压力	+	Numbeo 数据库
	通勤指数	反映城市居民通勤时间成本	−	Numbeo 数据库
	公共安全指数	反映城市治安水平	+	Numbeo 数据库

（三）指标解释

1.经济基础源动力

（1）VIIRS 夜间灯光指数

人才流动与城市经济繁荣程度高度相关，城市越繁荣，吸引人才能力就越强。为综合反映城市经济水平，采用夜间灯光数据作为经济发展程度的代理变量，用于衡量当地经济规模。

（2）劳动生产率

城市创造经济增长的实力，可持续吸引优质人才流入和聚集。劳动生产率与经济水平具有强相关性，劳动生产率越高，人才乘数发挥效用越大，有利于拉动经济增长。

2. 创新潜能驱动力

（1）研发投入强度

一个城市科技发展水平是吸引人才的重要指标。研发投入强度越大，说明人才的创新创造活动可以获取更多资金支持，标志城市科技创新活力强。

（2）独角兽企业数目

独角兽企业是指创立时间较短（通常不超过10年）、市场估值超过10亿美元的企业。城市独角兽企业数量能够突出反映区域人才的创新潜能。独角兽企业数目越多，表明创新型人才集聚度越高，创业环境也更为活跃。

3. 文化开放凝聚力

（1）城市联通性

城市联通性与国际化程度高度相关。城市联通性越强，表明城市跨境贸易、人员流动自由度越高，人才来到城市求学、工作或生活的便利度也就越高。城市联通性采用国际航线数量及联通城市数量加权计算。

（2）外籍人口比重

建设国际化大都市，核心在于打造世界一流的国际化人才聚集地。外籍人口占当地常住人口比重，集中体现了城市的国际化程度，是反映城市人才黏性的重要指标。

（3）留学生规模

留学生数量可以反映一个城市的人才开放程度，是衡量国际化人才队伍储备的有力指标。外籍留学生规模越大，表明该城市对国际人才吸引力越高。

4. 生态健康吸纳力

（1）气候指数

气候指数，反映城市气候宜居水平。良好的气候条件，可以吸引更多人才涌入，形成集聚效应。

（2）污染指数

城市生态品质与人才体验密切关联。健康的城市生态能够为人才工作生活提供良好的环境，吸引更多人才流入。污染指数是反映城市生态质量的重要指标。污染指数越高，表示吸引人才的阻力越大。

（3）疫情防控指数

疫情防控指数，反映城市疫情实际情况，采用二次疫苗接种率和十万人口感染新冠病毒人数综合计算。疫情防控指数表现越好，城市人才感染新冠病毒风险越低，健康保障程度越高，对城市留住人才具有正向作用。

5. 社会福利续航力

（1）月收入水平

收入水平是用来衡量居民生活水平最为直接的物质指标，也是众多人才考虑进入城市的重要因素，特别是大城市，月收入标准直接关系到人才物质财富的积累。

（2）教育投入力度

公共教育投入力度用公共教育经费支出占财政支出比例这一指标来反映，体现了城市管理者对教育的重视程度，能够呈现城市对培育人才、科研成果转化等方面的支持强度。

（3）医师密度

医师密度是社会福利水平的重要构成要素，是衡量城市医疗水平的重要指标，体现了城市软实力。一个城市具有合理的医师密度，才能够为人才提供较好的公共医疗服务。

6. 公共生活承受力

（1）住房负担

住房负担指标用来衡量人才在城市租房、买房的压力程度。过高的租赁费用及购房价格，会增加人才居住成本，降低人才扎根发展的意愿，进而影响城市对人才的吸引及留存能力

（2）生活成本指数

较低的生活成本与较高的生活满足感是密切相关的。生活成本指数涵盖人才

在城市生活中"吃""穿""用"等日常消费，成为影响人才集聚的重要因素。

（3）通勤指数

通勤指数用平均单程通勤时间来表示，可以衡量城市居民在"行"方面的便利度，在一定程度上影响人才日常工作生活的舒适感与幸福感。

（4）公共安全指数

城市公共安全水平，往往会影响人才在一个城市生活的安全感、稳定性，对人才留在城市长期稳定发展具有重要影响。

（四）城市选择

为拓宽全球视野，报告在2021版本基础上，扩大目标城市覆盖范围，不局限于选择位于美国、日本、新加坡、欧洲等发达地区经济实力强、创新活力突出的国际化城市，也给予东南亚、非洲等区域的知名城市参与评价的机会，同时涵盖了中国一线城市、新一线城市，以及大部分省会或副省级城市。

报告共选取了全球102个城市作为评价对象，以期客观测算全球各城市吸引、留住人才的能力。选取的标杆城市清单如表2，包括中国39个城市、其他国家63个城市。①

表2　城市人才黏性评价标杆城市

序号	城市	城市等级	国家或地区
1	北京	Alpha+	中国
2	上海	Alpha+	
3	香港	Alpha+	
4	广州	Alpha−	

---

① 全球化与世界城市研究（GaWC）将城市划分为Alpha、Beta、Gamma、Sufficiency等级。其中，Alpha++表示融合性最强且高度一体化的城市，Alpha+为仅次于Alpha++的城市，能够满足大部分的先进服务需求。Alpha和Alpha−表示重要的世界城市，能够将知名经济区域连接至世界。Beta城市能够在自身地区与世界经济联系上发挥作用。Gamma城市仅仅将很小的区域连接到世界经济中。Sufficiency城市还没有踏入世界城市门槛，但能提供充足的自我服务。

序号	城市	城市等级	国家或地区
5	深圳	Alpha−	
6	台北	Alpha−	
7	成都	Beta+	
8	杭州	Beta	
9	南京	Beta	
10	重庆	Beta	
11	天津	Beta	
12	武汉	Beta−	
13	厦门	Beta−	
14	沈阳	Beta−	
15	西安	Beta−	
16	济南	Beta−	
17	郑州	Beta−	
18	长沙	Beta−	
19	大连	Beta−	中国
20	合肥	Gamma+	
21	青岛	Gamma+	
22	昆明	Gamma+	
23	苏州	Gamma+	
24	海口	Gamma	
25	贵阳	Gamma	
26	高雄	Gamma−	
27	哈尔滨	Gamma−	
28	福州	Gamma−	
29	太原	Gamma−	
30	宁波	High Sufficiency	
31	澳门	High Sufficiency	
32	长春	Sufficiency	
33	石家庄	Sufficiency	
34	珠海	Sufficiency	

续表

序号	城市	城市等级	国家或地区
35	无锡	Sufficiency	中国
36	南昌	Sufficiency	
37	呼和浩特	Sufficiency	
38	南宁	Sufficiency	
39	兰州	Sufficiency	
40	伦敦	Alpha++	英国
41	曼彻斯特	Beta-	
42	纽约	Alpha++	美国
43	洛杉矶	Alpha	
44	芝加哥	Alpha	
45	旧金山	Alpha-	
46	休斯敦	Beta+	
47	华盛顿	Beta+	
48	西雅图	Beta	
49	多伦多	Alpha	加拿大
50	蒙特利尔	Alpha-	
51	悉尼	Alpha	澳大利亚
52	墨尔本	Alpha-	
53	新加坡	Alpha+	新加坡
54	东京	Alpha+	日本
55	大阪	Beta-	
56	首尔	Alpha-	韩国
57	釜山	Sufficiency	
58	莫斯科	Alpha	俄罗斯
59	巴黎	Alpha+	法国
60	里昂	Beta-	
61	华沙	Alpha-	波兰
62	法兰克福	Alpha	德国
63	慕尼黑	Alpha	
64	柏林	Beta+	
65	斯德哥尔摩	Alpha-	瑞典
66	阿姆斯特丹	Alpha	荷兰
67	米兰	Alpha	意大利
68	罗马	Beta+	

序号	城市	城市等级	国家或地区
69	马德里	Alpha	西班牙
70	巴塞罗那	Beta+	
71	布鲁塞尔	Alpha	比利时
72	赫尔辛基	Beta	芬兰
73	苏黎世	Alpha	瑞士
74	维也纳	Alpha−	奥地利
75	哥本哈根	Beta+	丹麦
76	奥斯陆	Beta	挪威
77	伊斯坦布尔	Alpha−	土耳其
78	卢森堡	Alpha−	卢森堡
79	里斯本	Alpha−	葡萄牙
80	布拉格	Alpha−	捷克
81	都柏林	Alpha−	爱尔兰
82	布达佩斯	Beta+	匈牙利
83	雅典	Beta	希腊
84	圣保罗	Alpha	巴西
85	墨西哥城	Alpha	墨西哥
86	迪拜	Alpha	阿拉伯联合酋长国
87	吉隆坡	Alpha	马来西亚
88	雅加达	Alpha	印度尼西亚
89	约翰内斯堡	Alpha−	南非
90	曼谷	Alpha−	泰国
91	布宜诺斯艾利斯	Alpha−	阿根廷
92	新德里	Alpha−	印度
93	班加罗尔	Alpha−	
94	马尼拉	Alpha−	菲律宾
95	利雅得	Alpha−	沙特阿拉伯
96	开罗	Beta+	埃及
97	奥克兰	Beta+	新西兰
98	胡志明市	Beta	越南
99	巴拿马城	Beta	巴拿马
100	多哈	Beta+	卡塔尔
101	圣地亚哥	Alpha−	智利
102	突尼斯	Beta−	突尼斯

三 城市人才黏性榜单分析

（一）人才黏性指数总分排名

1. 人才黏性指数总分排名

全球 102 个城市人才黏性指数总分排名详见表 3。

表 3 全球 102 个城市人才黏性指数榜单

城市	总得分	排名	国家
旧金山	100.00	1	美国
纽约	92.72	2	美国
伦敦	86.29	3	英国
华盛顿	77.96	4	美国
迪拜	77.18	5	阿拉伯联合酋长国
北京	76.79	6	中国
洛杉矶	75.52	7	美国
西雅图	75.17	8	美国
苏黎世	75.17	9	瑞士
布鲁塞尔	73.48	10	比利时
巴黎	71.07	11	法国
哥本哈根	70.84	12	丹麦
维也纳	70.84	13	奥地利
多哈	70.82	14	卡塔尔
法兰克福	70.81	15	法国
卢森堡	70.78	16	卢森堡
慕尼黑	70.31	17	德国
都柏林	69.87	18	爱尔兰
奥斯陆	69.40	19	挪威
上海	69.18	20	中国
柏林	68.94	21	德国
深圳	68.11	22	中国
悉尼	68.08	23	澳大利亚
阿姆斯特丹	68.04	24	荷兰

城市	总得分	排名	国家
斯德哥尔摩	67.82	25	瑞典
墨尔本	67.78	26	澳大利亚
东京	67.52	27	日本
休斯敦	66.79	28	美国
芝加哥	66.70	29	美国
新加坡	66.24	30	新加坡
蒙特利尔	65.99	31	加拿大
多伦多	65.66	32	加拿大
澳门	65.61	33	中国
首尔	64.94	34	韩国
赫尔辛基	63.88	35	芬兰
马德里	63.81	36	西班牙
台北	63.66	37	中国
奥克兰	63.54	38	新西兰
米兰	63.17	39	意大利
华沙	63.00	40	波兰
杭州	62.98	41	中国
广州	62.81	42	中国
西安	62.46	43	中国
釜山	62.28	44	韩国
南京	62.01	45	中国
莫斯科	61.72	46	俄罗斯
巴塞罗那	61.57	47	西班牙
宁波	61.00	48	中国
成都	60.96	49	中国
利雅得	60.95	50	沙特阿拉伯
苏州	60.94	51	中国
香港	60.91	52	中国
布拉格	60.91	53	捷克
布达佩斯	60.87	54	匈牙利
合肥	60.78	55	中国
长沙	60.77	56	中国
里昂	60.75	57	法国
厦门	60.65	58	中国

续表

城市	总得分	排名	国家
大阪	60.62	59	日本
天津	60.46	60	中国
高雄	60.34	61	中国
无锡	60.21	62	中国
青岛	60.21	63	中国
伊斯坦布尔	60.17	64	土耳其
珠海	60.02	65	中国
武汉	59.76	66	中国
济南	59.59	67	中国
罗马	59.05	68	意大利
福州	58.88	69	中国
曼彻斯特	58.82	70	英国
贵阳	58.55	71	中国
雅典	58.38	72	希腊
大连	58.37	73	中国
南昌	58.28	74	中国
里斯本	58.21	75	葡萄牙
郑州	58.20	76	中国
昆明	58.20	77	中国
沈阳	58.19	78	中国
开罗	57.76	79	埃及
石家庄	57.70	80	中国
吉隆坡	57.59	81	马来西亚
呼和浩特	57.59	82	中国
重庆	57.55	83	中国
太原	57.32	84	中国
南宁	56.73	85	中国
曼谷	56.01	86	泰国
海口	55.86	87	中国
长春	55.79	88	中国
兰州	55.69	89	中国
胡志明市	55.57	90	越南
哈尔滨	54.85	91	中国
约翰内斯堡	54.60	92	南非

城市	总得分	排名	国家
墨西哥城	54.27	93	墨西哥
布宜诺斯艾利斯	53.75	94	阿根廷
新德里	52.48	95	印度
圣地亚哥	52.23	96	智利
巴拿马城	52.15	97	巴拿马
突尼斯	51.39	98	突尼斯
圣保罗	50.70	99	巴西
雅加达	50.22	100	印度尼西亚
马尼拉	50.13	101	菲律宾
班加罗尔	50.00	102	印度

从全球 102 个城市人才黏性总体排名看，前 10 的城市中，美国占据半数席位，英国、阿拉伯联合酋长国、中国、瑞士、比利时各占有 1 个席位。其中，旧金山（100.00）首次超越纽约占据人才黏性指数榜单榜首。部分中国城市在人才黏性指数上有不俗表现，北京得分为 76.79，位列全球第 6；上海得分为 69.18，位列全球第 20；深圳紧随其后，得分为 68.11，位列全球第 22。我们绘制了累计条形图来展示城市在 6 个维度上更加细致的表现，详见图 2a、图 2b。

美国和欧洲分别有 5 个和 3 个城市进入榜单前 10，亚洲城市中北京是唯一进入前 10 的城市，排名第 6，值得一提的是，首次参与评价的迪拜和西雅图两个城市，也进入了前 10 行列。

报告关注中国城市人才黏性在六个维度上的表现情况，对 39 个中国城市分别绘制了雷达分布图，为国内城市优化人才发展环境，抓住解决不平衡的发展问题，补短板、强弱项、固底板、扬优势提供借鉴参考（见图 3）。按照顺时针顺序，依次表示经济基础源动力、创新潜能驱动力、文化开放凝聚力、生态健康吸纳力、社会福利续航力、公共生活承受力的国内排名。北京、上海在内陆城市中依然保持经济基础方面的优势，香港、澳门在文化开放这一维度遥遥领先，南方城市相对北方城市在生态健康上有明显优势。值

■ 经济基础源动力　■ 创新潜能驱动力　■ 文化开放凝聚力　■ 生态健康吸纳力
▓ 社会福利续航力　▓ 公共生活承受力　▓ 总得分

城市	经济基础源动力	创新潜能驱动力	文化开放凝聚力	生态健康吸纳力	社会福利续航力	公共生活承受力	总得分
旧金山	87.74	100.00	65.57	66.06	85.13	66.82	100.00
纽约	100.00	77.73	72.03	60.11	88.02	62.19	92.72
伦敦	76.36	74.99	76.74	60.42	86.21	65.11	86.29
华盛顿	97.68	59.40	60.83	63.24	90.87	81.65	77.96
迪拜	55.62	53.78	100.00	61.78	77.36	92.79	77.18
北京	59.30	78.00	56.81	90.48	68.90	58.49	76.79
洛杉矶	72.88	65.10	69.32	63.19	90.32	73.06	75.32
西雅图	77.71	66.02	59.97	76.31	89.85	75.88	75.17
苏黎世	75.37	59.98	73.52	62.91	94.67	77.61	75.17
布鲁塞尔	76.14	56.67	72.66	61.05	93.77	87.09	73.48
巴黎	73.20	60.23	72.27	61.09	70.86	52.76	71.07
哥本哈根	72.89	62.21	64.69	62.05	80.38	76.61	70.84
维也纳	65.75	60.10	73.48	62.86	77.81	85.45	70.84
多哈	58.17	51.33	86.27	52.41	71.53	95.78	70.82
法兰克福	63.71	58.62	73.86	61.40	91.26	78.74	70.81
卢森堡	66.58	53.22	82.20	61.30	74.51	67.87	70.78
慕尼黑	63.80	59.78	68.01	62.41	100.00	77.09	70.31
都柏林	77.35	53.20	73.49	60.34	70.45	68.41	69.87
奥斯陆	65.40	59.32	65.81	58.70	98.31	79.01	69.40
上海	60.99	70.49	55.96	74.14	58.86	57.74	69.18
柏林	60.93	61.55	66.44	61.40	91.93	78.52	68.94
深圳	57.41	68.55	54.24	96.19	63.22	60.52	68.11
悉尼	67.39	55.01	69.82	67.63	89.00	73.32	68.04
阿姆斯特丹	65.81	59.18	70.35	68.88	71.60	74.16	68.04
斯德哥尔摩	68.23	59.61	63.72	59.53	87.59	70.37	67.82
墨尔本	65.31	55.68	71.70	67.42	79.68	82.26	67.78
东京	66.84	60.21	66.57	67.62	75.08	70.03	67.52
休斯顿	75.40	53.66	59.38	74.03	83.01		66.79
芝加哥	73.91	56.78	62.90	58.00	73.92	79.48	66.70
新加坡	71.13	56.80	65.72	61.20	75.38	61.31	66.24
蒙特利尔	65.00	57.59	60.46	87.37	78.88	93.44	65.99
多伦多	66.03	57.26	70.44	61.49	63.22	63.39	65.66
澳门	63.85	50.49	73.73	90.72	62.01		65.61
首尔	63.03	63.14	60.46	63.15	69.43	59.07	64.92
赫尔辛基	63.24	59.73	60.69	59.29	77.57	73.33	63.88
马德里	64.03	54.99	66.74	62.04	74.53	77.81	63.81
台北	58.67	59.97	54.97	92.46	79.22	73.45	63.66
奥克兰	60.72	54.04	65.51	96.33	72.02	64.16	63.54
米兰	69.22	53.74	67.09	61.13	59.59	57.96	63.17
华沙	63.93	57.24	63.35	58.00	74.20	72.06	63.00
杭州	57.21	62.62	52.20	93.23	65.84	66.87	62.98
广州	58.85	60.65	55.93	96.34	63.66	68.07	62.81
西安	55.52	63.18	51.00	87.67	60.50	77.87	62.46
釜山	59.81	62.62	52.58	73.80	57.61	84.69	62.22
南京	57.88	61.60	51.58	90.99	63.95	70.86	62.01
莫斯科	58.88	54.90	69.97	53.98	61.44	61.04	61.72
巴塞罗那	63.20	54.44	65.05	63.16	67.63	73.97	61.32
宁波	54.87	58.18	54.63	95.40	66.43	82.78	61.00
成都	57.92	59.00	54.67	93.89	60.83	74.57	60.98
利雅得	53.86	52.17	63.15	68.11	78.86	95.33	60.93

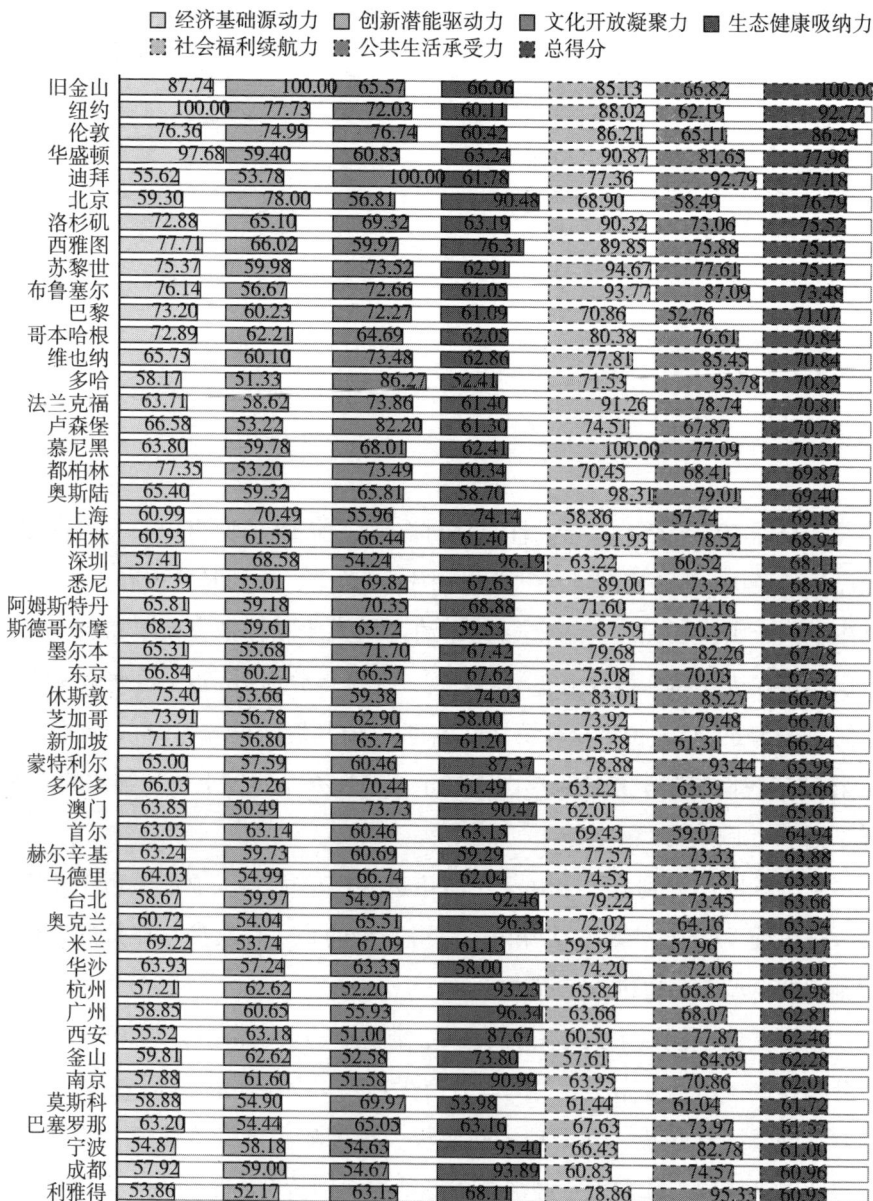

图 2a　全球 102 个城市人才黏性维度得分

城市	经济基础源动力	创新潜能驱动力	文化开放凝聚力	生态健康吸纳力	社会福利续航力	公共生活承受力	总得分
苏州	56.85	60.67	50.96	88.99	59.18	80.10	60.94
香港	66.94	56.54	73.62		61.01	52.93	60.91
布拉格	59.97	55.55	63.01	59.79	75.43	71.48	
布达佩斯	58.36	56.86	64.35	60.08	69.21	69.85	60.87
合肥	55.72	59.73	50.39	94.63	59.93	81.26	60.78
长沙	54.86	58.03	50.00	92.39	59.78	100.00	60.77
里昂	59.75	56.23	61.95	61.22	72.88	77.18	60.73
厦门	57.55	58.60	52.21	99.63	60.29	69.87	60.63
大阪	61.43	59.87	53.30	66.32	66.25	80.15	60.62
天津	57.49	59.75	51.92	93.13	59.88	69.06	60.46
高雄	54.21	59.97	51.47	90.95	64.00	75.82	60.34
无锡	56.75	58.87	50.39	92.74	60.34	81.56	60.23
青岛	58.35	57.72	50.75	92.73	64.69	80.95	60.21
伊斯坦布尔	52.60	53.10	70.19	62.90	53.38	71.01	60.17
珠海	53.76	59.09	52.02	96.06	58.95	76.54	60.02
武汉	57.30	59.77	50.82	89.54	57.52	70.34	59.77
济南	54.64	57.96	50.28	88.94	64.39	87.67	59.29
罗马	61.49	55.29	62.95	62.29	62.06	54.91	59.05
福州	54.32	57.52	50.29	97.45	61.44	68.68	58.88
曼彻斯特	59.17	53.18	63.70	60.46	69.96	63.72	58.83
贵阳	52.40	54.91	50.00	97.43	62.06	87.58	58.55
雅典	56.85	54.62	62.97	90.16	69.05	65.63	58.38
大连	53.66	58.27	50.73	59.72	59.08	73.90	58.37
南昌	53.73	55.41	50.57	94.55	58.16	87.24	58.22
里斯本	57.29	54.79	64.44	64.21	55.22	65.52	58.21
郑州	54.95	56.58	50.37	91.54	60.72	79.61	58.20
昆明	51.51	54.92	51.73	100.00	62.01	76.73	58.20
沈阳	53.90	58.27	50.91	83.98	57.74	82.58	58.19
开罗	53.24	51.79	60.99	80.82	66.98	77.96	57.76
石家庄	53.05	56.08	51.88	87.85	62.30	83.04	57.71
吉隆坡	57.11	53.64	61.09	89.45	58.67	78.77	57.65
呼和浩特	50.03	54.74	51.16	72.58	56.42	94.52	57.59
重庆	52.76	56.07	51.34	95.07	57.55	73.48	57.35
太原	53.39	56.24	50.69	85.50	58.62	85.46	57.32
南宁	50.20	52.91	51.80	96.09	57.57	81.32	56.7
曼谷	54.21	53.22	63.97	61.57	55.24	54.70	56.01
海口	50.00	51.66	50.38	95.50	59.94	75.51	55.8
长春	54.35	55.85	50.34	78.60	59.56	78.74	55.79
兰州	50.03	56.39	50.23	82.51	58.08	75.08	55.7
胡志明市	52.37	51.34	64.44	63.76	54.32	57.29	55.5
哈尔滨	51.58	55.03	50.38	80.83	53.34	79.27	54.8
约翰内斯堡	54.85	52.26	59.52	71.94	58.22	63.56	54.60
墨西哥城	55.63	51.87	57.55	67.68	63.05	70.79	54.2
布宜诺斯艾利斯	57.84	51.16	55.84	64.81	67.35	52.71	53.7
新德里	56.06	52.28	57.53	50.00	60.26	59.24	52.48
圣地亚哥	51.77	50.95	57.89	63.66	62.89	56.13	52.23
巴拿马城	53.63	50.00	57.16	62.26	61.87	64.05	52.1
突尼斯	52.65	51.47	56.67	62.35	52.01	65.63	51.39
圣保罗	55.06	53.09	54.50	62.68	52.21	51.50	50.70
雅加达	55.84	51.77	53.36	56.10	59.81	52.13	50.22
马尼拉	55.45	50.01	55.29	59.49	56.14	50.00	50.1
班加罗尔	53.83	52.12	54.57	57.29	50.00	64.83	50.00

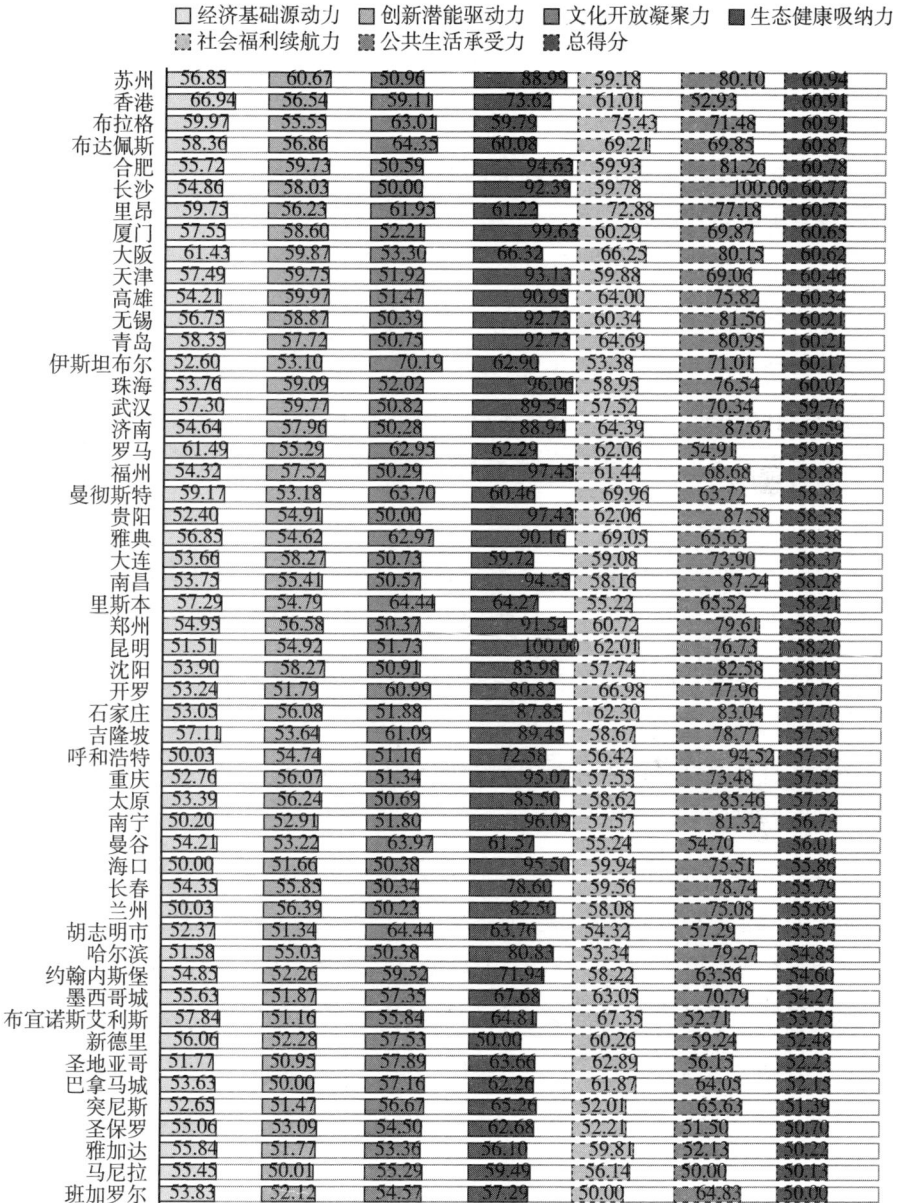

图2b　全球102个城市人才黏性维度得分

得注意的是，中部城市人才黏性正逐步提升，西安、成都等中国中部城市代表较 2021 年排名有所提升。

（二）人才黏性指数维度解析

报告对六个维度得分排在前面的城市分别做出分析，并与北京在各维度上的情况进行对比解析。

1. 经济基础源动力排名情况

经济基础源动力得分及排名情况详见图 4。该维度包含 VIIRS 夜间灯光指数和劳动生产率两个二级指标。结果显示，位于第一梯队的三座城市依次为纽约（100.00）、华盛顿（97.68）和旧金山（87.74），分数远超其余城市，主要得益于极高的劳动生产率和不俗的夜间灯光表现情况。第二梯队中，西雅图（77.71）、都柏林（77.35）、伦敦（76.36）、布鲁塞尔（76.14）、休斯敦（75.40）、苏黎世（75.37）和新加坡（71.13）等城市的经济基础表现也相对出色，新加坡作为其中唯一的亚洲城市，跻身经济基础全球前十五名。北京的综合得分虽然位于前列，但在劳动生产率方面的表现仍有很大提升空间。不难看出，经济实力突出成为欧美城市人才黏性重要支撑，并且高黏性城市大多具有雄厚的经济基础。

2. 创新潜能驱动力排名情况

该维度包含研发投入强度和独角兽企业数目两项二级指标。旧金山（100.00）凭借 140 家独角兽企业和超过 5.6% 的科技研发投入，在创新潜能驱动力排名中拔得头筹。北京（78.00）、纽约（77.73）、伦敦（74.99）分别位居第二、第三和第四名，长期保持高水平的科技研发投入，多数城市难以望其项背（见图 5）。在这一维度下我们发现其他一些中国城市也表现

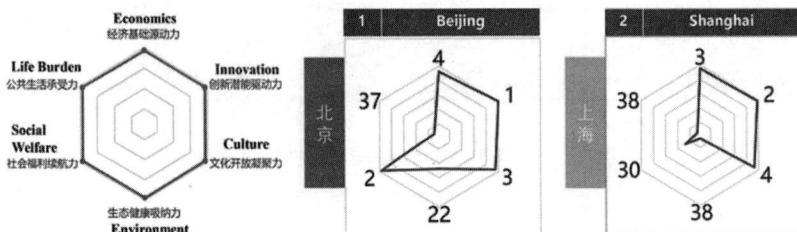

192

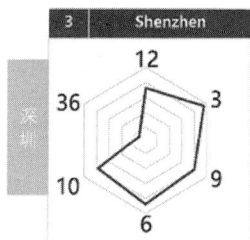
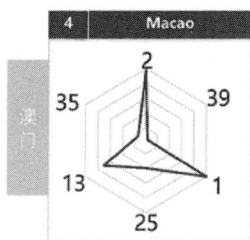
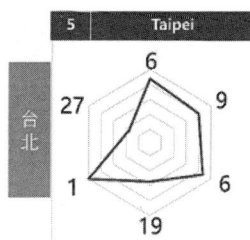
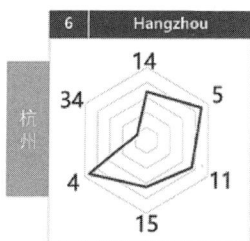

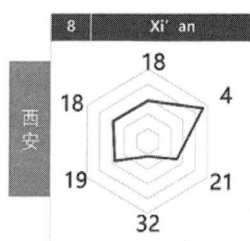
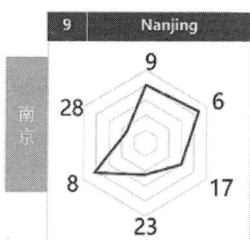
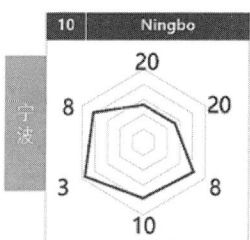
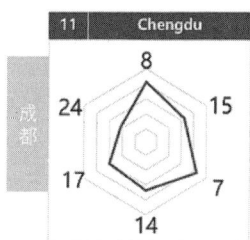
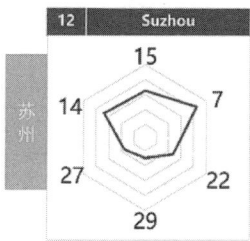
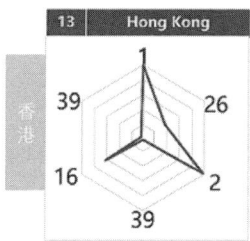
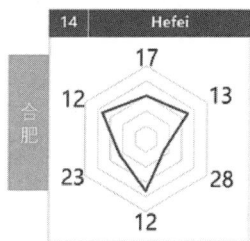
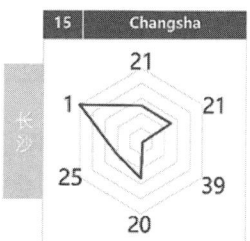
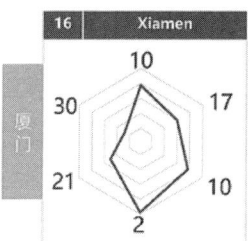
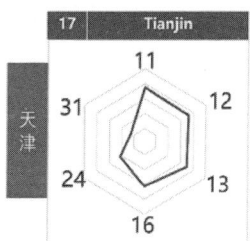

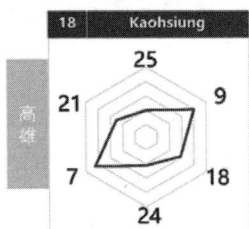

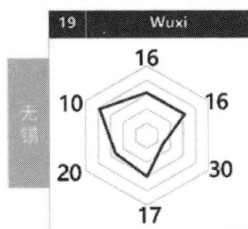

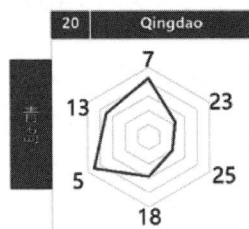

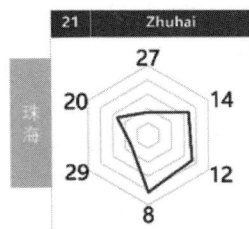

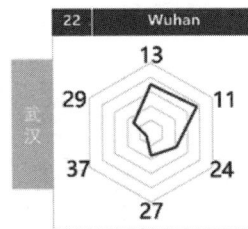

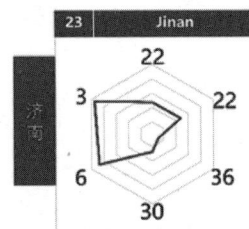

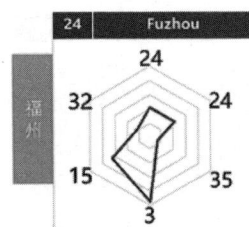

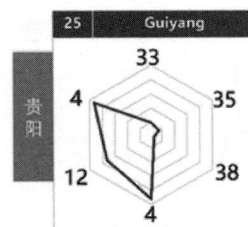

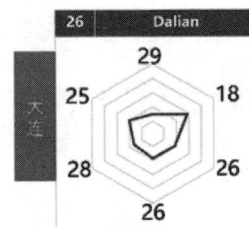

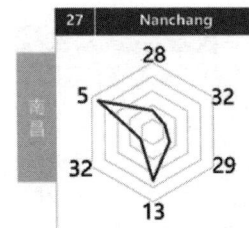

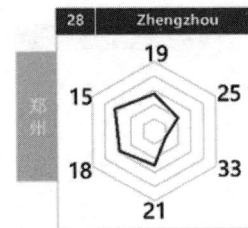

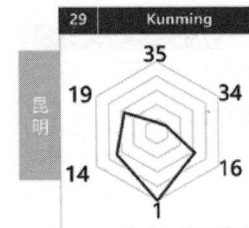

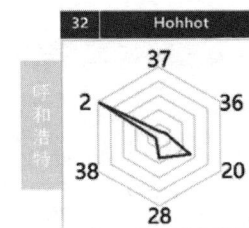

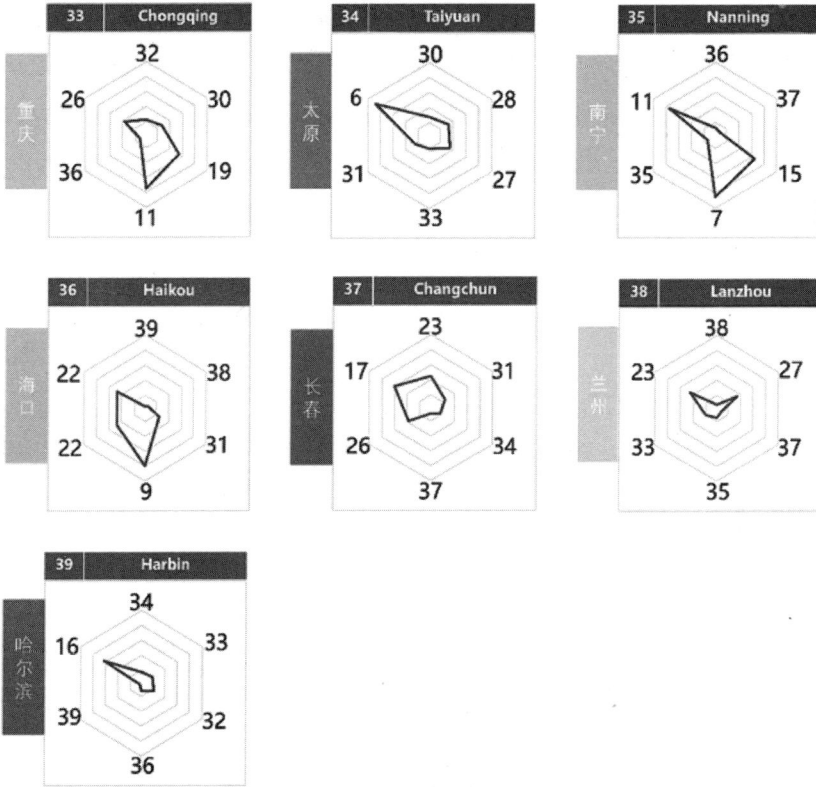

图3　中国城市黏性指数雷达

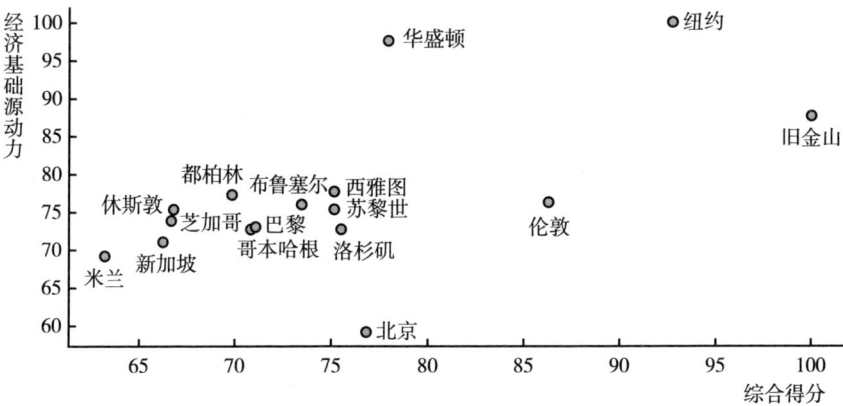

图4　经济基础源动力 TOP 城市 vs 北京

不俗：上海（70.49）和深圳（68.58）凭借独角兽企业数量优势在创新维度上力压西雅图（66.02）和洛杉矶（65.10）；西安（63.18）和杭州（62.62）凭借综合创新实力分别首次比肩以高研发投入著称的首尔（63.14）和釜山（62.62）两座韩国城市。综合来看，创新潜能驱动力与人才黏性总体水平有较强正相关性，已经成为一些城市在榜单中脱颖而出的主要因素。

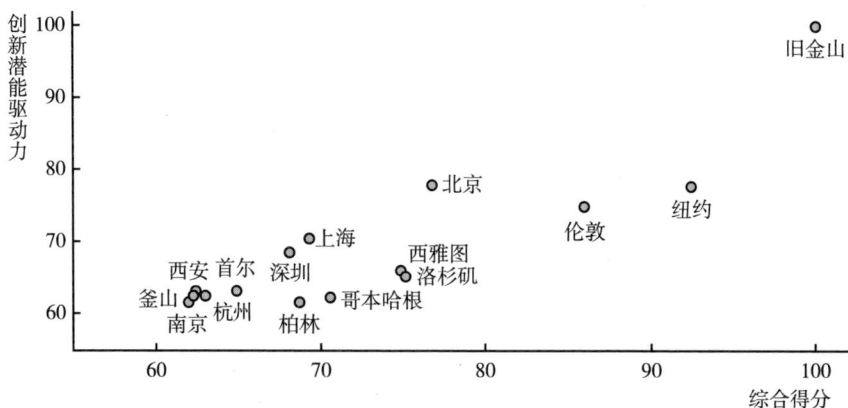

图5　创新潜能驱动力 TOP 城市 vs 北京

3. 文化开放凝聚力排名情况

文化开放凝聚力包含城市联通性、外籍人口比重和留学生规模三项二级指标。结果显示，文化开放方面表现最为出色的三座城市有：迪拜（100.00）、多哈（86.27）、卢森堡（82.20）。新增城市迪拜凭借77%的高校留学生占比和89%的外籍人口比例一举超过此项排名第一的伦敦，跃居全球首位。此外，伦敦（76.74）、法兰克福（73.86）、澳门（73.73）、苏黎世（73.52）、都柏林（73.49）、维也纳（73.48）等城市的文化开放表现也十分亮眼，都拥有30%以上的外籍留学生和27%以上的外籍人口，伦敦和法兰克福还拥有全球前三的城市联通体系（见图6）。全球新冠疫情反复，国际航线政策收紧，对中国、韩国、日本等国家的多数城市在开放互联方面产生负面影响，导致在文化开放维度排名前列的城市中未能看到太多东亚城

市的身影。总体来看，文化开放凝聚力对增强城市人才黏性起到一定的促进
作用。

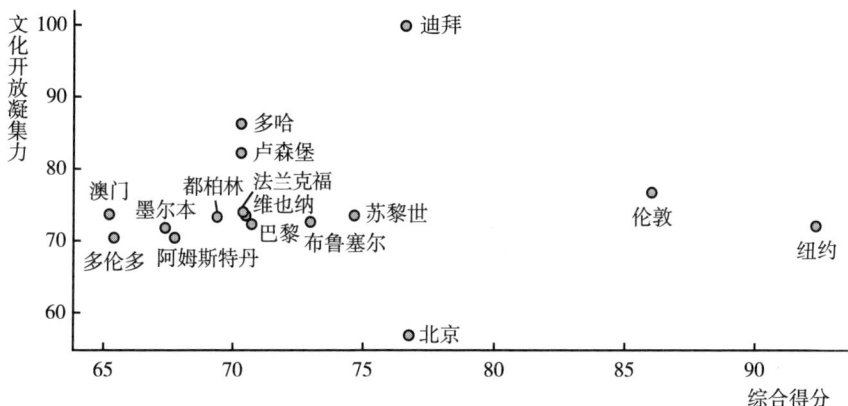

图 6　文化开放凝聚力 TOP 城市 vs 北京

4. 生态健康吸纳力排名情况

生态健康吸纳力得分及排名情况如图 7 所示。该维度包含气候指数、污
染指数和疫情防控能力三项二级指标。结果显示，昆明（100.00）和厦门
（99.62）两座城市遥遥领先，福州（97.45）、贵阳（97.42）、广州
（96.34）、奥克兰（96.32）、深圳（96.19）、南宁（96.08）、珠海（96.05）
也彰显较强的生态健康软实力。中国城市在这一维度获得较高评价，得益于
疫情防控方面更加出色的表现。值得注意的是，生态健康排名前列的中国城
市多为风景秀丽的南方城市。

5. 社会福利续航力排名情况

社会福利续航力得分及排名情况详见图 8。该维度涵盖月收入水平、医师密
度、教育投入力度三个二级指标。结果显示，慕尼黑（100.00）和奥斯陆
（98.31）凭借世界领先的教育事业投入和较高的月收入水平牢牢占据头部位置，
紧随其后的苏黎世（94.67）、布鲁塞尔（93.77）、柏林（91.93）、法兰克福
（91.26）、华盛顿（90.87）、洛杉矶（90.32）等城市也体现出高社会福利水平，
其中苏黎世拥有全球最高的薪资水准。相比于欧洲和美国城市的高福利保障，

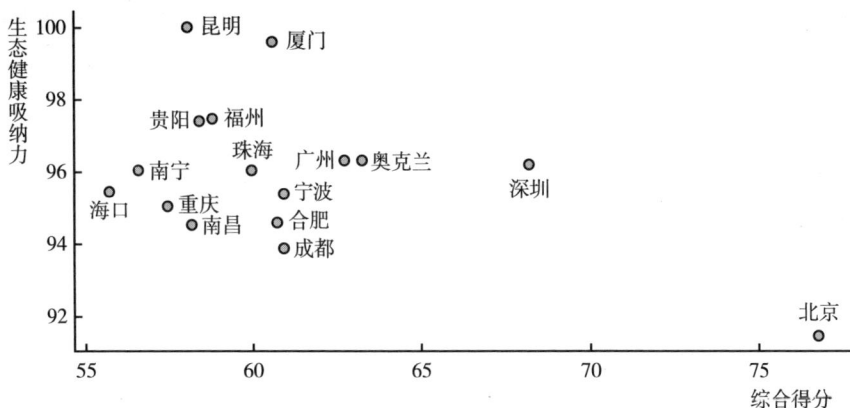

图 7　生态健康吸纳力 TOP 城市 vs 北京

北京在月收入水平和教育投入力度方面还存在较大差距。整体来看，全面的社会保障和丰厚的福利待遇对人才黏性的提升有一定的促进作用。

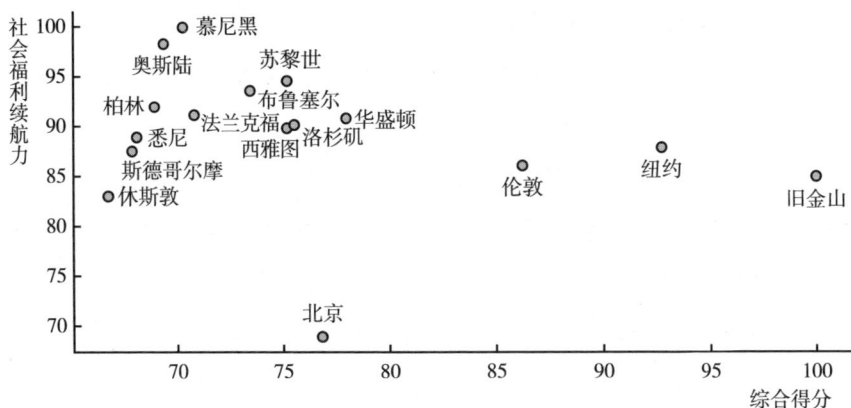

图 8　社会福利续航力 TOP 城市 vs 北京

6. 公共生活承受力排名情况

公共生活承受力得分及排名情况见图9。该维度是衡量城市人才黏性的关键组成部分，与人才感知体验息息相关，包含生活成本、居住成本、通勤指数、公共安全指数 4 个二级指标。结果显示，位于 90 分以上的城市有：长沙（100.00）、多哈（95.78）、利雅得（95.33）、呼和浩特（94.52）、蒙特利尔（93.43）和迪拜（92.79），其中，长沙在四项二级指标中最为均衡，成为全球生活性价比最高的城市。公共生活维度的薄弱表现基本成为高人才黏性城市的共同短板，提升生活质量对人才黏性潜力释放有着积极的推动作用。

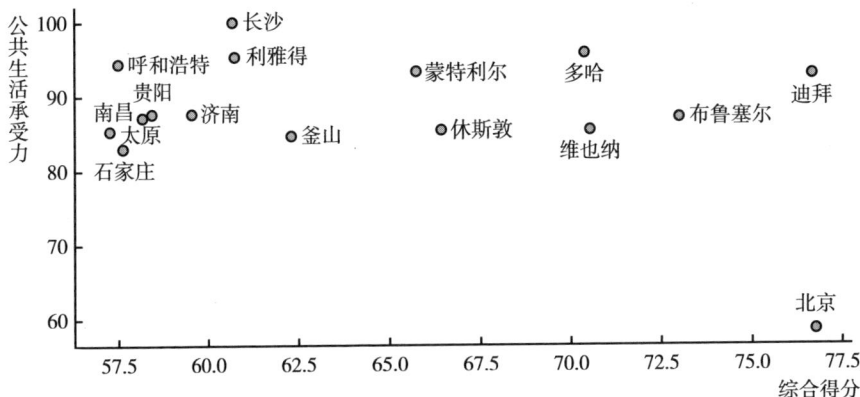

图9　公共生活承受力 TOP 城市 vs 北京

四　北京人才黏性图鉴

我们制作了北京人才黏性城市名片（图10）来展示北京在各个维度及细分指标的全球和国内排名情况。

北京在全球102个城市中综合得分排名第6，较上年提升1个位次，连续三年在中国城市中排名第1。

北京经济基础源动力得分为59.30，全球排名第43，国内排名第4。北京在 VIIRS 夜间灯光和劳动生产率两个二级指标方面位于全球城市中游水平，国际排名分别为第31、第52。我们认为，更好发挥人才效能，拉动全社会生产效率提升，从以数量为主的人口红利拉动转为以效率和质量为主的人才红利推动，是推动北京黏性水平进一步提高的重要突破口。

北京创新潜能驱动力得分为78.00，全球排名第2，国内排名第1。具

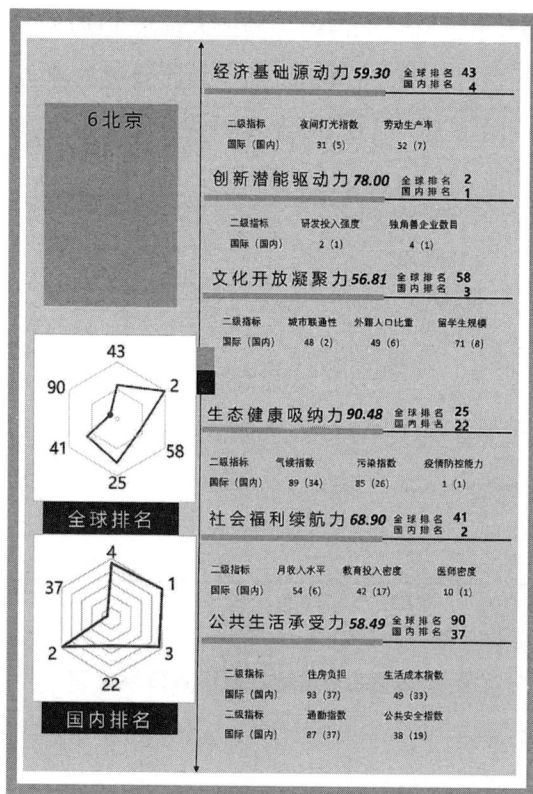

图10　北京人才黏性城市名片

体来看，北京独角兽企业数量在全球 102 个城市中处于领先位置，仅次于旧金山、纽约和伦敦，创新活力依旧突出。同时，北京研发投入强度居全球第二，尤其聚焦人工智能、量子计算、区块链、生物技术等优势领域，不断加大对原创性科技攻关和基础研究领域的投入，积极补足集成电路产研一体化、关键新材料、关键零部件、高端仪器设备等产业链短板。

北京文化开放凝聚力得分为 56.81，全球排名第 58，国内排名第 3。城市联通性位居全球第 48，外籍人口比重位居全球第 49，留学生规模位居全球第 71。疫情影响下国际航班停摆，外籍人才来京工作及留学生来京求学人数降低成为排名滑落的主要原因。疫情终将过去，我们对文化开放维度排名提升有较大信心，"双奥之城"北京凭借优质的航线服务、不断优化的外籍人才服务政策、一流的教育研究资源，将以更加开放的姿态融入全球人才交流互通的浪潮中。

北京生态健康吸纳力得分为 90.48，全球排名第 25，国内排名第 22。气候指数排在国内第 34，污染指数排在国内第 26。气候方面的天然劣势限制北京在城市生态得分上实现跨越式突破，但在污染治理上的稳步推进值得点赞，全面推动扬尘精细化治理，腾退污染企业，2021 年北京空气质量实现首次全面达标，居民"蓝天"幸福感显著增强。从报告新增指标疫情防控能力来看，北京居全球首位，坚持"露头就打"，多次迅速实现社会面清零，疫情控制效果全球领先，为人才健康安全工作生活保驾护航。目前来看，生态健康吸纳力指标逐渐为北京城市人才黏性提升做出重要贡献。

北京社会福利续航力得分 68.90，全球排名第 41，国内排名第 2。医师密度方面，北京每千人拥有近 6 位医师，全球排名第 10。北京深入推进"智慧医疗""互联网+"健康医疗等建设，扎实提升基层卫生机构诊治能力，着力解决就医看病挂号难、排队慢的问题，通过开展分级诊疗，努力实现对医疗患者的合理分流，为便利化就医创造空间。在月收入水平、教育支出方面，北京处于全球中等位置，想要觅得"千里马"，提供丰厚薪酬成为企业海外引才必须跨过的关隘。在教育投入方面，北京不断丰富优质教育资源供给，着力建设"双师"课堂、融合课堂，搭建跨校跨区"课联网"，100%基础教育名师直播授课，解决教育资源分配不均衡问题。

北京公共生活承受力得分 58.49，全球排名第 90，国内排名第 37。公共生活承受力仍然是提升北京人才黏性表现的一大阻碍，租房及购房成本相对较高（住房负担全球排名第 93），通勤时间过长（通勤指数全球排名第 87）。居住成本高企对新流入人才并不友好，应及时监测市场房价房租，严格将租金和房价涨幅控制在合理区间。通勤时间方面，北京从大处出发，织密重点功能区轨道交通线网，从细处入手，缩短公交站点与地铁站出入口距离、设置共享单车地铁口停放区域，提高居民出行体验。

同上年相比，保持创新活力源泉涌动，疫情防控精准有效成为北京人才黏性水平排名上升的主要因素，但类似住房成本居高不下等"短板"仍然存在，且短期内难有改善的起色，因此将资源合理投入扩大"长板"优势上，可能更加有利于城市人才黏性水平的提升。在本文附录中提供了其他城市的人才黏性名片，详细介绍城市六个维度得分情况及二级指标的全球排名。

五 揭秘创新潜能驱动高人才黏性城市建设
——从产学研深度融合视角

历年人才黏性指数报告显示，创新潜能这一维度表现前列的城市在总排名上表现更为突出。关注到创新潜能驱动力这一维度对城市人才黏性总体得分的重要影响，我们从产学研深度融合视角出发，探索可能存在的内在作用机制。

当前技术发展趋势、科技创新范式和产业发展模式正在发生深刻变革，实现技术创新在产业链上、中、下游的对接与耦合，离不开城市内高校、企业和科研机构的深度合作。在产学研深度融合这一视角下，解释创新潜能驱动高人才黏性城市建设，需要挖掘城市集聚高层次科技创新人才的客观要素，探究人才创新效能如何得以充分发挥，以及怎样形成城市与人才"双赢"格局。

事实上，无论是全球知名高等院校、顶尖科技研发机构还是蓬勃发展的独角兽企业，本身都是天然吸引高层次创新人才的"强磁场"，是城市集聚人才的"天赋"所在。产学研深度融合打破了束缚人才发展的体制机制壁垒，使人才创新潜力得以充分释放。在深度融合的产学研合作体系中，人才可以充分享受科技成果转化带来的经济收益，形成正反馈创新动力。学术研究内部以及学术研究与产业实践之间的交叉合作，更有利于培养与产业需求紧密结合，能够在多元交叉领域开展创新创业的人才。

伦敦和旧金山作为全球领先的科技创新城市和高人才黏性城市，其发展历程证实了产学研融合在促进科技创新向经济效益转化中发挥的重要作用，同时也为其他城市推动产学研深度融合提供了价值非凡的参考。

（一）伦敦产学研融合体系

1. 伦敦创新体系

作为英国最重要的科技创新中心，伦敦始终将科技创新作为推动其经济发展、重塑全球竞争力的核心要素。基于不同创新主体和创新要素在创新链产业链中的位置，伦敦构建了政产学研用一体化的创新战略框架，如表4所示。

表4 伦敦创新体系主要创新主体和要素

创新主体和要素	政策定位
政府	为不同创新主体构建高效的创新系统
企业	支持具有创新意愿的企业，释放企业活力
人才	为创新人才和团队构建最具吸引力的创新环境
研究机构	确保研发和创新机构能够服务于产业创新需求
技术	通过技术创新解决社会和全球挑战

2. 伦敦产学研融合举措

一是提供多种形式的资金支持。注重"新点子"商业化、"新成果"产业化，大幅增加研发和成果转化资本投入，为人才开展创新活动提供资金支持，充分发挥高等院校研发优势，全面促进各类创新主体联合创新。表5列出部分代表性资金支持政策。

表5 伦敦各类产学研融合资金支持项目

资金项目	资助目的	经典案例
高等教育创新基金 Higher Education Innovation Fund	帮助高校建立创新生态系统；促进研究商业化；开展企业合作；聘用具有成果商业化专业知识的人员	支持伦敦大学金史密斯学院建立数字网格合作伙伴关系，为创新型中小企业创造实习岗位并吸引具有相关知识的学生前来实习

续表

资金项目	资助目的	经典案例
连接能力基金 Connecting Capabilities Fund	开展商业化知识技能培训； 推动在技术、产业和区域范围建立合作伙伴关系； 支持研究机构成立衍生公司	医疗技术超级连接器（MTSC）：形成由帝国理工学院等8家伦敦研究机构组成的联合组织，帮助年轻的研究人员将新想法转变为医疗科技创新，并推动其商业化
地方优势基金 Strength in Places Fund（SIPF）	促进企业、地方政府和研究型大学开展合作，将当地优秀研究成果转化为经济增长和高价值就业岗位	伦敦玛丽女王大学借助伦敦白教堂地区提供的数据开展地区数字医疗保健项目
知识转移合作伙伴 Knowledge Transfer Partnerships（KTPs）	帮助企业尤其是中小型企业与知识生产机构建立联系，将专业知识和创新注入企业，提高其创新能力	智能语音有限公司和东伦敦大学合作，利用增强现实技术在视频会议领域实现创新
英国研究合作投资基金 UK Research Partnership Investment Fund（UKRPIF）	加强研究机构设施建设；为研究机构与临床医生、产业合作伙伴以及中小企业的合作创造新的空间	支持帝国理工学院西部科学园区建设、成立伦敦国王学院癌症研究创新中心
大学研究创新和商业化试点计划 Innovation and Commercialisation of University Research（ICURe）pilot programme	帮助大学研究人员探索商业化机会；为具有商业想法的研究团队提供资金以进行深入的市场调查评估	伦敦大学学院开展早期高风险前列腺癌检测的血液测试

二是搭建各类产学研融合平台。由政府、大学、企业界人士联合成立国家大学和企业国际中心（National Centre for University and Business，NCUB），构建联结大学、企业和政府的多元合作网络。作为多元合作网络的中心节点，NCUB 可以更高效地开展调查研究，并将研究成果直接传达给政府决策部门，为政策制定提供智力支持。同时，NCUB 建立了线上经纪平台"konfer"，为大学、企业、研究机构以及个人等创新主体搭建获取项目资助、专家支持以及寻求合作伙伴的开放平台，大幅降低了信息壁垒，减轻了制度阻碍，推动更大范围的产学研融合。实施 TenU 项目，构建起由十所全

球顶尖大学技术转移部门组成的合作交流平台，共同促进大学研究成果转化。积极参与建立全国创新推进中心网络（Innovation Catapult Network），在伦敦建成细胞和基因治疗创推中心、联域创推中心、数字化创推中心三大创新推进中心，通过与政府、研究机构等各类主体建立联系，为企业提供专家指导和设备支持，帮助企业测试、诊断并改进其商业想法，推动技术创新转换为产品和服务，加速技术创新的应用、推广和演化升级。

三是畅通创新主体交流网络。为了促进知识创新与产业应用深度对接，伦敦的高校均成立专门的组织机构，组建专业化团队，积极与寻求专业支持的企业对接。通过各种合作方式，学术界人才和产业界人才建立起紧密的合作关系，人才效能得到充分发挥。例如，帝国理工学院为潜在合作者提供便捷灵活的联系渠道。在官方网站建立专栏展示研究创新成果及其应用前景，帮助企业了解技术变革趋势和前沿研究动态，创造校企合作需求；提供不同层次不同形式的合作选项，为企业定制最适合的合作方式；成立帝国理工学院顾问公司，聘请专业化团队，帮助企业寻求与其创新需求最匹配的专家团队，如表6所示。

表6　帝国理工学院与企业合作方式一览

合作形式	合作内容
产业合作伙伴和商业化	联合研究、技术许可、创业公司
咨询和技术服务	测试分析、专家观点、产品设计、战略发展、能力构建
社交网络	通过咨询服务、研讨会、晚宴等形式与研究者进行思想交流
创业空间	创新创业中心，提供实验室、办公空间以及初创公司支持
科技洞察	提供未来科技发展洞见
管理人员教育	帮助企业管理人员解决企业面临问题
创新社区	在由研究者和创新者构成的社区中提供办公室、实验室和联合办公空间
人才招聘	与学生接触、职位发布、参加活动

四是促进创新要素充分流动。通过出台一系列政策保障措施，有效促进人才、知识等创新要素充分流动，保障产学研融合有序进行。引入"高潜

力个人"和"扩大规模"签证渠道，重塑"创新者"签证渠道，在全球范围吸引高技能创新人才。支持人才在学术界和产业界流动以促进知识共享。通过大学技术转移办公室，鼓励并帮助研究者开展企业咨询服务、担任企业职务以及创办企业，加速创新成果转移转化。建立更高效的知识产权系统，充分保障人才知识权益。扩大知识产权教育计划，帮助更多研究人员充分利用知识产权，促进创新成果商业化。加强对成长型企业知识产权保护力度，减少企业技术创新风险。推出海外知识产权服务，力求打造全球领先的知识产权高地，为本土人才开展海外合作以及吸引全球人才创新创业创造良好环境。

（二）旧金山湾区产学研融合体系

1. 旧金山湾区创新体系

旧金山湾区是全球最重要的技术创新和人才创业中心。通过创新主体之间的深度合作，构建了高度交叉融合的联合创新网络，形成区域"创新云"。在基础研究、应用研究和产业应用三者之间形成反馈循环的互动机制，各类人才创新活力得到充分发挥，推动科技创新螺旋上升。表7列出旧金山湾区内的各类创新主体及其在创新体系中的定位。

表7　旧金山湾区创新体系

创新主体	主体定位	典型案例
研究型大学	开展基础性理论性的研究创新； 开展跨学科联合研究； 提供技术专利和许可； 为产业界输送人才； 为产业界提供教育培训； 构建创新者和企业家网络； 开展孵化器、加速器、商业计划比赛等技术商业化活动	斯坦福大学、加州大学戴维斯分校、加州大学伯克利分校
国家实验室和州立研究机构	合作促进技术商业应用； 提供创新创业人才	劳伦斯伯克利国家实验室（NASA's Ames Research Center）、美国国家航空航天局埃姆斯研究中心（NASA's Ames Research Center）

创新主体	主体定位	典型案例
独立实验室和研究机构	灵活开展各类研究项目； 提供教育培训项目； 开展创业孵化和加速项目	格莱斯顿研究所（Gladstone Institutes）、巴克研究所（Buck Institute）
公司实验室和创新中心	开展应用研究； 促进全球企业开展联合研究； 汇聚全球技术创新应用趋势信息	通用电气数字集团（GE Digital）、沃尔玛实验室（Walmart Labs）
加速器和孵化器	提供低成本办公和实验空间、设备； 提供咨询服务； 创造社交机会； 帮助吸引投资者和融资； 构建全球创业孵化器加速器中心	即插即用技术中心（Plug and Play Tech Center）、QB3孵化器
联邦创新办公室	利用新兴技术公司的创新推动国家优先事项	国防创新实验单元（Defense Innovation Unit Experimental）
产业创新中心（开放创新平台）	为初创企业提供零成本的先进制造设施、设计和测试工作间； 为企业提供来自学术界、企业界的支持	Autodesk's Technology Center
创新区域	以园区形式组织研究创新和商业化活动，促进创新主体深度融合	硅谷（Silicon Valley）、使命湾（Mission Bay）、利弗莫尔谷开放校园（Livermore Valley Open Campus）、美国国家航空航天局研究园（NASA Research Park）

2. 旧金山湾区产学研融合举措

一是充分发挥创新要素空间集聚效应。空间距离的缩短促进了创新思想的碰撞交流以及研发资源在各个主体之间的共享，大大减少了创新成本，缩短了创新周期。准确把握创新需求，以创新园区的形式对创新创业活动进行更精细化的组织，便于集中特定领域开展产学研融合创新。通过加速器、联合办公、沙龙、论坛等形式，为创新创业者搭建社交网络，促进多种形式的对接合作。集聚全球创新资源，与全球研究机构、企业、投资人、创新人才开展合作，实现对全球创新的推动和引领。

　　二是构建高度多元化的创新生态。一方面在湾区内聚集大量不同背景和属性的创新主体。大学、国家研发机构、企业研发机构、独立研发机构以及海外研发机构在创新需求、组织形式以及创新资源等方面具有显著差异。差异化的创新主体构成了高度多元化的创新环境，避免了同质化竞争，催生出更多互补性创新需求和创新供给，使人才获得更多开展产学研合作的机会，加速创新想法和创新成果的落地。创新主体的多样性也拓展了资金、人才、知识等创新要素获取渠道，形成更为灵活多元的创新组织模式，避免由单一渠道和模式导致的不稳定性和僵化性，为人才提供了更为稳健高效的产学研合作环境。另一方面，同一创新主体职能多元化，衍生出更多创新节点。比如，大学将自己的职能从基础研究逐渐拓展至应用研究、商业孵化、社交中心等。国家研究机构将职能从服务国家项目拓展至技术商业化领域。多元化的职能转变更有利于创新主体开展跨领域的合作创新，为主体内的人才搭建更加开放、更具活力的创新平台。

　　三是建立完善的政策支持体系。形成私人研发投资和政府研发投资相互配合的资金支持体系。政府研发支出主要用于支持大学等研究机构进行基础研究。私人产业研发投资占投资总额的90%，用于支持企业内部和研究机构开展产业应用研究，是推动产学研融合的主要力量。大规模的私人研发投资在产业界和学术界建立起紧密联系，为人才创造大量产学研合作机会，促使科技创新与产业应用方向紧密结合，催生出更多技术创新专利和高科技创新企业。实施更加开放的人才吸引政策，通过签证、绿卡等移民政策，吸引高技术人才和创业家工作和创业。对于STEM（科学、科技、工程和数学）人才，放宽O1A签证（杰出人才签证）申请标准，延长J-1签证（交流访问学者签证）有效时间，增强"产学研融合"国际化人才供给。促进产业界和学术界在人才培养方面的互通互融。推动斯坦福技术风险投资计划（Technology Ventures Program）为毕业生团队提供商业决策、企业家精神、创新思维以及技术创业等方面的培训，有效地帮助了大量斯坦福校友进入产业界开展高科技创业活动。联合企业和大学开展各类技能提升教育项目，鼓励创新人才与大学师生交流学习，培养能够适应数字经济和科技创新需求的产业人才。完善科技成果转移转化机制，促进研发成果有效对接产业需求。斯坦福大学通过建立技术许可办公室（OTL），构建了一套完善技术转移流程体系。由 OTL 委派专业人员辅助发明者进行技术评估、专利申请、市场推广和技术许可。最终成果转化收益在发明人、所在院系和学校三者之间分配，并且院系和学校获得的收益被限制于研究和教学用途。通过 OTL，斯坦福大学有效地促进了科技成果向产业端转化，激励科研人员开展科学创新，同时将技术转移收益进一步用于支持大学科研和运营。

（三）未来展望

产学研深度融合是能够适应新一轮科技革命和产业变革的创新组织机制。面对新冠疫情对全球经济复苏的严峻挑战，进一步促进产学研深度融合，有利于发挥人才在创新创业中的关键性作用，有利于吸引并留住全球流动创新人才，有助于创造经济增长新引擎。

对于城市治理者而言，要发挥宏观指引的作用。积极破除人才在产业、院校、研究机构间流动的机制障碍，促进更广泛的联合创新，使学术界和产业界人才可以在同一问题上共同攻坚克难，使不同创新主体、不同学科领域人才能够开展深层次的联合创新。

要发挥资金支持保障作用。积极拓展产学研融合项目资金筹措渠道，加强科技创新资金支持力度并提升资金使用效率，加大对个人知识产权"商业化"和院校等机构科技成果"产业化"的支持力度，筛选一批能够拓展城市产业链、解决城市发展瓶颈的"金点子"，给予重点支持。同时对资金支持项目进行合理设计和精细化管理，促进产学研合作效率提升。

要搭建各类产学研合作平台。构建联结研究机构、企业和政府的合作网络，促进人才创新活动和产业需求的有效对接，提高创新资源的配置效率，支持创新成果产出和转化落地。加强产业界和学术界在人才培养方面的合作，通过培训课程、项目合作、交流学习等方式，培养更多兼具研究创新能力和实践应用能力的人才，提升人才创新效能。

要完善知识产权保护体系。加强对各类创新主体知识产权的保护力度，减少人才创新风险。构建合理的收益分配机制，使人才能够充分享受创新成果收益，激发人才创新创业活力，营造尊重人才、尊重知识、尊重创新的良好氛围。

六　大型科学装置人才集聚机制

从借助粒子加速器为元素周期表增加"新成员"，到依托射电望远镜望向宇宙，从利用超级计算机精准预测气象，到启动"人造太阳"核聚变装置为开发无限清洁能源探路，大型科学装置①一路伴随着人类探索未知世界的脚步，催生了大量实验研究成果，培育了一代代顶尖科学家和科技成果转移转化人才，为拓展人类认知边界提供了强力支撑。放眼未来，可以说，布局大型科学装置，既是设立科技创新之城的鲜明标志，也是打造城市创新潜能释放人才"蓄水池"的重要举措。本课题组对大型科学装置进行了简要归类，详见表8。

表8　大型科学装置的主要分类

装置类别	主要用途	典型装置
专用研究设施	为特定科学技术目标而建造的研究系统,服务于基础科学领域单一理论的证实与证伪	正负电子对撞机、核聚变实验装置、天文望远镜、中微子实验装置等
公共实验平台	为多个理论和应用学科提供实验和测试的环境	同步辐射光源、X射线自由电子激光装置、散裂中子源等
公益基础设施	提供基础数据和信息服务,属于非营利性、社会公益型的科技基础设施	遥感卫星地面站、长短波授时中心、野生生物种质资源库等

---

① 大型科学装置是指依靠较大规模投入和工程建设完成、建成后通过长期的稳定运行和持续的科学技术活动实现重要科学技术目标的大型实验设施。

（一）激发城市创新潜能，助力人才价值创造

大型科学装置通过独有的引才、用才、育才机制，为区域带来强大的人才"虹吸效应"，为城市科技发展注入无限创新活力。近些年，顶尖高校培养出的优秀博士生规模不断扩大，但经常有一些人才毕业后很难找到合适岗位，无法继续投身科研事业。大型科学装置作为科技创新的强大载体，其聚才模式能够为更多青年才俊带来机遇，有望成为城市人才黏性的新增长极。

1. "固存量""增流量"的引才模式

多数大型科学装置本身依托高校和科研机构，因此需要有相当数量的实验科学家和工程师作为固有存量，维持装置的正常运行，持续产出科研成果。随着科学实验精细化程度越来越高，科研人员探索未知世界更加需要强子对撞机、同步辐射光源等大装置来构建满足极端条件的实验环境。部分大型科学装置的官网通过开放便捷的线上申请通道，详细描述现有装置参数环境、可接受的实验项目等信息，每年能吸引大量国内外的科研团队进驻开展实验。对于申请成功的科研团队，装置会为其承担全部的设施使用费用。此外，有些大型科学装置还会为使用者报销在当地的日常生活费用。例如，法国里昂附近的欧洲同步辐射光源（ESRF）为来自21个成员国的科学家提供旅程、住宿和生活费用等多方面的资金支持。

2. 完善的数据保护政策

大型科学装置采用完善的数据政策保护人才的知识产权，助力提升研究成果。ESRF会为公共资助实验的原始数据设定3年保密期，在此期间，只有所属科研团队可以访问实验数据，团队也可以根据自身科研需求提前或者延后解除保密期；对于商用数据，ESRF提供永久存储和保密服务，并允许将数据导出到使用者指定的位置。不仅实现了对知识产权的充分保护，还给予人才数据使用方面的便利。此外，欧洲光子和中子开放科学云（PaNOSC）为每份实验数据提供唯一的数字化对象标识符（DOI），指向实验设施、实验参数环境、实验团队成员、实验数据和分析结果。通过追溯研究成果的DOI，不仅能够提升研究可信度和影响力，加快同行评审进度，吸引潜在资

助者，还可以给予人才充分尊重和认可，推动后续深入研究和新的合作。

3. 青年科技人才培育的重要枢纽

大型科学装置通过设立多种教育项目积极吸引青年人才，成为城市科研人才"竞相奔腾"的"赛马场"。一是为学生提供多样化的项目和奖学金。有的大型科学装置针对应用物理、工程和计算机专业的本科生和研究生提供多种实习培训项目和奖学金。大型科学装置提供的前沿化、国际化的科研环境和实践机会，有力地聚集了世界范围内大量杰出的青年人才和工程师来到当地学习交流。二是采取多方联合培养模式。苏黎世附近的瑞士保罗谢尔研究所（PSI）拥有瑞士光源、自由电子激光、散裂中子源等大型科学设施，有超过 200 名 PSI 科学家在瑞士大学或技术大学无偿授课，为大学生提供在先进大型设施中进行高质量的研究和学习的机会。正是由于这些经历，有相当数量的大学生毕业之后选择留在苏黎世继续深造或工作。在 ESFR 提供的实习项目中，实验室要与高校或企业、学生三方签署联合培养协议。ESFR会为学生分配实验科学家作为导师，在实践操作中帮助学生向职业生涯加速转轨。不少科研人才在项目结束后留在 ESFR 工作，或将其当作有力的职业跳板。三是通过多种方式培养挖掘具有学术潜能的青少年。欧洲核子研究组织（CERN）开设了"S'Cool LAB""Beamline for School"和高中生实习项目等面向 16~18 岁青少年的物理教育活动。其中，"Beamline for School"是一个面向全球高中生举办的国际物理比赛，每年邀请高中生队伍提出依托粒子加速器的实验设想，获胜队伍可以来到实验室，利用加速器将科学构想付诸实践，不仅为学生提供深造和创新的机会，还可以提前锁定、培养青少年人才，为区域人才储备提供坚实基础。

大型科学装置"固存量""增流量"的人才集聚模式，构建了开放活跃的人才朋友圈和科研生态圈，赋予城市强大的人才吸纳能力和人才造就能力。

（二）把握装置"外溢"效应，以产业集聚带动人才集聚

大型科学装置作为城市人才、科技和资本交互的枢纽中心，始终扮演着支撑研发创新活动的重要角色。城市多种类的大型科学装置构成的生态集群

有利于形成交错呼应的研发功能布局，装置间的良性协同可以有效促进复合学科背景的研究人才便捷流动。随着装置带来技术、知识的充分外溢，城市对科技人才的支持也将更加丰富，体现在更加优质的教育、更加多元的文化及更为宜居的环境。因此，我们认为利用好大型科学装置的区域级外溢效应能够助力城市人才黏性水平的总体提升。

大型科学装置的布局作为城市发展的"重头戏"，能够获得政策红利与资金支持的双重加持。以上海张江国家自主创新示范区的大型科学装置集群为例，园区内建成和在建的国家大型科技基础设施已达14个，涵盖光子、物质、生命、能源、海洋等多个前沿科技领域，周围分布着多所高校与企业孵化器，覆盖从基础研究到应用研究，再到技术转移、工业应用的整条科技创新链。大型科学装置的落地直接带动了一批科技市场转化机构的兴起，这里集聚了500多家新型研发机构、企业技术中心、公共技术服务平台等，不同门类的大型科学装置与机构共同构成了一套相对完整的生态系统，形成了区域级知识经济内循环以及跨区域的产业外循环"两副骨架"，成为搭建长三角地区科技资源共享服务平台的重要支柱。

上海地区的经验值得深挖和放大，东亚另一个类似的大型科学装置集聚地区是东京附近的筑波科学城。对标硅谷的筑波科学城致力于塑造和推广"青年极客"形象，汇聚了来自机械、计算机、太空探测、量子物理等领域的科学家。这些科学家分布在城内诸多科研机构，并高频次地使用大型科学装置进行实验活动，空间上的装置集聚使得超大型复杂科学任务的解决成为可能。背靠多个大型科学装置，科学城吸引了来自中国、美国、英国等10多个国家的尖端专业人才，占到科研人数总量的1/4，筑波对顶尖科技人才吸引力也达到了较高等级。同时，大型科学装置的建设有效推动了日本科技型相关企业进行技术改造，形成了人才与产业同频共振的良好局面。

（三）秉持"共享、共生、共赢"理念，构建大型科学装置引才新格局

新冠肺炎"泥淖"的负面影响，叠加高昂的设计、建设、运营与维护

成本，使许多城市在布局大型科学装置上显得捉襟见肘。可以预见，选择国际合作、跨地区运营、全球化开放将成为大型科学装置的发展趋势，进而有利于提升城市人才黏性。城市管理者要有构建"共享、共生、共赢"人才理念的胸襟与智慧，合理规划布局大型科学装置，更广泛地吸引和服务四海英才。

1. 洞察发展方向，建设装置集群

城市管理者应当准确研判全球科技发展态势，结合城市发展需要，具备适时适当合理布局的战略眼光，设置符合城市特色的大型科学装置集群，通盘布局城市大型科学装置交错呼应的分布式结构，发挥装置集群、产业集群、人才集群的"美第奇效应"①，鼓励科学理论、技术成果、前沿思想大碰撞，充分发挥大型科学装置"擂台"作用，以开放式项目引进科研团队。

2. 完善价值体系，形成品牌效应

妥善利用大型科学装置的平台特征，设立科学、技术、工程类奖项，为产出突破性成果的人才颁发荣誉勋章，将精神奖励与物质奖励相结合，营造识才爱才敬才用才的社会氛围。积攒学术口碑，打造行业品牌，点亮大型科学装置的平台光环，以产业高地和学术漩涡的形式吸引全世界顶尖科技人才，最终形成"以才引才""以绩育才""以誉留才"的三重正向反馈。

3. 提升用户体验，打造健康生态

要建立以大型科学装置为核心的聚才高地，最重要的是构建完整的生态型基础设施。保障人才在大型科学装置集聚地的生活质量，为科研人员提供无微不至的便捷服务。通过合理设计装置布局，提高装置使用效率，实现不同装置在区域内的联动创新。打通科技成果转移转化的多重渠道，促进产学研升级，进一步催化国际大型合作的落地，充分发挥大型科学装置对科技进步的推动力和对人才的吸引力，带动形成区域级人才高地，深刻塑造科技社群的共同体意识，最终构成一个完备健康的人才生态系统。

---

① "美第奇效应"指不同领域、学科、文化的人互相交流，他们在交叉点上进行联系后产生一些新想法的现象。这些现象首先出现在文艺复兴时期美第奇家族所资助的知识分子社群当中，故得此名。

附录

评价方法

鉴于人才黏性指标体系构建的主要特点，在 2020 版报告中提到了人才对于地域选择主要会考虑差异化因素。也就是说，某个指标在各地区差异越大，这个指标就越重要，相应指标赋权也就越大。2022 版报告继续沿用这一理念，并在权重设置上进行优化，使用能够反映数据差异性并兼顾数据相关性的 CRITIC 权重计算方法，在选择各个维度的权重时，考虑使用复相关系数法来解决维度间的重合问题。

在六个维度得分测算上，本研究选择使用 TOPSIS 综合评价方法。一方面，考虑到指标中存在少部分负向指标，TOPSIS 方法支持负向指标参与评价；另一方面，TOPSIS 方法可以有效解决数据非正态分布、量纲不一致的问题，提供客观可信的评价结果。在各维度综合得分确定后，采用复相关系数法确定各维度权重，以期最大限度地剔除各维度间重复信息。因此，本课题组分别对六个维度运用"CRITIC-TOPSIS"进行综合评价，获得样本城市在每个维度上的综合评价得分。为了使得分落在区间 $[50，100]$ 内，对原始得分 φ 进行如下处理：

$$\varphi' = 50 + 50 \times \left(\frac{\varphi - \varphi_{min}}{\varphi_{max} - \varphi_{min}} \right)$$

本课题组根据各维度映射在 $[50，100]$ 区间上的综合得分 φ'，利用复相关系数法计算各维度得分享有的权重，其中经济基础源动力（0.15），创新潜能驱动力（0.19），文化开放凝聚力（0.13），生态健康吸纳力（0.16），社会福利续航力（0.14），公共生活承受力（0.21），最终加权得到城市人才黏性指数总得分。

B.11
创新数字化职业能力评价体系
打造高技能人才健康成长生态*
——以电子信息产业为例

北京电子信息技师学院课题组**

摘　要： 加快数字化发展、建设数字中国是我国"十四五"期间的重要发展任务。高技能人才作为我国人才队伍的重要组成部分，是推动技术创新和实现科技成果转化的主要执行者，其数字化技能水平对产业数字化落地实施具有重要作用。本文以电子信息产业为例，探索产业数字化过程中对高技能人才技能、知识、经验的具体需求，并将企业作为数字化主体，探索企业视角下的高技能人才数字化职业能力的评价体系，为企业和职业院校数字化高技能人才评价及培养提供参考和借鉴。

关键词： 数字化　高技能人才　职业能力评价　电子信息产业

发展数字经济是把握新一轮科技革命和产业变革机遇的战略选择，是新一轮国际竞争重点领域。党的十八大以来，我国深入实施数字经济发展战

---

　* 本文为2022年度北京市技工教育和职业培训教科研重点课题"产业数字化高技能人才评价体系研究"（课题编号：AC22-003）阶段性成果。

** 课题组组长：宋春扬，北京电子信息技师学院院长，高级讲师。课题组成员：郝金艳，北京电子信息技师学院培训部主任，高级实习指导教师；来陟，北京电子信息技师学院培训部主管，高级实习指导教师；武蕾，中关村创新研修学院副院长，中级经济师；李欢，中关村创新研修学院博士后研究员，经济学博士，中级经济师；韩君、杨蕾、徐美玲，中关村创新研修学院研究员。

略，数字经济成为我国经济发展中创新最活跃、增长速度最快、影响最广泛的领域，推动生产生活方式发生深刻变革。数字经济蓬勃发展，数字技术快速迭代，数字化人才在经济发展中扮演着越来越重要的角色，企业对劳动者的数字技能提出了新要求、新标准。特别是高技能人才作为我国人才队伍的重要组成部分，是推动技术创新和实现科技成果转化的主要执行者，其数字化技能水平对产业数字化落地实施具有重要作用。数字化技能评价体系作为数字化能力的判定标准，是用人单位在进行数字化改革中对人才岗位级别认定的必要工具，是院校数字化人才培养的方向，对技能人才发展具有引导性、鼓励性、约束性作用，能够调动高技能人才提升数字技能的积极性。2021 年人社部研究制定了《提升全民数字技能工作方案》，要求推进数字技能评价工作，体现出数字技能评价作为提升全民数字技能的重要手段之一，对全民数字技能教育和培训具有引导作用。

电子信息产业作为较早开始数字化转型的领域，是当前全球创新最活跃、带动性最强、渗透性最广的产业之一，在设备管理、生产制造、质量检测等环节形成较为成熟的数字化特征，并塑造出一批具有数字化能力的产业劳动者。另外，电子信息产业涉及制造业和服务业中雷达工业、通信设备工业、广播电视设备工业、电子计算机工业、软件产业、家用视听设备工业、电子测量仪器工业、电子工业专用设备工业、电子元件工业、电子器件工业、电子信息机电产品工业、电子信息产品专用材料工业等 12 个行业[①]，涉及范围较广，能够较好地代表软件、硬件、设计、生产等各个产业领域中的数字化人才需求。以电子信息产业为例探索高技能人才数字化能力评价体系，能够为高技能人才数字化技能的考核和评价提供参考，为高技能人才的数字化技能提升提供目标，为高技能人才数字化能力培养提供方向。

一　电子信息产业数字化及人才技能需求

电子信息产业是为实现制作、加工、处理、传播或接收信息等功能或目

---

① 《电子信息产业行业分类（2005~2006）》注释。

的，利用电子技术和信息技术所从事的与电子信息产品相关的设备生产、硬件制造、系统集成、软件开发以及应用服务等作业过程的产业。① 我国电子信息产业由规模扩张向产业创新和数字化转型方向发展，通过数字化带动生产和管理运营方式的变化，从低价值环节向高价值环节进行突破。这个过程不仅需要能够熟练掌握数字化生产技能的高技能人才，还需要建立数字化运营的思维意识。

（一）电子信息产业生产数字化及人才技能需求

电子信息产业数字化首先是生产数字化，以数字化工厂为基础，以智能化设备为工具，逐渐实现生产自动化运行和数字化管理，需要技能人才具备对智能生产线中各个设备的操控能力，并拥有数字化办公软件和编程语言的使用能力。

1. 电子信息产业生产数字化特征

数字化变革给电子信息产业从产品生产到设备管理到质量检测都带来深刻影响，使电子信息产业向精密化、高效化、协同化方向发展。

首先，信息技术使设备管理更加精密化。与传统电子信息制造业的粗放管理相比，数字化使传感器、自适应感知、精确控制与执行等数据采集技术在制造业设备全生命周期中得以应用，设备管理实时态势感知、远程故障诊断和预测性维护得以实现，设备的运维成本有效降低。

其次，人机协同的制造生产方式使生产效率更高。在产业数字化转型后，人的知识和经验以机理模型的形式赋予机器，并被共享、复制、传播，赋予机器人类的智慧，将人的认知性、灵活性特点与机器的高精准、高效率相结合，高效生产经验的复制和推广，为我国以生产组装为主的电子信息制造业节约了人力成本，进一步提高了自动化效率。

最后，智能检测的质检方法有效降低制造工艺误差。电子信息产业采用基于机器视觉、深度学习等技术，对产品开展智能质量检测，不仅可以排除

---

① 《电子信息产业统计工作管理办法》（2003）。

主观因素干扰，还能够对这些指标进行定量描述，减小了检测分级误差，提高了生产效率和分级精度，解决了传统人工检测方法存在主观性强、精确度低等问题。电子制造工艺的速度、精度、可靠度的提高推动了电子产品加速向小型化、精密化、集成化演进。

2. 电子信息产业数字化知识水平及技术技能要求

为了解电子信息产业数字化发展背景下对高技能人才的要求，对产业内相关企业和职业院校发放问卷 108 份，有效回收 106 份，基本覆盖了电子信息产业的所有行业（见图 1）。课题组从电子信息产业人才需求角度，对高技能人才所需要具备的数字化知识水平、数字化技术技能水平和数字化经验三个方面进行具体调研。本次调研问卷的设计遵循了目的性原则、逻辑性原则、通俗性原则、合理性原则等，调研结果通过了信度和效度测试。

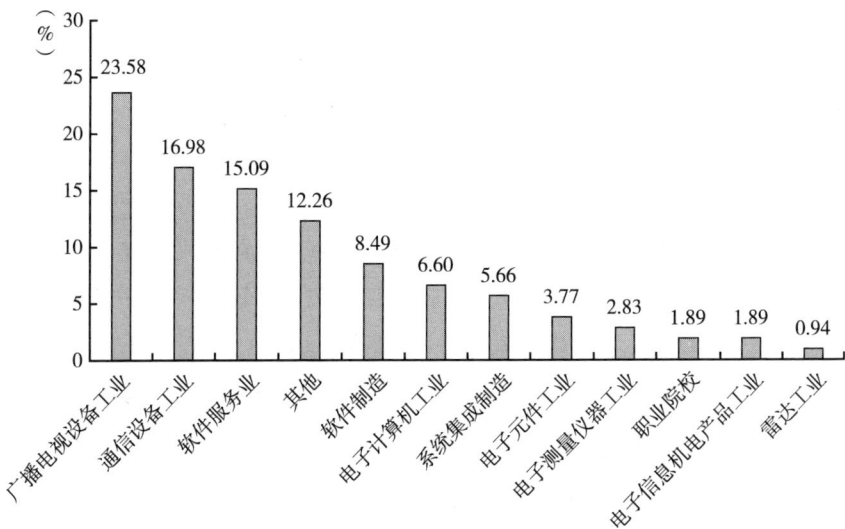

图 1　被调研对象所在单位的所属行业类型分布

数据来源：课题组调研所得。

（1）数字化知识水平

数字化技术知识方面，根据调研结果显示（见图 2），被调研者认为高技能人才应了解的数字化技术知识包含计算机基础知识，工业互联网技术与应用相关基础知识，机械设计、产品数字化创新设计相关知识，产品全生命周期管理（PLM）相关知识，数字化制造车间维护的相关知识，智能控制系统联调与运行的相关知识等。其中77.36%的被调研者认为计算机基础知识、工业互联网技术与应用相关基础知识最为重要。

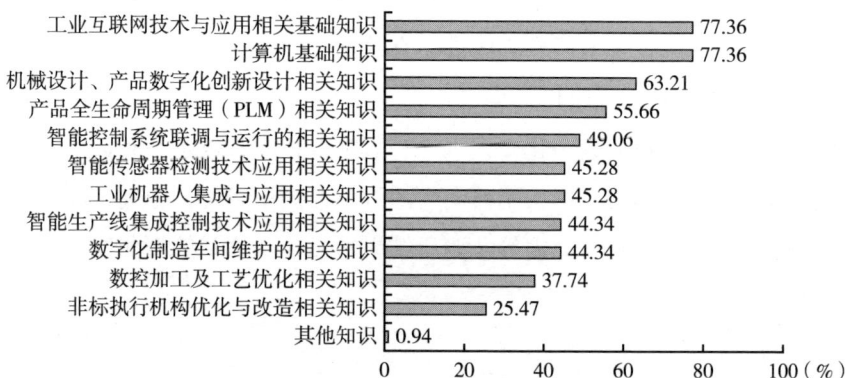

工业互联网技术与应用相关基础知识 77.36
计算机基础知识 77.36
机械设计、产品数字化创新设计相关知识 63.21
产品全生命周期管理（PLM）相关知识 55.66
智能控制系统联调与运行的相关知识 49.06
智能传感器检测技术应用相关知识 45.28
工业机器人集成与应用相关知识 45.28
智能生产线集成控制技术应用相关知识 44.34
数字化制造车间维护的相关知识 44.34
数控加工及工艺优化相关知识 37.74
非标执行机构优化与改造相关知识 25.47
其他知识 0.94

图2　高技能人才应了解的数字化技术知识

数据来源：课题组调研所得。

在编程语言相关知识方面，电子信息产业数字化高技能人才在实践中会开展一些数字化设备的操作和嵌入式软件开发和命令输入等工作，需要了解和掌握一定的编程语言。根据调研结果显示（如图3），数字化高技能人才需掌握的编程语言涉及 C++语言、Python 语言、JAVA 语言、C 语言、SQL 语言等十几种编程语言，其中最常用的编程语言为 C++语言、Python 语言、JAVA 语言，选择概率占到被调研者的60%以上。

数字化办公软件工具知识方面，主要是指数字化高技能人才在实际操作中所用到的软件工具。根据本次调研结果显示，数字化办公软件工具主要有 word、excel、PPT、photoshop 等基本的办公操作软件，也包含 ERP 系统、产品数据管理（PDM）系统、制造执行系统（MES）等一些操作类的系统软件，还包括线上会议软件、协同办公软件、项目管理相关软件等对外协作、管理类的软件。在众多数字化办公软件工具中，被调研者最常用到的是

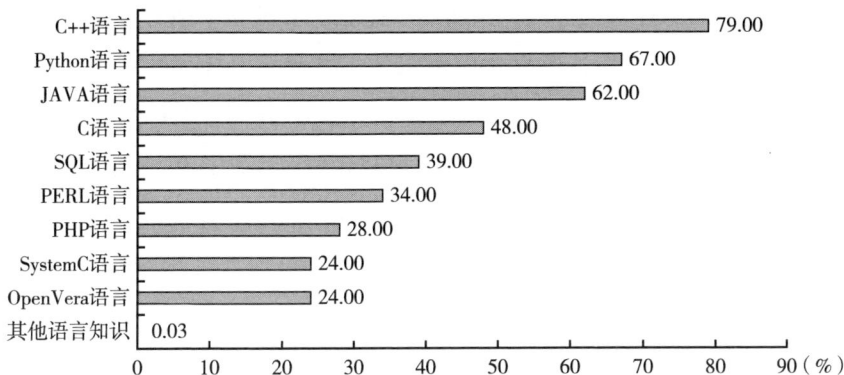

图3　高技能人才应了解的编程语言相关知识

数据来源：课题组调研所得。

办公操作软件（word、excel、PPT），被选择人数占比超过80%，其次是ERP系统的使用，选择人数占比达到67.92%，办公软件工具的使用情况见图4。

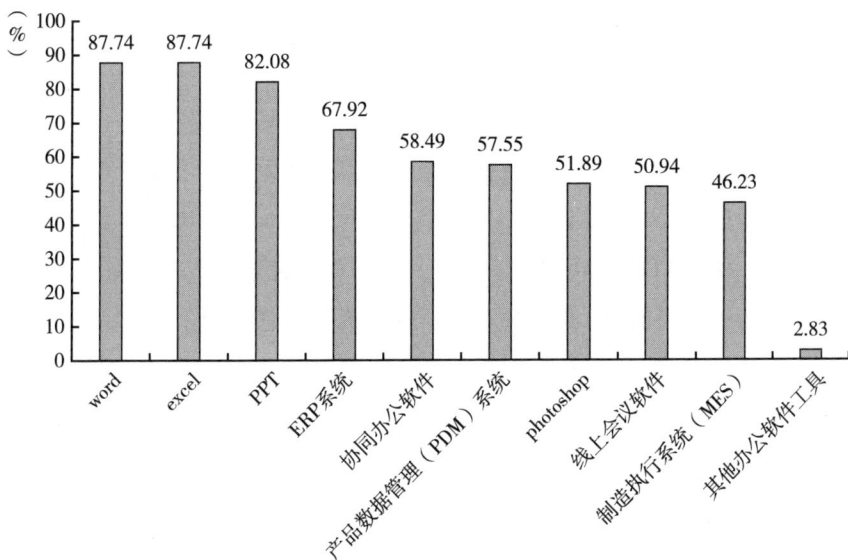

图4　高技能人才应了解的数字化办公软件工具知识

数据来源：课题组调研所得。

数字化应用工具知识方面，在实操中还需要了解和掌握一些应用工具的知识，经调研（如图5），数字化应用工具主要包括 CAD 软件、EDA 软件、CAM 软件、FPGA 软件、ARM 单机编程软件、CAE 软件、QTP 软件、UVM 软件等多种软件。根据调研结果，使用人数较多的应用软件集中于 CAD 软件、EDA 软件、ARM 单机编程软件，分别占到被调研者的 80.19%、52.83%、47.17%。UVM 软件、QTP 软件的使用人数较少，分别占到 28.3%、27.36%。

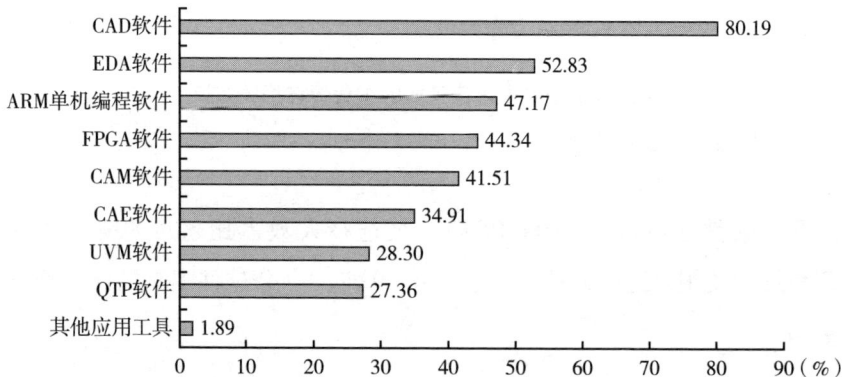

图5 高技能人才应了解的数字化应用工具知识

数据来源：课题组调研所得。

数字化其他平台工具知识方面，数字化高技能人才应了解和掌握的数字化其他平台工具知识主要包括 Linux、MYSQL、Matlab、ORACLE、SPRING、GNU 工具、MYBATIS、REDIS 等平台工具知识。在这些知识中，选择需要了解和掌握 Linux 知识的人数最多，超过被调研者总数的 7 成，其次是需掌握和了解 MYSQL 知识。在调查中，大多数被调研者认为 MYBATIS、REDIS 的使用较少（见图6）。

数字化硬件工具知识方面，目前我国电子信息领域主要以互联网服务、电子元器件及通信设备制造为主，数字化硬件工具知识的了解和掌握是数字化高技能人才应具备的基本知识能力。据调研结果（如图7）显示，高技能人才应了解或在操作中需掌握的数字化硬件工具知识包含数控机床（数控车、数控铣、多轴加工中心等）、印制电路板、FPGA 器件、热成像仪、频

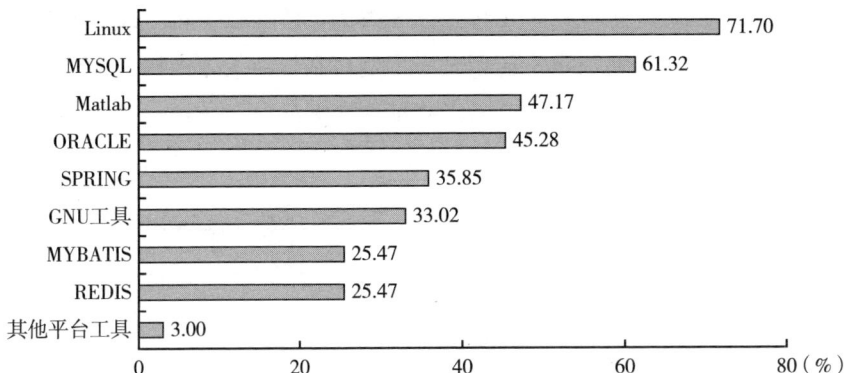

图6　高技能人才应了解的数字化其他平台工具知识

数据来源：课题组调研所得。

谱仪网络分析仪、智能传感器等工具。在调研中，选择了解和掌握印制电路板、频谱仪网络分析仪、智能传感器、电气测试仪器的人数较多，均占被调研者总数的50%以上。

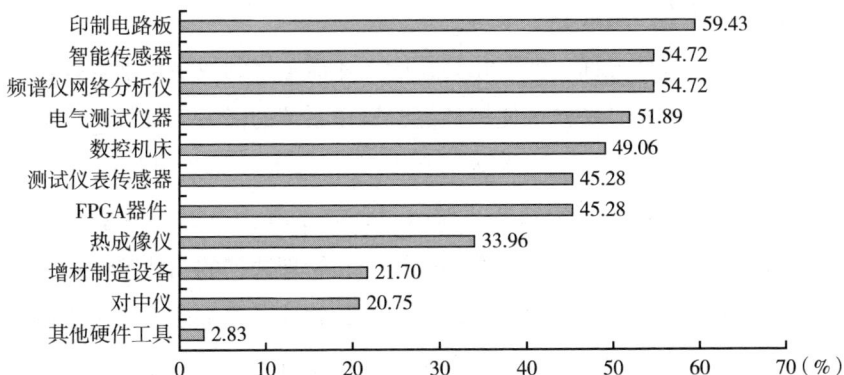

图7　高技能人才应了解的数字化硬件工具知识

数据来源：课题组调研所得。

另外，作为数字化高技能人才，在自身发展中还需掌握如数字化相关政策、数字化的发展现状和趋势等前沿知识。根据调研结果（如图8）显示，高技能人才应了解的数字化前沿知识有国家和地方数字化相关政策、数字经济发展现状和趋势、企业数字化转型发展案例、产业数字化对技能人才的需求变化等。其中，企业数字化转型发展案例对高技能人才理解企业数字化转型有较大帮助，认为其比较重要的占到被调研者的81.13%。

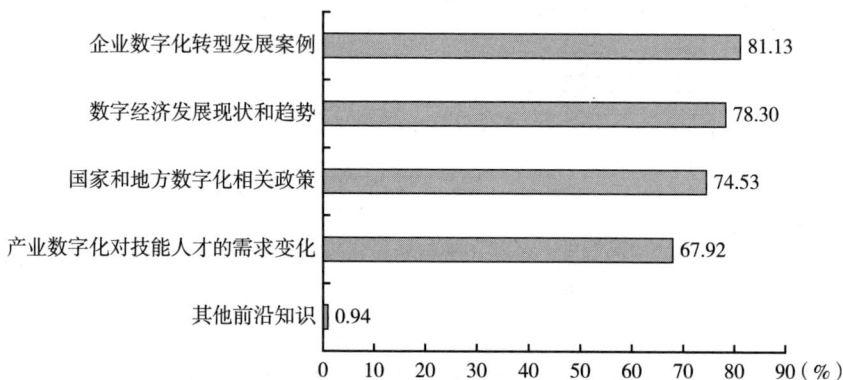

图8　高技能人才应了解的数字化前沿知识

数据来源：课题组调研所得。

2. 数字化技术技能水平

数字化基本技能方面，数字化高技能人才需掌握的数字化基本技能与基础知识相对应，包括具备熟练使用计算机操作系统的能力、具备熟练使用基础办公软件（word、excel、PPT等）的能力、具备产品数字化设计与制造的综合能力、具备应用制造执行系统（MES）的能力、具备数字化制造车间故障诊断与排除的能力、具备数字化设计和管理数据的归档整理和分析的能力等。其中认为必须具备熟练使用基础办公软件、熟练使用计算机操作系统这两种能力的人较多，占到被调研者的80%以上（见图9），基础办公软件和计算机操作系统的应用能力是高技能人才应掌握的最基础能力。

数字化岗位专门技能即指在了解和掌握数字化技能知识的情况下，应具备一定的操作能力。根据调研结果显示，高技能人才在实践中需要掌握的数字化岗位专门技能集中在零件的测绘和加工能力，运用加工设备完成工艺优化的能力、能够安装调试数字化产品的能力以及实现智能生产与管控的能力几个方面。具体需要具备的能力见图10。

具备熟练使用基础办公软件的能力	83.96
具备熟练使用计算机操作系统的能力	81.13
具备产品数字化设计与制造综合的能力	64.15
具备应用制造执行系统（MES）的能力	50.00
具备数字化设计和管理数据的归档整理和分析的能力	40.57
具备数字化制造车间故障诊断与排除的能力	38.68
具备对智能制造生产线进行组网、联调和流程优化，实现智能加工生产与管控的能力	36.79
具备工业机械自动化设备安装与调试的能力	36.79
具备开展数字化质量检测的能力	33.96
具备数控加工刀具管理及在线检测的能力	31.13
具备多轴编程与仿真加工的能力	30.19
其他基本技能	1.89

0　20　40　60　80　100（%）

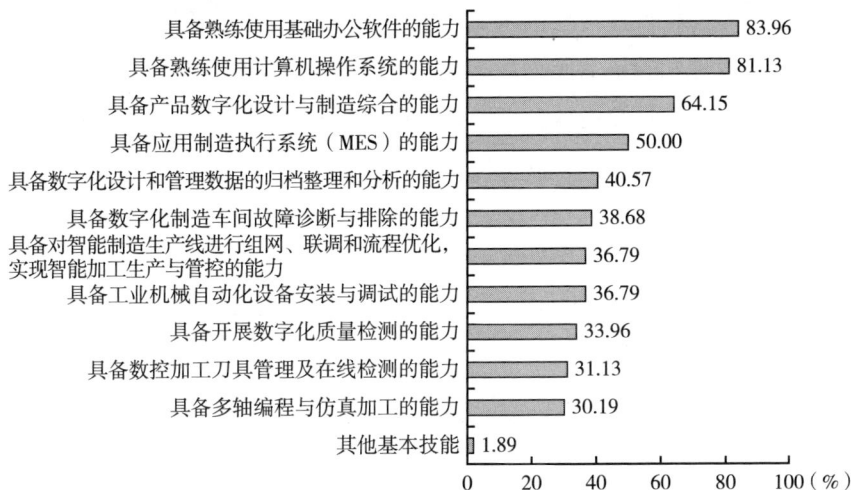

图9　高技能人才应具备的数字化基础技能调查统计

数据来源：课题组调研所得。

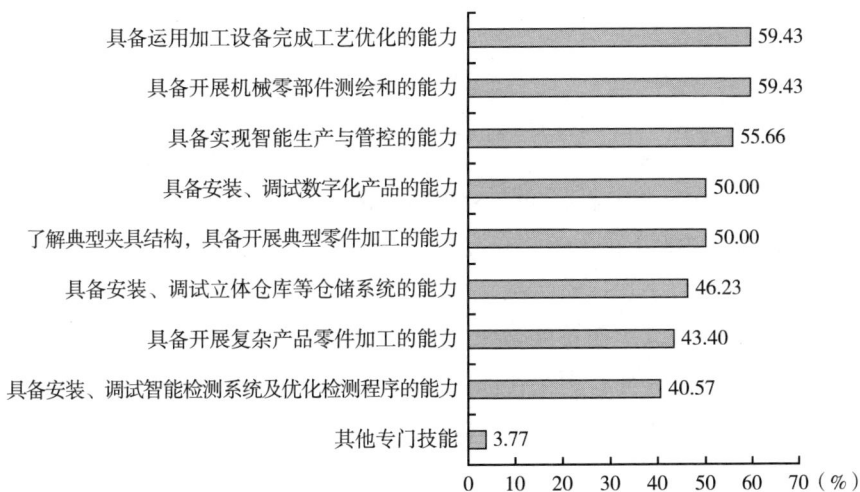

具备运用加工设备完成工艺优化的能力	59.43
具备开展机械零部件测绘和的能力	59.43
具备实现智能生产与管控的能力	55.66
具备安装、调试数字化产品的能力	50.00
了解典型夹具结构，具备开展典型零件加工的能力	50.00
具备安装、调试立体仓库等仓储系统的能力	46.23
具备开展复杂产品零件加工的能力	43.40
具备安装、调试智能检测系统及优化检测程序的能力	40.57
其他专门技能	3.77

0　10　20　30　40　50　60　70（%）

图10　高技能人才应具备的数字化岗位专门技能调查统计

数据来源：课题组调研所得。

数字化设备操作技能方面，根据调研结果（见图11）显示，数字化高技能人才应具备的数字化设备操作技能有操作多种逆向扫描和增材制造设备的能力，熟练操控多种数控机床的能力，零件车铣加工、零件焊接加工的能力，数字化设计和验证的能力、运用设备采集复杂样件数据并进行云数据处理的能力、诊断和排除设备的电气安装故障的能力等。在这些能力中选择具备操作多种逆向扫描和增材制造设备的能力及具备熟练操控多种数控机床的能力的人较多，分别占到60.38%、55.66%。

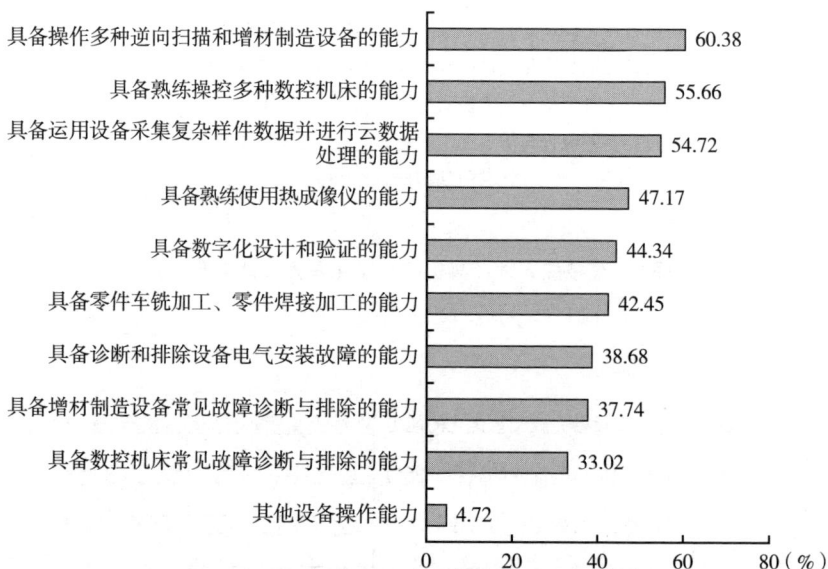

图 11 高技能人才应具备的数字化设备操作技能调查统计

数据来源：课题组调研所得。

数字化软件工具操作技能方面，根据调研结果（见图12）显示，数字化高技能人才应具备的数字化软件工具操作技能有应用计算机语言的能力、使用应用软件的能力、熟练应用计算机制图软件的能力、运用设计软件完成复杂产品正向造型、创新设计的能力等。其中具备应用计算机语言（PERL、C++、JAVA、Python、PHP、e 语言、SQL、OpenVera、SystemC、C）的能力最为突出，占到被调研者的71.7%，具备熟练应用产品数据管理软件的能力相较其他能力选择的人数较少，占到58.49%。

3. 数字化经验水平

数字化经验水平是数字化知识和技能经过长时间积累所形成的通用能

226

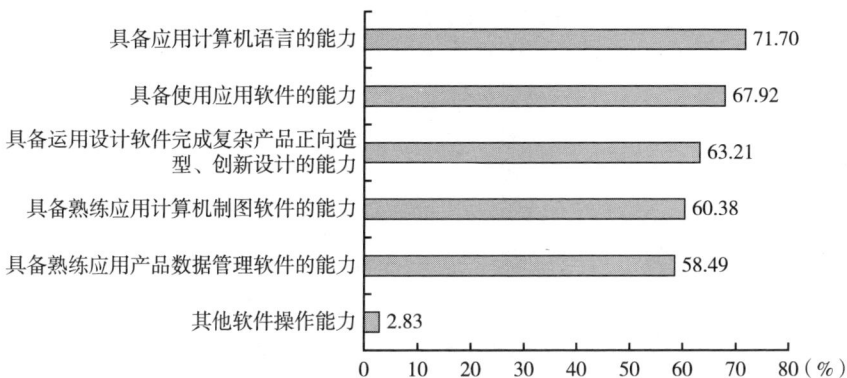

图 12　高技能人才应具备的数字化设备操作技能调查统计

数据来源：课题组调研所得。

力，这种能力是技术提升、创新的基础，也是知识工程形成的基础，更是遇到困难、问题、故障时能够迅速判断问题成因并找出解决办法的基础。根据本次对数字化高技能人才应具备的经验水平的调研，在数字化岗位任职经验、数字化岗位操作设备经验、操作软件工具经验、数字化技术其他应用经验四个方面显示出不同的分布。

根据调研结果（见图 13）显示，从在岗年限来看，3~5 年的岗位经验是大多数被调研者认为数字化高技能人才具备一定经验水平所必需的工作时间；其次有 26.42% 的被调研者认为在数字化岗位从事工作的时间需要在 6 年以上；需 1~2 年的在岗经验上，在数字化设备操作岗位、操作软件工具、数字化技术其他应用三方面被认可的较多，分别占比为 19.81%、24.53%、26.42%。

数字化岗位任职经验是一个基础性经验指标，主要是调研企业在数字化转型中新增的或变化的需要运用数字化技能的岗位的任职年限。根据调研结果（见图 14）显示，57% 的被调研者认为要成为数字化高技能人才需要在数字化岗位上任职 3~5 年的时间，认为需要任职 6 年及以上的占到 27%。在被调研者中认为需要 1~2 年的岗位任职经验的人较少。说明要成为数字化高技能人才需要较长时间的工作沉淀。

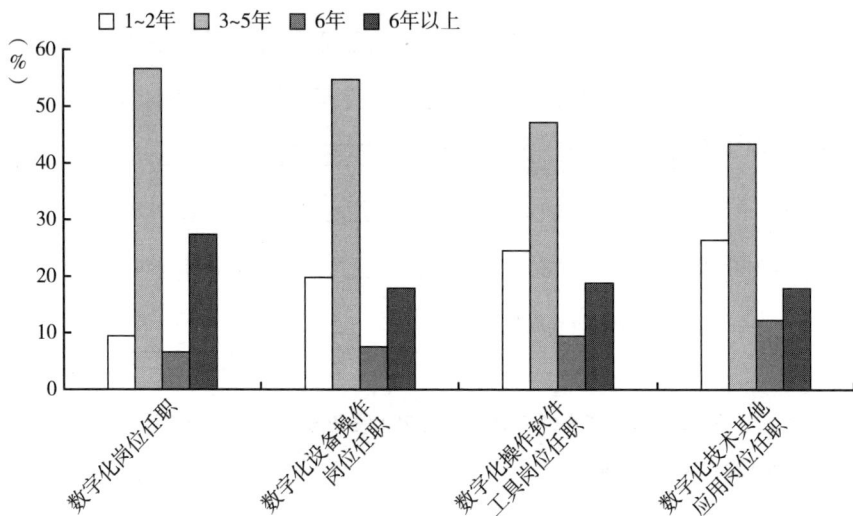

图13　高技能人才应具备的数字化经验水平

数据来源：课题组调研所得。

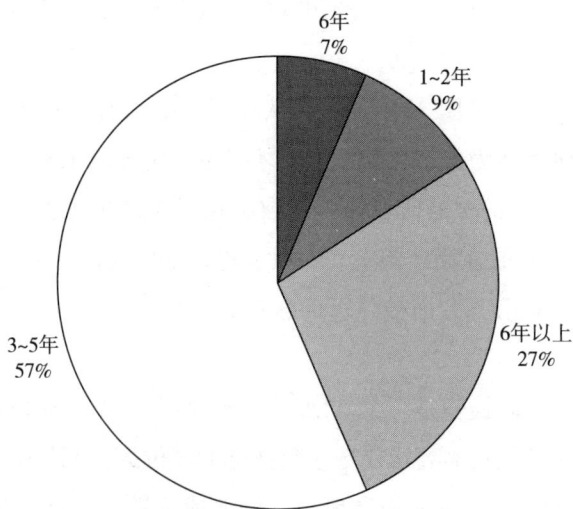

图14　高技能人才需要的数字化岗位任职经验分布

数据来源：课题组调研所得。

数字化设备操作岗位经验主要体现的是操作如各类数字车床、增材制造设备等数字化硬件设备需要的岗位经验。根据调研结果（见图15）显示，选择 3~5 年的被调研者占比超过总体人数的一半，约占 55%，选择 6 年及以上的被调研者占比较少，仅占 25%。

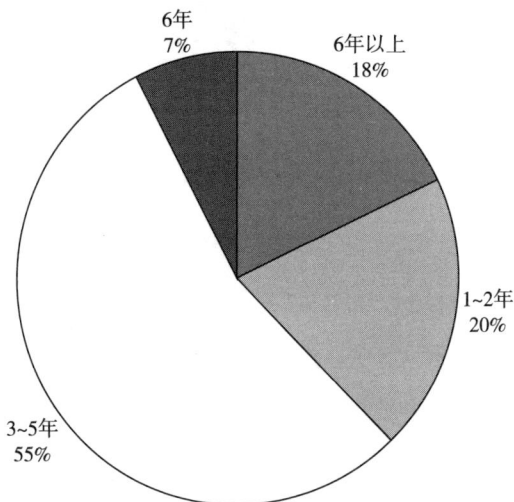

图15　高技能人才需要的数字化设备操作岗位经验分布

数据来源：课题组调研所得。

数字化操作软件工具岗位经验主要体现在操作制图软件、设计软件、产品数据管理软件等工具的在岗年限上。根据调研结果（见图16）显示，选择 3~5 年的被调研者占比达到 47%，其次是选择 1~2 年的人数占到 25%。

数字化技术其他应用经验主要体现在除硬件操作、软件操作外的一些其他经验，如管理经验等的年限。根据调研结果（见图17）显示，选择 3~5 年的被调研者占比达到 43%，其次是选择 1~2 年的人数占到 27%。

数字化高技能人才对应岗位的技术认证是获得国家相关部门认可、能够证明其数字化岗位职务技术能力水平或具有从事某一数字化职业所必备的学识和技能的一种证书。据调研结果（见图18）显示，数字化高技能人才对应岗位需要具备的技术认证有：计算机程序设计工程师技术水平证书

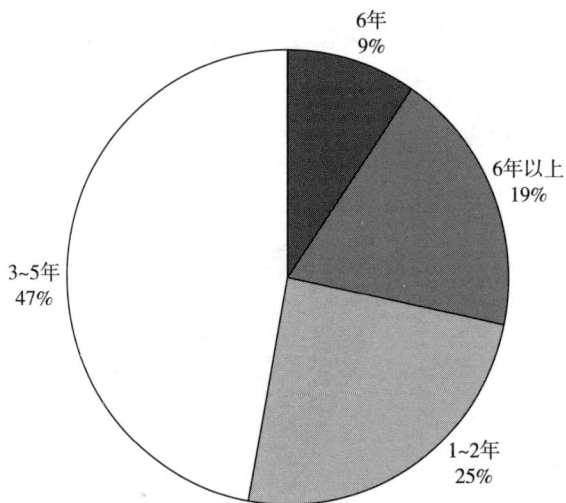

图16 高技能人才需要的数字化操作软件工具岗位经验分布

数据来源：课题组调研所得。

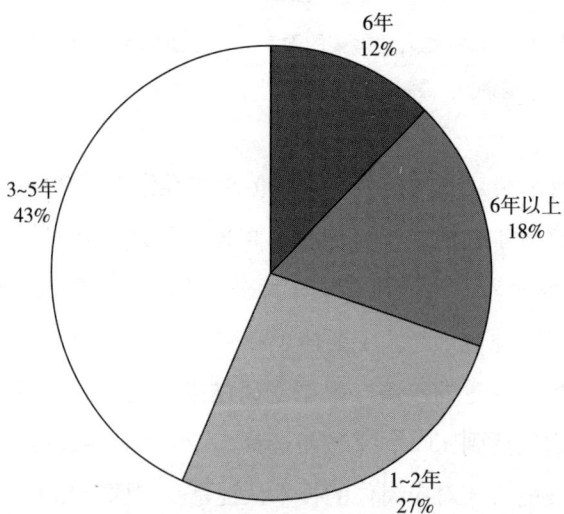

图17 高技能人才需要的数字化技术其他应用经验分布

数据来源：课题组调研所得。

（JAVA）、数据库应用系统设计工程师技术水平证书、全国高等学校计算机水平考试证书、计算机技术与软件专业技术资格（水平）证书、通信专业技术人员职业资格证书、电子设备装配调试人员职业资格证书、信息通信网络运行管理人员职业资格证书等多种证书。其中较普遍应用的是计算机技术与软件专业技术资格（水平）证书，占到被调研人数的65%。计算机程序设计工程师技术水平证书（JAVA）和通信专业技术人员职业资格的应用较为突出，分别占到被调研人数的61%、51%。

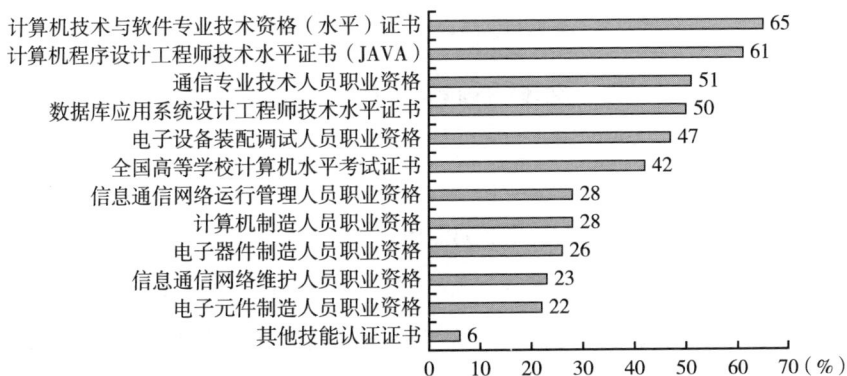

图18　数字化高技能人才对应岗位的技术认证统计

数据来源：课题组调研所得。

（二）电子信息产业经营管理数字化及人才素质需求

电子信息产业数字化转型是以企业为主体进行的，企业借助最新的数字化技术来调整、改善和提高企业的运营和生产效率。当前电子信息产业中企业数字化转型已经不是简单的生产数字化，而是利用数字化技术和支持能力，创造出一种全新的商业模式，从组织活动、流程、业务模式、员工能力等方面进行整体系统性的重新定义。并通过业务操作电子化、经营流程信息化、运营管理数字化和战略决策智慧化对企业生产方式、业务模式、价值链和管理方式产生影响，同时也对高技能人才提出需具备相应的数字化生产能力、组织能力、运营能力、管理能力的要求，并从整体上要求人才具备数字化创新能力（见图19）。

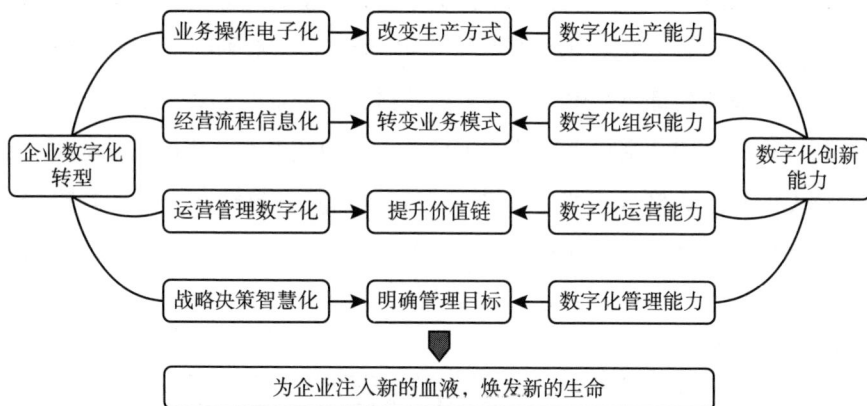

图19　企业数字化转型结构

资料来源：课题组自制。

1.业务操作的电子化及职业能力需求

电子化是以提高业务效率为目标，通过利用机械、电子设备来减少人们重复繁重的手工工作的一种模式。企业在这一阶段主要是利用计算机软件，如财务数字化、协助设计软件（CAD）、工业制造自动化、计算机辅助制造（CAM）、信息管理系统（MIS）等的使用，在一些领域开展单一应用，为进入电子化阶段做准备。

这一阶段数字技术对原有生产方式产生冲击，特别是在生产流程中，一体化生产、自动化流程、可视化控制在提高生产效率的同时，改变了原有的生产和控制方式，先进的工业机器人一方面减少了流水线上工人的数量，只需要少数技术管理人员在工厂和控制台监管即可；另一方面增加了个人所控制的生产流程数量，一个工人可以在控制台控制多个生产步骤。这使得产业工人不仅要能运用信息化技术对机器设备进行操控，具备数字化生产能力，还须掌握数字化技术技能，逐渐建立数字化操作的能力，并具备发现和解决问题、开发数字化工具、进行知识工程沉淀、革新技术的创新能力。

2.经营流程的信息化及职业能力需求

经营流程的信息化主要是企业将信息科技与业务流程相融合，充分发挥企业的科技优势，提升企业的数字化能力。在这一阶段企业可利用电子邮件等方式进行生产、经营、管理，大大提高了企业对互联网和计算机的利用。尤其是在工业互联网方面的应用，把人、机、物、系统等全面连接起来，构建起一个包含网络、平台、数据、安全诸多要素且能覆盖全产业链、全价值链的制造和服务体系。

经营流程的信息化使企业业务模式得到转变。一方面，企业利用供应链管理系统等信息技术工具对整个业务流程进行梳理，提高企业在生产经营过程中的管理能力，提高整个企业运营流程的效率。另一方面，信息化组织下的高效管理使需求拉动式经营方式成为可能，引发企业业务模式的转变。物联网技术和人工智能技术在企业中的应用，使得客户的需求能够及时被企业感知，这种感知甚至要早于客户自己对自身的认识。这种数字化的互联网技术有效应用在工厂内部、后勤保障、研发管理、运营销售等部门，使企业整体的生产更加敏捷、面对变化反应更加迅速。

在经营流程信息化发展下，在各个工作阶段的技能人才需要在了解企业整个经营管理过程的基础上，具有服务于组织整体协调管理的数字化能力，能够运用数字化办公软件配合部门管理及与上下游生产线沟通协调，提升组织协调能力和虚拟协作能力，并要具有一定的复合性能力，不仅要对多个生产流程原理有所了解，还需要能够迅速应对技术变革所带来得工作任务的变化，具有多岗位胜任能力、多知识了解能力、多技能掌握能力等，并能够接受多样性和差异性。

3. 运营管理的数字化及职业能力需求

这一阶段主要是现代信息数字科技作用于业务管理层面，企业自身生产管理甚至上下游资源都得到整合，信息技术的管理作用从内部管理扩展到外部管理，突破外部信息壁垒，从而使得整个业务流程全部连接起来。运营管理的数字化为企业构建了一个生态系统，使得企业的结构、运营方式具备了开放、灵活、模块化、松散耦合的特点。企业能够与外部合作伙伴形成有效的数字化互联，提高企业在对外需求方面的反应速度和组织整合能力，形成有效的产业价值链。

在增强企业竞争优势方面，外部价值链优势的发挥起着关键作用。企业只有与供应商、分销商、客户产生高效链接才能为企业赢得竞争力，这就对企业发展和人才素质提出新的要求，主要体现在两个方面。一是对机会的感知和捕获能力。企业需要从市场中快速感知周边环境的变化，敏锐观察并及时做出快速有效的反应。在发现客户需求方面更需要及时感知并抓住市场先机和客户需求，另外还要对政策法规的变化、先进技术的发展态势进行有效把握，运用政策的变化，加以技术的创新改进，积极地采取措施，才能在企业数字化进程中发挥积极作用。二是需要具备整体性能力，理解企业的战略方向和商业模式，并对宏观形势有大体的认识。企业运用数字化手段进行资源重构和整合，从整体上对所有资源进行摸底，开展整体的分析、评估，判断企业对资源的利用效果是否高效，以促使企业在新产品研发、生产制造和销售方面进行创新。尤其是制造型企业，要统筹内部和外部的所有资源，提高资源的利用率，充分发挥资源的优势，使企业获得最大效能。在此过程中就需要内部人员能够理解企业整体性调整和安排，将个人职业规划融入企业数字化改革发展进程，跟随企业改革进程积极调整工作方式，避免与企业改革方向发生冲突。

4. 战略决策的智慧化及职业能力需求

战略决策的智慧化是指企业在自身意识与人工智能系统有机的结合下做出的战略决策。主要是企业通过对数据的深度挖掘和分析，在全局层面上运用大数据相关技术进行统筹，逐步形成并实现企业全自动化管理的模式。其本质是以企业发展战略为方向，将现代化管理思想、方法、技术、手段充分加以数字化之后，利用计算机网络技术和管理应用软件，建立企业数字化管理信息系统，为战略决策的制定和执行提供依据，从而全面提高战略决策管理效率。计算机网络能及时提供财务预测与效益分析，包括投资概算、经济效益测算、利润计算、盈亏平衡点分析、销售业绩敏感性分析等财务评价，用现金流量表、投资利润率表、现金净值表等方式对数据进行挖掘和提炼，为管理人员提供准确的决策依据。数字化战略决策已成为现代企业实现企业可持续发展的必要手段。

　　在生产经营各个环节实现数字化的同时，企业更要利用好数字化技术提升企业的创新能力。企业在提升了洞察力、整合了内外部资源之后，需要形成企业合力，达到提升企业创新能力的目的，对于制造业企业来说，创新能力的提升更加集中于生产技术和生产的产品或服务上，技术和服务则是通过人才予以实现的，即需要通过人才创新能力的发挥，进行技术革新、产品创新和服务更新。另外还需要高技能人才拥有数字化管理能力，充分发挥技术骨干作用，通过自我管理能力的控制和外部管理能力的发挥，实现自身的发展并推动企业的进步。

二　高技能人才数字化职业能力评价体系

　　企业不仅是产业数字化的具体运行者，在产业数字化过程中发生生产流程、组织模式和经营方式的改变，也是市场经济条件下各种要素的管理者，将人力资本作为一种生产要素进行投入和使用。电子信息产业中企业是数字化高技能人才提高技能的试炼场和发挥技能作用的主战场，要求劳动者具有适当的数字化能力、技术水平及熟练程度。数字化高技能人才作为企业数字化的实施者，对企业数字化转型发展具有关键性作用。因此，本文将高技能人才数字化职业能力评价体系架构于企业视角的职业能力框架之中，将职业能力作为一个包含职业工作显能、潜能以及精神状态等力量的集合体，通过工作知识、职业技能、职业态度和价值观念等有机能力系统表现出来，可界定为面向生活世界的生存能力、生长能力和生成能力。[①]

（一）基于企业视角的职业能力评价体系

1. 生存能力

　　生存能力，是高技能人才通过职业工作获得报酬以维持基本生存的能

---

　　①　张弛：《关注人的生存、生长与生成：现代职业教育目的解析》，《中国职业技术教育》2012 年第 36 期。

力，与专业岗位或行业紧密相关。生存能力是职业能力的基础，是从业者最容易被识别到的显性（外化性）能力，也是最容易被评判的具象性能力。数字化生存能力由岗位数字化定向能力和行业通用数字化能力构成，主要是数字化专业性知识、技能和经验等。生存能力具有技术技能主导特征，注重工作岗位性任务的实际解决能力；此外职业生存能力具有内容发展性，强调理论知识与技能的工作环境匹配和经验技能的累积。[1]

2. 生长能力

生长能力主要表现的是高技能人才的可持续发展能力，主要体现在个人面临产业结构升级、行业变更、职业岗位流动等环境时的应变能力，以及自身职业路径持续上升的能力。生长能力主要对应的是高技能人才的职业层，生长能力的发展可以帮助高技能人才实现社会层级的流动，具备延展性和迁移性特征。生长能力首先体现在职业态度方面，具有热爱工作、积极进取、团结友好等素质，这种积极进取的职业态度为职业技术技能的获取和创新提供了内生动力；其次体现在职业环境适应方面，例如抗压能力、应变能力、执行能力、学习能力、交流能力、适应能力等，环境适应能力是职业发展横向拓展的基础条件；另外还体现在职业发展潜能方面，主要是想象力、创造力、总结归纳能力和打破常规的勇气毅力等，职业发展潜能是纵向上升的基础条件，在一定程度上决定了人自身职业路径的终点高度。

3. 生成能力

生成能力是由世界观、人生观、价值观所生成的主体能力，是人格本质在职业世界中展现的职业性人格能力，表现在思维方面的理性求真和伦理方面的善良求实。生成能力不仅是职业活动的制高点和内在动力，同时也是生活中的人生态度和本性动能，是在判断事务和行为选择时起作用的直觉经验和潜在意识。职业生成能力是人的全域素养在工作中通过工作态度、工作手段和相关原则作用于工作客体所表现出来的能力[2]，具有根本性、潜在性特征。

---

① 吴建设：《高职核心技能课程整合的理论与实践》，《高等工程教育研究》2004 年第 3 期。
② 张弛：《职业能力概念框架的构建》，《职教论坛》2015 年第 25 期。

职业生成能力集中体现了人在职业中造福人类的意愿和功能，是人内在感性思维与外在理性思维的融合。在职业工作中其具体表现为对内的自我约束、管理、引导和发展，是自我追求美好的体现；对外表现在对他人、对社会组织的理性判断与引导，能够以自身动能带动周围社会群体共同向追求美好生活的方向发展。[①]

（二）基于企业视角的数字化高技能人才评价体系

基于企业视角的数字化高技能人才评价体系，是对生存能力、生长能力和生成能力等职业能力的评价体系，遵循科学原则、系统优化原则、合理性原则、实用性原则、目标导向原则，在体现理论知识的基础上注重与实践的结合，采用科学的方法，拟从定量和定性两个角度反映评价对象的情况。同时评价指标的设置突出整体性、系统性，指标结构较优化，从一级指标到三级指标层层递进，层级关系明显。最后指标的设置以评价数字化高技能人才的能力为目标导向，针对电子信息产业数字化高技能人才在实践中应具备的各项能力设置评价指标。

本次研究主要运用基于企业视角的职业能力模型，在遵循一定评价原则的基础上较全面地构建了企业数字化高技能人才评价体系。评价体系从生存能力、生长能力、生成能力三个维度设置了 5 个一级指标、10 个二级指标、39 个三级指标。一级指标主要体现的是企业数字化转型框架下所需人才的能力，即数字化生产能力、数字化组织能力、数字化运营能力、数字化创新能力、数字化管理能力；二级指标主要体现的是职业能力框架下数字化高技能人才应具备的能力，即数字化知识水平、数字化技术技能水平、数字化经验水平、适应性能力、复合性能力、整体性能力、发展性能力、创造性能力、自我管理能力、外部管理能力；三级指标主要聚焦在电子信息产业下数字化高技能人才应具备的素质及能力，具体如从事岗位的知识、软硬件的应用能力、抗压能力、多岗位胜任能力、对宏观形势的理解能力、问题的发现解决能力等。

---

① 王进：《伦理思维视阈下现代工程的"真""善""美"解读》，《道德与文明》2010 年第 2 期。

1. 生存能力维度

数字化高技能人才的生存能力主要体现在数字化生产能力上，包括数字化知识水平、数字化技术技能水平和数字化经验水平。

（1）数字化知识水平

数字化知识水平指胜任企业数字化转型生产实践中的具体岗位任务所需要的知识。随着企业数字化水平的提高，数字化技术越来越多地进入生产、经营和管理等过程，导致劳动力面临的工作环境发生数字化变迁，要求高技能人才具备相应的数字化知识，加深对企业数字化过程的了解，提高其主动接受环境变化的能力。数字化知识是胜任数字化岗位工作职能的独立性客观事实和确定性专业知识[1]，即能够根据岗位工作的具体情境，还原专业知识理论内容，并组织工作任务的合理序列[2]，在此应用知识规则的过程中积累并强化行动经验。数字化知识水平可以大致划为数字化基础知识水平、数字化技术知识水平、数字化软件工具知识水平、数字化硬件工具知识水平，以及数字化生产前沿知识水平，对其考核可采取考试的方式进行。

（2）数字化技术技能水平

技术技能是技能人才发挥作用的主要途径，数字化技术技能是胜任企业数字化转型生产实践中的具体岗位任务所需要的技术技能。包括数字化基本技能水平、数字化岗位专门技能水平、数字化设备操作技能水平、数字化软件工具操作技能水平。这部分考核可采取实操的方式进行。

（3）数字化经验水平

数字化经验水平的评价主要是为了体现人才通过长期经验积累所获得的行业通用能力。行业通用能力能够辐射到相关的岗位以及行业领域，较之岗位定向能力具有普遍的适用性和迁移性，为高技能人才的广泛化专业发展奠定基础。[3] 数字化经验水平是行业通用能力的具体体现，能够自觉关注并审

---

[1] 姜大源：《当代德国职业教育主流教学思想研究——理论、实践与创新》，清华大学出版社，2007，第100页。

[2] 赵志群编著《职业教育与培训学习新概念》，科学出版社，2003，第86页。

[3] 胡建波、汤伶俐：《职业能力的内涵与要素分析》，《职教论坛》2008年第4期。

视职业情境中的事实和规则状态[1]，领会专业理论和职业群中相关岗位工作事实的关系，用经验化的实践操作行动显现出自身对广域知识的掌握。[2] 这部分考核可通过提交并审核申报材料方式进行。

2. 生长能力维度

数字化生长能力是企业经营管理信息化和运营流程数字化对高技能人才提出的具体要求，主要表现在应对企业数字化变革中做出的积极有效反映，能够通过自身适应性、复合型、整体性、发展性和创造性进行数字化组织、运营和创新，进行工作能力的提升和业务观念的更新，积极融入企业数字化管理和运营当中。一是数字化组织能力，具体包括抗压能力、组织协调能力、迅速应对能力、虚拟协作能力、多技能掌握能力、多知识掌握能力、多岗位胜任能力；二是数字化运营能力，具体包括企业战略的理解能力、数字化商业模式的理解能力、宏观形势的理解能力；三是数字化创新能力，具体包括持续提升能力、信息获取能力、机会感知能力、发现并解决问题的能力、多样性和差异性接受能力、想象能力、逻辑推理能力、设计突破能力、数字化工具开发能力、数字化知识工程沉淀能力。

这部分能力的考核可通过自我评价和组织评价的方式进行。

3. 生成能力维度

数字化生成能力是企业战略决策智慧化对高技能人才提出的具体要求，集中体现在技能人才数字化管理能力上。管理能力不仅体现在对外部他人、组织和社会的管理能力上，还表现在自我管理的能力上。一是自我管理能力，具体评价指标包括自我激励和主动性思维、理性思维、信息管理思维；二是外部管理能力，具体评价指标包括他人影响力思维、组织影响力思维、社会影响力思维。这部分能力的考核可通过自我评价、组织评价和提交并审核相关荣誉成果材料的方式进行（见表1）。

---

[1]　赵志群编著《职业教育与培训学习新概念》，科学出版社，2003，第86页。

[2]　姜大源：《当代德国职业教育主流教学思想研究——理论、实践与创新》，清华大学出版社，2007，第100页。

表 1　产业数字化高技能人才评价指标体系

维度	一级指标	二级指标	三级指标
生存能力	数字化生产能力	数字化知识水平	数字化基础知识水平
			数字化技术知识水平
			数字化软件工具知识水平
			数字化硬件工具知识水平
			数字化前沿知识水平
		数字化技术技能水平	数字化基本技能水平
			数字化岗位专门技能水平
			数字化设备操作技能水平
			数字化软件工具操作技能水平
		数字化经验水平	数字化岗位在职经验水平
			数字化设备操作经验水平
			数字化软件工具操作经验水平
			数字化技术应用经验水平
生长能力	数字化组织能力	适应性能力	抗压能力
			组织协调能力
			迅速应对能力
			虚拟协作能力
		复合性能力	多技能掌握能力
			多知识掌握能力
			多岗位胜任能力
	数字化运营能力	整体性能力	企业战略的理解能力
			数字化商业模式的理解能力
			宏观形势的理解能力
		发展性能力	持续提升能力
			信息获取能力
			机会感知能力
	数字化创新能力	创造性能力	发现并解决问题的能力
			多样性和差异性接受能力
			想象能力
			逻辑推理能力
			设计突破能力
			数字化工具开发能力
			数字化知识工程沉淀能力

维度	一级指标	二级指标	三级指标
生成能力	数字化管理能力	自我管理能力	自我激励和主动性思维
			理性思维
			信息管理思维
		外部管理能力	他人影响力思维
			组织影响力思维
			社会影响力思维

资料来源：课题组自制。

四　数字化高技能人才评价及培养建议

（一）企业数字化高技能人才评价及培养建议

企业作为数字化转型的基础和实施主体，不仅是数字化高技能人才的使用者，也是数字化高技能人才的培养者。从企业数字化转型趋势来看，仅掌握信息技术的专才已不再适用，只有具备数字化生产能力、数字化组织能力、数字化创新能力和数字化管理能力的人才，才能够全面理解企业数字化转型的动机和结果，适应企业数字化改革所带来的工作内容变化，甚至主动引领企业数字化转型步伐。因此，企业需要利用产业数字化高技能人才评价体系全面评价高技术人才的能力，并有针对性地进行高技能人才培养工作。

1. 充分利用评价体系，调整优化企业数字化高技能人才结构

企业在已经构建的产业数字化高技能人才评价体系框架下，根据企业员工的实际工作内容、岗位分工，对评价标准进行细化，尤其是定性指标可分等级进行测量打分，如分为优秀、良好、一般、较差等，体现人才的行为特征和目标完成结果，得出被评价员工能否成为数字化高技能人才或是否具备成为高技能人才的能力。在评价完成后，根据综合评价结果，寻找本企业员工与企业数字化高技能人才能力标杆的差距，同时，调整数字化高技能人才

评价标准，也可优化企业数字化转型的发展目标和方向。

2. 开展分类评价及综合素质培养，提高企业数字化高技能人才水平

企业可利用评价体系在突出重点、兼顾全面的基础上，对数字化高技能人才进行分类培养，可从企业数字化转型的不同阶段、数字化高技能人才的分类等角度开展有重点的评价和培养。根据企业数字化转型的不同阶段，对考核指标赋予不同的权重，对于业务操作的技术技能人才偏重于冰山以上的能力——生存能力（数字化知识水平、数字化技术技能水平、数字化经验水平）的培养，提升其数字化基础知识和技能；对于从事经营、管理岗位的高技能人才偏重于冰山以下的能力——生长能力和生成能力（尤其是数字化组织、运营、创新能力）的培养，提升其数字化企业的综合管理能力及思维能力。

3. 丰富评价及培养方式，全面综合培养数字化高技能人才

企业高技能人才的评价可采用多种评价方式，综合得出评价结论。如可采取自我评价、360°反馈、专项测评机制等。自我评价：被评价对象按照评价指标和标准所列项目开展自我评价，对生存能力、生长能力、生成能力进行全面评价，采用填写《自我评价表》的方法打分评价；360°反馈：根据员工所处的职位，选择其直接领导、下属，其他部门平级同僚（员工）对评价指标和标准中的项目进行评价，多采取问卷的形式开展；专项测评：评价指标中的复合性能力、数字化创新能力、数字化管理能力等项目评价难度较大，可由人力资源管理部按照不同职位类别进行专项测评。数字化知识水平可采取考试方式进行测评；数字化技能水平采用操作性试题考试的方式进行测评，复合性能力、数字化创新能力、数字化管理能力等可利用专业的测评工具进行测评。

（二）职业院校数字化高技能人才评价及培养建议

职业院校作为人才培养的摇篮，需要紧跟国家产业数字化、企业数字化转型发展步伐，对教学课程进行改革，对专业设置进行优化，推动数字化人才培养，塑造新时代下的数字化高技能人才。结合产业数字化高技能人才所

需的各类素质、技能及评价情况，职业院校围绕课程建设重点、专业群建设、实训实践、"项目制"等方式在数字化人才培养方面采取措施。

1.课程设置上注重数字化应用技能和非生存能力的培养

课程设置上，从企业对数字化高技能人才的知识掌握需求来看，计算机的基础知识、常用操作系统的使用、计算机网络的基本操作和使用等是数字化技能人才的必备知识，建议加大院校文化基础课程中《计算机应用基础》课程的学时，强化学员的字、表、数据处理能力和信息获取能力，为后续学习工作打好基础。从企业数字化转型发展来看，生长能力和生成能力的培养更是高技能人才长远发展的关键。通过调研了解到目前电子信息类专业人才培养的课程体系中缺乏生长能力和生成能力的培养环节，建议学校在后续课程设置上要避免重理论轻实践、重考试轻生长能力和生成能力的培养，要更积极地以开展复合式创新型高素质技术技能人才的培养为核心。

2.专业群建设上采用重点专业搭配数字化相关专业，推进专业数字化转型

在数字化背景下，院校要加强电子信息类课程专业系统的构建，梳理与数字化相关的专业，根据专业优势互补、资源优化组合、专业追踪产业的原则，组建以重点专业为核心的专业群，并对专业群内部各专业的内容交叉结构进行论证，形成专业间协同发展态势，共同推进专业和课程的数字化转型，构建人才的数字化思维，提升人才的数字化能力。通过专业群的建设争取做到跨学科、复合型、创新型人才的培养，有利于人才进入企业后在适应性、复合性、整体性、发展性、创造性上的发展。

3.培养方式上注重数字化能力的实训实践，开展"工学结合"

在数字化高技能人才培养方式上，院校首先要清楚把学员培养成什么样的人才，参照人才评价体系可观察这些人才是否具备成为数字化高技能人才的潜力，人才是否适合企业数字化的发展需求，是否具有可操作性。在对数字化高技能人才所需素质精准定位后，可积极开展校企合作，充分利用企业的技术、设备、信息等资源优势，结合院校的实习实训基地、师资资源、技术开发等实施"工学结合"的培养模式，注重人才数字化技能的培养、经验的积累。

4. 培养模式上可采用"项目制",提升数字化人才的全局意识

院校可联合企业围绕电子信息产业市场上需求较大的职业资格的相关内容,采用"项目制"对人才开展针对性的技能培养。在课程设置、教学方法、教学案例上融合项目流程,以一体化教学、工作内容为导向,在项目准备、项目实施、项目总结三个阶段上,多环节多角度地展开教学、培训,改善单一的教学模式。"项目制"的培养可展现完整的工作内容和项目的全流程,从而可培养具有较全面职业能力的数字化高技能人才。同时建立、增强人才在项目全流程过程中的全局意识、创新意识,让人才在实践中掌握真实需要的知识,在实施项目中培养真实需要的能力。

B.12
朝阳区构建外籍人才全链条服务
体系的探索和实践

朝阳区委人才办课题组*

摘　要： 人才作为第一资源，是决定国家竞争优势的关键变量。当今世界
正经历百年未有之大变局，国际人才竞争日趋白热化。在深入实
施人才强国战略的过程中，北京市肩负着建设高水平人才高地的
战略重任。朝阳区作为首都对外交往的重要窗口，国际化资源丰
富，外籍人才集聚，服务需求旺盛。本文从 2021 年外籍人才服
务需求调研入手，系统梳理近年来朝阳区在育生态、强服务、优
环境、精政策等方面逐步构建和完善外籍人才全链条服务体系的
经验做法。研究发现当前外籍人才服务仍然面临着国际形势、人
才发展体制机制、资源统筹等挑战带来的问题，结合区域实际和
未来发展需求，课题组在完善服务体系、提升国际化人才生态、
健全领导体制和工作格局等方面提出切实可行的对策建议，进一
步探索外籍人才服务未来发展方向和路径。

关键词： 外籍人才服务　朝阳区　国际化　体制机制改革

---

* 课题组组长：赵立军，朝阳区委常委、组织部部长，区委人才办主任，博士。课题组成员：
刘静，朝阳区委组织部副部长、区高层次人才服务中心主任，博士；韩庚，朝阳区高层次人
才服务中心副主任，博士；陈冰，朝阳区委组织部人才一科科长；戚璟，朝阳区委组织部人
才二科科长；周彦璋，朝阳区高层次人才服务中心人才服务一科科长；刘志，朝阳区高层次
人才服务中心人才服务二科副科长；张汇康，朝阳区高层次人才服务中心调研宣传科副科长。

千秋基业，人才为先。人才作为第一资源，是决定国家竞争优势的关键变量。长期以来，世界各国的历史发展经验证明，人才的流动意味着世界政治、经济、科技、文化中心的转移，直接关系国家的兴衰。当今世界正经历百年未有之大变局，新一轮科技革命和产业变革方兴未艾，全球产业链供应链深度调整，国际力量对比发生重大变化，全球新冠肺炎疫情持续发展演变，世界格局正在重塑，国际人才竞争日趋白热化。

党和国家历来高度重视人才工作，党的十八大以来，以习近平同志为核心的党中央站在实现民族复兴、赢得国际竞争主动权的战略高度，做出全方位培养、引进、使用人才的重大战略部署，推动新时代人才工作取得历史性成就，发生历史性变革。习近平总书记曾多次强调，"创新之道，唯在得人。得人之要，必广其途以储之""世界科技强国必须能够在全球范围内吸引人才、留住人才、用好人才"，体现了"聚天下英才而用之"，引进培育一支高水平国际化人才队伍，从而提高我国国际人才竞争力的重要性。

一个国家的对外开放，首先是人才的对外开放。一个开放包容自信的国际一流都市，必然是世界高端人才聚集之都。作为首都和全国科技创新中心城市，北京市肩负着建设高水平人才高地的战略重任。朝阳区作为首都对外交往的重要窗口，是服务全球人才、服务首都发展的重要承载区。

朝阳区是北京市国际化和现代化特征最为显著的区域，聚集了近100%的外国驻华使馆，北京市90%的国际传媒机构和80%的国际组织及国际商会、70%以上的国际投资性公司和地区总部、65%以上的外资金融机构、50%以上的国际性会议。[①] 辖区内还拥有长城饭店、昆仑饭店、京广中心、中国大饭店等几十家涉外饭店，以及国际会议中心、国际贸易中心、国际展览中心、中日友好交流中心、燕莎购物中心、友谊商店等涉外机构（场所），是首都重要的外事活动区。

---

① 数据来源：北京市朝阳区人民政府官方网站，http://www.bjchy.gov.cn/chaoyang/cygk/gkxx/。

因此，朝阳区拥有全市约 50% 外籍人口。① 望京、麦子店、亚运村、建外等街道均拥有国际化社区，深受外籍人士欢迎的三里屯、798 艺术区、秀水市场等特色区域也都位于朝阳。外籍人才工作和居住"双集中"的特点，使得朝阳区面临外籍人才服务需求旺盛的现实需求，以外籍人才工作许可为例，朝阳区的业务量占到北京市总量的 55% 左右。作为首都功能的重要承载区，朝阳区紧抓"两区"建设的重大战略机遇，以服务首都高质量发展为落脚点，深化人才发展体制机制改革，构建外籍人才全链条服务体系，不断优化人才发展环境，为区域社会高质量发展和首都高水平人才高地建设提供强有力的人才支撑和智力保障。

一 外籍人才服务需求调研基本情况及结果分析

为切实掌握外籍人才在朝阳区工作生活、创新创业所遇到的实际困难和需求，有针对性地构建较为完备的外籍人才全链条服务体系。2021 年初，朝阳区高层次人才服务中心围绕外籍人才工作、创业、生活与居留等维度开展调研。

调研通过发放问卷、一对一访谈、交流座谈等方式，调查了 540 位外籍受访者，其中近八成受访者年龄为 20~39 岁，多来自欧洲、北美洲和亚洲，职业包括企业管理者或员工、学生、教师、创业者或其他等，超过 90% 的受访者在北京居住超过一年（详见图 1~图 3）。

调研结果显示，66% 的外籍人才认为国际化是北京朝阳区最主要的特点，超过 45% 的外籍人才认为现代化、充满活力、多元化是朝阳区吸引外籍人才的主要魅力所在。调研共识别外籍人才三大类具体问题需求，即创新创业支持、服务保障和生活环境、许可证件办理和应用。

创新创业支持方面。一是政策支持，外籍人才创业企业普遍期望得到税收减免、免费办公场所等政策支持，61% 的企业在注册选址时格外关注政府的政策

---

① 数据来源：北京市朝阳区人民政府官方网站，http://www.bjchy.gov.cn/chaoyang/cygk/gkxx/。

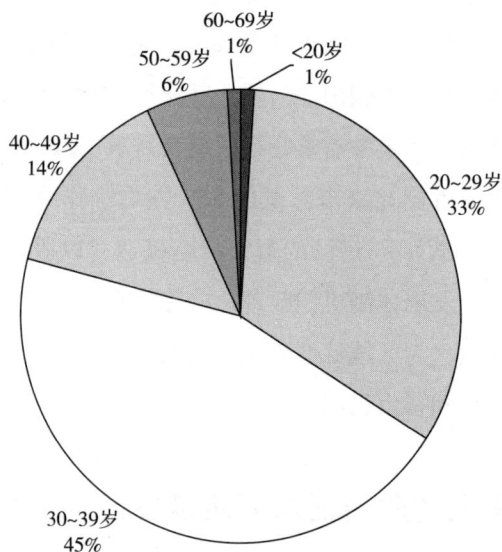

图1 外籍受访者年龄分布

数据来源：课题组调研所得。

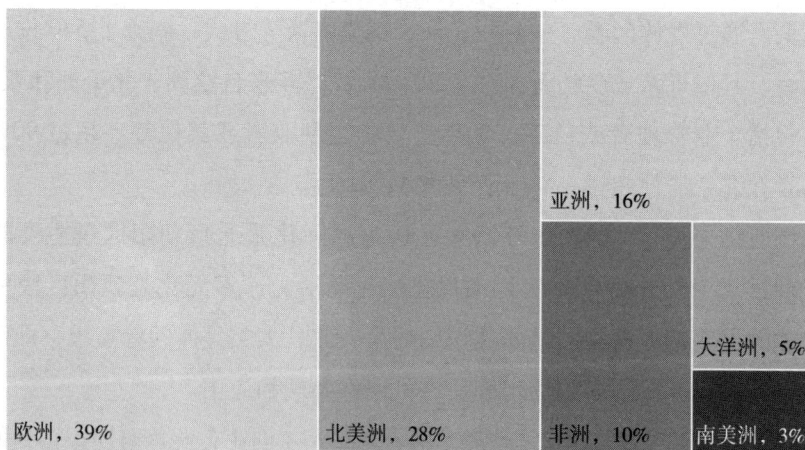

图2 外籍受访者来源地区分布

数据来源：课题组调研所得。

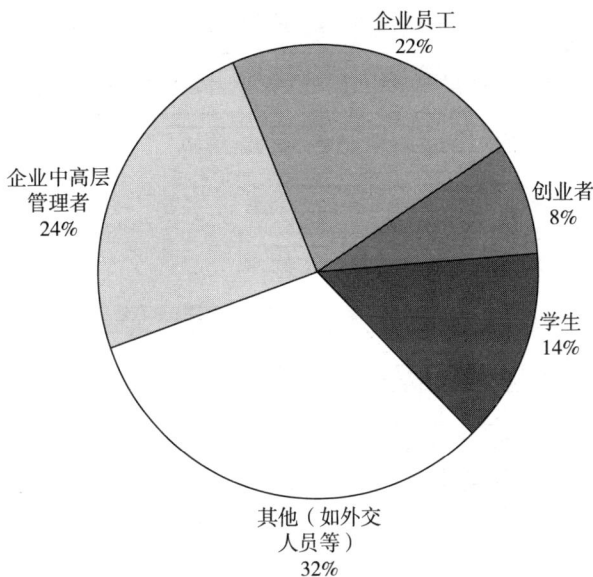

图3 外籍受访者职业分布

数据来源：课题组调研所得。

支持力度。二是融资诉求，60%的外籍人才创业企业具有融资诉求，但难以对接到合适的融资机构。调研发现，近2/3的企业不了解市场上投资机构的情况。三是留学生创业，在京高校的外国留学生留京意愿和创业意愿普遍较高，并期望获得创业指导与社会实践机会，但对相关政策的了解十分有限（见图4）。

服务保障和生活环境方面。一是住房服务，近40%的外籍人才认为住房及居住服务是首要待改善的需求，其中81%的受访者反馈当前房屋租金价格较高。二是医疗服务，外籍人才普遍反映当前已缴纳的社保仅覆盖公立医院，私立医院费用较为昂贵，九成的受访者希望现有医疗机构可以进一步健全保险体制，完善与国内外商业保险的对接，以实现费用的快速结算及报销。三是子女教育，57%的外籍人才认为最急需解决的问题是公立学校准入标准过高或名额较少，外籍人才更希望子女可以有就读公立学校的同等机会。四是语言环境，61%的外籍人才认为应提高政策、服务信息的翻译水平与质量（见图5）。

图例：□ 现代服务业创业者　■ 高科技行业创业者　▨ 所有受访者

因素	现代服务业创业者	高科技行业创业者	所有受访者
政策支持力度大	60	61	61
客户资源丰富	54	10	40
配套生活服务好	38	45	36
场地租金适宜	34	13	33
人才聚集	22	52	33
孵化器支持	21	39	27
交通便利	29	30	25
产业优势	13	29	15

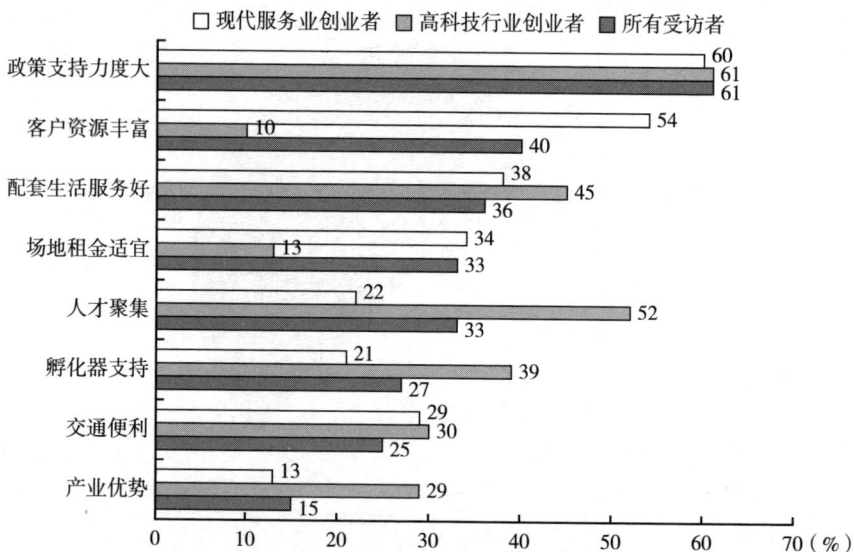

图 4　外籍人才创业注册选址的主要考虑因素

数据来源：课题组调研所得。

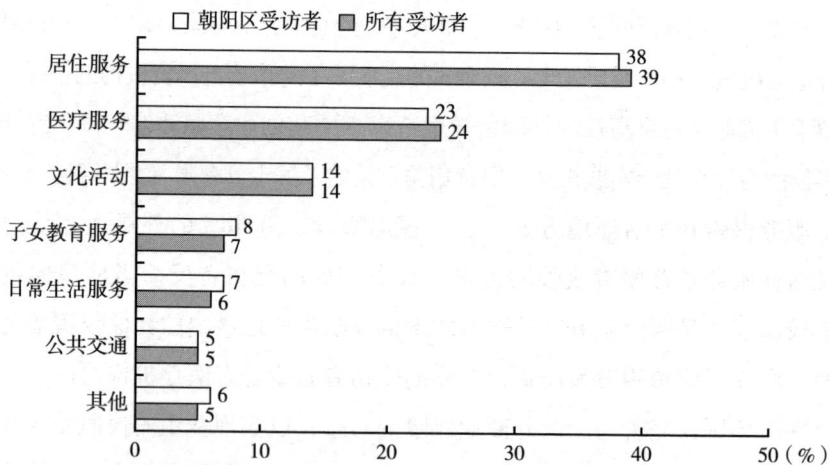

图例：□ 朝阳区受访者　▨ 所有受访者

服务	朝阳区受访者	所有受访者
居住服务	38	39
医疗服务	23	24
文化活动	14	14
子女教育服务	8	7
日常生活服务	7	6
公共交通	5	5
其他	6	5

图 5　外籍人才希望进一步改善的生活和公共服务

数据来源：课题组调研所得。

许可证件办理和应用方面。一是工作许可办理流程主要存在工作签证停留期较短（30天），办理工作类居留许可易超期的问题。二是退休外籍人才留居，当前超龄或退休外籍人才留华的渠道受限，永久居留许可门槛较高。三是证件应用，外籍人才护照使用存在"各金融机构对外籍人员证件信息（如姓名、拼写规则）的录入不一致""许多软件仅支持身份证注册"等情况，导致外籍人士难以获取相关服务。

二　构建外籍人才全链条服务体系的主要做法

针对以上调研结果，结合区域发展现状和工作实际，朝阳区着力构建外籍人才全链条服务体系，从培育创新创业生态、促进外籍人才服务便利化、打造高品质人才社区、吸引集聚国际人才等方面多管齐下，为外籍人才打造宜居宜业宜商宜娱的优质发展环境。

（一）强化工作协同，着力培育创新创业生态

良好的营商环境、完善的创新创业生态体系，是企业扎根发展的基础。为了让人才和企业在朝阳留得住、发展好，结合区域国际化特色和产业特点，朝阳区紧抓数字经济核心区定位，聚焦"两区"建设重点方向，持续构建具有国际竞争力的创新创业生态体系，推动"人才、技术、项目、资本、市场、政策、空间、服务"全要素对接。

自2013年起，朝阳区建立"政府搭台、多元参与"投入机制，通过与真格基金、飞马旅等国内外知名创投机构合作，打造国际人才创新创业孵化加速一站式综合服务平台——海外人才创业大会（OTEC）。9年来，大会共吸引了来自全球39个国家和地区的36000多名创业者、7000多个项目、数百家知名创投机构参与，361个优质项目落地朝阳，其中不乏已成功上市或成长为行业独角兽的优质企业。经过9年的发展，OTEC已逐渐成为具有一定国际知名度和影响力、服务创新创业人才的"朝阳品牌"。

随着赛会运营改革，OTEC定位逐步发生变化，服务范围从海外人才拓

展至国际人才，大会内核从围绕创业项目拓展至打造创业生态，赛会功能从支持项目落地提升至全链条服务。鉴于此，2022年9月，朝阳区将海外人才创业大会（OTEC）品牌升级为朝阳国际人才创业大会（International Talent Entrepreneurship Conference，简称"ITEC"）。升级后的ITEC全球创业赛依然将外籍人才优秀创业项目作为引进支持重点，ITEC2022将以地区特色产业为主题，在东亚、东南亚、欧洲、北美等海外赛区组织8场线上分赛，每场第一名入围全球总决赛。

依托ITEC的举办，朝阳区全力培育优质创新创业生态，在赛事组织方面突出头部企业合作协同，在赛道设置方面聚焦数字经济发展方向，在奖励资助标准方面进行全面提升，在赛后服务方面提供全链条服务支持，对获得大赛三等奖及以上的项目主要创始人入选"凤凰计划"高层次人才并纳入服务支持体系；设立人才孵化基地，支持优质创业项目入驻，提供全周期孵化服务；依托国际创投联盟设立创投基金，链接朝阳科技引导基金、文创引导基金，对入围项目进行重点跟投；依托"凤凰学院"为获奖项目人才提供优质培训，培育人才领导力和企业家精神；开通政务服务"绿色通道"，聚集区域内各类资源要素，为初创企业提供政策、场地、投资、人力、咨询、社群等服务，帮助创业企业实现快速落地成长。

此外，针对外籍创业人才对投融资的突出需求，朝阳区积极整合创业投资服务资源，建设中关村朝阳国际创投集聚区，聚焦人工智能等前沿科技领域，面向全球吸引国际知名创投机构、创投项目、专业服务机构落地。联合德勤中国、长江商学院、优客工场知名创新机构共同发起成立"人才创新发展联盟"，打造产学研用"一体化"的交流合作平台。2021年12月，区高层次人才服务中心、共青团北京市朝阳区委员会、中关村朝阳园管委会联合发起成立朝阳国际青年创投联盟，从创新型创投人才聚合、项目投资跟进、朝阳政策融合等角度，推动一批优秀的青年投资人立足朝阳，招引项目、投资项目、共同成长，与国际创投集聚区建设形成互相赋能和生态体系支撑。联盟首批会员59人，投资领域包括人工智能、新式消费、医疗健康、先进制造、企业服务、文娱产业。

为涵养国际人才创新创业"活水"，朝阳区还十分重视支持留学生和国际校友创新创业。2021年9月，朝阳区指导成立"海外高层次人才协会国际校友人才联盟"，旨在聚集各高校和留学生社群，为人才提供聚集咨询、机会和资源的一体化综合性服务平台，支持人才职业发展，促进人才创新创业，共创有影响力的项目，帮助国际校友人才抓住"中国机会"。联盟得到了北京大学、清华大学、对外经济贸易大学、中国传媒大学、北京外国语大学、北京语言大学等6所重点大学的积极响应、广泛支持。成立以来，通过整合高校、企业、政府资源，联盟先后组织开展了"机会实验室外籍人才创新沙龙""国际人才交流论坛""创业大会外籍人才专场""线上招聘会"等活动。

（二）加强资源整合，建设国际人才服务平台

朝阳区通过整合服务资源，创新服务方式，优化服务渠道，为外籍人才提供全流程、高品质服务，促进全区人才服务水平提质拓面、合力提升，全面营造国际一流的人才生态环境。

2020年，朝阳区创新打造国际人才一站式服务平台，自2020年1月2日起试运行，7月10日正式揭牌并全面提供服务。平台以"一窗办""就近办""掌上办"为特点，整合区高层次人才服务中心、人社、发改、商务等19家部门的120项人才服务事项，设立综合服务窗口。依托服务平台，率先实现外籍高端人才（A类）、专业人才（B类）工作许可与居留许可"两证联办"。通过创新审批机制、优化办事流程，申报材料由原来的10项减少至6项，办理流程由"先后办"优化为"同步办"，办理时限由17个工作日压缩到7个工作日，现场办理次数由4次减少至2次，办事效率大幅提高。平台紧抓"两区"建设契机，积极承接学习、探亲、访问等9类签证相关业务，为研发、执业、参展、交流、培训等国际人才提供签证便利。

为便利全区的外籍人才办理业务，平台创新构建"区—功能区—街乡—社区、楼宇"四级服务网络体系，在外籍人士集中的区域首批设立8个站点，具体包括：2个区级，分别依托区政务服务中心、外国人出入境服

务大厅设立服务中心；1个功能区级，结合自贸区建设，在CBD核心区建立"CBD国际人才一站式服务中心"；3个街乡级，在国际化程度较高的望京、三里屯、麦子店三个街道设立街乡级服务站；2个社区楼宇级，在东湖国际中心、阳光上东社区建立楼宇社区服务站，并持续推动服务事项下沉，构建起覆盖全域的国际人才服务体系。其中CBD国际人才一站式服务中心作为北京自贸区首个国际人才一站式服务平台，也是目前朝阳区打造的功能最全、业务最多的一站式综合服务站点，实现了外国人工作许可和居留许可一门受理。

平台还发挥政务服务"全网通"优势，依托"朝阳政务"开设国际人才服务专栏，升级平台中英文双语配置，逐步推进人才服务事项"应上尽上、全程在线"。截至2022年9月，8个服务站点有序运行，共受理、咨询各类业务超过10000件次。CBD国际人才一站式服务中心自2020年10月启动以来，先后接待中央、市区、外省市参观调研70余次。

针对区内企业对国际人才的招聘需求，朝阳区积极整合人力资源服务机构，支持外资人力资源服务机构发挥作用，推动人力资源服务与国际接轨。例如，充分发挥区内人力资源服务业优势，大力培育和发展涉外人才中介服务机构，使其为国际人才提供法律、财务、金融等方面的专业服务；进一步放宽外资进入人力资源中介服务的门槛，允许外资独资开办人力资源服务机构，简化人力资源服务机构办理程序，采取告知承诺制办理人力资源服务行政许可，实现当天申报当天取证。截至2022年8月，朝阳区已有外资人力资源服务机构20家。2022年3月，经国家商务部、人力社保部等评审，朝阳区获评国家级人力资源服务出口基地，这是北京市首家国家级人力资源服务出口基地。朝阳区人力资源服务贸易已涵盖求职招聘、人力资源管理咨询、高级人才寻访、人才测评等在内的人力资源服务全部业态，开展服务贸易的企业分支机构涉及英国、美国、荷兰、日本、新加坡等数十个国家和地区。2022年9月，朝阳区出台《朝阳区促进人力资源市场发展的意见》，实施全国首个人力资源服务机构的分类分级评价办法，根据机构评定的等级，在资金补贴、政策优惠、品牌推广、服务提升等方面给予人力资源服务机构支持。

（三）优化发展环境，建设高品质人才社区

良禽择木而栖。要实现人才引得进、留得住、用得好，必须具备与之相适应的生态环境。高品质人才社区建设就是朝阳区打造良好人才发展环境的关键举措。2016 年，国际人才社区概念一经提出，便明确了"产城融合、职住一体"的建设理念，望京国际人才社区更是以其优越的地理区位、鲜明的国际化特点、良好的职住平衡度等因素，成为全市首批四个试点之一。在试点建设过程中，朝阳区进一步挖潜国际资源、深化工作机制、拓展服务要素，打造了具有辐射带动效应的国际创新研发核心区域。

在国际化生活配套方面，朝阳区以落实《首都国际人才社区建设导则》为主线，针对人才反映较为集中的需求，有序推进"三国际一未来"（国际人才公寓、国际学校、国际医院、未来论坛永久会址）等重点项目建设。望京国际人才公寓项目成为全市首个完全按照国际化人才需求全新建设的最大规模的国际人才公寓项目；以八十中教育集团、乐成国际学校、京西国际学校为发展龙头，建立优质教育发展共同体，形成半小时服务圈，在此基础上，计划在朝阳园北扩区新建一所具有一定规模、高品质的国际学校；积极推进国际医疗保险、商业保险对接，为高层次人才提供多语种、国际化的高端医疗保健服务，推进建设北京嘉会国际医院项目。

在国际一流宜居环境打造方面，朝阳区引入符合国际人才饮食、消费、社交、文体休闲等习惯的生活服务设施，打造望京小街、丽都商圈、双井街道、亮马河国际风情水岸等国际化特色街区。望京小街探索"政府+社会"投入模式，打造"国际化+文化+科技支撑"的时尚活力新街区，"望京小街整治提升工程"被写入北京市政府工作报告，并入选亚太城市可持续发展目标优秀项目库、北京市最美街巷、朝阳区新消费品牌孵化基地。丽都商圈的升级打造已完成道路拓展、景观提升和功能升级等工作，打造了 800 平方米的"丽都会客厅"，丽都国际街区城市更新项目获评北京城市更新最佳实践。外籍人士聚集的双井街道 2019 年成为北京精细化治理示范街区，成功入选"联合国人居署国际可持续发展试点社区"，成为中国被纳入国际可持

续试点的第一个社区级区域。作为首批 120 个国家级夜间文化和旅游消费集聚区，亮马河国际风情水岸一期、二期的顺利通航，积极培育了夜间消费新业态、新场景、新热点，推动消费规模持续扩大，成为夜游北京的"金名片"、网红打卡地和城市新地标。依托亮马河国际风情水岸，朝阳区举办了国际人才社区体验周、咖啡文化节、时尚秀典等活动，营造亮马河两岸商业、文化、时尚氛围，将亮马河沿岸打造成"类海外"且兼具宜居、生态、智慧、以人为本的国际化人才社区。此外，为更好建设绿色休闲宜居环境，朝阳区还规划设计朝阳园人才公园，重点建设温榆河公园示范区，积极推进大望京科技公园和朝来森林公园等基础设施、景观环境及服务功能提升工作，打造区域绿色休闲生态空间。为促进区域内的多元文化融合，举办"北京国际设计周系列展"、街角音乐、特色市集、"看见德国"等系列活动。开展了国际文化月、中法文化合作交流等系列活动，促进国际人才融入朝阳，营造多元文化环境。

（四）完善引才政策，创新机制集聚国际人才

朝阳区立足国际化区域特色和发展方向，紧跟中央、北京市人才工作步伐，连续多年深入实施面向海外高层次人才、国际高端商务人才支持计划，将引进具有国际视野、掌握国际先进技术的高层次人才摆在更加重要的位置。国际化高层次人才引进政策的实施，切实保障了朝阳人才强区战略的落地推进，有效助力了朝阳区经济社会的高速发展，形成了朝阳"人才兴，事业兴"的生动局面。

顺应人才引进工作总体要求和趋势，朝阳区积极转变传统的引才竞赛思维，向体制机制创新、环境优化、人才发展方向转变，推动人才引得进、发展好、留得住。2021 年，立足新时期发展需要，推进政策优化升级，构建涵盖杰出人才、领军人才、青年拔尖人才的"凤凰计划"高层次人才支持体系。与此同时，还在集中评审的基础上拓展多层次、多维度的引才渠道。如自主认定、"推荐制"引才、以赛代评、机构引才、以才引才等。从 2009 年至今，朝阳区持续加大对外籍人才的认定支持力度，认定外籍人才占总认

定高层次人才人数的 15%。① 2022 年，朝阳区对"凤凰计划"高层次人才认定支持政策进行了升级优化，聚焦增量提升，拓展引才范围；聚焦高层次，提高人才标准；聚焦发展战略，优化人才结构，进一步提升人才队伍规模质量，加快形成人才竞争比较优势。

作为北京市"两区"建设的主阵地，朝阳区还积极落实 1.0 版和 2.0 版境外职业资格认可目录，支持各类创新主体引进专业性人才。截至 2022 年 5 月，为区内企业通过《境外职业资格目录》政策引进 30 余名专业人才。京西、青苗等国际学校运用开放政策，留住了资历深、有经验的外籍教师。此外，《境外职业资格目录》中的职业资格权威度高、含金量高，为企业发现、识别、引进聘用国际专业人才提供了精准指导。

三 外籍人才服务所面临的问题

（一）国际形势带来人才发展新挑战

当前全球化与逆全球化胶着角力，国际形势复杂严峻，新冠肺炎疫情大流行给人员流动带来一定影响，加剧了欧美国家移民政策的收紧趋势，各国对跨国留学、工作和团聚移民政策做出相应调整。后疫情时代，随着技术进步，各国对不同领域顶尖人才的争夺更加激烈，全球高端人才市场竞争明显，美英等国调整政策鼓励创业移民，单边主义的国际人才政策显露，极大影响国际人才特别是外籍人才的自然流动。新一轮科技革命和产业变革孕育萌动，全球人才、技术的竞争和封锁持续升级，国际高水平科技人才紧缺不断加剧，对提升区域国际人才吸引力、承载力提出更高挑战。2021 年，中国在全球人才竞争力指数中的排名从 2019 年的第 45 位升至第 37 位②，首次进入前 40 位，但在吸引人才指标上相较于总排名不够理想，仅排在第 78 位。

---

① 数据来源：课题组统计。
② 见欧洲工商管理学院、波图兰研究所发布的《2021 年全球人才竞争力指数》（The Global Talent Competitiveness Index 2021），https：//www.insead.edu/gtci。

根据联合国数据，发达国家的国际人才通常占其常住人口比例的10%左右，但疫情前北京这一比例仅在1%左右，国际化人才集聚能力仍待提高。

（二）人才发展体制机制仍存在障碍

近年来，朝阳区深入推进外籍人才出入境改革"新十条"，创新打造国际人才一站式服务平台，但由于存在外籍人才创新创业和工作生活涉及范围广、工作体量大的客观现实，在推进外籍人才管理服务工作中，还存在亟待解决的体制机制障碍，其制约着外籍人才在中国的长期生活发展。一是外籍人才出入境和工作许可政策的灵活性和开放度有待提高。以创业者办理工作许可为例，工作许可办理条件要求有确定的聘用单位，而大部分外籍创业者多为"从原单位离职创业""国外来京创业""外籍留学生毕业后创业"等，没有聘用单位；创业者受制于"专业要对口""技术和管理岗位不能转换"等规定，办理工作许可仍存在障碍。二是在华工作税收负担较重。在调研走访中外籍人才反映，北京的人才税收优惠政策相较于长三角、珠三角等地区力度稍弱。以上问题还需要中央、市级层面统筹协调多方机构，自上而下加大改革创新推进力度，为外籍人才在北京、在朝阳区发展营造更为宽松的环境。

（三）统筹服务资源的力度有待加强

人才引得进，更要留得住，其关键是做好服务人才的后半篇文章。在人才服务的过程中，一定程度上还存在服务资源协同性、融合性有待增强的问题。一是对产业、职能部门提供的人才服务资源还需要进一步统筹。目前，各部门出台了引进落户、高精尖人才专项奖励、人才住房保障、出入境便利等一系列人才服务事项和优惠政策，但在服务资源整合上还需要进一步加大力度，进一步形成"一揽子"综合服务。二是在创新路径模式、积极统筹利用社会力量参与人才服务方面存在不足。如在医疗、出行等方面，未能完全发挥市场主体资源丰富、管理成熟等优势，须进一步借助社会力量提供更加专业、高效的服务。三是服务精准性仍须提高。如外籍人才服务常规性、散点化推进得多，分层分类的精准化举措还不够，打通外籍人才服务"最后一公里"还缺乏有效抓手，对人才引进、子女教育、住房、医疗、出行、专项奖励等"关键小事"的精准化服务水平不够，须进一步加强政策性、制度性保障，构建多层次、立体化的服务体系。

四 下一步工作思路

（一）进一步完善全链条服务体系，提升区域外籍人才发展黏性

加强人才服务顶层设计和政策保障工作，依托《朝阳区"凤凰计划"高层次人才服务支持办法》，从人才引进落地、日常生活到事业发展等各方面，提供全方位、全周期的支持，积极为外籍人才建言献策、沟通联系搭建平台，提升外籍人才在朝阳发展的荣誉感、归属感、获得感。完善人才服务专员制度及快速响应、会议协商等工作机制，构建"区委人才办—职能部门—社会机构"多层次人才服务体系。

（二）提升国际化人才生态，增强区域国际竞争力

紧抓"两区"建设机遇，推进第四使馆区、国际组织集聚区、国际商务中心区建设，加强对外交、科技、文化、体育、金融等各领域国际人才的承载支撑。深度链接区域优势资源，进一步联合相关委办局、产业园区、大企业创新中心、头部企业、行业研究院以及创投机构等，深化创新协同，提供应用场景和落地服务，吸引主导产业领域的海内外优质项目落地。以高品质人才社区建设作为持续增强国际人才竞争力的重要着力点，加快推进国际学校、嘉会国际医院、望京国际人才公寓、未来论坛永久会址、朝阳园人才公园等项目建设，全面提升朝阳的国际化环境和服务水平。

（三）发挥统筹作用，健全领导体制和工作格局

建立健全党委联系服务专家人才制度，加强统筹协调，增强全区各层面

发现、联系、服务人才的积极性、主动性。积极整合区域各类优质资源，促进国际组织、社会团体、人才社群、用人单位等积极协作，打造"人才发展综合体"。抓住高水平人才高地建设、"两区"建设等重大契机，争取更多创新突破政策在朝阳先试落地，努力打造制度创新和政策先行的高地。

参考文献

1. 朝阳区高层次人才服务中心、德勤中国：《朝阳区外籍人才创新创业调研项目报告》，2021。
2. 秦琳、姜晓燕、张永军：《国际比较视野下我国参与全球战略科技人才竞争的形势、问题与对策》，《国家教育行政学院学报》2022 年第 8 期。
3. 欧洲工商管理学院、波图兰研究所：《2021 年全球人才竞争力指数》，2021。

B.13

优化人才发展生态　激发留学人员助力
北京高水平人才高地建设热情

北京市欧美同学会课题组*

摘　要：　习近平总书记在中央人才工作会议上明确提出在北京、上海、粤港澳大湾区建设高水平人才高地。北京市践行习总书记"创新驱动本质上是人才驱动"的深刻论述，构建并完善"科技"和"人才"的双重叠加优势，为高水平人才高地建设奠定了良好的发展基础。留学人员是我国人才队伍的重要组成部分，在"支持留学、鼓励回国、来去自由、发挥作用"的方针引领下，大量留学人员回国工作并以多种形式为国服务，发挥了独特的优势作用。

当今国际关系日趋复杂，留学人员群体因外部压力受到出国和回国的双向限制，面对留学人员发展问题，亟待进一步研究激发留学人员助力建设北京高水平人才高地的措施。本报告通过分析北京基础优势和留学人员特质，以"呼吁社会各界重视留学前正确引导、进一步优化全社会人才发展生态构建集聚优势、以开放包容的社会环境构建留学人才家园"三条主线，提出留学

* 课题组组长：王璞，北京市欧美同学会秘书长。课题组组员：蒋帅，北京双高未来科技服务有限公司总经理、高级工程师、留英归国人员，研究方向为国际化产业人才发展；孙伟，北京双高未来科技服务有限公司董事长、人力资源管理师，研究方向为人力资源管理与政策研究、国际人才引进及组织工作研究；杜娟，北京市欧美同学会办公室四级调研员；刘洪志，中国技术创业协会留学人员创业园联盟秘书长，研究方向为留学生创业园组织运营与管理；吕昌宇，北京双高未来科技服务有限公司副总经理、技术经纪人，研究方向为高层次人才创新政策；周帅，北京双高未来科技服务有限公司项目经理、创业辅导师，研究方向为区域高层次产业人才发展；尚天骄，北京双高未来科技服务有限公司项目经理、助理工程师、留德归国人员，研究方向为德国留学人员发展研究。

前引导、回国吸引、应用培育、用人发展、留存服务等五方面的
措施建议，助力北京以首善标准做好吸引留学人才的工作，力争
率先建成高水平人才高地，为建设世界重要人才中心和创新高地
提供战略支撑。

关键词： 归国留学人员　北京高水平人才高地　首都人才发展

引　言

人才是第一资源，是实现民族振兴、赢得国际竞争主动的战略资源。
2021 年 9 月，习近平总书记在中央人才工作会议上明确做出"在北京、
上海、粤港澳大湾区建设高水平人才高地"的战略布局。① 同年 11 月，
北京市委人才工作会议强调，要深入学习贯彻习近平总书记关于新时代
人才工作的新理念新战略新举措，以首善标准抓好人才工作，力争率先
建成高水平人才高地，为我国建设世界重要人才中心和创新高地提供战
略支撑。②

2022 年是中国共产党明确提出统一战线政策 100 周年，习总书记在中
央统战工作会议上强调，统一战线是团结海内外全体中华儿女实现中华民族
伟大复兴的重要法宝，必须长期坚持。③ 留学人员是我国人才队伍中的一支
重要力量，具有数量庞大且学历高、思想活跃且价值多元化、链接海外且国
际资源丰富等特征，大多数留学人才具备国际视野和创新思维，在学术研

---

① 《习近平在中央人才工作会议上强调 深入实施新时代人才强国战略 加快建设世界重要人才
中心和创新高地 李克强主持 栗战书汪洋赵乐际韩正出席 王沪宁讲话》，《求贤》2021 年第
10 期。

② 《一起向未来——各省区市贯彻落实中央人才工作会议精神系列报道之一》，《中国人才》
2022 年第 1 期。

③ 《促进海内外中华儿女团结奋斗　为中华民族伟大复兴汇聚伟力》，《人民日报》2022 年 7
月 31 日。

究、创新创业、跨文化交往等方面有着良好基础及先天优势。①

百年变局加速演进，外部环境更趋复杂，通过研究，课题组希望一方面激励广大留学人员不忘留学初心，牢记报国使命，更加紧密地团结在中国共产党周围，踔厉奋发，笃行不怠，为实现第二个百年目标贡献智慧和力量；另一方面为国内外留学人员提供发展建议，进一步激励留学人员在全球化大环境中积极开展民间外交，展示中国形象，讲好中国故事，传播中国声音，为构筑人类命运共同体贡献价值。

本研究将重点从三个方面展开：一是通过研究北京高水平人才高地的建设要求，发掘留学人员的助力方向和抓手；二是分析留学人员助力高水平人才高地建设的优势和不足；三是根据高水平人才高地的建设需要，思考并提出引导留学人员发挥助力作用的措施建议。

一 北京高水平人才高地的建设要求

北京的战略定位和城市发展规划为高水平人才高地建设指明了方向。从战略定位上看，习近平总书记考察北京时曾提出北京应成为全国政治中心、文化中心、国际交往中心、国际科技创新中心的"四个中心"的定位，因而，北京在政治中心服务保障、人文北京建设、国际交往之都建设、科技自立自强等方面不断发力，国际一流的和谐宜居之都建设成效显著，正逐渐形成高水平人才发展的沃土。从城市发展上看，北京市通过打造国际科技创新中心、"两区"建设、数字化标杆城市建设、供给侧结构性改革、京津冀协同发展的"五子"联动，进一步构成了北京高质量发展的强劲动力，为高水平人才营造了诸多发展机会。国际科技创新中心是"四个中心"建设和"五子联动"高质量发展的重中之重。进入新发展阶段，北京作为全国首个减量发展的城市，创新发展是唯一出路，率先构建新发展格局，关键是要落

---

① 李贝、张师平：《人才强国视域下加强留学人员统战工作的思考》，《江苏省社会主义学院学报》2017年第6期。

实好国际科技创新中心建设这"五子"联动中的"第一子"。① 北京市委人才工作会指出，高水平人才高地建设是国际科技创新中心建设的重要内容，是对习总书记"创新驱动本质上是人才驱动"这一论述的深刻认识，基于留学人员群体国际化链接的优势，依托"三城一区"主平台的高速发展，留学人员回国后或将在科技创新方面发挥重大作用。

课题组以中央人才工作会议精神和《北京市"十四五"时期国际科技创新中心建设规划》文件精神为指导，以北京市"三城一区"主平台的支撑作用为重点，在界定北京高水平人才高地的概念内涵基础上，分析北京人才工作的基础和优势，以建设需求为导向，提出引导留学人员助力北京高水平人才高地建设的措施建议。

（一）北京高水平人才高地的概念内涵

高水平人才高地是习总书记在 2021 年 9 月中央人才工作会议上提出的崭新概念，相关的研究有限，本报告将通过分析当下有代表性的几种研究结论，结合北京新时期发展阶段进行观点阐述。

深圳大学湾区教育研究院的赵明仁教授等学者通过研究国内重点城市人才政策，提出高水平人才高地是特定区域内通过系统规划和自主汇聚而形成的，其以从业人口中较高比例的一般高水平人才为基础、各行业中大批高层次人才为骨干、以重点领域中杰出人才为引领、以既符合国情又与国际人才惯例充分接轨的人才政策体系为保障、以从事创造性劳动为主的人才聚集为载体，具有聚集性、创新性、国际化、文化性、政策性等特征。②

北京市科学技术研究院研究员伊彤等学者重点研究了人才高地的内涵特征，结合研究学者叶忠海和中国人事科学研究院原院长王通讯、学者邱丹逸等人的观点，认为人才高地是指在人才的数量规模、整体素质、结构比例、

---

① 《北京市"十四五"时期国际科技创新中心建设规划》，《北京日报》2021 年 11 月 24 日。
② 赵明仁、柏思琪、王晓芳：《粤港澳大湾区高水平人才高地制度体系建构研究》，《杭州师范大学学报》（社会科学版）2022 年第 3 期。

产出效能、政策环境等方面具有比较优势的区域。[①]

本报告认为，高水平人才高地源自中央人才工作会议，因此在概念的理解上，首先应充分认识到我国人才工作正处于新的历史起点，即要向第二个百年奋斗目标进军的历史发展阶段；其次应充分了解在全球综合国力竞争中，人才资源是加快建立竞争优势的核心；最后应充分理解实现高水平科技自立自强是构建国际竞争优势的关键，必须重视人才的自主培养。本报告综合以上研究基础，从人才强国战略和创新驱动发展战略的国家视角出发，认为北京高水平人才高地建设的概念内涵为：依托国际科技创新中心建设，以创新政策为引导，聚焦"三城一区"主平台高精尖产业方向，发挥党建引领作用，建成全球人才高速聚集、科研人才能力卓越、产业人才贡献显著、高层次人才持续涌现的高水平人才首善之地，形成战略科学家关键引领、一流科技领军人才和创新团队有力支撑、青年科技人才重点培养、卓越工程师技术飞跃的人才中心。

（二）北京建设高水平人才高地的基础

看北京首先要从政治上看，在人才发展方面北京更要全面准确深刻地理解中央战略部署。北京应充分认识到"创新"与"人才"一体两面的强相关作用、高关联度的重要价值，重点推进人才链、创新链、产业链、资金链、政策链等资源密切交织融合，充分释放资源活力。数据显示，北京已具备了人才资源和科技创新的双重叠加优势。

人才资源优势方面，北京呈现人才规模持续扩大、人才层次优势提升的特点。统计数据显示，截至 2020 年底，北京从业人员达到 1259.4 万人，人才资源总量达 781.3 万人，同比增长 2.0%，人才资源密度为 62%，同比提高 1.8 个百分点（见图 1）；其中全市专业技术人才总量达 395 万人，高技能人才总量达 114.4 万人（见表 1）；从业人员受过高等教育的比例达到

[①] 伊彤、王涵、陈媛媛、庞立艳：《全力打造世界高水平人才高地——北京科技人才发展的问题与对策研究》，《中国科技人才》2022 年第 1 期。

52.5%，同比提高 1.4%，比 10 年前提高 13.5%；全市高等院校包括留学生
在内的毕业人数约 31.5 万，相较于 2019 年，毕业生总数虽下降 1.8%，但
研究生毕业人数增加了 9.2%，更多高学历人才进入社会工作；由于全球新
冠疫情影响，留学生人数降幅达到 26.9%[1]；北京两院院士达 800 余名，占
全国总院士人数的近 50%，入选国家级、北京市级各类人才项目超过 5000
人[2]，全市劳动者中具有研究生学历的超 120 万人。

图 1　北京地区人才资源变化情况

资料来源：《北京地区人才资源统计报告（2021）》。

表 1　北京地区人才队伍发展情况

单位：万人，%

人才类型 \ 年份	2011	2012	2013	2014	2015	2016	2017	2018	2019	2020	年均增速
专业技术人才	257.0	274.0	283.4	302.8	324.6	354.4	358.0	370.0	386.6	395.0	4.5
高技能人才	65.9	73.4	80.0	87.7	91.8	95.5	98.4	99.6	100.5	114.4	6.1

资料来源：《北京地区人才资源统计报告（2021）》。

① 张洪温主编《北京人才发展报告（2021）》，社会科学文献出版社，2021。
② 《支振锋：高质量建设北京高水平人才高地》，https：//m.gmw.cn/baijia/2022-07/17/35888538.html。

科技创新优势方面，北京已汇集了 90 多所高校、1000 多家科研院所、128 家国家重点实验室，顶尖高校全国占比超 20%，在京"高被引科学家"人数已超美国硅谷。2021 年，北京独角兽企业达到 102 家，比上年增长 9.7%，占全球的 6.8%。北京培育和认定的"专精特新"企业 2115 家，比上年增长 1.6 倍。"三城一区"主平台提速国际科技创新中心建设动能强劲，以占全市 31.8% 的企业数量，集中了全市 6 成左右的研发人员和研发费用，抢抓人工智能、量子信息、前沿生物技术、关键材料、集成电路等领域的发展战略机遇，打造出一批具有重量级的科技成果，并构建起"基础设施—基础研究—应用研究—成果转化—高精尖产业"的科技创新链条，形成融合发展态势。[①]

在人才和科创叠加优势作用下，北京人才经济贡献、新兴产业增长、科技成果产出等方面的成绩斐然。人才经济贡献方面，2021 年北京地区人均 GDP 达到 18.4 万元/人，全国排名首位，劳动生产率达到 31 万元/人，相较 2015 年分别提高了 60% 和 48.3%（见图 2）。新兴产业增长数据当中，截至

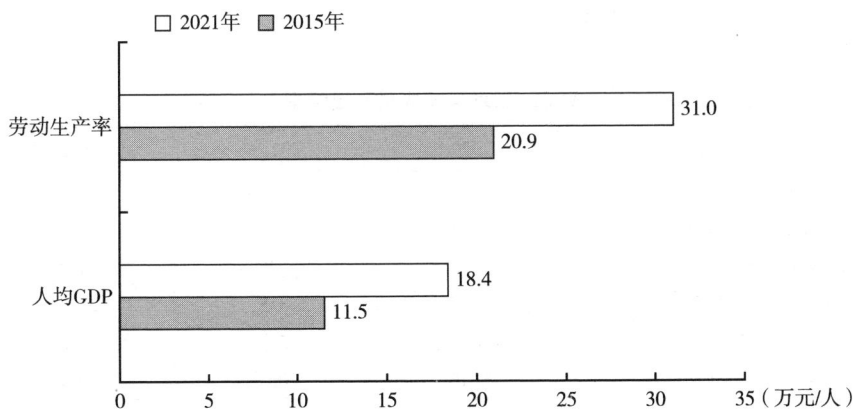

图 2　2015 年与 2021 年北京地区人才经济贡献对比

资料来源：《北京地区人才资源统计报告（2021）》。

---

① 《支振锋：高质量建设北京高水平人才高地》，https：//m. gmw. cn/baijia/2022 - 07/17/35888538. html。

2021 年底，战略性新兴产业实现增加值 9961.6 亿元，按现价计算，增长
14.0%，占北京 GDP 的比重达 24.7%；高技术产业增加值达 10866.9 亿元，
按现价计算，比上年增长 14.2%，占 GDP 比重达 27.0%（见表 2）。从科技
成果产出看，2021 年全年专利授权量 19.9 万件，比上年增长 22.1%，其中
发明专利授权量 7.9 万件，增长 25.2%；拥有有效发明专利 40.5 万件，增
长 20.7%；PCT 国际专利申请量 10358 件，增长 25.1%；全年共签订各类技
术合同 93563 项，增长 10.8%；技术合同成交总额 7005.7 亿元，增长
10.9%（见表 3）。

表 2 北京新兴产业情况增长情况

单位：亿元，%

项目	2019 年	2020 年	2021 年	增长速度	2021 年占全市 GDP 比重
战略性新兴产业	8405.5	8965.4	9961.6	14.0	24.7
高技术产业	8630	9242.3	10866.9	14.2	27.0

注：增长速度为按现价计算。
资料来源：《北京统计年鉴（2020）》《北京市 2020 年国民经济和社会发展统计公报》《北京市 2021 年国民经济和社会发展统计公报》。

表 3 北京科技成果产出情况

项目名称	2020 年	2021 年	增长速度（%）
专利授权量（万件）	16.3	19.9	22.1
发明专利授权量（万件）	6.3	7.9	25.2
有效发明专利拥有量（万件）	33.6	40.5	20.7
PCT 国际专利申请量（件）	8283	10358	25.1
技术合同数量（项）	84451	93563	10.8
技术合同成交总额（亿元）	6316.2	7005.7	10.9

资料来源：《北京统计年鉴（2020）》《北京市 2020 年国民经济和社会发展统计公报》《北京市 2021 年国民经济和社会发展统计公报》。

在 2020 年《自然》杂志发布的全球科研城市榜单中，北京名列第一；
在世界知识产权组织发布的《2021 年全球创新指数报告》中，全球科技城市
集群当中北京位列第三，较 2017 年上升四位；北京连续四年蝉联施普林格·

自然集团公布的"自然指数—科研城市"榜首，充分表明北京在人才和科技方面形成了持续提升的强劲动力，不仅在国内地区的资源优势明显，而且在全球科研能力层面也成绩显著，为建设高水平人才高地构建了良好的基础。

（三）北京高水平人才高地对留学人员的类型需求

为加快壮大国家战略人才力量，习总书记在中央人才工作会议中特别提到战略科学家、一流科技领军人才和创新团队、青年科技人才、卓越工程师四类人才[①]，这成为我们探究北京高水平人才高地对于留学人员需求的顶层指引。

一是要大力培养使用战略科学家。战略科学家是国家战略人才力量中的"关键少数"，在全球大科学化的时代下，该类人才所具备的应对科研复杂性、系统性、协同性的能力尤为重要。在国家重大科技任务实践中北京高水平人才高地尤其需要关注具有深厚科学素养、长期奋战科研一线经历、高水平的前瞻判断力、开阔的国际视野、横跨多个学科的学术能力、大兵团作战组织领导才能的"留学帅才"。

二是要打造大批一流科技领军人才和创新团队。要在留学人员群体中构建有效的科技领军人才发现机制和创新团队遴选机制，对留学人员中的领军人才探索梯队化组织方式，配套与国外相适应的科研条件、定制化建立开放包容的管理机制，引导留学人员中的领军人才在"卡脖子"的关键核心技术领域和重大产业领域全面突破。鼓励探索留学人才调配机制，细化专项行动方案，以跨部门、全行业、新体制等全维度调集留学人才，组建攻坚团队。加强产学研协同，提升攻关效率，加大容错力度，引导其积极参与重大科研任务实践，提升科技领军人才和创新团队的价值水平。

三是要造就规模宏大的青年科技人才队伍。青年留学人员应以构建国家战略人才力量为培养方向，支持青年留学人员担任重要职务，加大引进力度、扩大支持规模、优化支持方式。聚焦青年留学人员归国发展需要，重视

---

① 《加快建设国家战略人才力量　习近平总书记提到四类人才》，《共产党员》2022年第2期。

他们安身、安心、安家、安业等方面的实际需求，完善优秀青年留学人员的链条化培养制度。探索优秀留学青年人员的接续培养，以提升待遇来激励科研院所、企业中的专家级人才承担青年留学人才的培养任务。

四是培养大批卓越工程师。制造业是立国之本、强国之基，而一支高素质的工程师队伍是制造业的支柱。伴随北京高质量发展的进程，卓越工程师人才需求愈发凸显，亟待努力探索形成具有中国特色、世界水平的工程师培养体系，培育更多具有突出技术创新能力、善于解决复杂工程问题的卓越工程师。

二 留学人员助力高水平人才高地建设的优势和不足

研究留学人员的特征、优势以及存在的问题，一方面有助于北京通过构建针对留学人员群体的创新机制和激励措施，提升对留学人员群体识才、引才、育才、留才、用才的有效性，强化推进高水平人才高地的建设成效；另一方面有利于对留学人才开展有效引导，为有志在京发展的留学人员从留学前目标选择、学习中志向培养到学成后报效祖国，提供社会人才需求状况和所需能力的建议等，激发留学人员的爱国热情和使命担当。

（一）留学人员群体特征分析

当今社会普遍认为的留学概念是个人到母国之外的国家接受各类教育，目前大陆将到香港、澳门、台湾等地区学习也称为留学。留学人员群体既包括留学归国人员，也包括身在海外的留学人员。本报告中的留学人员界定为具有超过 1 年以上留学经历的人群，包括有留学经历的外籍华人。

北京市经济与社会发展研究所曾在 2019 年对年龄为 28~37 岁的 1100 位青年归国留学人员开展调研。[①] 本报告将基于此数据勾勒出留学人员的群像特征，反映留学人才价值、发展需求以及社会贡献等情况。

---

① 陈思宇、冯丹、孙薇等：《归国留学人员群体调查研究数据分析报告》，载王辉耀、苗绿主编《中国留学发展报告（2020~2021）》，社会科学文献出版社，2021。

1. 留学基本情况

留学生源方面，留学生数量在前三名的分别为广东省、上海市、北京市，三省市总占比已超半数达到 67.2%。结合留学费用高昂的现状，自费留学人员多数家庭经济条件较好，北上广作为我国一线城市经济发展水平较高，在发展过程中形成的多元文化也进一步促使更多人具有留学意愿。受教育水平方面，留学生群体中硕士学位占比最高，其次是博士学位。表明留学人员的总体受教育水平高，多数学生求学路径是在国内完成本科学业后选择出国深造。留学目的地的选择方面，英国排位第一，占比近 1/3；其后依次为美国、澳大利亚、日本、法国、中国香港地区和德国，由此可见留学人员以留学英美澳日等发达国家为主。所学专业方面，管理学以 26.7% 的比例成为选择最多的专业，经济学次之，可见留学人员群体对管理学和经济学有较强的深造意愿。国外融入方面，有工作经历（非实习）的人群占比高达 41.6%，可见相当一部分留学人员将国外学习延伸至工作阶段，与国外社会和文化的适应性和融入度较高，用较为深入的切身体验来扩展其国际视野。

2. 归国生活情况

归国原因方面，"回国与家人/爱人/朋友团聚"认同度最高，其后为"爱国，想报效祖国"，可以看出多数留学人员拥有较强的家国情怀。选择发展城市方面，"经济发展快"是首要选择；"离家近""基础设施配套齐全""职业发展前景好"依次降低，城市的经济基础条件成了留学人员群体回国后城市选择的重要因素。期望工作地方面，北京和上海的吸引力最强。综合来看，海归人才尤其重视自身和城市发展的相适应性，对城市生活质量要求较高，将城市经济发展水平作为选择回国发展地的首要因素。

3. 职业发展情况

从单位性质情况看，海归群体中在体制外工作的比例略高，反映出民营企业更重视留学归国人员促进企业发展的能力，开放灵活的企业文化更加贴合留学人员的发展诉求。从职级情况看，"高层管理人员"与"中层管理人员"合计占比为 52.4%，表明过半数人员已成为中高层管理人员，反映出行业发展普遍对留学人才认可程度高，留学经历或许已成为人才在单位的晋升优势。从收入状况看，年收入为 30 万~50 万元（不含）占比最高，其次是 20 万~30 万元（不含），可见留学人员归国后的高收入人群居多。创业方面，"企业开户难"和"文化难以融入"已经分列创业难题认同度的后两位，得益于我国创业环境改善和开放程度提高，企业设立手续和文化融入等方面已经不再是留学人员创业最为棘手的难题。

4. 群体特征总结

综合来看，留学人员群体经济条件较好者居多，成长环境受到多元文化思想熏陶，具有较高的受教育水平，有较强的意愿优先选择欧美发达国家作为留学目的地，在海外求学的同时注重向工作层面延伸来丰富自己的海外工作经验。他们大多拥有家国情怀，在毕业后考虑回到祖国，倾向在北上广深等的一线城市定居，进入与所学专业相关度高、薪酬待遇好、发展速度快、成长稳定的行业领域，并且在海外视野影响下，优先选择具有开放灵活文化的民营企业就职，越来越多的留学人员成为企业中高层管理者，体现出推动经济发展的重要价值。

（二）留学人员助力高水平人才高地建设的优势

习近平总书记充分肯定我国留学人员的作用和贡献，在给南京大学留学归国青年学者回信中，勉励留学人员为全面建设社会主义现代化国家贡献智慧和力量。在新时代的首都发展进程中，建设高水平人才高地更加需要留学人员发挥群体优势。

1. 发挥留学归国人员群体规模扩大的优势

教育部官方留学数据显示，我国留学人员增速正呈现显著上升的态势，1978~2019 年累计出国留学人员总数为 656.06 万人，其中，423.17 万人在完成学业后选择回国发展，占已完成学业群体的 86.28%。[①] 2019 年，留学

---

① 《2019 年度出国留学人员情况统计》，http：//www.moe.gov.cn/jyb_ xwfb/gzdt_ gzdt/s5987/ 202012/t20201214_ 505447.html。

回国人员人数超 58.03 万人，较 2018 年增加 6.09 万人，同比增长 11.73%，明显高于出国留学人数 6.25% 的增长率。① 改革开放以来，留学人员当中许多人才已经成为各行各业的领军人才和中坚力量，留学归国人员队伍不断壮大，有助于北京在高水平人才高地建设中过程中构建新优势，在促进传统制造业升级、提升高新技术企业国际竞争力、改进现代化管理体系等方面提供新的动力。

2. 发挥留学人员具有国际化视野的优势

全球化智库（CCG）和智联招聘联合发布的《2019 中国海归就业创业调查报告》显示，"具有国际视野"取代"语言沟通能力强"成为留学人员在国内发展的主要优势，选择比例从 2018 年的 59% 上升至 2019 年的 68%。② 海外留学相较于国内学习产生巨大的环境变化，对留学人员的生活经验、规划能力、语言提升、专业素养、制度体验等方面的影响更加立体，促使留学人员观察世界和看待问题的视角更加多样和开阔，分析事物的观点更加全面，充分发挥其国际化视野优势，有助于北京高水平人才高地更加充分地面向全球构建人才竞争策略，在国际竞争战术制定层面形成高屋建瓴的优势。

3. 发挥留学人员拥有高等教育水平的优势

留学人员学历层次普遍较高，求学过程中更易接触到先进科学知识、研究理论、技术方法和科研成果，加之中国学子勤奋刻苦的优秀特质，在学术实践中注重建立深厚的学术积累，在归国后为科研领域做出突出贡献。据统计，中国科学院有留学经历的院士占比已高达 81%，其中在 2015 年的中国科学院生命科学与医学部新当选的院士中海归比例超过 83%，化学部新当选院士中海归比例更是高达 100%。③ 伴随北京科研条件不断优化、科技资源逐渐丰富，北京更加有利于高学历留学人员施展才华，在基础研发、应用

---

① 王辉耀、苗绿、郑金连等：《大变局下的中国留学发展观察与展望》，载王辉耀、苗绿主编《中国留学发展报告（2020~2021）》，社会科学文献出版社，2021。

② 同上。

③ 同上。

研发、成果转化等方面为推动北京科技进步贡献更多价值。

4. 发挥留学人员多元文化思想优势

留学人员群体年龄结构呈现青年化的特点，处在意识形态形成的关键时期，海外社会文化和风俗对塑造他们的活跃思想和多元价值观有着深刻影响，更易激发出创造灵感、创新意识、创业意愿。留学人员群体在双创领域非常活跃，早在 2017 年科技部发布的入选中国独角兽榜单中，由海归人员创办或管理的企业占比已超过 60%，在美国纳斯达克上市的百家中国企业中，由留学人员创办或管理的甚至高达 80%。北京应充分发挥留学人员多元文化思想优势，着重引导其"追求个人价值"和"创造社会效益"的价值观正向融合，促使留学人员中涌现更多的创业才俊，进一步激发他们的创业热情，使其多元文化思想和科研成果为北京带来更多的新技术、新产品、新服务，在新时代下创造新的经济活力。

5. 发挥留学人员国际资源优势

留学人员归国不仅带回海外先进技术和管理理念，还会持续关注海内外的人脉网络和社会资本。北京应激励留学人员发挥国际资源的优势，鼓励其促进自身事业面向国际化发展，强化所在行业的全球化融合，以此带动更加广泛的国际科技合作、国际贸易和海内外交流，在跨国公司本土化进程加速、中国传统产业升级提效、全球治理话语权提升等方面做出更多贡献。

（三）留学人员助力高水平人才高地建设存在的问题

领英（LinkedIn）数据显示，尽管高校毕业生赴美留学增长率下降，但出国留学的比例在 2014～2019 年持续增加，留学依然是学习先进知识、培养国际化视野、理解国际规则的主要方式，但受中美贸易摩擦和日益紧张的国际关系影响，留学人员群体因外部压力受到出国和回国的双向限制。同时，中国已经成为美国顶尖 AI 研究者的第一大来源，在中国读本科的顶级 AI 研究者中只有 34% 的人目前在中国发展，而在美国获得博士学位的中国 AI 研究员中，只有 10% 的人会选择回到中国。可见高水平人才高地建设面临顶尖人才和团队缺乏、全球视野和谋划开放创新须进一步加强等困难。在对留学人员回国情况的进一步研究中，发现在归国原因、从事行业、专业相关等方面存在以下问题。

1. 归国原因

归国原因方面，数据显示，"国内吸引海归回国的优惠政策有吸引力"在意愿排名中仅排在倒数第三；选择发展城市原因上，"相关人才政策吸引"因素排在倒数第二，反映出我国在吸引海归的政策制定上仍有较大的提升空间。

2. 从事行业

在归国从事行业方面，"教育/国家机关/高校/研究所/事业单位"占比最高，其次为"金融业"和"IT/互联网/电子商务/科技"，而"生物/制药/医疗"占比仅为5.4%；"新能源/新材料/节能环保"占比在5%以下，表明留学人员群体就业行业呈现薪酬待遇高、发展速度快、成长稳定等特点，但从事具有科技附加值高、科研周期长的行业，如生物医疗、新材料、节能环保等高新技术产业领域的人数占比较小，留学人员促进产业转型升级的动力仍有待提升。创业方面，留学人员回国创业的比例仅为15.7%，对于我国鼓励创新驱动发展战略来说，仍须加大力度提升留学人员的创业动力。进一步探究其归国创业所面临的困难后发现，留学人员回国的创业难点体现在资金需求上，成本高和融资难问题尤其突出。

3. 专业相关

专业相关度方面，认为归国后工作与所学专业"很相关""一般""十分相关"共计高达77.3%，结合留学人员所学专业多数为经管类的情况，留学人员虽然能在国内发挥所学才能，但对于科技创新发展需求满足度较低，需要从留学前选择专业引导上发力，鼓励更多的留学人员面向我国人才紧缺的前沿科技领域求学。

综上可见，对于留学人员群体而言，主要存在着留学前引导环节缺失、学成后引进力度不足、归国后应用培育效能较弱、社会用人发展贡献水平较低、留学人员服务保障存在短板等问题。

三 留学人员助力建设高水平人才高地的措施建议

充分发挥留学人员的助力作用，是北京高水平人才高地的建设需要，本报告通过分析北京当前优势和留学人员特质，建议以呼吁社会各界重视对我国学子在留学前的正确引导、进一步优化全社会人才发展生态构建集聚优势、以开放包容的社会环境构建留学人才家园为三条主线，提出留学前引导、回国吸引、应用培育、用人发展、留存服务等五方面的措施建议。

（一）留学人员留学前引导措施建议

1. 关注留学需求，从发展需要出发多角度引导留学目的地选择

欧美等发达国家因疫情影响经济受挫，多个国家已在高失业率时期采取政策收紧措施，国际学生发展预期受限，而当今留学发展和全球化大趋势未曾改变，应届毕业生短时期内依然有较大的留学需求。因此，留学目的地的选择也正向更高开放度的国家迁转，留学前引导学子对留学目的地的选择，或将成为北京构建留学群体新优势的有效着力点。

我国的疫情防控已成为国际典范，经济发展稳中向好，在历史机遇面前，北京应面向有海外求学意愿的人才采取更加有力的引导措施，围绕人工智能、量子信息、区块链、生物技术"四个占先"，集成电路、关键新材料、通用型关键零部件、高端仪器设备"四个突破"，[①] 以及高精尖产业"双引擎"等关键核心技术领域或前沿交叉领域对人才的需求，鼓励我国学子可同时申请不同国家和地区的多所海外高校，如以色列、新加坡等国家和地区、"一带一路"沿线国家等。

人才回国情况也因全球疫情蔓延受到影响，国家及区域留学人才服务中心应积极发挥统筹作用，通过跨部门协调，积极匹配留学人才与北京的优势

---

① 祁梦竹、范俊生：《北京力争率先建成高水平人才高地！》，https://wap.bjd.com.cn/news/2021/11/16/10005630.shtml。

产业。注重发挥具有国际化基础的高校、科研院所、企业研究部门，与欧美同学会等民间组织加强联动，从出国前介入，为即将留学的学子和回国遇阻的留学人员提供更好的服务，在学科选择、学历提升、回国贡献等方面提供有力建议。

2. 充分发挥港澳桥头堡优势，共建留学人员联合培养机制

2022 年 7 月 1 日，习总书记在庆祝香港回归祖国 25 周年大会暨香港特别行政区第六届政府就职典礼上发表重要讲话时提出，必须全面准确贯彻"一国两制"方针，必须保持香港背靠祖国、联通世界这一得天独厚的显著优势，中央全力支持香港同世界各地展开更广泛、更紧密的交流合作。[①] 京港洽谈会作为促进北京与香港深化合作的重要活动，自 1997 年香港回归以来已成功举办了二十四届，截至 2021 年 9 月，香港在京累计设立企业 17782家，累计利用外资 1144.2 亿美元。[②] 全球人才竞争力指数（2021）数据显示，香港在人才起用能力上排名第 6，在人才吸引上排名第 9，而北京在人才成长上排名第 2，可见香港的人才环境和北京的人才培育各具优势。随着香港的人才竞争力与日俱增，香港或将成为留学人才培养优选地区，与北京共同培育更多适于我国发展的优秀留学人才。

澳门大学在 2022 年度泰晤士高等教育排行榜全球年轻大学中排名第二十六位；澳门学生在"学生能力国际评估计划"（PISA2018）中，阅读、科学、数学三个素养都位列全球第三名，达到基准水平学生比例排行全球第二，更被 OECD 评为唯一一个教育质量持续兼快速进步的经济体；澳门高校在国际和区域间的认同有所提高，在葡语、旅游等特定学科领域上具有颇高的国际认受性和影响力。[③]

建议北京进一步深化与港澳合作基础，共建港澳留学人员的联动培养机

①　《习近平在庆祝香港回归祖国 25 周年大会暨香港特别行政区第六届政府就职典礼上的讲话》，《北京周报》（英文版）2022 年第 29 期。

②　柴逸扉：《推动实现京港两地高水平互利共赢——北京·香港经济合作研讨洽谈会成果丰硕》，《人民日报》（海外版）2021 年 12 月 14 日。

③　李佩：《澳门近十年教育改革发展情况》，http：//www.moe.gov.cn/fbh/live/2022/54857/sfcl/202209/t20220920_ 662944.html。

制。一方面，港澳高校中从事基础研究的人才处于绝对优势，如香港大学、香港科技大学和香港中文大学在 2022 年 QS 世界大学排名中都处于前 40 名，逐步成为留学人才的重要供应地，而北京"五子"联动推动高质量发展释放出巨大的应用空间，为港澳留学人才提供了施展才华的广阔前景；另一方面，鼓励北京与港澳企业合作搭建优质平台，将企业作为人才载体进一步促进留学人才流动，如来自港澳的智能制造企业能够在北京设立智能研发总部，招募计算机和工业人工智能方面的顶尖留学人才，先进人工智能技术在北京快速落地应用，来自港澳的生命科学研发服务企业在北京建设新药研发服务实验室，发挥医药健康领域留学人员优势，提升区域科技服务能力。

（二）留学人员回国吸引措施建议

1. 加强政策引才力度，抓住留学人员回国"窗口"机遇期

建议北京面向留学人员着力完善政策体系高层级战略布局，推动部市合作机制设计，会同科技部、教育部、统战部等国家部门强化留学人员吸引政策的整体性、系统性、科学性和协同性，出台配套政策支持，使政策制定更加精准有效。持续优化升级《境外职业资格认可目录》，扩大"高含金量"境外职业资格认可度，让在海外有过工作经历并取得相应职业资格的留学人才在北京获得相较于国外更有前景的发展机会，对过往经历认可探索完善备案制，并赋予产业发展紧缺人才获得备案后办理工作居住证的便利条件。充分运用海外官方媒体，融合中外合作学校、国际化企业、欧美同学会等资源，通过政策发布和宣讲让更多国家的留学人员了解到北京的政策优势，彰显北京对留学人员求贤若渴的态度和引进决心。

2. 鼓励以才引才模式，以北京优质口碑打造留学人员圈层化引力

留学人员当中不乏从事前沿科技研究的科学家和推动新技术落地创新的企业家，建议北京鼓励从事新业态新模式的留学人员圈层吸收更多的研究人才、投资人才、工程人才、销售人才等归国发展。为具有核心研发能力和领域交叉的复合型留学人才配套提供更多政策扶持，结合人才举荐建立留学人才归国引导清单，深化人才分层分类，引荐制精细化匹配留学人员回国进入

科学研发、企业管理、生产制造、创新创业等领域。对于以才引才适度简化流程，探索数字化降低手续时间，采用人才引荐担保模式，用人主体签订相关协议规避违约风险，审核单位放宽审核入口，后期人才监管发力，动态考核以才引才成效。

3. 重视平台引才能力，发挥吸引留学人员归国发展的高端引领支撑作用

建议北京持续强化创新平台建设，加速提升国家重点实验室、国家工程技术中心、国家技术创新中心、新型研发机构等平台的科研能力，推动留学人员中的顶尖科学家积极参与"揭榜挂帅"，以一流领军人才的聚集带动创新团队的构建，推进北京重大科技基础设施建设进程，发挥高端引领支撑作用，强化基础研究和原始创新能力。建议北京持续扶持和打造高层次创业平台，树立如"HICOOL"的创业人才强效品牌，成为引导留学人员建功立业的"凤栖梧桐"。建议北京大力支持海归创业大赛的引导作用，创新"以赛代评"等方式对留学人员归国创业进行扶持。

4. 推进联合引才创新，以协同发展促进留学人员聚集

建议北京推进央地协同，深化政企合作，开展联合引才，如建立留学人员技术创新基金，对留学人员技术引进、二次研发、国产化应用等进行大力支持，在收益方面探索政府引导基金适当让利于社会资本，促进更加灵活开放的引才措施发挥作用。鼓励北京市属国企和在京央企、在京高校发挥协同作用，如双高集团作为人力资源综合服务机构赋能"国家留学人才就业服务平台"建设，依托人才引进政策，积极推进科技项目合作，开放更多岗位为留学人员回国职业发展提供机会，进一步联合专业化服务机构，为留学人员回国提供持续精准服务，让留学人员在国内的职业发展通道更加畅通，促进留学人员群体在北京聚集发展。

（三）留学人员应用培育措施建议

1. 深化留学人员培育机制改革，加速多层级留学人员队伍体系形成

建议北京市积极推动整合在京高校、科研院所、国际企业等多方力量，深化留学人员培育机制改革，支持各机构在不同产业领域组建留学人

员产业协同创新共同体，合力吸纳国际创新技术主体和资源加入。加大经费投入力度，鼓励留学人员回国后开展跨领域应用研发深造，选拔留学人员中的科技领军人才、青年创业人才、卓越工程师等人才并重点跟踪培育，在重大课题和关键技术研发创新中培养我国发展所需的战略科学家人才。设立留学青年人才培育奖学金机制，采用累积形式，对留学归国青年学子以生活补贴、工作奖励、创业基金支持，鼓励留学青年积极学习海外先进科学技术和发展理念，学成归来报效祖国。加大力度建设科技成果转移转化留学人才培养体系，鼓励留学人员选择科技成果转移转化相关学科，运用国外科技转化成功经验提升我国科技成果转化的能力，依托在京央企、部属院校和科研院所的应用研究成果，在保障国家安全的基础上，开展科研成果国际化合作研发，促进国际交流、推广和转化活动的高效开展。

2. 加强留学人员归国后的应用能力培养，强化产业人才队伍建设

建议聚焦留学人员工程师队伍建设，探索工学结合、"人才工作室"等模式，推广"跟师带徒"，分类培养、分批带动。帮助留学人员中具备先进技术能力的人才获得良好发展机会，引导我国学子不局限将金融、经管类作为留学优质专业，更要面向国家制造业的前景和机遇，促进大批"留学匠人"的涌现。加强推进在京头部企业、科研机构、创投机构与高校联合设立产业研究院，面向北京市高精尖产业领域共建一批交叉学科实验室和创新联合体，对重点产业领域归国青年人才提供扶持计划。鼓励面向重大产业设置"产业导师"，与工资待遇和职称评价挂钩，激发导师培育热情。

3. 大胆探索尖端留学人才培养方式，坚定人才自主培养

重视体系化培育，全链条式开展尖端留学人才的识别、引导、选拔、起用、资助。重视尖端留学人才的识别储备，以参与重大项目进行锻炼和引导化培育，以科研竞赛、人才评审等多角度择优选拔，以担任关键岗位和配置优秀团队对留学人才进行科研领袖型培育，以丰厚奖励资金和优质基金资助顶尖留学人才育成。构建具有弹性的、宽松的环境，鼓励全社会不拘一格降

人才，宽容失败、大胆探索、勇于施策，形成长周期可持续的尖端留学人才培育动力。

（四）留学人员用人发展措施建议

1. 重视留学人才科研成果，激励留学人才科研贡献

对从事科研的人员赋予职务科技成果所有权或长期使用权，配套成果评价和收益分配制度，对海外求学期间产生科研成果回国继续研发的追加财政补贴。重视留学科技人才的科研需要，推动科技创新平台进一步开放科研设施共享，满足高层次留学人才科技创新需求。加大对归国留学人员所携重大科研项目的投入力度，注重经费投入平衡，不因一些科研项目的基础性和较为冷门而盲目削减经费，鼓励大、中企业加大对研究与开发的投入。鼓励留学人员积极面向科技、产业、金融等方面融通发展，同时促进政府机关、科研机构、市场企业等主体共同围绕北京高水平人才高地建设，在科技产业分工上各有侧重地开展工作，在税收优惠、成果认定、收益分配上采取更多激励措施，使北京成为科研类留学人员施展才华的"用武之地"。

2. 完善留学人才评价方式，重视人才质量实效

建议用人单位主体进一步开阔视野和思路，坚持对留学人员的科学评价、选拔和使用，谨防"唯学历论"对教育和人才的侵蚀作用，如对留学人员所在学校的全球大学排名等榜单应谨慎看待。英美和澳洲作为留学大国，留学生占比很高，甚至英国一些高校中，中国留学生的人数能占学校总人数的1/3以上，国外的排名机构将国际学生占比提高，使得英美的高校更有排名优势。这种情况引起越来越多国内外高校的警惕，我国相关高校在规划文件中明确表示，学校发展和学科建设均不再使用国际排名作为重要建设目标，未来也不会给国际排名机构提供任何数据；曾培养出8名诺贝尔奖获得者、由爱因斯坦和弗洛伊德等人创建的耶路撒冷希伯来大学，QS排名近年来连续下降，最新排名仅为第198位；曾拥有29位诺贝尔奖获得者、马克思的母校柏林洪堡大学在2022QS世界大学排名中仅为第128位。以上现象表明，各机构的大学国际排名已经在某种程度上给大学教育和人才培育造

成负面影响,用人主体应尽力避免"排名思维"的短期惯性,从高水平人才高地建设实效出发,全面客观地判断留学人员所学专业和所在学校,更多从科研能力、人才实践、贡献产出等更具人才发展价值的方面开展评价。

(五)留学人员留存服务措施建议

1. 优化留学人员生活环境质量,以高品质人才社区营造城市归属感

建议北京加大力度建设高品质人才社区,打造多元文化提升类海外氛围,创建宜居生活环境促进留学人才创新事业发展,在高品质人才社区打造留学人才公寓,聚焦切口小、影响大的品质化社区服务,探索融入"服务专员"队伍,为高层次海归人员等国际人才提供管家式服务,配套构建社群活动体系促进人才生活融入,突出生活环境、职业发展、管理能力、服务水平等与国际人才需求全方位适应,以高品质生活体验感强化人才在京归属感。结合高品质人才社区"人才政策试验区"的定位,在用足用好"两区"创新政策基础上,建议有关单位积极探索区域联合,构建适用于留学人才流动的衔接机制,鼓励引导中关村科学城、未来科学城、怀柔科学城、通州和顺义、经济技术开发区等 8 个区域人才互通互认,探索留学人才数据数字化融合,重视推动政策索引平台建设,共同为进入北京的留学人才打好"系统性服务组合拳",全面提升高品质人才社区的吸引力。

2. 构建留学人员专业服务体系,有效提升来京便利度

建议北京继续发挥统战工作和组织工作优势,对留学归国人才引进落地、职称评价、申报北京市科技人才项目等提供更加有效的服务支撑。探索构建"留学人才服务专员"队伍,提供专业化服务;链接政务服务和市场各类优质服务资源,建立常态化产业部门对接协作机制;服务范围扩大化,破除"高学历、高职称"的局限,更加注重留学人员归国后的"高能力、高贡献"。引导北京市属国企主动担当、带头构建更加完善的人才服务体系。如双高集团在北京市、昌平区两级政府带动下服务未来科学城,打造"未来科学城国际人才一站式服务平台",以政策性公共服务为基础,以公共空间资源为载体,围绕科技型企业和创新创业人才全生命周期需求拓展服

务功能，拓展以创新主体孵化培育、成长加速、融资融智为需求的服务功能，放大平台在区域发展中的作用，辐射带动人才服务、企业孵化、成果转化、产业促进等创新型业务的发展。

　　建议充分发挥服务型政府政务服务作用，依托北京海外学人中心海内外高层次人才服务平台优势，加强留学人才与北京的连接，凭借专业化、信息化、国际化的人力资源开发能力，为优秀留学人才提供在北京创新创业的发展空间，为北京落实建设"四个中心"战略提供人才支持保障。提供政策咨询、需求受理、证照代办等"全流程代理"服务，向高层次留学人才开展引进、推荐、评价、激励和考核等工作，为在京留学创业就业提供辅导和培训，深化与留创园、北京海外高层次人才协会等单位的合作，共建留学人才服务联合体。

3. 完善留学人员创业服务生态，高效激发在京创业活力

　　建议鼓励双创服务机构对留学人员进行创业支持，健全海外留学生回国就业、创业的渠道和机制，依托创业园区、孵化器、众创空间载体建设优势，为留学人员归国创业发展提供服务保障，强调人才吸引政策在行业、区域、职业发展阶段等方面的差异性与针对性，激发留学人员创业活力。进一步支持中国技术创业协会留学人员创业园联盟建设发展，发挥多年服务留学人员创业的能力和全国规模优势，促进留学人员在北京创新创业形成持续动力；编制发布《中国留学人员创业园区孵化基地竞争力报告》，每年对孵化基地情况开展统计和评价研究，在区域人才引进、科技创新、产业促进等方面发挥重要的支点和辐射作用。建议进一步支持 HICOOL 海创城建设，以高端品牌赋能留学人才创业发展，创建适宜留学人才发展的生态环境，打造产业创新中心、商业活力中心、文化休闲中心和行政服务中心，划定智能制造转化、国际创新交流、国际生活样板、应用场景转化、硬科技研发五大功能区域，助力留学人才融合区域产业，实现北京社会贡献和经济贡献双提升。

综 合 篇
Comprehensive Reports

B.14
构筑人才高地　建设科技强国
——以北京科技人才队伍建设实践为例

褚茜茜　王语今　刘相波*

摘　要： 科技是第一生产力，人才是第一资源，创新是第一动力。大力推
进国际科技创新中心建设是北京市"十四五"时期重要的战略
任务，而高水平科技人才队伍建设是实现这一目标的关键支撑。
本文梳理了北京市科技人才队伍建设的阶段性成果、现存问题。
在此基础上，从思想引领、战略定位和精准施策三个层面提出了
相应对策建议，包括坚持党管人才，强化政治思想引领，确保人
才工作方向，统筹人才政策制定；协同"两区"，契合国际科技
创新中心建设战略，实现政策叠加效应；有的放矢，考虑人的
"三重属性"，提升政策精准有效性。

---

* 褚茜茜，北京石油化工学院人文社科学院讲师，管理学博士，研究方向为优势理论、人才理论；王语今，中国人民大学劳动人事学院博士研究生，研究方向为基本收入；刘相波，中国人民大学劳动人事学院教授、博士生导师，经济学博士，研究方向为人才理论、经济增长。

关键词： 科技人才 高地建设 人才发展

20 世纪，要素禀赋可以成为一道跨越全球经济鸿沟的桥梁，发展中国家可以通过大力发展劳动密集型产业取得经济的快速腾飞。[1] 进入 21 世纪，互联网、大数据、4G/5G 移动通信、人工智能等新一代信息技术推动了全球范围内的科技革命和产业变革的加速演进[2]，科技创新成为国家和区域竞争优势的关键，成为牵动经济社会发展全局的"牛鼻子"[3]。而科技创新竞争，实质在于人才竞争。[4] 人才的战略价值不断凸显，以人才驱动创新、以创新支撑高质量发展已成为全球共识。

随着新一轮科技革命和产业变革深入发展，人才的重要性愈加凸显，被认为是实现民族振兴、赢得国际竞争主动的战略资源。党的二十大报告强调，要深入实施人才强国战略，坚持尊重劳动、尊重知识、尊重人才、尊重创造，完善人才布局，加快建设世界重要人才中心和创新高地，着力形成人才国际竞争的比较优势，把各方面优秀人才集聚到党和人民事业中来。早在 2021 年中央人才工作会议上，习近平总书记就明确指出，加快建设世界重要人才中心和创新高地，需要进行战略布局。综合考虑，可以在北京、上海、粤港澳大湾区建设高水平人才高地。而首都工作关乎"国之大者"，北京作为全国科技创新中心城市，对我国建设世界人才中心和创新高地具有立柱架梁的战略意义。因此，有必要对北京市科技人才发展现状开展研究，对存在问题进行梳理，并开展对策研究。

---

① 李砚忠、赵成伟：《科技创新驱动条件下双循环新发展格局：阐释、误区及路径》，《理论学刊》2021 年第 1 期，第 32~41 页。

② 蔡跃洲：《中国共产党领导的科技创新治理及其数字化转型——数据驱动的新型举国体制构建完善视角》，《管理世界》2021 年第 8 期，第 30~46 页。

③ 李砚忠、赵成伟：《科技创新驱动条件下双循环新发展格局：阐释、误区及路径》，《理论学刊》2021 年第 1 期，第 32~41 页。

④ 王子丹、袁永、邱丹逸、胡海鹏、廖晓东：《人才高地形成发展特点与国际经验研究》，《特区经济》2018 年第 12 期，第 25~29 页。

一 北京市科技人才队伍建设的实践探索

2021年，是我国"十四五"规划的开局之年。于北京而言，也是贯彻落实首都全国政治中心、文化中心、国际交往中心、科技创新中心的核心功能，深入实施人文北京、科技北京、绿色北京战略，建设国际一流的和谐宜居之都的关键之年。回首"十三五"，北京在攻坚克难中砥砺前行，在新冠疫情的严峻考验和经济结构深度调整的背景下，地区生产总值由2.5万亿元增长至3.6万亿元；人均生产总值约2.4万美元，达到发达经济体中等水平①；高精尖产业新设市场主体比重由"十二五"末的不足50%，提升至2020年的60%左右；拥有国家级高新技术企业2.9万家，是"十二五"末的2.4倍；拥有独角兽企业93家，居全球首位；经济结构持续优化，数字经济占比达38%，保持全国领先②。这既为"十三五"的圆满收官交上了一份满意的答卷，又在"十四五"全面开启之初注入了强大的推动力。

对接"十四五"，在创新驱动发展战略的引导下，北京将大力推进从全国科技创新中心向全球科技创新中心的转型，并以此作为构建新发展格局的战略点和重头戏。时任北京市委书记蔡奇指出，建设国际科技创新中心是北京着眼于实现首都高质量发展、更好服务国家科技强国重大战略的关键要领。③而高水平科技人才集聚是达成这一目标的核心支撑，是促进经济高质量发展、推动科技强国战略的基础性和关键性要素。时任北京市长陈吉宁在"中国这十年·北京"主题新闻发布会上指出："北京最大的优势是人才和科技，服务国家科技创新战略是北京义不容辞的光荣使命，也是我们

---

① 《2021年政府工作报告》，北京市人民政府网，http：//www. beijing. gov. cn/gongkai/jihua/zfgzbg/202102/t20210201_ 2249908. html。
② 《北京新设市场主体超六成为高精尖产业》，北京市人民政府网，http：//fgw. beijing. gov. cn/gzdt/fgzs/mtbdx/bzwlxw/202202/t20220224_ 2615577. html。
③ 《北京市委书记蔡奇：打造全球领先创新高地 实现更多"从0到1"突破》，中国新闻网，http：//www. chinanews. com. cn/gn/2022/01-05/9645070. shtml。

的历史责任。"① 创新驱动的本质是人才驱动,北京科技创新能力归根结底就是各类人才创新力量的集中体现。早在"十一五"规划中,北京就已正式提出北京要建设"人才之都",北京市"十四五"规划中进一步明确,到2025 年基本形成国际科技创新中心,将北京建设成为世界主要科学中心和创新高地。多年来,北京牢固树立人才引领发展的战略地位,深耕首都政策优势、区位优势和人才优势,深化人才发展体制机制改革和政策创新,持续强化人才"第一资源"效能,在推动首都高质量发展进程中,形成了具有北京特色的人才工作模式,对北京市深化改革开放,完整、准确、全面贯彻新发展理念,主动服务和融入新发展格局具有重要意义。

(一)借力首都政策优势,聚才育才,厚植人才发展优势

近十年来,北京市颁布实施的科技人才政策数量总体呈上升趋势,对科技人才问题的重视程度不断提高。2013 年以前,北京市科技人才政策处于初步发展阶段,主要关注短期的人才引进与培养项目;2014~2017 年,北京市科技人才政策开始关注、支持和培养多元化人才,着眼于人才的长远发展机制,在此期间颁布了引进海外高层次人才、高端领军人才和"一带一路"国家人才等政策;2018 年后,北京市科技人才政策着力点在科创中心和人才队伍建设、优化高精尖经济结构、促进成果转化落地,并辅以生活保障、知识产权保护、金融服务优化等各项配套措施,政策体系由单一线性向多元体系不断完善,趋于成熟。②

在不断完善人才引进和培育政策的同时,北京市政府积极尝试政策集成创新。例如,为吸引海外人才来京创新创业,2020 年北京海外高层次人才协会创办"HICOOL 全球创业者峰会暨创业大赛",着力打造具有国际影响力的全球创业者集聚平台。大赛除设置奖项外,还为获奖者提供免费的孵化

---

① 《中国这十年·北京 | 科技创新取得历史性成就,主要指标实现"6 个翻番"》,首都之窗,http://kw.beijing.gov.cn/art/2022/9/5/art_6382_702092.html。

② 黄海刚、付月:《"十四五"时期北京科技人才政策的战略转型》,《北京社会科学》2022年第 1 期,第 13 页。

空间、户口、工作及居留许可、子女入学、工商、税务和人事代理等全方位
服务保障。前两届获奖的 228 个项目中，已落地 156 个，落地率高达 68%，
产生 8 家独角兽公司、44 家"专精特新"企业，赛后新获融资 154 亿元。[①]
同时，为应对新冠疫情对引才进京的阻碍，北京市启动"云招聘"，以"易
北京"App 为载体，向全球高层次人才发起面试邀约，通过"云端"完成
人才引进工作，并首创允许外籍人士在境外直接申请办理中国"绿卡"、尽
可能为来京工作人才提供"一站式"便捷服务。[②] 在促进科技成果转化方
面，北京市在科技成果权属、转化收益分配方面做出明确规定，将过去的成
果产权归国家单位所有改为科技人才个人可以拥有，国家可以参与分配，并
将科技转让所得税的免征额从 500 万元提升至 2000 万元[③]，充分激发科技人
才成果转化的积极性。

在完善科技人才发展体制机制的同时，北京市参与科技人才政策的颁布
主体由单一转向多元协同治理。目前参与人才政策制定的部门包括北京市人
力资源与社会保障局、北京市科学技术委员会、北京市财政局、北京市教育
委员会、北京市住房和城乡建设委员会等 20 多个部门[④]，多部门共同发力
有助于北京市科技人才政策体系的不断完善。

（二）发挥首都区位优势，筑巢引凤，打造人才引力场

北京作为我国的首都，作为国家战略科技力量的集中承载地和国家推进
建设世界重要人才中心和创新高地的首选地，各类人才云集，具有极强的聚
集效应。区域内集聚了 90 多所高校，其中顶尖高校占全国 1/5 多（见图 1），
以及 1000 多家科研院所、128 家国家重点实验室，在京"高被引科学家"

① 《北京加速建设高水平人才高地》，首都之窗，http://kw.beijing.gov.cn/art/2022/9/19/art_1140_635016.html。
② 《北京：以首善情怀，聚四方之才》，《光明日报》2022 年 1 月 19 日。
③ 《中关村获批两项税收优惠试点，股权转让、技术转让税负再降低》，北京市财政局，http://czj.beijing.gov.cn/zwxx/czyw/202101/t20210108_2209210.html。
④ 黄海刚、付月：《"十四五"时期北京科技人才政策的战略转型》，《北京社会科学》2022 年第 1 期，第 13 页。

人数已超美国硅谷。此外，北京市拥有约60家世界500强企业、近3万家高新技术企业、280余家国家级专精特新"小巨人"企业和90余家全球独角兽企业，国家级高新技术企业、专精特新企业数量均居全国各城市之首。作为全国政治中心和文化中心，北京已缔结55个市级国际友好城市、61个区级友好（交流）城市，是180多个建交国家大使馆的驻地。① 高等教育为北京提供了最为丰厚的人才家底，高精尖企业集聚为北京高质量发展提供了强劲动力，国际交往枢纽为北京提供了极其开放的国际平台，三者同时发力、同向发力，为北京引才引智、用人留人提供了强有力的支撑和保障。

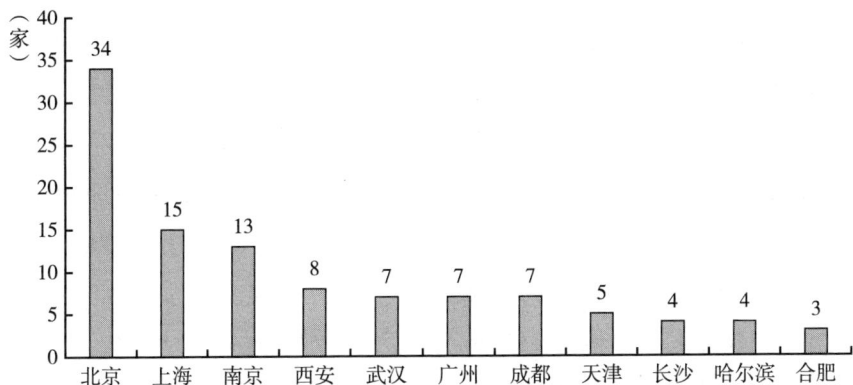

图1　第二轮"双一流"建设高校城市分布

资料来源：根据2022年公开文件统计。

同时，北京以"三城一区"为国际科技创新中心建设的主平台，科学规划城市内部创新活动的空间分布。② 目前，"三城一区"构建起了"基础设施—基础研究—应用研究—成果转化—高精尖产业"的科技创新链条，抢占了科技发展战略机遇，以国家战略为导向进行科技创新活动，在国际科技前沿领域取得了丰硕成果，以不足6%的土地面积贡献了全市GDP的1/3。③

---

① 《高质量建设北京高水平人才高地》，《光明日报》2022年7月8日。

② "三城一区"指的是怀柔科技城、中关村科技城、昌平未来科技城和亦庄经济技术开发区。

③ 《北京激发创新创业活力　高质量发展开启新征程》，北京市发展和改革委员会，http://fgw.beijing.gov.cn/gzdt/fgzs/mtbdx/bzwlxw/202110/t20211020_2516295.htm。

"三城一区"持续涌现人工智能、生物医药、5G 技术等创新科技成果，既服务社会民生，也集聚了大批高精尖人才，人才集聚"磁场效应"不断增强。

（三）深挖首都人才优势，人尽其才，最大化"人才红利"

北京是我国的政治、文化、国际交往和科技创新中心，深厚的历史文化底蕴承载着国际一线大城市的现代文明，对人才的吸引力稳居前列。根据北京人才发展战略研究院发布的《全球城市人才黏性指数报告（2021）》，2021 年北京城市人才黏性指数在全球城市排名中位居第七，较 2020 年上升一名，在国内城市中排名第一，其主要优势集中体现在科技创新方面（见表 1）。2020 年底，北京人才总量达 781.3 万人，人才密度为 62%，劳动者中研究生学历的约 120 万人。高层次人才云集，到 2021 年底，在校研究生 41.3 万人，高于第二名上海市与第三名武汉市的总和（见图 2）；两院院士 800 余名，占全国的近一半；入选各类国家级人才项目者超过 3000 人、占全国近 1/4；全市专业技术人才总量达 395 万人，技能人才总量达 374.52 万人，其中高技能人才总量达 115.46 万人。[1] 为深挖这些人才优势，北京进一步深化人才评价使用机制改革，逐步建立以创新价值、能力和贡献为导向的人才评价生态体系，充分激发各类人才创新活力。同时，利用高校和科研院所集中优势，加强跨地区、跨行业、跨单位科研团队建设和项目合作，加速各类人才的融合流动，最大限度激发和提升首都人才能效。[2]

表 1　2021 年全球城市人才黏性指数排名（前 20 名）

城市	排名	综合得分	国家	城市	排名	综合得分	国家
纽约	1	100.00	美国	柏林	11	77.01	德国
伦敦	2	93.64	英国	新加坡	12	76.62	新加坡
旧金山	3	89.64	美国	哥本哈根	13	75.38	丹麦

[1]　《高质量建设北京高水平人才高地》，《光明日报》2022 年 7 月 8 日。
[2]　《发挥首都人才优势　服务国家发展需求》，《光明日报》2022 年 1 月 19 日。

续表

城市	排名	综合得分	国家	城市	排名	综合得分	国家
芝加哥	4	89.63	美国	斯德哥尔摩	14	75.23	瑞典
苏黎世	5	88.24	瑞士	首尔	15	75.23	韩国
华盛顿	6	83.75	美国	上海	16	74.92	中国
北京	7	80.92	中国	悉尼	17	74.03	澳大利亚
巴黎	8	80.46	法国	东京	18	73.81	日本
洛杉矶	9	80.19	美国	深圳	19	73.66	中国
多伦多	10	78.65	加拿大	布鲁塞尔	20	73.60	比利时

资料来源：北京人才发展战略研究院《全球城市人才黏性指数报告（2021）》。

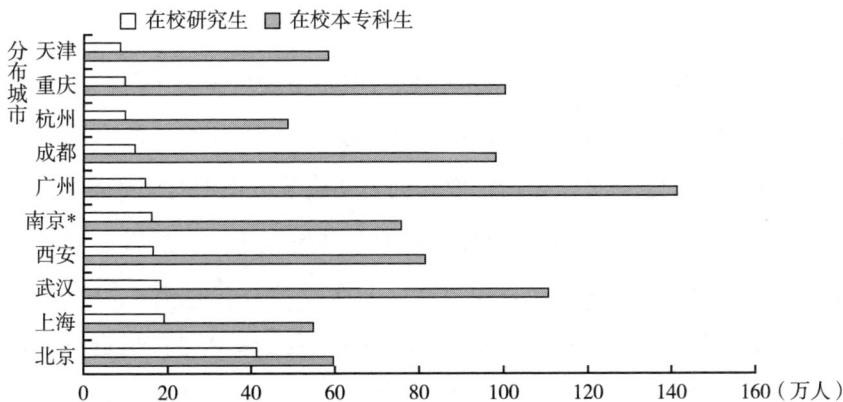

图 2　2021 年主要城市在校研究生数量（前十位）

资料来源：国家统计局。

注：＊为 2020 年数据。

　　为引导各类优秀人才深耕北京，服务首都新时期高质量发展，北京市不断健全完善各类优秀人才表彰体系，针对不同层次、不同年龄人才类型开展"优秀青年人才奖""有突出贡献的人才""首都杰出人才奖"等评选活动。同时，北京市委组织部指导并牵头策划，借助北京卫视平台推出全国首档聚焦人才和营商环境的《为你喝彩》纪实节目，集中展示了北京各行各业领军人物和精英人才的成长、工作和生活，生动展现了高精尖领域人才在北京营商政策和人才政策的帮扶下，与这座城市共同成长、互为成就。通过评选表彰、媒体宣传等的示范作用，北京更立体、形象地展现了这座城市的成人之美，为无数寻求发展的青年人才带去鼓舞和示范的力量，并在全社会大兴识才、爱才、敬才、用才之风，凝聚起尊重人才、重视科技的力量。

北京市作为第一个减量发展的超大型城市，不断提升人口素质，提供更好的就业机会、就业结构和公共服务水平，吸引各方面专业技术人才会聚北京，已经走过了外延式人口红利发展的阶段，加快向"人才红利"的发展方向转变，这是首都实现高质量发展的巨大优势。

二 北京市科技人才队伍建设存在的问题

"十三五"期间，北京市进入科技创新中心建设全面加速期，在人才引进和培养方面的制度建设、政策供给力度不断加大，使北京市在科技人才储备、创新资源、创新服务、创新绩效和创新环境等方面取得了丰硕的成果。2021年，在国际科技创新指数综合排名的全球城市中，北京居于第四，并首次位列全球创业生态系统最佳城市榜单的前三。[①]"十四五"时期，科技创新被摆在极其重要的位置，而作为创新活动的源头，人才的引进与培养起着关键作用。目前，北京科技人才队伍建设与一些发达国家城市相比还存在提升的空间，尤其是在人才质量、人才梯队构成、科技成果转化方面。

（一）人才绝对规模大，但顶尖人才和关键人才仍然匮乏

长期以来，北京市一贯重视科技人才培养和引进，人才数量和质量得到大幅提升，为建设科技创新中心提供了坚实的人才支撑。截至2020年底，北京市拥有5名顶级科技奖项获得者，占全国1/3；有805名两院院士，占全国的将近1/2；有来自47个单位的255名科学家入选高被引科学家，位居全国第一。[②] 北京自2013年起实施的"北京学者"培养计划，为每名学

---

① 数据来源于《国际科技创新中心指数2021》。
② 数据来源于北京市科学技术研究院创新发展战略研究所。

者聘请 2 名以上院士担任导师，量身定制培养方案，并在培养周期内给予稳定的支持。截至 2021 年底，北京市已选拔培养 73 名"北京学者"和 35 名青年"北京学者"，其中共有 12 人当选发达国家科学院院士或中国科学院、中国工程院院士，15 人 18 次获得国家自然科学二等奖、国家科技进步二等奖和国家技术发明二等奖。[1] 此外，"高聚工程"中，被认定为战略性新兴产业领域的高管领军人才 527 名；"高创计划"中，被认定为杰出人才 42 人、领军人才 343 人、青年拔尖人才 197 人。在人才数量规模、高层次人才数量、领军人才和青年人才数量方面，北京市都占据绝对性优势。[2]

在科技人才队伍建设取得巨大成就的同时，北京市顶尖人才和关键人才储备与发达国家城市相比仍存在一定差距。根据《国际科技创新中心指数报告 2021》，美国 15 个样本城市平均拥有 13.2 名顶级奖项获得者，而北京仅有 5 名；在高被引科学家比例方面，全球城市平均值 3.14%，美国城市平均值 4.61%，而北京仅为 2.24%，处于全球排名的第 32 位；在入围人工智能与图像处理全球百名科学家中 5 名中国籍专家均未在北京；在新材料、生命科学、人工智能领域全球前百名科学家中也无北京地区专家入围。

（二）人才结构多元化发展，但人才梯队建设的宏观布局有待加强

构建科学合理的科技人才梯队，是服务首都城市战略定位、推进全国科技创新中心建设、保障首都科技活动良性循环的题中应有之义。目前，北京已初步建立"战略科学家—科技领军人才和创新团队—青年科技人才队伍"的金字塔形科技人才梯队结构，支撑北京实现高质量发展。

科技人才梯队建设仍存在一些问题。一是缺少对全市科技人才梯队培养的统筹规划和整体布局。当前，有关科技人才政策制定的部门有 20 多个，分别基于不同角度和发展需求制定了相应的规划和政策，但部门间缺乏统筹

---

① 《北京：以首善情怀，聚四方之才》，《光明日报》2022 年 1 月 19 日。
② 数据来源于北京市科学技术研究院创新发展战略研究所。

协调，交叉管理严重，政策间存在重合和不明晰的情况。① 二是科技人才梯队建设的体制机制仍需完善。现有的科技人才考核评价体系较为笼统，没有根据行业特点、工作职能、梯队层级进行科学合理设计，没有将创新价值、创新质量等要素纳入考量标准。三是对青年科技人才的支持和培育有待加强。现有科研资助向顶尖人才和领军人才倾斜，青年人才在受助额度、范围和频次方面较为有限，上升空间和路径不明朗。

（三）科技成果总数大幅提升，但成果转化堵点有待打通

科技成果转化是落实"科学技术是第一生产力"的关键。科技进步是经济发展的动力，要发挥科技是第一生产力的作用，只有把作为第一生产力重要体现的科技成果充分运用于生产实践，才能有效实现我国经济的高质量发展。北京市拥有 90 多所高等院校、1000 多家科研院所、800 余名两院院士②，科技资源十分丰富。在建设国际科技创新中心战略指引下，北京市的科技创新体系建设取得了长足进步，科技投入和产出增长迅速，涌现了大批重要的科研成果。同时，北京围绕科技成果权益、科研经费使用、耐心资本支持等方面进行深入的创新机制体制改革，颁布实施《北京市促进科技成果转化条例》《关于新时代深化科技体制改革　加快推进全国科技创新中心建设的若干政策措施》《北京市进一步完善财政科研项目和经费管理的若干政策措施》等政策法规，推动北京科技成果转化实现"质""量"齐升。2021 年，北京市技术合同成交额突破 7000 亿元，流向外省市和出口技术合同成交额占比达到了 74.1%③，突出体现了北京在带动全国创新驱动发展方面的引领作用。然而，科技成果转化并非一朝一夕，虽然北京市已逐步构建多层次科技成果转化政策制度体系，但在转化过程中仍存在高质量成果供给

---

① 黄海刚、付月：《"十四五"时期北京科技人才政策的战略转型》，《北京社会科学》2022年第1期，第13页。

② 《高质量建设北京高水平人才高地》，《光明日报》2022年7月8日。

③ 《北京科技成果转化十年成果斐然》，中华人民共和国科学技术部，https：//www. most. gov. cn/dfkj/bj/zxdt/202210/t20221014_ 182937. html。

不足、成果承接能力不足、科技成果转化为产品机制不够通畅、校企合作程度和范围有待持续深化等问题。

三　加强北京市科技人才队伍建设的对策建议

面对当前北京市科技人才队伍建设的问题，要坚持党管人才的原则，确保人才工作政治方向，统筹人才政策制定；要协同"两区"，契合首都国际科技创新中心建设，实现政策叠加效应；要有的放矢，考虑人的"三重属性"，提升政策精准有效性。

（一）党管人才，强化政治思想引领，确保人才工作方向，统筹人才政策制定

坚持党管人才，是我党百年奋斗的重大历史经验，是新时代人才工作的政治优势，更是党和国家兴业筑梦的重要基础。党管人才主要是管宏观、管政策、管协调、管服务。坚持党管人才的原则，一是把牢人才之舵，以"管"凝聚合力。坚持党管人才，发挥指导、协调和服务的功能，制定和组织人才工作的中长期发展规划，完善现有的人才政策体制机制，进而解决影响人才聚集和作用发挥的根本性问题，构筑北京的人才制度优势，在激烈的国内国际竞争中占据战略主动。二是筑牢爱才之观，以"管"强化认知。坚持党管人才，坚持充分尊重劳动、尊重知识、尊重人才、尊重创造的思想理念，将"人才是第一资源""抓人才就是抓发展"的认知贯彻到各级政府部门和全社会，为引才聚才育才用才提供思想保障和政策保证。

立足首都城市战略定位和建设国际一流的和谐宜居之都的目标，强化国际科技创新中心建设，新时代首都发展比任何时期都更需要人才。因此，坚持党管人才，是基于首都城市战略定位所需，以更高的站位、更大的力度、更宽的视野、更强的合力去发现、培养、使用和部署人才，为首都实现全国政治中心、文化中心、国际交往中心、科技创新中心的城市战略定位提供强有力的人才支撑。

（二）协同"两区"，契合国际科技创新中心建设战略，实现政策叠加效应

"两区"建设是北京市"十四五"时期实现首都高质量高水平发展的突破口和着力点。"两区"建设聚焦科技创新、服务业扩大开放、数字经济等主要特征，与国际科技创新中心建设相互促进，为北京高质量发展持续注入强大动力。而高端科技人才是推动北京建成国际科技创新中心、实现高质量发展的第一动力和重要支撑，所以要将科技人才政策的顶层设计与首都"两区"建设发展格局协同联动，以首都发展全局视角统筹规划科技人才政策各个层次、各个方面、各个要素，实现科技人才政策与"两区"战略布局的主体协作，一体推进，助力北京市向更具全球影响力的国际科技创新中心和人才高地发展。

科技人才政策协同"两区"建设战略布局要注意以下两点。一是以"两区"建设战略布局为具体导向，有重点有层次地统筹规划相应领域的人才引进和培养，如将新时期的人才政策制定与"两区"建设联动规划中的科技创新、服务业扩大开放、数字经济目标相匹配，重点引进和培育量子信息、人工智能、云计算、芯片研发、生物制药、双碳发展、区块链、数字贸易等领域的顶尖人才和关键人才，夯实"两区"建设战略布局的人才基础。二是在"两区"建设的发展过程中，涵养和优化现有人才生态，最大限度调动科技人才的积极性和创新性，耦合科技创新与产业发展的协同机制，发挥"人才+"叠加效应助力首都高质量发展。如以"两区"建设为契机，北京市围绕"四个面向"，聚焦产业打造人才链，深化科技创新人才体制改革，在人才激励、评价机制上下真功夫，充分激发创新主体活力，以此推动首都人才创新成果精准对接产业发展需求。

（三）有的放矢，考虑人的"三重属性"，提升政策精准有效性

推进科技发展，人才是关键。人同时具有自然属性、经济属性和社会属性"三重属性"，因此可以借鉴 Rothwell 和 Zegveld 关于创新政策的分类

方式①，从供给型、需求型和环境型政策三个维度，分析和探讨如何吸引和使用科技人才。

供给型政策，是指政府根据科技人才发展需要给予直接的服务与支持，对科技人才进行扶持和培育。供给型政策通过直接提供技术、信息、资金、土地等相关要素来支持和推动科研人才进行创新活动。近年来，北京市通过加大对科研人才的专项资金投入，完善人才发展体制机制改革、聚力"两区"建设等政策措施，直接助力科学家和人才团队从事科技创新活动，完善科技人才的服务保障。如北京市经开区已逐步构建起以"人才十条"为核心的人才政策体系，每年设立10亿元专项资金分类分级支持科技人才创新创业。② 供给型政策扮演着重要"推动力"角色，未来北京市可以加强对供给型政策的使用，实现对科技人才的直接激励效应。同时，进一步细化供给型政策的目标对象，构建区分类别、层次分明、重点突出的供给型政策体系。强化"资金+人文关怀"的"硬供给"和"软供给"相辅相成的政策模式，助力首都科技人才工作开新局。

需求型政策，是指政府通过明确政策导向，支持和引导科技人才从事国家发展所需的科研创新、技术开发和成果转化活动。需求型政策是通过减少市场不确定性来引导科技人才进行创新活动。近年来，北京市通过逐步加大需求型政策的使用，来促进科技人才开展创新活动，如由北京市政府主导成立，邀请国家发改委、科技部、国资委等部委指导，中国移动、招商局集团、腾讯等27家企事业单位共同组成的长安链生态联盟，对引导、培养和支持相关科技企业和人才从事具有国际影响力的区块链技术与产业生态研究提供强有力的支持。需求型政策扮演着"拉动力"的角色，未来北京市可以加大需求型政策的使用，进一步引导和培养科技人才围绕国家发展战略需求，围绕首都国际科技创新中心建设目标，开展科研创新工作，多措并举推

---

① Rothwell, R. & Zegveld, W., "An Assessment of Government Innovation Policies", *Review of Policy Research*, 2010, pp. 436-444.

② 《北京经开区每年10亿元专项资金打造全球化人才引力场》，中国新闻网，https://www.chinanews.com.cn/sh/2021/07-16/9521860.shtml。

动科技成果转化，服务首都高质量发展。

　　环境型政策，是指政府通过公共服务、融资信贷、税收审计等方面相关政策措施营造良好的科技创新环境、优化科技人才发展生态，间接对科技人才发展起到良性影响。环境型政策是北京市目前使用较多的一类政策工具，如以科技贡献、专项技能等为主要指标，推行积分落户政策，2021年积分落户入围人员达6045人；为解决国际人才来京工作的"后顾之忧"，北京市共推出1.1万套国际人才公寓、23所国际学校、8家国际医院、18个外国人服务站点[①]；出台"一枚印章管审批""一业一证""一证多址""跨省通办"等极简化改革措施优化营商环境，服务创新创业开展。[②] 环境型政策扮演着"间接影响力"的角色，未来北京市应继续加大外部环境优化力度，配合供给型、需求型政策多重发力，共同为北京科技人才队伍建设助力（见图3）。

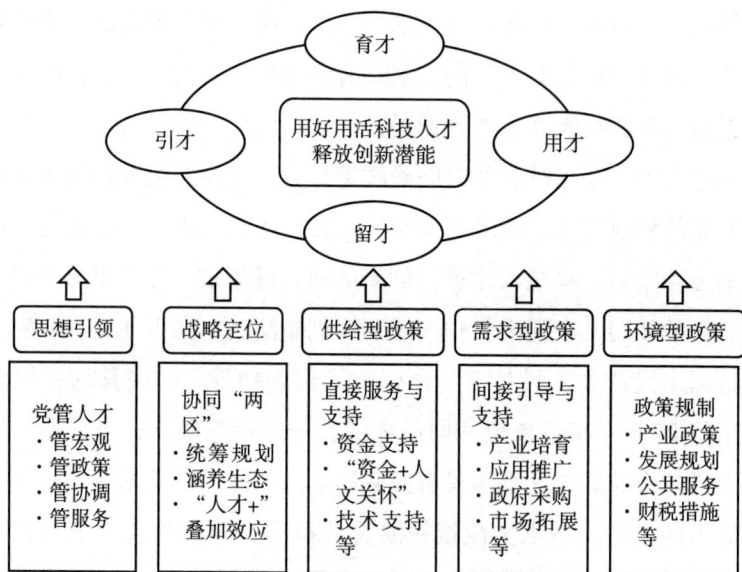

图3　科技人才队伍建设支撑体系

① 《北京打造高品质人才社区　推动1.1万套国际人才公寓建设》，人民网，http：//bj. people. com. cn/n2/2022/0916/c233088-40127383. html。

② 《北京经开区亮出优化营商环境成绩单》，人民网，http：//bj. people. cn/n2/2022/0903/c14540-40109235. html。

B.15
数字乡村背景下北京市乡村
振兴人才队伍建设探究

范巍　曹婕*

摘　要： 人才是第一资源，是推动数字乡村建设的重要力量。近年来，
北京市积极出台各项政策，引领数字乡村人才队伍建设，各区
县的数字乡村及乡村人才队伍建设已取得一定的成效，但也遇
到诸多问题，如数字乡村发展所需的人才总量不足、提升数字
素养的培训不足、用好人才的激励措施不足等。与此同时，北
京市数字乡村人才队伍建设也面临着城乡人口比过高、老龄化
严重、科技人才流失等挑战。因此，本文在分析政策要求和实
践需要的基础上，从人才引、育、留、用的角度，提出做好顶
层设计，重点引育急需紧缺人才，引进各类人才，建设产业创
新人才高地，丰富培训方式，创新数字人才培养体系，完善配
套体系，打造生态良好的人才栖息地等对策建议，以期促进北
京市数字乡村人才队伍建设，并为北京市加快建设高水平人才
高地做出积极贡献。

关键词： 数字产业　乡村治理　乡村人才队伍建设

---

* 范巍，中国人事科学研究院企业人事管理研究室主任，研究员，博士，研究方向为职业分
类、职称与职业资格制度改革、技能人才评价、人才队伍建设与政策研制；曹婕，中国人事
科学研究院企业人事管理研究室实习研究员，研究方向为人才队伍建设与政策研制。

一　引言

数字乡村是伴随网络化、信息化和数字化在农业农村发展中的应用，以及农民信息技能的提高而内生的农村现代化新形态。《北京统计年鉴 2021》数据显示，北京市农作物播种面积呈逐年下降趋势，2020 年起播种面积有增长趋势，2020 年，北京市农业贡献率为−2.6%，是近十年最低值。[①] 在近远郊区县广袤的大地上，乘着数字化浪潮实现乡村振兴，逐步缩小城乡差距，开拓农村新蓝海，前景广阔。自 2018 年中央一号文件首次提出"数字乡村"以来，数字乡村的发展得到了中央及地方各级政府的高度重视。北京市相继出台《北京市 2022 年高素质农民培育工作实施方案》《北京市加快推进数字农业农村发展行动计划（2022—2025）》等文件推进数字乡村建设。

人才是第一资源，是数字乡村建设的重要推动力量。农村一二三产业的数字化转型离不开高数字素养的乡村治理人才的规划引领，离不开高数字素养的乡村公共服务人才的贯彻执行，离不开遥感、大数据、人工智能等农业农村领域科技人才的赋能，也离不开农村一二三产业生产经营者在数字乡村建设实践中的积极探索。数字乡村的发展，需要高数字素养的人才队伍来支撑。近年来，北京市出台了《北京市加快推进数字农业农村发展行动计划（2022—2025）》等文件促进乡村人才队伍建设，但在探索数字乡村建设的过程中，也遇到了诸多人才工作方面的困境：数字乡村建设所需的一二三产业生产经营人才、农业农村科技人才、乡村公共服务人才和乡村治理人才总量不足，提升各类人才数字素养的培训体系不完善、激励机制不健全等。

2021 年 11 月 5 日，中共中央网信办公布《提升全民数字素养与技能行动纲要》，指出要提升农民、新职业群体、领导干部和公务员的数字技能。提升各类人才的数字素养，这既是党中央对北京市人才工作提出的新要求，

---

① 北京市统计局：《北京统计年鉴 2021》，http：//nj. tjj. beijing. gov. cn/nj/main/2021-tjnj/zk/indexch. htm。

也为北京市乡村人才队伍建设提出了挑战。因此，本文拟研究数字乡村背景下北京市乡村振兴人才队伍建设问题，即如何引、育、留、用数字乡村建设所需的各类人才，促进北京市数字乡村建设，也为北京市加快建设高水平人才高地做出积极贡献。

二 北京市数字乡村建设的基本情况

近年来，国家高度重视数字乡村建设，各部委相继出台政策文件指导数字乡村建设工作。北京市根据实际情况，出台了数字农业发展、乡村振兴人才队伍建设的相关文件，并进行了积极的实践探索，在平谷、密云等13个区（县）开展数字乡村建设，围绕信息基础设施建设、产业发展、乡村治理等持续推进。

（一）完善信息基础设施

2020年，北京市出台《北京市加快新型基础设施建设行动方案（2020—2022年）》，对建设新型网络基础设施、数据智能基础设施、智慧应用基础设施等提出了新要求，并明确了责任分工。三年来，在各部门积极努力下，在中国移动等电信运营商的积极探索下，北京市13个区（县）所辖村的信息化基础设施得到有效改善，截至2022年8月，全市所有行政村宽带网络基本全覆盖，13个涉农区互联网普及率达80.6%，涉农区电商服务站覆盖率达到83.9%。①

（二）促进数字产业发展

2022年7月5日，北京市农业农村局、网信办联合印发《北京市加快推进数字农业农村发展行动计划（2022—2025）》，提出要全面提升乡村产业数

---

① 《智慧农业助力北京乡村振兴》，新华网，http://www.xinhuanet.com/food/20220729/1a18fcc96d2647208a748a40aa6de729/c.html。

字化水平，实现精准化生产、可视化管理、智能化决策。各区（县）积极探索，成效较为显著。平谷区峪口镇引入人工智能、机器人、遥感等数字技术，通过"智慧脑""电子眼""机械手"等，实现远程可决策、可监测、可控制，帮助农户种桃并养护大桃生长，利用数字化平台进行供需匹配，利用网络直播等手段销售大桃。数字技术赋能大桃产业的产、供、销各个环节，促进了农民增收。昌平区阳坊镇的无人蔬菜农场，从旋地、整渠到播种均由无人机操作，使作物排列更加美观，并极大地节约了人力成本。据统计，2022年，该农场首茬甘蓝种植期间共节约人工成本76230元。① 朝阳区朝来农艺园积极寻求与农业科研单位的合作，研发了环境控制策略，实现了对光、温、气等环境因素的智能化控制，保证了温室内空气的均匀分布，提高了蔬菜的品质及产量，突破了自然环境对农产品生长的限制，实现了淡季农产品"保供应"。

（三）推进乡村数字化治理

《北京市加快推进数字农业农村发展行动计划（2022—2025）》对乡村数字化治理也提出了新的要求，通州区、平谷区走在前列。通州区皇木厂村的"智慧乡村"生活圈平台，使村民可随时获取与自己生活息息相关的便民服务信息。平谷区刘家店镇的"云上政务"，集"政、养、病、康、文、乐、保"于一体，为居民提供一站式服务，让村民足不出户即可在线办理社保、就业、生育服务等事项。

三 北京市乡村人才队伍建设基本情况

（一）成立乡村人才振兴工作专班

2021年3月，北京市出台了《关于全面推进乡村振兴加快农业农村现

---

① 《无人整地、植保、巡检，北京首个生产型蔬菜无人农场建成》，《北京日报》2022年8月16日。

代化的实施方案》，设立了乡村人才振兴工作专班，专班由北京市人才工作局牵头组建，专班明确了其重点任务台账，并对各区、各单位在农业农村人才培育、人才返乡下乡、乡村人才振兴体制机制建设等方面的工作进行监督指导。

（二）提升村民信息化能力

自 2022 年 5 月起，北京市相继发布了《北京市乡村产业振兴带头人培育"头雁"项目实施方案》《北京市 2022 年高素质农民培育工作实施方案》《关于进一步改进农民培训的工作方案》，重点提升农业合作社等农业经营主体负责人的数字素养，提升农民的数字技能。"头雁"项目实施方案遴选程序合理、培养方式科学、政策支持完善，对各区"头雁"项目实施提出了新要求，也在培养时间、授课教师、授课形式、授课内容等方面为各区开展工作提供了具体的指导意见，并采取分批付款、产业扶持、服务保障、人才评价支持等措施保障政策落到实处。高素质农民培育方案聚焦农产品"保供应"、农村电子商务、冷链物流、乡村治理、农民职业能力提升等重点任务，着力开展经营管理人才、生产技能人才、产业带头人专项培育行动，并着重强调对实施情况的绩效评估，以实现完整的工作闭环。改进农民培训的工作方案在培训方式方法和资金激励方面有较大的提升，突出了公益类事业单位作为承训机构的主体作用，倡导加大培训信息公开力度、就近参训等。

（三）引进使用各类人才

一是实施"三支一扶"计划。自 2019 年起，北京市连续 4 年组织招聘 1900 余名高校应届毕业生赴农村担任"乡村振兴协理员"[①]，从事支农工作，为乡村输送公共管理服务人才。同时，除工资福利与乡镇公务员等同外，为参与"三支一扶"计划的毕业生发放安家补贴，并落实考研加分

---

① 根据历年招聘计划测算。

政策。

二是引导京内人才下乡。实施"人才京郊行""青振京郊""千名科技人员进千村入万户""百师进百村"等行动，引导各类人才定期下乡，发挥专长，服务乡村振兴。

（四）提供成长成才环境

一是探索破格评定职称。自 2021 年起，北京市探索将无学历但有农业生产技术的"土专家"纳入职称评价体系，职称评定不受年龄、学历和现有职称的限制，其主要依据是"土专家"在其各自领域做出的贡献。截至2022 年 6 月，已有 11 名新型职业农民申报职称评审。[①]

二是举办创业创新大赛。举办"北京市乡村振兴人才优秀创业项目评选资助活动暨北京市农村创业创新大赛"，搭建成果展示平台，让有想法、有创意的农民展示其创新成果。同时，根据比赛结果，对入围项目相关人员进行培训，帮助完善项目方案，帮助项目落地。

三是搭建"博士农场"。一方面，为农业科技人才提供试验场地和产学研转化平台，如日光温室、园区等；另一方面，在土地流转、经费支持、用工等方面给予政策补贴，在自住房、交通出行等方面提供人才服务包，提供暖心、贴心服务。

四　数字乡村背景下北京市乡村人才队伍建设存在的问题

（一）数字乡村发展所需人才总量不足

一是农村一二三产业数字化生产经营人才不足。数字乡村的未来图景，是农村一二三产业的数字化升级，党务、村务及与居民生活息息相关的公共

---

① 《人才振兴　新农人成京郊农业高质量发展主推手》，《新京报》2022 年 6 月 13 日。

服务数字化供给，人才工作应更好地服务于数字乡村建设。当前，在产业发展数字化方面，各区主要将精力集中在农业数字化方面，尚未从第一产业的数字化发展到一二三产业的数字化。农产品深加工、精加工等加工工业的数字化涉及机械设备的精准操控，消费者偏好的获取也可通过数字手段进行，旅游业、民宿产业的发展有待数字技术、数字人才的赋能，因而需要更多的农业生产经营人才和农村二三产业发展人才，但能够服务于一二三产业发展的生产、管理人才不足。

二是数字农业农村科技人才不足。北京市各区近年来对高科技人才的利用主要集中于"人才京郊行"，该计划实施14年来，在教育医疗领域的效果较好，人才对于农村产业发展的支撑还有待加强。此外，"青振京郊""百师进百村"等项目也有待进一步与数字乡村建设相结合，农业农村科技人才不足。

三是数字乡村治理人才和乡村公共服务人才不足。这主要体现在基层领导干部和基层工作人员不足上。领导干部受其所学专业、工作经历限制，不一定既懂农业农村工作，又懂数字技术和信息化工作，数字乡村建设所需的复合型人才较少。基层工作人员中，年长者对数字化手段及数字乡村解决方案认知不完整，年轻者在农业农村工作中的资历较浅，因而在服务农村数字产业发展、服务农民数字化生活中存在人才缺口。

（二）农村各类人才培养不足

一是对农村青年的培养不足。新农民主要来源有三：一是农村未就业青年，二是返乡青年，三是数字技能得到提升的"旧农民"。当前，北京市出台政策着力提升"旧农民"的数字技能，但对于其他两类人群的关注度不够，对未就业青年的学校教育、返乡青年的职业教育尚未充分开展。

二是对农村一二三产业从业者数字技能的培养不足。该问题主要体现在培养方式上，针对提升农民数字技能的实操性培训不足，理论性学习较多。培训结果转化不足，参训农民因学习内容与生产所需不匹配、缺乏启动资金等，未能将所学运用到实践中。

三是对数字乡村治理人才和乡村公共服务人才的培养不足。2022年，北京市启动"全民数字素养与技能提升月"，组织了多项针对信息化领域、商务系统和妇联系统领导干部的数字素养和创新能力提升培训。但数字素养的有效提升并非一时之举，为期一个月的培训虽有成效，但不显著。

四是帮助老龄人口适应数字化生活服务的举措不足。数字时代人民生活的方方面面都与"手机"有关，特别是在疫情防控常态化的当下，老年人如不能出示健康宝则很难出行，子女代查也未能完全解决老年人出行问题。此外，社保刷脸认证、网上支付等日常生活服务都需要用到手机。在进行数字服务适老化改造的同时，采取措施为有能力学会使用手机的老年人提供培训，也是当前急需解决的问题。

（三）数字人才激励不足

一是对一二三产业生产经营人才的激励不足。当前吸引农民参与数字技能培训的方式主要是发放培训补贴，这极易造成部分农民为了补贴而培训，不主动学习、提升自我。在吸引青年返乡方面，仅凭短期培训而无良好的产业发展前景、良好的职业发展前景、良好的社会保障作支撑，则年轻人受到的激励不足。

二是对乡村治理和公共服务人才的激励不足。受制于行政体制架构，远郊区县基层工作人员晋升通道较窄，积极学习数字技术、努力建设数字乡村的内生动力不足。大量数据集聚于数字平台，积极进行数据开放共享、进行数字资产交易与更好维护数据安全的度较难把握，稍有不慎则易造成较为严重的后果。

三是对农业农村科技人才的激励不足。对于可帮助实现农村产业数字化、乡村治理数字化的一般实用型技术人才，当前政策对其生活的保障力度不足，未能吸引更多技术人才去京郊从业。对于能够突破种业创新等"卡脖子"技术的高层次科技人才，其科研自主权等管理体制机制有待进一步完善。

五 数字乡村背景下北京市乡村人才队伍建设面临的挑战

（一）乡村振兴关键在于人与北京市城乡人口比过高的矛盾

实施乡村振兴战略，必须打造一支强大的乡村振兴人才队伍，以一定质量、足够数量的多元化人才作支撑。《关于加快推进乡村人才振兴的意见》明确，"乡村振兴，关键在人"。乡村振兴首先需要大量的农业人口作支撑，需要大量的农村常住人口作支撑。但第七次人口普查数据显示，2020 年，北京市城镇人口数量为 1916.6 万人，乡村人口数量为 272.7 万人，城乡人口比约为 7.03∶1，远高于全国平均水平（1.77∶1）。[①] 北京市首都虹吸效应等原因引发高城乡人口比，乡村人口总量过低，使北京市乡村振兴缺乏主力军，一二三产业生产经营人才的培养使用面临挑战。

（二）提升数字素养与北京市人口老龄化严重的矛盾

数字乡村建设的特点在于"数字"二字。农村一二三产业的数字化转型、乡村治理的数字化都要求提升从业者的数字素养与数字技能。但第七次人口普查数据显示，2020 年，北京市 65 岁及以上人口占比为 13.3%，老年抚养比为 17.8%，高于全国老年抚养比（16.45%）。[②] 基于老年人学习能力和身体条件等原因，《提升全民数字素养与技能行动纲要》专门强调要把握好老年人数字技能提升与数字化基础设施适老化改造的平衡。第三次全国农业普查数据显示，农业生产经营人员中，年龄在 55 岁以上的占 40.6%，

[①] 国家统计局：《第七次全国人口普查公报（第七号）》，http：//www.stats.gov.cn/xxgk/sjfb/zxfb2020/202105/t20210511_ 1817202.html。

[②] 国家统计局：《第七次全国人口普查公报（第五号）》，http：//www.stats.gov.cn/xxgk/sjfb/zxfb2020/202105/t20210511_ 1817200.html。

35~55 岁的占 49.4%。① 北京市老龄人口较多、农业生产经营人员年龄偏大、数字素养与数字技能提升困难，与数字乡村建设必须提高从业者及使用者的数字素养相矛盾，由此给北京数字人才队伍建设带来挑战。

（三）农业农村科技人才供需矛盾

数字乡村建设所需引进的科技人才主要分为高层次科技人才和实用型技术人才。北京市数字乡村建设中高层次人才的引进面临着体制机制障碍带来的挑战。以较能反映高层次人才科研水平的"国家杰青"基金项目为例，北京地区受该基金资助人数最多的是北京大学、清华大学、中国科学技术大学等高校，但借助北京资源成长起来的高层次人才，却不一定能为北京市所用。同时，该部分人才还存在流至其他省市的风险，《中国科学基金杂志》统计数据显示，截至 2020 年 5 月，自"国家杰青"基金项目设立以来，北京地区流出人数为 192 人、流入人数为 163 人，净流入人数为-29 人。② 实用型技术人才主要是指掌握着农村产业数字化生产经营相关技术的人才，该类人才主要来自大型互联网公司，在互联网巨头中，涉足数字乡村的主要有阿里、腾讯、京东，前两者总部并不在北京，且其数字乡村业务团队目前仍在南方城市，这也给北京市引进农业农村科技人才带来挑战。

（四）"首善标准"与数字乡村人才队伍建设较落后的矛盾

2021 年 11 月，北京市召开人才工作会议，市委书记蔡奇表示，要以首善标准抓好人才工作，力争率先建成高水平人才高地。在乡村振兴战略背景下，在大力发展数字经济的浪潮中，以"首善标准"做好数字乡村人才队伍建设，这也是首都人才工作的重要组成部分。但在数字乡村及数字乡村人才队伍建设方面，浙江、江苏等省份走在前列，北京市仍需继续探索。

---

① 北京市统计局：《第三次全国农业普查主要数据公报（第五号）》，http：//tjj. beijing.
gov. cn/tjsj_ 31433/tjgb_ 31445/npgb_ 31448/202002/P020200216793114192111. pdf。
② 《以首善标准抓好人才工作 力争率先建成高水平人才高地》，《北京人大》2022 年第 2 期。

六 数字乡村背景下北京市乡村人才 队伍建设的对策建议

（一）做好顶层设计，重点引育急需紧缺人才

一是摸清人才底数，明确人才需求。各区县根据各自数字乡村发展实际情况，厘清现有可用人才，结合数字乡村未来发展需求和上级政府政策要求，摸清人才底数，发现人才需求，在此基础上精准引才、育才、用才。

二是积极借助外脑，助力精准引才。积极寻求与专门从事人力资源开发、人才队伍建设相关研究的机构合作，制作本地数字乡村建设急需紧缺人才目录，以此作为人才工作的依据，分阶段、有的放矢地引进人才、培育人才、留住人才、用好人才。

（二）引进各类人才，建设产业创新人才高地

一是积极引进高层次农业科技人才。发挥好北京市首都功能的优势，利用好"高精尖"人才在京工作生活的便利，聚焦农业领域"高精尖"人才，从市政府层面，给予"高精尖"人才更多的自主权，包括研究方向、经费使用、人员聘用、职称评定和科研成果转化方面的自主权，破除体制机制障碍，保障"高精尖"人才更好地进行技术突破。在区政府层面，继续为"高精尖"人才提供试验场地，加强与院士专家、博士团队的合作，开展信息化新技术在农业农村领域的应用[①]，建立无人农（牧）场，研发应用智慧农业相关生产技术，开展产学研一体化研究，促进科技成果转化，形成良性科研生态，进而吸引更多高端人才。

二是积极争取高水平数字乡村治理人才。区政府根据本区数字乡村发展

[①] 陈大穗：《农业信息化人才培育计划和措施》，《2019年海南机械科技与发展学术论坛论文集》，海南省机械工程学会，2019，第90~93页。

的实际情况，积极争取市农业农村局、工信局、商务局等部门的公务人员来本区挂职，而非被动等待上级部门挂职人员，为本区数字乡村发展争取既懂农业又懂技术的"领头羊"，鼓励其统筹谋划本区数字乡村发展进程，真正做到在数字化进程中外包技术，但不外包想法。同时，区政府可根据本区数字乡村发展的实际需求和人才急需紧缺程度，面向在京普通高等院校，设立专项招聘计划，重点招录农业农村、信息技术、人工智能、大数据等领域的优秀毕业生到本区担任公务员或事业单位工作人员。

三是积极引进实用型数字技术人才。重点面向大型互联网企业数字农业农村相关部门的解决方案设计人才、技术人才、品宣人才，农业大数据公司的技术人才，以及知名 MSN 机构的网络主播，将其引入本区农业产业园工作，并为其提供一定的经济和公共服务保障，助力实现农业产供销各环节的数字化，以及农村文旅事业的数字化运营及推广。

（三）丰富培训方式，创新数字人才培养体系

一是探索开展"飞地"人才培训。与浙江、江苏、湖南等数字乡村建设先进省份开展合作，通过参观学习，全流程参与农业数字化生产、供应、销售，全流程参与文旅活动、民宿产业数字化运营，互相交流借鉴经验。同时，也可与大型互联网企业合作，引导企业将其在数字农业、数字乡村领域的实践经验、创新方案传授给各区的领导干部、农民。搭建企业培训实践平台，以情景模拟的方式，让参训人员观看数字农场场景、获取农产品供求信息数据、模拟直播带货、获取直播数据、提升直播方案等，培训讲师实时反馈，参训对象及时复盘，更好提升培训效果。[1]

二是着力提升政府工作人员的数字素养。一方面，针对科级（含）以上领导干部，利用好党员干部远程教育平台，以提高数字素养为目的，常态长效进行理论学习，合理设置专题网络党课，引导领导干部通过理论学习，

---

[1] 尹魁：《面向信息化人才培养的智慧企业培训实践平台构建研究》，《经济师》2020 年第 9 期，第 273~274 页。

了解数据作为资产的重要性，了解数字技术赋能生产生活的机理，解开流量促进经济增长的密码，提高其领悟力。通过组织领导干部开展交流借鉴、深入基层调研，使其明白当地人才工作所处的阶段，应着力改善哪些方面，在实践中提高其规划力。另一方面，针对基层工作人员，通过开展专题培训，让其深入了解数据、技术、农业，了解发展规划和操作规程，具备信息系统运行和维护能力，熟悉物流技术，以提高其执行力。

三是大力提升农民的培训效果。一方面，要根据当地人才的急需紧缺程度、上级部门指引的方向和未来发展的需要调整培训内容，根据培训内容选择合适的培训地点，根据参训农民的文化程度、知识背景，选择合适的培训方式，让农民"听得懂、学得会、用得上"。另一方面，将人才培训与产业发展相结合，在产业园建设和产业发展中培养人才，就业促进部门对数字人才就业创业提供一定的资金倾斜、渠道供给，确保所学落到实处，提升数字人才的获得感；持续追踪被扶持对象的发展情况，树立典型，宣传典型，提升数字人才的价值感。

四是加强校地合作。针对普通高等院校的在校生，一方面，通过交叉学科设置，培养农业、信息技术、管理等方面的复合型人才，提升其专业能力和理论水平；另一方面，通过文化熏陶培养远见卓识、敢于创新的企业家精神，爱农业、爱农村、向往新农民这一身份的"三农"情怀和诚实守信、实事求是、脚踏实地的经营理念[1]，使其毕业后有主动性也有能力投入"三农"事业。同时，要发挥好高职院校的作用，为农村部分未能考入本科院校的青年谋取出路，高职院校的课程设置要更加注重实用性和可操作性，既要对接专业标准，又要对接职业标准[2]，尽可能实现从学校到工作岗位的无缝衔接。此外，针对老年人数字素养提升问题，结合"青振京郊"计划，积极开展校地合作，各高校可积极开展"爱老助老"系列社会实践活动，

---

① 吕丹、马歆、江朦朦：《数字乡村建设背景下农业电商创新创业人才培养》，《农业工程》2020年第6期，第98~101页。

② 殷红梅、俞国红：《校企协同背景下创新创业信息化人才培养体系探索》，《办公自动化》2021年第22期，第33~35页。

组织学生利用周末、寒暑假时间进入社区开展老年人数字素养提升活动，发挥想象力自制手机操作手册，并对照手册为老年人讲解，尽可能做到"小老师在时能学会，小老师走后能用上"。

（四）完善配套体系，打造生态良好的人才栖息地

一是完善新农民社保体系。首先，探索农业合作社成员以单位就业形式参保的新型参保模式，在中央财政、地方财政和个人缴费之间做好平衡，在各方均能负担的前提下，尽可能使农业合作社负责人及部分社员以单位就业形式参保，尽可能缩小与城镇职工参保的差异，从养老、医疗保险均衡开始，逐步拓宽至其他方面，以缩小社保差异吸引更多年轻人返乡。其次，对农民参保给予适当补贴。鉴于城镇职保缴费比例高，政府和个人均无力承担，补贴应坚持分类施策，发挥好财政资金的引导作用。针对不同省份给予不同比例的补贴，确保经济发达和欠发达地区农民都可参保。在资金有限的情况下，对高技能人才参保予以补贴，夯实乡村产业兴旺的人才基础，同时体现出对技能人才的重视，引导农民积极提升自身数字技能。最后，提高新农民社保水平。在医疗保险方面，推动实现"小病不出门，大病少出门"，在区分不同层级医院报销比例的前提下，适当提高异地大病报销比例，畅通异地就医渠道，缩小城乡差异。在养老保险方面，积极探索农民养老保险的全国统筹机制，倡导各类研究机构研究其可行性和具体措施，减少经济发展水平不一带来的保障不均，帮助欠发达地区吸引人才。

二是完善新农民职业发展体系。一方面，进行人才评价。依据职业技能标准，完善乡村数字人才职业技能等级制度，引导农民参加职业技能鉴定、职业技能竞赛等，由此获得相应技能等级，适当放宽营销等非技术型人才的学历标准，让更多人的职业生涯有奔头。完善农业农村领域领导干部的职称评审申报条件，破除"唯论文"的窠臼，探索将专题报告、发展规划、实践经验等更具实践意义的成果视为评审依据，以此引导领导干部注重理论与实践相结合、主动探索新方法、积极总结好经验，更好地提高其规划力、执行力。另一方面，完善激励机制。将技能认定结果、职称评定结果与工资福

利、晋升、子女进城上学等挂钩，更好地激励农民和基层领导干部干事创业。

三是强化对政府基层工作人员的激励。给予基层工作人员物质奖励。首先，要合理调整薪酬制度。针对基层工作环境艰苦、工作内容复杂等情况，在原有公务员工资基础上，由区财政给予下乡补贴。但也要考虑到公务员的绩效，将工作任务重与任务轻的工作人员区分开来，给予差异化的补贴。其次，要合理调整选人用人制度。在公务员招录时将基层工作经验纳入考量范围，报考市直单位需要有服务基层经验，探索开展定向对口招录；在公务员提拔过程中，将基层工作经验作为重要指标；此外，畅通公务员遴选渠道，保证年轻人下得去、回得来。增强基层工作人员的自我认同。一方面，提升基层工作人员的责任感、使命感。通过党校学习、外出学习、网络学习等形式，增加、提升年轻人的知识、技能，增强年轻人的政治意识、服务意识，让年轻人在啃基层工作硬骨头的过程中感受到服务人民的获得感，实现自我认同。另一方面，提升基层工作人员的幸福感、荣誉感。深入推进基层减负，让基层工作人员在工作中感受到组织的关怀。组织谈心谈话、进行节日问候，让基层工作人员在生活中感受到组织的关怀，增强幸福感。

四是为外来技术人员做好兜底保障。一方面，针对"高精尖"人才团队在本区域开展科学试验、科研创新活动过程中的非主观过失，设立免责机制、容错机制，以此鼓励"高精尖"人才积极试错、努力创新。另一方面，针对实用型技能人才，将其引进远郊区县时，可探索放宽落户条件，使其及早加入京籍，并享受相应的公共服务，减轻其在京发展的后顾之忧。

附　　录

Appendix

B.16
2022年北京人才工作大事记

1月

11日　2021中关村国际前沿科技创新大赛总决赛在中关村示范区展示中心会议中心举行，大赛聚焦生物医药、人工智能、集成电路、大数据与云计算、智能制造与新材料等重点领域，累计挖掘400多个优质初创企业和团队，一批海内外项目在京落地转化。

21日　北京市财政局、市知识产权局联合印发《北京市专利转化专项资金实施细则》，进一步明确专利转化专项资金支持的方向和标准，促进创新成果更多惠及中小微企业。

28日　北京市怀柔区外国人来华工作服务厅暨北京市公安局怀柔分局外国人出入境服务厅在怀柔挂牌设立，在市人才工作局、北京海外学人中心、市公安局出入境管理局统筹推进下，全市已在11个区建成21个外国人来华工作服务站厅，其中9个服务站厅实现"一窗受理，两证联办"一站式服务。

2月

9日 北京市科委、中关村管委会与天津市科技局、河北省科技厅联合举办"关于共同推进京津冀基础研究合作协议（第三期）"视频签约会，第三期京津冀基础研究合作协议顺利签约。

11日 北京市科学技术委员会、中关村科技园区管理委员会会同北京市财政局共同制定印发《北京市财政科研项目经费"包干制"试点工作方案》，赋予科研单位和创新团队更大的人财物支配权及技术路线决策权，切实减轻科研人员负担，调动科研人员积极性。

3月

18日 中关村新一轮先行先试改革动员部署会召开。时任市委书记蔡奇强调，要紧抓人才这个第一资源，推动高水平人才高地建设，完善战略人才发现、培养和激励机制，培养急需紧缺人才和重点产业人才，建立高水平专业化科技服务人才队伍。

30日 市委市政府印发《关于做好2022年全面推进乡村振兴重点工作的实施方案》，强调要加强乡村振兴人才队伍建设。

31日 市经信局，市发改委，市科委、中关村管委会等部门联合印发《关于支持发展高端仪器装备和传感器产业的若干政策措施实施细则》，针对高端仪器装备和传感器领域企业和研发机构，从鼓励应用基础研究、加快成果转化应用、吸引创新人才集聚等六个方面进行政策支持。

4月

2日 北京市召开沙河高教园区建设发展理事会第三次会议，时任市委副书记、市长陈吉宁主持会议并讲话。

13 日 由北京市教委、市人力资源社会保障局和市发改委共同主办的首届"京彩大创"北京大学生创新创业大赛在北京高校大学生创业园启动。

16 日 部市共建北京国际科技创新中心现场推进会在中关村国家自主创新示范区展示中心召开。

22 日 市委人才工作领导小组召开会议。时任市委书记、市委人才工作领导小组组长蔡奇主持会议,时任市委副书记、市长、领导小组第一副组长陈吉宁出席。会议指出,要深入贯彻习近平总书记关于做好新时代人才工作的重要思想,认真实施新时代人才强国战略,坚持党管人才,坚持首善标准,全方位培养、引进、用好人才,为推动新时代首都发展提供强有力的人才支撑。要加快建设高水平人才高地。坚持国家需要,依托国家实验室、全国重点实验室、新型研发机构,建设国家战略人才力量。

28 日 北京市人力资源和社会保障局印发《关于开展新职业技能等级认定工作的通知》,将择优遴选一批社会培训评价组织,对 20 个新职业劳动者开展技能等级认定工作。

5月

30 日 《全国科技创新百强指数报告 2022(企业、高校、研究机构篇)》发布,北京市共计入围 147 家企业和机构,入围数量居全国第一,凸显北京对全国科技创新的引领作用。

31 日 中关村论坛系列活动——2022 北京智源大会线上开幕,本届大会围绕科研与产业重大命题,搭建思想碰撞平台,发布重大创新成果,深化国际交流合作。

6月

13 日 市委全面深化改革委员会召开第二十六次会议。时任市委书记蔡奇主持会议。会议传达了习近平总书记在中央全面深化改革委员会第二十五次会议上的重要讲话精神，指出，要完善金融支持创新体系，更好适应新时代科技创新需求。树立勇担使命、潜心研究、创造价值的激励导向，营造良好的创新生态。

27 日 中国共产党北京市第十三次代表大会隆重开幕。蔡奇同志代表中共北京市第十二届委员会向大会作了报告。报告强调积极打造高水平人才高地；全方位培养引进用好战略科学家、一流科技领军人才和创新团队、青年科技人才、卓越工程师，打造梯次合理的首都战略人才队伍；持续深化人才培养、使用、评价、激励等体制机制改革，形成具有首都特点和国际竞争力的人才制度体系。

29 日 中关村论坛系列活动——"创业中华·中关村侨海创新发展高峰论坛"在北京举行，旨在激发侨海人才创新发展动力，服务北京国际科技创新中心建设。

7月

5 日 第 25 届北京科技交流学术月开幕活动在中关村生命科学园举办。

7 日 第七届北京市自然科学基金委员会成立大会在中关村示范区展示中心会议中心召开。

13 日 北京市科学技术协会第十次代表大会开幕。时任市委书记蔡奇强调，要努力把北京建设成为世界主要科学中心和创新高地，为建设科技强国、实现高水平科技自立自强作出应有贡献。

16 日 北京市—清华大学技术转移人才培养发布会暨招生说明会成功举办。发布会上，为服务国家创新战略、支持首都创新发展，双方签订了技术转移人才培养合作协议，北京技术转移学院正式揭牌，设立国内首个科创与金融高度融合的学位项目——技术转移硕士项目。

29 日 2022 全球数字经济大会在国家会议中心开幕。时任中共中央政治局委员、北京市委书记蔡奇宣布大会开幕，时任市委副书记、市长陈吉宁致辞，时任市委副书记殷勇出席。

8月

12 日 时任市委书记蔡奇主持召开市委人才工作领导小组专题会议。北京市科技战略决策咨询委员会成立大会暨第一次全体会议召开。

16 日 时任市委副书记、市长陈吉宁调研中关村发展集团并专题研究部署综合改革工作。

26 日 时任市委书记蔡奇主持召开市委人才工作领导小组会议。时任市委副书记、市长陈吉宁到海淀区走访调研信息科技企业。

28 日 HICOOL 2022 全球创业者峰会圆满闭幕，今年大赛共吸引 5000 多个创业项目、6000 多名创业人才参与，项目对接落地成效显著。峰会的国际交流合作平台、全球化赋能平台和深度专业服务平台作用不断凸显。

9月

9 日 市人才工作局完成 2022 年北京市高层次留学人才回国资助试点和留学人员回国创业启动支持计划评选工作，共评选出 30 名创新人才和 10 名创业人才；推荐其中 8 人申报人力社会保障部 2022 年高层次留学人才回国资助和留学人员回国创业启动支持计划，6 人入选并获得经费支持。

15 日 由北京海外学人中心和北京市青年联合会共同主办、首都实业投资有限公司所属国际商务服务有限公司承办的第二届北京国际青年人才"双百"对接会在京启动。

16 日 2022 年朝阳国际人才创业大会（ITEC）正式启动，以"集聚国际人才，创新数字经济"为主题，是朝阳海外人才创业大会（OTEC）聚力十年、全新升级的创新再出发。

19 日 第二十五届京台科技论坛以视频形式在北京、台湾两地同时举办，时任市委副书记、市长陈吉宁在北京会场出席论坛开幕式。

20 日 世界知识产权组织（WIPO）在日内瓦发布的《2021 年全球创

新指数（GII）报告》指出，中国排在第 12 位，较 2020 年上升 2 位，北京在全球科技城市集群榜单中排名第 3。

26 日 由北京市海淀区委人才工作领导小组主办的 2022 年"智汇·海淀"人才主题周启动，全面展示海淀区各行业各领域人才队伍风采，营造尊才尚贤的良好社会氛围。开幕式现场，北京人才发展战略研究院发布了《北京市海淀区人才资源统计报告（2021）》和《中国重点区域人才黏性指数报告（2022）》。

10月

10 日 北京高校 2023 届毕业生就业创业服务季启动，围绕访企拓岗、职场体验、招才引智等方面，一系列促进毕业生就业的活动拉开帷幕，为北京高校 2023 届毕业生高质量就业保驾护航。

16 日 中国共产党第二十次全国代表大会在北京人民大会堂隆重开幕。习近平代表第十九届中央委员会向大会作报告，报告指出，教育、科技、人才是全面建设社会主义现代化国家的基础性、战略性支撑；必须坚持科技是第一生产力、人才是第一资源、创新是第一动力，深入实施科教兴国战略、人才强国战略、创新驱动发展战略，开辟发展新领域新赛道，不断塑造发展新动能新优势。

17 日 怀柔综合性国家科学中心再添大国重器——国家重大科技基础设施项目"地球系统数值模拟装置"顺利通过国家验收，正式开放运行。

B.17
2022年北京人才发展重要政策文件

政策目录

战略规划

1.《关于支持发展高端仪器装备和传感器产业的若干政策措施实施细则》（京经信发〔2022〕45号），北京市发展和改革委员会，北京市科学技术委员会、中关村科技园区管理委员会，北京市财政局，北京市怀柔区人民政府，3月31日

2.《北京市推动软件和信息服务业高质量发展的若干政策措施》（京经信发〔2022〕162号），北京市经济和信息化局，7月26日

3.《北京市促进数字人产业创新发展行动计划（2022-2025年）》（京经信发〔2022〕59号），北京市经济和信息化局，8月3日

4.《关于促进先进制造业和软件信息服务业中小企业升规稳规创新发展的若干措施（2023-2025年）》（京经信发〔2022年〕75号），北京市经济和信息化局，9月15日

5.《关于加快建设高质量创业投资集聚区的若干措施》（京科发〔2021〕79号），北京市科学技术委员会、中关村科技园区管理委员会，12月30日

6.《关于推动中关村加快建设世界领先科技园区的若干政策措施》（京科发〔2022〕4号），北京市科学技术委员会、中关村科技园区管理委员会，6月10日

7.《关于推动北京市技术经理人队伍建设工作方案》（京科发〔2022

14号），北京市人力资源和社会保障局、北京市教育委员会、北京市卫生健康委员会、北京市人才工作局，9月23日

人才培养

8.《北京市高技能人才研修培训工作管理办法》（京人社能发〔2022〕6号），北京市人力资源和社会保障局，4月8日

9.《北京市全面推行中国特色企业新型学徒制加强技能人才培养实施方案》（京人社能发〔2022〕11号），北京市人力资源和社会保障局，6月15日

人才评价

10.《北京市科技新星计划管理办法（修订版）》（京科发〔2022〕10号），北京市科学技术委员会、中关村科技园区管理委员会，6月30日

11.《北京市境外职业资格认可目录（2.0版）》（京人社事业发〔2022〕19号），北京市人力资源和社会保障局，7月1日

12.《北京市创意设计专业职称评价试行办法》（京人社事业发〔2022〕22号），北京市人力资源和社会保障局，7月15日

13.《国家服务业扩大开放综合示范区和中国（北京）自由贸易试验区对境外人员开放职业资格考试目录（2.0版）》（京人社事业发〔2022〕36号），北京市人力资源和社会保障局，9月2日

14.《北京市关于落实完善科技成果评价机制的实施意见》（京科转发〔2022〕226号），北京市教育委员会、北京市经济和信息化局、北京市财政局、北京市人力资源和社会保障局等，9月23日

人才服务

15.《北京市关于支持外资研发中心设立和发展的规定》（京政办发〔2022〕11号），北京市人民政府办公厅，4月7日

16.《中关村国家自主创新示范区促进科技金融深度融合发展支持资金

管理办法（试行）》（京科发〔2022〕6号），北京市科学技术委员会、中关村科技园区管理委员会，6月10日

17.《中关村国家自主创新示范区优化创新创业生态环境支持资金管理办法（试行）》（京科发〔2022〕8号），北京市科学技术委员会、中关村科技园区管理委员会，6月10日

18.《北京市关于实施"三大工程"进一步支持和服务高新技术企业发展的若干措施》（京政办发〔2022〕19号），北京市人民政府办公厅，6月15日

19.《北京市支持高校毕业生就业创业若干措施》（京政办发〔2022〕20号），北京市人民政府办公厅，6月21日

20.《北京高等学校高精尖创新中心建设项目管理办法》（京教研〔2022〕13号），北京市教育委员会，9月16日

知识产权保护

21.《北京市专利转化专项资金实施细则》（京财经建〔2022〕118号），北京市财政局、北京市知识产权局，1月21日

22.《北京市知识产权保护条例》（十五届第〔2022〕72号），北京市人民代表大会常务委员会，3月31日

23.《北京市知识产权信息公共服务网点建设管理办法》（京知局〔2022〕103号），北京市知识产权局，7月28日

关于推动中关村加快建设世界领先
科技园区的若干政策措施

为深入贯彻习近平总书记对中关村创新发展的系列重要讲话精神，加快落实《国务院关于促进国家高新技术产业开发区高质量发展的若干意见》（国发〔2020〕7号）和中关村新一轮先行先试改革政策措施，更好推动《"十四五"时期中关村国家自主创新示范区发展建设规划》（中示区组发〔2021〕1号，简称"十四五"规划）实施，促进中关村国家自主创新示范区（简称中关村示范区）建设再上新台阶，实现高质量发展，结合工作实际，制定本措施。

一　总体思路

坚持以习近平新时代中国特色社会主义思想为指导，深入贯彻党的十九大和十九届历次全会精神，加快落实北京市委、市政府决策部署，立足新发展阶段、贯彻新发展理念、服务和融入新发展格局，以加快打造世界领先科技园区为目标，充分发挥市级财政科技资金引导作用，持续优化科技资源配置机制，积极适应创新范式变革趋势，突出企业主体，支持产学研用协同创新；突出深度融合，支持科技金融体系建设；突出服务提升，推动园区高端化、专业化、集约化发展；突出激发活力，支持优化创新生态环境；突出开放创新合作，支持国际化水平提升，推动"十四五"规划落实和中关村先行先试重大改革任务落地，着力构筑首都创新驱动发展新高地，为加快建设世界领先科技园区奠定条件和基础。

二　支持方向和重点

（一）加快培育创新型世界一流企业

制定实施《中关村国家自主创新示范区提升企业创新能力支持资金

管理办法（试行）》，支持高成长性企业发展，开展前沿引领、颠覆性技术创新，引导科技领军企业牵头组建创新联合体，推动新技术全域应用场景建设，加快培育和集聚一批创新领先、产品卓越、品牌卓著、治理现代的世界一流企业。

1. 支持高成长性企业发展

支持高精尖产业具有较好市场前景和高成长性的科技型小微企业开展关键核心技术创新，持续加大研发投入，不断提升核心竞争力和创新能力。形成全市统一的高新技术企业"小升规"培育清单，推动一批具有较高科技含量和高成长潜力的中小型高新技术企业加快具备持续创新能力和一定的规模经济效益，形成促进本市经济高质量发展的有生力量。

2. 支持企业开展前沿引领、颠覆性技术创新

挖掘培育掌握国际前沿技术的优质硬科技初创期企业，支持企业开展前沿技术研发、转化和产业化，培育具有国际影响力的创新型企业。支持企业独立或者与高等学校、科研机构及其他企业合作开展颠覆性技术创新并转化落地，争取形成产业发展新增长点。

3. 支持科技领军企业等牵头建设创新联合体

实施"强链工程"，支持领军企业、符合条件的独角兽企业牵头，围绕重点产业链关键环节，通过"揭榜挂帅"方式，组建产学研协同、上下游衔接的创新联合体，持续强化产业链供应链。支持领军企业、符合条件的独角兽企业牵头建设技术创新中心，开展关键共性技术研发和示范应用，集聚技术创新领军人才以及开展体制机制创新等。

4. 支持新技术全域应用场景建设

支持属于关键领域"补短板"、填补国内（国际）空白、技术水平国内（国际）首创的技术产品实现首次应用。支持保险补贴机制在首台（套）市场推广中的应用。围绕首都经济社会发展重大需求以及关系国计民生的重点行业，支持实施应用场景建设项目。

（二）促进科技金融深度融合发展

制定实施《中关村国家自主创新示范区促进科技金融深度融合发展支

持资金管理办法（试行）》，推动天使和创业投资发展，深化科技信贷、科技保险创新，支持企业通过资本市场融资发展，推进完善金融支持创新体系，加快建立企业研发创新全链条金融支持机制，促进科技与金融深度融合。

5. 大力发展天使和创业投资

加大长期资本支持引导力度，鼓励聚焦高精尖产业领域开展投资，培育一批"懂科技"的耐心资本。支持投资机构加大早期投资力度，激发早期投资活力。加快推进股权投资和创业投资份额转让试点，提升资金流动性。

6. 深化科技信贷、科技保险创新

深化企业信用融资试点，共享小微企业信用信息，推动开展首次信用担保贷款业务。支持企业通过融资租赁方式获取新技术、新产品，扩大融资租赁业务规模和覆盖面。建立科技保险费用补贴机制，促进科技保险可持续发展。

7. 支持企业通过资本市场融资发展

完善企业挂牌上市培育机制。鼓励北京证券交易所、北京区域性股权市场开展企业挂牌、上市培育，支持更多优质企业通过资本市场融资做大做强。支持企业围绕高精尖产业领域开展并购重组，实现高质量发展。

（三）支持园区高端化专业化集约化服务能力提升

制定实施《中关村国家自主创新示范区促进园区高质量发展支持资金管理办法（试行）》，促进中关村示范区一区多园统筹发展，打造高品质产业空间，加快建设园区创新创业载体，提升园区产业承载能力和服务能力，积极营造一流的园区创新文化。

8. 支持建设高品质产业承载空间

加强园区产业服务设施和公共服务设施建设，优化提升园区智慧化服务管理水平，打造特色鲜明、功能完备、配套完善的产业承载空间，促进园区高端化、专业化、集约化发展。支持合理开发利用、改造提升存量空间资源，优化调整低效空间资源，打造集中连片的科技产业园区。

9.支持建设高能级创新创业载体

支持建设和培育标杆型孵化器,促进一流孵化人才牵头组建专业化团队,搭建开放式的专业技术服务平台,开展高水平的创业辅导、早期投资、资源对接等专业化服务,建立与国际接轨的孵化运营机制,树立旗帜标杆,引领孵化模式变革,带动园区创新创业生态不断优化提升。支持创业服务机构培育优秀硬科技企业,重点促进中心城区的机构引入顶尖科技人才和创业项目,促进平原新城的机构承接科技成果转化和产业化项目落地。支持大学科技园加强与高等学校的联系,完善运营机制,加强团队建设,提升专业服务能力,推动高等学校科技成果转化,加快培育一批创新创业人才和企业,支撑未来产业发展。

10.支持培育高质量产业生态

支持专业化园区运营服务机构发展,创新运营机制,建立灵活高效的人才引进、薪酬激励等机制,建设专业化运营团队,不断提升园区的市场化、专业化运营服务水平,开展园区管理、产业促进、招商服务等工作,广泛引入产业要素资源,不断提升园区主导产业发展效能。支持企业按照中关村示范区分园主导产业定位落地发展,带动提升分园产业集聚度。支持园区主办或承办各类论坛会议、展览展示、赛事路演等活动,搭建交流合作、宣传推介、资源对接、业务协作平台,不断提升"中关村"品牌影响力,吸引带动各类创新资源要素在园区落地发展。

(四)加快打造世界一流的创新创业生态环境

制定实施《中关村国家自主创新示范区优化创新创业生态环境支持资金管理办法(试行)》,支持科技成果转化和产业化,加快搭建公共技术服务平台,加强知识产权保护、技术标准创制运用,提升科技服务专业能力,优化创新创业生态体系,促进各类新技术、新产业、新业态、新模式在中关村示范区聚集发展。

11.加大高层次人才引进和培养力度

支持顶尖创新人才攻克"卡脖子"关键核心技术。支持高聚工程入选人才加强团队建设,在人才落户和公寓等方面提供服务保障。支持科技新星计划入选人才开展前沿性、创新性、实用性的科研项目,推动成果转化落地。支持新星计划入选人才开展跨学科、跨领域的交叉合作。支持高聚工程、新星计划入选人才和重点领域龙头企业、高成长企业的核心技术人才赴境外交流培训。

12. 支持科技成果转化和产业化

落实《北京市促进科技成果转化条例》和中关村先行先试改革任务。支持围绕高精尖产业领域建设第三方概念验证平台,为高等学校、科研机构、医疗卫生机构及企业等提供概念验证服务。支持高等学校、科研机构、医疗卫生机构与企业等创新主体联合开展产学研医协同合作,围绕核心技术和高价值科技成果,实施技术开发、产品验证、市场应用研究等概念验证活动。支持建设专业化技术转移机构,为科技成果转化落地提供专业化服务。支持技术转移机构市场化聘用技术经理人,开展全过程科技成果转化活动。支持中小微企业通过技术开发、技术转让、技术许可等方式,从高等学校、研发机构、医疗卫生机构等转化科技成果,并开展产业化落地。支持设立以科技成果转化和产业化为目标的产业开发研究院,形成从应用研发、成果转化、企业孵化到产业培育的创新能力。

13. 支持创新创业公共技术服务平台建设

在高精尖产业布局建设一批共性技术平台,聚焦产业细分领域及关键环节开展共性技术研发、概念验证及产业化服务。支持在京科研仪器设备拥有单位等参与首都科技条件平台建设,向社会开放共享重大科研基础设施和大型科研仪器,为企业提供测试、检测、研发等服务。支持小微企业和创业团队积极申领使用首都科技创新券。

14. 支持加强知识产权、技术标准创制运用

支持科技型中小企业开展发明专利布局,支持中关村知识产权领军企业和示范企业开展 PCT 等高价值专利布局。支持集成电路、人工智能、区块链、生物医药、AR/VR 等重点领域专利池建设。支持推广使用"中关村标准",引导企业参与国际标准化工作。支持中关村标准化示范单位和试点单

位开展标准高端推进。支持知识产权、标准化服务机构提供专业服务。

15. 支持提升科技服务专业能力

支持科技服务品牌机构发展，进一步提升技术能力、服务能力、市场拓展能力。支持科技服务机构在未来科学城、怀柔科学城、北京经济技术开发区和城市副中心等重点区域聚集发展。支持专业化开放服务平台建设，支持搭建工程技术、检验检测、科技咨询等领域专业开放服务平台，支持搭建"互联网+创新创业服务"平台，支持平台或其专业服务功能模块接入"国际科技创新中心"网络服务平台。支持科技型社会组织提升专业服务能力，支持产业类、要素类、综合类优质科技型社会组织开展产业促进、创新创业要素集聚、企业服务和社会组织高质量发展等推进工作。支持开展出入境高风险特殊物品风险评估工作，提升风险评估能力，满足医药产业发展需求。

（五）支持更高水平、更深层次的国际科技开放合作

制定实施《中关村国家自主创新示范区提升国际化发展水平支持资金管理办法（试行）》，强化中关村论坛国家级平台功能，推动创新主体融入全球创新网络，促进国际创新资源集聚发展，支持国际交往合作，积极构建开放协同的创新生态，进一步提升中关村示范区国际化发展水平。

16. 高水平办好中关村论坛

充分发挥中关村论坛面向全球科技创新交流合作的国家级平台作用，支持高等学校、科研机构、科技型企业、创新服务机构等创新主体深度参加论坛会议、技术交易、展览展示、成果发布、前沿大赛等活动，交流创新思想，展示前沿科技成果，挖掘颠覆性技术，开展重大项目合作，全面展示北京国际科技创新中心建设阶段性成果。

17. 支持创新主体融入全球创新网络

支持创新主体充分利用国际国内两个市场、两种资源，深化拓展与世界先进创新区域合作，积极参与"一带一路"建设，利用国（境）外应用场景促进本市技术产品迭代。支持各类创新主体在国（境）外设立实体化科技园区、孵化平台、研发中心等，促进企业集聚和成长，搭建与国内的创新

合作渠道。

18. 支持国际创新资源集聚发展

实施外资研发中心研发激励计划，支持主要业务在国（境）外的投资者设立外资研发中心或者扩大研发投入。支持国际科学组织、国际科研机构、跨国技术转移服务机构、国际期刊等首次在京设立分支机构。聚焦前沿新兴交叉学科领域，运用国际规则吸引国际同行搭建国际交流平台。支持中介机构提供跨国（境）技术转移服务，拓展国际技术转移渠道。

19. 支持创新主体开展国际交流合作

支持创新主体与国际科技组织构建科技交流合作新范式，扩大创新资源共享，加强软硬件设施共建，开展创新治理研究。支持组织重点学术会议及品牌性交流活动，开展国际交流研讨。支持创新主体打造具有国际影响力的学术期刊，开展国际人才交流合作。

三　经费保障与组织实施

（一）资金来源及支持对象

支持资金由市级财政资金安排，纳入北京市科学技术委员会、中关村科技园区管理委员会年度部门预算，按照年度预算进行使用。资金管理使用遵循依法依规、公开透明、突出重点、专款专用、注重实效的原则。

支持对象为注册在中关村示范区范围内的企业、高等学校、科研机构、服务机构及社会组织，其中企业是指国家高新技术企业和中关村高新技术企业。符合支持条件的注册在北京市其他地区的创新主体参照执行。

（二）支持方式及管理机制创新

结合不同创新主体和项目特点，探索实行公开竞争、直接补助、后补助、"揭榜挂帅"、股权（债权）投入等多元化资金支持方式和组织方式。开展科研项目"里程碑"式管理试点，根据阶段性考核结果给予分阶段支持。探索建立政策效果评估与动态调整机制。建立健全以诚信为基础的监督管理机制，探索实行诚信承诺制，强化科技伦理审查，加强科研诚信管理。

本措施自印发之日起施行。对于未在本措施及相关管理办法中予以明确的市委市政府决策部署，将采取一事一议方式研究并给予支持。原《关于精准支持中关村国家自主创新示范区重大前沿项目与创新平台建设的若干措施》（中科园发〔2019〕11号）、《〈关于精准支持中关村国家自主创新示范区重大前沿项目与创新平台建设的若干措施〉实施办法（试行）》（中科园发〔2019〕25号）同时废止。

北京市境外职业资格认可目录（2.0版）

附件1

北京市境外职业资格认可目录（2.0版）
（共计110项）

（一）急需紧缺境外职业资格清单（4项）

序号	职业资格证书名称	证书颁发机构（国内认证机构）	国家（地区）	领域	备注
1	IEEE 会士证书（Fellow）	电气电子工程师学会 The Institute of Electrical and Electronics Engineers		科技、工程、信息技术	从事电气及电子工程、计算机工程、航空航天、生物科技、计算机工程、新能源、地理信息系统、神经网络和无线通信等相关技术研究和应用实践等相关工作。对应副高级职称需符合相应职称系列（专业）级别的学历、年限等基本标准条件。
2	IEEE 高级会员证书（Senior Member）	电气电子工程师学会 The Institute of Electrical and Electronics Engineers		科技、工程、信息技术	从事电气及电子工程、计算机工程、航空航天、生物科技、计算机工程、新能源、地理信息系统、神经网络和无线通信等相关技术研究和应用实践等相关工作。对应副高级职称需符合相应职称系列（专业）级别的学历、年限等基本标准条件。

续表

序号	职业资格证书名称	证书颁发机构（国内认证机构）	国家（地区）	领域	备注
3	LEED 会士证书（Fellow）	美国绿色建筑委员会 绿色事业认证公司 Green Business Certification, Inc	美国	建筑、工程、环保	从事绿色建筑项目相关工作。对应副高级职称需符合相应职称系列（专业）级别的学历、年限等基本标准条件。
4	ACCA 资深会员证书（Fcca）	特许公认会计师公会 Association of Chartered Certified Accountants		金融、会计	从事金融、会计和财务管理相关工作，注册会计师须在中国会计师协会注册后执业。对应副高级职称需符合相应职称系列（专业）级别的学历、年限等基本标准条件。

（二）境外职业资格清单（106项）

序号	职业资格证书名称	证书颁发机构（国内认证机构）	国家（地区）	领域	备注
1	CFA 特许金融分析师资格（II 和 III 级）	特许金融分析师协会 Chartered Financial Analyst（CFA）Institute	美国	金融	从事金融、投资和管理相关工作（需要有两年相关工作经验）。
2	FSA 北美精算师协会正会员	北美精算师协会 Society of Actuaries	美国	金融	从事金融、保险和投资相关工作（需要有两年相关工作经验）。

续表

序号	职业资格证书名称	证书颁发机构（国内认证机构）	国家（地区）	领域	备注
3	FIA/FFA 英国正精算师（正精算师及以上）	英国精算师协会 Institute and Faculty of Actuaries	英国	金融	从事金融、保险和投资相关工作（需要有两年相关工作经验）。
4	CIMA 管理会计高级文凭（战略级、管理级）	英国皇家特许管理会计师公会 The Chartered Institute of Management Accountants	英国	金融	从事金融、会计和财务管理相关工作（需要有两年相关工作经验）。
5	跟单信用证专家证书（CDCS）	伦敦银行与金融学院 The London Institute of Banking & Finance 国际商会 The International Chamber of Commerce 对外贸易银行业者协会 Bankers Association for Foreign Trade		金融	从事金融、国际贸易相关工作（需要有两年相关工作经验）。
6	保函与备用证专家证书（CSDG）	伦敦银行与金融学院 The London Institute of Banking & Finance 国际商会 The International Chamber of Commerce 对外贸易银行业者协会 Bankers Association for Foreign Trade		金融	从事国际贸易、贸易金融、国际结算和相关管理工作（需要有两年相关工作经验）。

续表

序号	职业资格证书名称	证书颁发机构（国内认证机构）	国家（地区）	领域	备注
7	供应链金融专家证书（CSCF）	伦敦银行与金融学院 The London Institute of Banking & Finance 对外贸易银行业者协会 Bankers Association for Foreign Trade 全球供应链金融论坛 Global Supply Chain Finance Forum		金融	从事贸易金融、供应链金融和相关管理工作（需要有两年相关工作经验）。
8	贸易金融合规专家证书（CTFC）	伦敦银行与金融学院 The London Institute of Banking & Finance 国际银行实务与法律学院 Institute of International Banking Law & Practice 对外贸易银行业者协会 Bankers Association for Foreign Trade		金融	从事贸易金融合规、风控、法务及相关管理工作（需要有三年相关工作经验）。
9	CIA国际注册内部审计师	国际内部审计师协会 the Institute of Internal Auditors	美国	金融	从事内部审计、社会审计（事务所审计）、政府审计、风险管理、内部控制等相关工作（需要有两年相关工作经验），注册会计师执业须通过中国注册会计师考试，并在本市注册会计师协会注册。

续表

序号	职业资格证书名称	证书颁发机构（国内认证机构）	国家（地区）	领域	备注
10	USCPA 美国注册会计师证书	美国注册会计师协会 American Institute of CPAs	美国	金融	从事金融、会计和财务管理相关工作，注册会计师执业须通过中国注册会计师考试，并在本市注册会计师协会注册。
11	CMA 注册管理会计师资格	IMA 管理会计师协会 Institute of Management Accountants		金融	从事金融、会计和财务管理相关工作，注册会计师执业须通过中国注册会计师考试，在本市注册会计师协会注册。
12	ACCA 会计师证书	特许公认会计师公会 Association of Chartered Certified Accountants		金融	从事金融、会计和财务管理相关工作，注册会计师执业须通过中国注册会计师考试，在本市注册会计师协会注册。
13	ACA 英格兰及威尔士特许会计师	英格兰及威尔士特许会计师协会 The Institute of Chartered Accountants in England and Wales	英国	金融	从事金融、会计和财务管理相关工作，注册会计师执业须通过中国注册会计师考试，并在本市注册会计师协会注册（部分科目可免试）。
14	AIA 会员资格证书	国际会计师公会 The Association of International Accountants	英国	金融	从事金融、会计和财务管理相关工作，注册会计师执业须通过中国注册会计师考试，并在本市注册会计师协会注册。
15	CGMA 全球特许管理会计师资格（战略级、管理级）	国际注册专业会计师公会 Association of International Certified Professional Accountants	英国美国	金融	从事金融、会计和财务管理相关工作，注册会计师执业须通过中国注册会计师考试，并在本市注册会计师协会注册。

续表

序号	职业资格证书名称	证书颁发机构（国内认证机构）	国家（地区）	领域	备注
16	CPA 澳洲注册会计师资格（注册及资深注册会计师）	澳洲会计师公会 Certified Practising Accountant（CPA）Australia	澳大利亚	金融	从事金融、会计和财务管理相关工作，注册会计师执业须通过中国注册会计师考试，并在本市注册会计师协会注册。
17	IPA 会计师资格（公共及资深会计师）	公共会计师协会 Institute of Public Accountants		金融	从事金融、会计和财务管理相关工作，注册会计师执业须通过中国注册会计师考试，并在本市注册会计师协会注册。
18	香港注册会计师	香港会计师公会	中国香港	金融	从事金融、会计和财务管理相关工作，注册会计师执业须通过中国注册会计师考试，并在本市注册会计师协会注册（部分科目可免试）。
19	FRM 金融风险管理师	全球风险管理专业人士协会 Global Association of Risk Professionals		金融	从事金融风险等相关工作（需要有两年相关工作经验）。
20	Kubernetes 应用程序开发者认证	云原生计算基金会 Cloud Native Computing Foundation		云计算	从事云计算相关工作（需要有两年相关工作经验）。
21	Kubernetes 管理员认证	云原生计算基金会 Cloud Native Computing Foundation		云计算	从事云计算相关工作（需要有两年相关工作经验）。
22	Kubernetes 安全专家认证	云原生计算基金会 Cloud Native Computing Foundation		云计算	从事云计算相关工作（需要有两年相关工作经验）。

序号	职业资格证书名称	证书颁发机构（国内认证机构）	国家（地区）	领域	备注
23	Azure 解决方案架构师专家	微软公司 Microsoft	美国	云计算	从事云计算相关工作（需要有两年相关工作经验）。
24	DevOps 工程师专家	微软公司 Microsoft	美国	互联网信息	从事 IT 开发、信息管理相关工作（需要有两年相关工作经验）。
25	ITIL 资格证书（专家级别及以上）	希腊培思特国际认证中心 PeopleCert International	希腊	互联网信息	从事 IT 开发、信息管理相关工作（需要有两年相关工作经验）。
26	英国皇家化学会资格证书（会员、会士）	英国皇家化学会 Royal Society of Chemistry	英国	科学技术工程	从事化学、化学工程、生物化学、医药等相关工作。
27	高压安全认证（3级）	南德意志集团 TUV SUD	德国	新能源汽车	从事新能源汽车高压系统安全作业相关工作（需要有两年相关工作经验）。
28	机电一体化系统认证（二级及以上）	德国西门子机电系统认证中心 Siemens Mechanotronic System Certificate Program	德国	建筑与工程服务	从事系统技术、自动控制技术、机电一体化设备生产、运行相关工作（需要有两年相关工作经验）。
29	PMP 项目管理证书	美国项目管理协会 Project Management Institute	美国	建筑与工程服务	从事项目管理相关工作（需要有两年相关工作经验）。
30	受控环境下项目管理资格认证	希腊培思特国际认证中心 PeopleCert International	希腊	建筑与工程服务	从事项目管理相关工作（需要有两年相关工作经验）。

续表

序号	职业资格证书名称	证书颁发机构（国内认证机构）	国家（地区）	领域	备注
31	IRSE 资格证书	铁路信号工程师学会 Institution of Railway Signal Engineers	英国	建筑与工程服务	从事铁路信号、通信、交通管理相关工作（需要有两年相关工作经验）。
32	结构工程师资格	香港工程师学会	中国香港	建筑与工程服务	从事工程服务有关工作。
33	注册工程师资格	澳门特别行政区政府土地工务局	中国澳门	建筑与工程服务	从事工程服务相关工作。
34	LEED 认证专家证书（LEED AP）	美国绿色建筑委员会 绿色事业认证公司 Green Business Certification, Inc	美国	建筑、工程、环保	从事绿色建筑项目、室内设计、施工、运行及绿色社区开发等相关工作（需要有两年相关工作经验）。
35	国际注册工程师（特许工程师、主任工程师）	英国工程理事会 Engineering Council UK	英国	建筑与工程服务	从事工程技术相关的能源电力、土木工程、设计制造、信息通信、交通运输、建筑环境等相关工作（需要有两年相关工作经验）。
36	教师资格证书	纽约州教育部门 New York State Department of Education	美国	教育	从事学科类课程、英语语言课程教学相关工作。
37	教师资格证书	密歇根州教育部门 Michigan Department of Education	美国	教育	从事学科类课程、英语语言课程教学相关工作。
38	教师资格证书	阿拉巴马州教育部门 Alabama State Department of Education	美国	教育	从事学科类课程、英语语言课程教学相关工作。

续表

序号	职业资格 证书名称	证书颁发机构 （国内认证机构）	国家 （地区）	领域	备注
39	教师资格 证书	科罗拉多州教育部门 Colorado Department of Education	美国	教育	从事学科类课程、英语语言课程教学相关工作。
40	教师资格 证书	康涅狄格州教育部门 Connecticut State Department of Education	美国	教育	从事学科类课程、英语语言课程教学相关工作。
41	教师资格 证书	特拉华州教育部门 Delaware Department of Education	美国	教育	从事学科类课程、英语语言课程教学相关工作。
42	教师资格 证书	夏威夷州教师标准委员会 Hawai'i Teacher Standards Board	美国	教育	从事学科类课程、英语语言课程教学相关工作。
43	教师资格 证书	艾奥瓦州教育考试委员会 Iowa Board of Educational Examiners	美国	教育	从事学科类课程、英语语言课程教学相关工作。
44	教师资格 证书	路易斯安那州教育部门 Louisiana Department of Education	美国	教育	从事学科类课程、英语语言课程教学相关工作。
45	教师资格 证书	新罕布什尔州教育部门 New Hampshire Department of Education	美国	教育	从事学科类课程、英语语言课程教学相关工作。

续表

序号	职业资格证书名称	证书颁发机构（国内认证机构）	国家（地区）	领域	备注
46	教师资格证书	南达科他州教育部门 South Dakota Department of Education	美国	教育	从事学科类课程、英语语言课程教学相关工作。
47	教师资格证书	得克萨斯州教育认证委员会 Texas State Board For Educator Certification	美国	教育	从事学科类课程、英语语言课程教学相关工作。
48	教师资格证书	美国宾夕法尼亚州联邦教育部门 Pennsylvania Department of Education	美国	教育	从事学科类课程、英语语言课程教学相关工作。
49	教师资格证书	美国明尼苏达州专业指导与标准委员会 Minnesota Professional Educator Licensing and Standards Board	美国	教育	从事学科类课程、英语语言课程教学相关工作。
50	教师资格证书	美国加利福尼亚州教师资格鉴定委员会 California Commission on Teacher Credentialing	美国	教育	从事学科类课程、英语语言课程教学相关工作。

续表

序号	职业资格证书名称	证书颁发机构（国内认证机构）	国家（地区）	领域	备注
51	教师资格证书	美国维吉尼亚州教育部门 Virginia Department of Education	美国	教育	从事学科类课程、英语语言课程教学相关工作。
52	教育注册与教师资格证书	安大略省教师学会 Ontario College of Teachers	加拿大	教育	可不受母语国限制，从事学科类课程、英语语言课程教学相关工作。
53	教师资格证书	不列颠哥伦比亚省教育部门 Ministry of Education，British Columbia	加拿大	教育	从事学科类课程、英语语言课程教学相关工作。
54	教师资格证书	萨斯喀彻温省专业教师监管委员会 Saskatchewan Professional Teachers Regulatory Board	加拿大	教育	从事学科类课程、英语语言课程教学相关工作。
55	教师资格证书	新西兰教学委员会 Teaching Council of Aotearoa New Zealand	新西兰	教育	从事学科类课程、英语语言课程教学相关工作。
56	教师资格证书	塔斯马尼亚州教师注册委员会 Teachers Registration Board of Tasmania	澳大利亚	教育	从事学科类课程、英语语言课程教学相关工作。

序号	职业资格证书名称	证书颁发机构（国内认证机构）	国家（地区）	领域	备注
57	教师资格证书	西澳大利亚州教师注册委员会 Teacher Registration Board of Western Australia	澳大利亚	教育	从事学科类课程、英语语言课程教学相关工作。
58	教师资格证书	南澳大利亚州教师注册委员会 Teachers Registration Board of South Australia	澳大利亚	教育	从事学科类课程、英语语言课程教学相关工作。
59	教师资格证书	维多利亚教师协会 Victorian Institute of Teaching	澳大利亚	教育	从事学科类课程、英语语言课程教学相关工作。
60	教师资格证书	昆士兰教师协会 Queensland College of Teachers	澳大利亚	教育	从事学科类课程、英语语言课程教学相关工作。
61	教师资格证书	北领地教师注册委员会 Teacher Registration Board of the Northern Territory	澳大利亚	教育	从事学科类课程、英语语言课程教学相关工作。
62	教师资格证书	教师委员会 The Teaching Council	爱尔兰	教育	从事学科类课程、英语语言课程教学相关工作。
63	DELTA英语语言教师文凭	英国剑桥大学英语考评部 Cambridge Assessment English	英国	教育	可不受母语国限制，从事英语语言课程教学相关工作。
64	CELTA英语语言教师证书	英国剑桥大学英语考评部 Cambridge Assessment English	英国	教育	从事英语语言课程教学相关工作。

续表

序号	职业资格证书名称	证书颁发机构（国内认证机构）	国家（地区）	领域	备注
65	教师资格证书（小学、中学）	马萨诸塞州小学和中学教育部门 Massachusetts Department of Elementary and Secondary Education	美国	教育	从事中学、小学学科类课程、英语语言课程教学相关工作。
66	学前教育教师资格证书	阿拉斯加早期教育发展部门 Alaska Department of Education & Early Development	美国	教育	从事学龄前儿童英语语言课程教学相关工作。
67	DPI学前教育教师资格证书	新加坡社会与家庭发展部 Ministry of Social and Family Development	新加坡	教育	从事学龄前儿童英语语言课程教学相关工作。
68	蒙台梭利教育认证证书（AMI、AMS）	蒙台梭利教师教育认证委员会 Montessori Accreditation Council for Teacher Education	美国	教育	从事学龄前儿童英语语言课程教学相关工作（需要有两学年相关工作经验）。
69	检定教员证明书	香港特别行政区政府教育局	中国香港	教育	具备教师资格的从事教育教学相关工作。
70	足球教练员等级证书（B级及以上）	亚洲足球联合会 Asian Football Confederation		体育	从事足球教练或教学工作。

续表

序号	职业资格证书名称	证书颁发机构（国内认证机构）	国家（地区）	领域	备注
71	足球教练员等级证书（B级及以上）	欧洲足球协会联盟 Union of European Football Associations		体育	从事足球教练或教学工作。
72	篮球教练员证书	西班牙篮球联合会 Spanish Basketball Federation	西班牙	体育	从事篮球教练或教学工作。
73	篮球教练员证书（二级及以上）	国际篮球联合会 International Basketball Federation		体育	从事篮球教练或教学工作。
74	篮球裁判员证书（国际级）	国际篮球联合会 International Basketball Federation		体育	从事篮球比赛执裁工作。
75	双板滑雪教练证书（三级及以上）	瑞士冰雪运动协会 Swiss Snowsports Association	瑞士	体育	从事教练或教学工作（需要有两年相关工作经验）。
76	单板滑雪教练证书（三级及以上）	瑞士雪上运动专业学校协会 Schweizer Schneesport Berufs- und Schulverband	瑞士	体育	从事教练或教学工作（需要有两年相关工作经验）。
77	速度滑冰教练员证书（Level 4 四级）	荷兰皇家滑冰协会 Koninklijke Nederlandsche Schaatsenrijdersbond	荷兰	体育	从事速度滑冰/速度轮滑教练或教学工作（需要有两年相关工作经验）。
78	注册焊接检验师	美国焊接学会 American Welding Society	美国	文化旅游及娱乐服务	从事大型游乐设备等焊接工作（环球影城项目可不受年龄、工作经验限制）。

续表

序号	职业资格证书名称	证书颁发机构（国内认证机构）	国家（地区）	领域	备注
79	舞蹈/表演/音乐剧资格证书（四级及以上）	澳大利亚技能质量署 Australian Skills Quality Authority	澳大利亚	文化旅游及娱乐服务	从事舞蹈、表演、音乐剧工作（环球影城项目可不受年龄、工作经验限制）。
80	英国皇家音乐学院联合委员会认证实用级别成绩、演奏级别成绩（高级及以上）	英国皇家音乐学院联合委员会 The Associated Board of the Royal Schools of Music	英国	文化旅游及娱乐服务	从事演奏、艺术表演工作（环球影城项目可不受年龄、工作经验限制）。
81	英国皇家舞蹈学院证书（8级及以上）	英国皇家舞蹈学院 Royal Academy of Dance	英国	文化旅游及娱乐服务	从事舞蹈表演工作（环球影城项目可不受年龄、工作经验限制）。
82	CIPS 证书	英国皇家采购与供应学会 Chartered Institute of Procurement & Supply	英国	商业服务	从事采购、供应管理等相关工作（需要有两年相关工作经验）。
83	FGA/DGA 证书	英国宝石协会 The Gemmological Association of Great Britain	英国	商业服务	FGA 从事彩色宝石鉴定相关工作，DGA 从事钻石鉴定相关工作。
84	厨艺大证书	法国蓝带厨艺学院 Le Cordon Bleu Culinary Arts Institute	法国	商业服务	从事酒店及餐厅厨师相关工作（需要有两年相关工作经验）。
85	中小企业诊断士	中小企业诊断协会	日本	商业服务	从事为中小企业提供专业诊断、商务咨询等相关工作（需要有两年相关工作经验）。

序号	职业资格证书名称	证书颁发机构（国内认证机构）	国家（地区）	领域	备注
86	CPPM 注册职业采购经理	美国采购协会 American Purchasing Society	美国	商业服务	从事采购、供应管理等相关工作（需要有两年相关工作经验）。
87	美国行医资质相关凭证	美国医师资质认证相关机构	美国	医疗健康服务	从事临床诊疗相关工作，需在中国办理短期行医许可后执业。
88	韩国行医资质相关凭证	韩国保健医疗人员考试院 Korea Health Personnel Licensing Examination Institute	韩国	医疗健康服务	从事临床诊疗相关工作，需在中国办理短期行医许可后执业。
89	澳大利亚行医资格凭证	澳大利亚医师资质认证相关机构	澳大利亚	医疗健康服务	从事临床诊疗相关工作，需在中国办理短期行医许可后执业。
90	德国行医资质相关凭证	德国医师资质认证相关机构 州医师协会 The State Chambers of Physicians	德国	医疗健康服务	从事临床诊疗相关工作，需在中国办理短期行医许可后执业。
91	心理治疗师	澳洲卫生执业者管理局 Australian Health Practitioner Regulation Agency	澳大利亚	医疗健康服务	从事心理咨询相关工作（需要有两年相关工作经验）。
92	心理治疗师	英国卫生保健专业委员会 Health&care professions council	英国	医疗健康服务	从事心理咨询相关工作（需要有两年相关工作经验）。
93	心理治疗师	美国密歇根州许可和监管事务部 Michigan Department of Licensing and Regulatory Affairs	美国	医疗健康服务	从事心理咨询相关工作（需要有两年相关工作经验）。

续表

序号	职业资格证书名称	证书颁发机构（国内认证机构）	国家（地区）	领域	备注
94	咨商心理师	中国台湾地区考选部	中国台湾	医疗健康服务	从事心理咨询相关工作（需要有两年相关工作经验）。
95	语言治疗师	中国台湾地区考选部	中国台湾	医疗健康服务	从事言语治疗相关工作（需要有两年相关工作经验）。
96	职业治疗师	美国职业治疗认证委员会 American International Vocational Certification Association	美国	医疗健康服务	从事作业、康复治疗相关工作（需要有两年相关工作经验）。
97	职业治疗师（ICA 专家或高级国际认证）	澳洲卫生执业者管理局 Australian Health Practitioner Regulation Agency—Pharmacy Board of Australia	澳大利亚	医疗健康服务	从事作业、康复治疗相关工作（需要有两年相关工作经验）。
98	物理治疗师	澳洲卫生执业者管理局 Australian Health Practitioner Regulation Agency	澳大利亚	医疗健康服务	从事物理治疗相关工作（需要有两年相关工作经验）。
99	物理治疗师	物理治疗师管理委员会	中国香港	医疗健康服务	从事物理治疗相关工作（需要有两年相关工作经验）。
100	营养师	澳大利亚营养师协会 Dietitians Association of Australia	澳大利亚	医疗健康服务	从事营养、社区及公共营养、食品工业、餐饮管理相关工作（需要有两年相关工作经验）。

序号	职业资格证书名称	证书颁发机构（国内认证机构）	国家（地区）	领域	备注
101	国际职业健康与安全证书	英国国家职业安全与健康考试委员会 The National Examination Board in Occupational Safety and Health	英国	医疗健康服务	从事职业健康和安全相关工作;从事职业病治疗的须在我市卫生健康主管部门注册后从事医师工作(需要有两年相关工作经验)。
102	紧急护理国家高级技工资格证书	新加坡工艺教育局 Institute of Technical Education Singapore	新加坡	医疗健康服务	从事护理技能相关工作(需要有两年相关工作经验)。
103	药剂师（执业药师）资格	澳洲卫生执业者管理局 Australian Health Practitioner Regulation Agency	澳大利亚	医疗健康服务	从事药剂相关工作;执业药师须在我市药监主管部门注册(需要有两年相关工作经验)。
104	药剂师（执业药师）资格	英国药政总局 General Pharmaceutical Council	英国	医疗健康服务	从事药剂相关工作;执业药师须在我市药监主管部门注册(需要有两年相关工作经验)。
105	药剂师（执业药师）资格	香港药剂业及毒药管理局	中国香港	医疗健康服务	从事药剂相关工作;执业药师须在我市药监主管部门注册(需要有两年相关工作经验)。
106	执业兽医资格	中国台湾地区考选部	中国台湾	现代农业	经我市农业农村主管部门备案,从事动物诊疗相关工作(需要有两年相关工作经验)。

北京市科技新星计划管理办法(修订版)

第一章 总 则

第一条 为全面贯彻落实中央人才工作会议精神,深入实施新时代人才强国战略,着力培育壮大首都青年科技人才队伍,打造一支具有国际竞争力的青年科技人才后备军,推进高水平人才高地建设,为北京国际科技创新中心和中关村世界领先科技园区建设提供科技人才保障,特制定本办法。

第二条 北京市科技新星计划(以下简称新星计划)是由市财政经费支持,市科委、中关村管委会组织实施的青年科技人才培养计划,旨在发现和培养一批政治素质高、创新能力强、发展潜力大的青年科技骨干,提升科研水平和管理能力,成为国家战略人才后备力量。

第三条 新星计划包括创新新星和创业新星两类,每年开展一次推荐评审工作。通过"人才+项目"支持模式,支持从事应用基础研究、技术创新和工程技术研发的青年人才,开展前沿科技攻关、跨学科跨领域交叉合作和科技成果转化。对工程技术人才支持比例不低于20%。

第二章 资格条件

第四条 新星计划申报人应符合以下基本条件:

1. 年龄不超过35周岁(女性可放宽至37周岁,按申报当年1月1日计算);

2. 应拥护中国共产党领导,热爱社会主义事业,忠于祖国,有强烈的事业心,有良好的职业道德、社会公德和求实、创新、协作、奉献精神;

3. 所在单位(以下简称依托单位)应为在北京地区注册的独立法人单位,申报人须全职在依托单位工作;

4. 申报项目应属于自然科学研究领域，处于应用基础研究和技术创新阶段，聚焦人工智能、量子信息、区块链、生物技术"四个占先"和集成电路、关键新材料、通用型关键零部件、高端仪器设备"四个突破"以及高精尖产业"双引擎"等关键核心技术领域或前沿交叉领域；

5. 申报项目应具有前沿性、创新性、实用性，能够形成应用基础研究成果，揭示相关工作原理，为开展技术创新提供理论支撑；或能够取得应用技术创新突破，形成新技术、新产品；或能够实现工程技术突破，取得新工艺、新工法，不断降低成本和提升产出效率；或有望形成重大知识产权成果，具有较好的市场应用前景以及良好的社会和经济效益预期。

第五条　创新新星重点选拔和培养一批有潜力的青年科技骨干，支持其提升科学素养、前瞻性判断能力、团队组织能力和科研能力等，促进其尽快成长为科技领军人才。申报人除满足基本条件外，还应符合以下条件：

1. 在高校、科研院所或企业中从事 3 年以上应用基础研究、技术创新或工程技术研发工作，具有较好专业基础、国际视野和跨文化交流能力，主持或参与过科技计划项目（课题）或工程技术创新项目，取得一定创新成果，且成果有较好的转化前景或已取得较好的社会和经济效益；

2. 申报的项目应有明确的任务目标，包括量化的科研和产出指标、预期取得的社会和经济效益指标、人才培养和团队建设目标等；

3. 已入选国家级和市级人才计划的人选不再申报。

第六条　创业新星重点选拔和培养一批处于创业起步阶段的青年科技人才，支持其开展科技成果在京转化落地，推动北京的科技和人才优势转化为创新动力。申报人除满足基本条件外，还应符合以下条件：

1. 申报人应为企业创业团队核心成员，包括董事长、总经理、总工程师或担任同级别职务的管理人才或技术带头人，持股比例不低于10%；

2. 企业创立 3 年以内，属"硬科技"领域，拥有自主知识产权核心技术，已获得 2000 万元以上（含）股权类现金融资，具有较好的成长性；

3. 对于具有海外留学或创业经历的国际化创业人才优先支持；

4. 申报的项目应有明确的任务目标，包括量化的产出指标、预期取得的社会和经济效益指标、人才培养和团队建设目标等；

5. 已入选国家级和市级人才计划的人选不再申报。如本单位已有人才入选创业新星，则不再推荐。

第七条 鼓励入选人才开展交叉合作课题研究，促进不同学科的交叉合作、不同领域的融合创新、创新和创业人才的合作，以及高校、科研院所和企业之间的合作，推动产学研融合发展。交叉合作课题申报人应符合以下条件：

1. 申报人不超过 3 人，其中，牵头人 1 人，合作人不超过 2 人；

2. 牵头人、合作人须为历年新星计划入选人员；

3. 牵头人、合作人须明确合作方式、各自分工、权利义务、任务目标和完成标准，以及收益分配机制等；

4. 牵头人、合作人无在研的交叉合作课题；

5. 申报的项目应符合基本条件，且应有明确的任务目标，包括量化的科研和产出指标、预期取得的社会和经济效益指标、人才培养和团队建设目标等。

第三章　推　荐

第八条 新星计划推荐人选采取单位推荐和专家举荐相结合方式产生。

1. 单位推荐。北京地区高校、科研院所和企业可在本单位内通过公开、公平、公正的方式进行择优限额推荐。

2. 专家举荐。申报人须获得本领域 2 名（含）以上全球著名科学家、中国科学院或中国工程院院士、科技投资家或科技领军企业主要负责人联合举荐。每年每名专家限举荐 1 人，专家举荐人选不占依托单位推荐名额。申报材料须经依托单位审核同意。

第九条 交叉合作课题通过牵头人依托单位推荐，无推荐名额限制。

第十条 申报人须按要求提交本人和项目的相关材料。依托单位要对申报材料进行认真审核，对申报材料的真实性负责，且应通过适当方式在单位内部进行公示。申报材料不得涉及国家和商业秘密。

第四章 选 拔

第十一条 选拔方式包括社会选拔和联合选拔。坚持"公开、公平、公正、择优"的原则，对人才和项目进行综合评价，以创新价值、能力和贡献为导向，重点支持德才兼备、发展潜力大的青年科技人才，以及本市关键核心技术领域或前沿交叉领域中能够取得较好的社会和经济效益的项目。人才、项目所占权重分别是60%、40%。

第十二条 社会选拔由市科委、中关村管委会通过组织专家评审，拟定入选人员。

1. 形式审查。对申报材料进行形式审查，符合申报条件、材料签章齐全的为有效申报人。

2. 初审。采取材料评审形式，按照专业领域进行分组评审，产生进入会议评审环节的人选。

3. 会议评审。采取答辩形式，按照专业领域进行分组评审，产生拟入选人员名单。

4. 审定。根据会议评审意见，由市科委、中关村管委会行政办公会审定拟入选人员名单后，报市委人才工作领导小组办公室审核。

5. 公示发布。将审定通过的拟入选人员名单在市科委、中关村管委会网站进行公示，公示期为5个工作日，根据公示结果发布入选人员名单。

第十三条 联合选拔依据联合选拔方案进行评审，产生的拟入选人员名单随社会选拔方式产生的入选人员名单一并进行审定和公示发布。

第五章 支 持

第十四条 市科委、中关村管委会对入选的青年科技人才及项目给予经费支持，鼓励依托单位进行经费匹配。创新新星培养期不超过3年，一次性给予每人不超过50万元经费支持；创业新星培养期不超过2年，一次性给予每人不超过 60 万元经费支持；交叉合作课题资助期不超过 2 年，一次性给予每个课题不超过 50 万元经费支持。

第十五条 新星计划经费实行"包干制"管理，不再编制项目预算、实行经费负面清单管理、经费使用过程充分放权、建立结果导向评价机制、实施项目负责人承诺制。主要用于资助入选人员在培养期内开展应用基础研究、技术创新和成果转化等科研活动。

第十六条 市科委、中关村管委会加大对青年科技人才培养力度：

1. 鼓励入选人员参与或承担本市重大科技计划项目（课题）、重点科研创新平台和重点学科建设，推荐申报国家级科技人才计划；

2. 举办"星光璀璨—筑梦北京"科技人才系列交流活动，以培训、讲座、研讨、参观考察、学术沙龙、论坛等形式，为入选人员搭建交流成长平台；

3. 优先推荐入选人员赴境外参加专业技能培训；

4. 优先推荐入选人员担任青联委员等社会职务。

第十七条 鼓励依托单位结合本单位人才工作，为入选人员搭建成长平台，在科技计划项目（课题）申报、资金扶持、政策指导等方面给予支持。

第六章　管　理

第十八条 市科委、中关村管委会与入选人员及依托单位签订合同，明确项目各项绩效目标。对于无故不履行合同的，入选人员及依托单位应依据合同的约定承担违约责任。

第十九条 依托单位要加强对入选人员的年度考核和日常管理，培养期内每年向市科委、中关村管委会报送年度阶段性进展报告。

第二十条 入选人员在新星计划培养期内，有以下情况的，须经本人申请、依托单位审核后，报市科委、中关村管委会办理合同变更、延期或终止手续：

1. 在不改变订立的项目总目标情况下，可调整研究内容或项目计划。

2. 因工作需要出国（境）一年以上的，可办理项目延期手续。

3. 调动到本市其他单位继续从事原工作内容的，须办理单位变更手续。

4. 调动到外省市工作或脱离原研究领域的，应终止合同的执行。

第二十一条 新星计划培养期结束后，市科委、中关村管委会组织技术专家、管理专家、财务专家按照合同约定对项目完成情况、个人成长情况等进行综合绩效评价。绩效评价结果将在市科委、中关村管委会网站公示，并须在依托单位以适当方式进行公示。

第二十二条 经新星计划资助的论文、著作等成果，应标注中文"北京市科技新星计划资助"或英文"SPONSORED BY BEIJING NOVA PROGRAM"。

第二十三条 有下列情况之一，将取消新星计划入选资格，并向所在单位及本人通报：

1. 申报虚假材料，谎报成果，采取不正当手段骗取新星计划入选资格的；

2. 违反科研诚信和科技伦理，情节严重的；

3. 违反职业道德和社会公德，产生恶劣影响的；

4. 因本人过失给国家、集体和他人造成重大经济损失或严重后果的；

5. 被依法追究刑事责任的。

第七章 附 则

第二十四条 本办法由市科委、中关村管委会会同相关部门负责解释。

第二十五条 本办法自发布之日起施行，本办法施行前颁布的有关文件与本办法规定不一致的，按照本办法执行。《北京市科技新星计划管理办法》（京科发〔2017〕65号）同时废止。

北京市知识产权保护条例

（2022 年 3 月 31 日北京市第十五届
人民代表大会常务委员会第三十八次会议通过）

目　　录

第一章　总　　则

第一条　为了加强知识产权保护，激发创新创造活力，建设知识产权首善之区，支持和促进国际科技创新中心和全国文化中心建设，服务和推动首都经济社会高质量发展，根据有关法律、行政法规，结合本市实际情况，制定本条例。

第二条　本市行政区域内知识产权保护及相关活动，适用本条例。

第三条　本市对权利人依法就下列客体享有的知识产权予以保护：

（一）作品；

（二）发明、实用新型、外观设计；

（三）商标；

（四）地理标志；

（五）商业秘密；

（六）集成电路布图设计；

（七）植物新品种；

（八）法律规定的其他客体。

第四条 本市倡导尊重知识、崇尚创新、诚信守法、公平竞争的知识产权文化理念，加强知识普及和文化宣传，增强全社会知识产权保护意识，营造有利于促进知识产权高质量发展的人文社会环境。

本市每年发布知识产权保护状况白皮书，向社会公示本市知识产权保护状况。

第五条 本市知识产权保护工作坚持全面、严格、快捷、平等的原则，构建行政监管、司法保护、行业自律、社会监督、公共服务、纠纷多元调处的知识产权保护格局，健全制度完善、运行高效、管理科学、服务优化的知识产权保护体系。

第六条 市、区人民政府应当加强对知识产权保护工作的领导，将知识产权保护工作纳入国民经济和社会发展规划和计划，制定知识产权发展战略、规划和计划，保障知识产权发展资金的投入，将知识产权保护情况纳入营商环境和高质量发展评价体系。

市、区人民政府建立健全知识产权办公会议制度，统筹推进知识产权工作中的重大事项，协调解决重点和难点问题，督促有关知识产权政策措施的落实。

第七条 知识产权部门负责知识产权工作的统筹协调，推动知识产权保护工作体系建设。

知识产权部门和市场监督管理部门按照职责分工负责专利、商标、地理标志、商业秘密等保护的相关管理工作；版权、文化和旅游部门按照职责分工负责著作权保护的相关管理工作；农业农村、园林绿化部门按照职责分工负责植物新品种保护的相关管理工作。

发展改革、科技、经济和信息化、财政、广播电视、商务、教育、人力资源社会保障、金融监督管理、公安、司法行政等部门按照各自职责做好知识产权保护相关工作。

第八条 支持企业、高等院校、科研机构等探索移动互联网、大数据、人工智能、量子科技、前沿生物技术等新技术、新产业、新业态、新模式的知识产权管理措施和保护模式。

支持在国家服务业扩大开放综合示范区、中国（北京）自由贸易试验区、中关村国家自主创新示范区等建设中，根据国家授权，进行知识产权保护体制机制、政策措施等方面的探索创新。

第九条 本市加强京津冀知识产权保护区域合作，开展案件线索移送、调查取证、协助执行、联合执法等工作，共享专家智库、服务机构等资源，推动信息互通、执法互助、监督互动、经验互鉴；强化与其他省市的知识产权保护协作。

第十条 本市扩大知识产权领域开放合作，支持境外知识产权服务机构、仲裁机构等依法在本市设立机构、开展业务，推动建立国际知识产权交易、运营平台。

第十一条 对在知识产权保护及相关活动中作出突出贡献的个人和单位，按照国家和本市有关规定予以表彰奖励。

第二章 行政保护和司法保护

第十二条 知识产权、市场监督管理、版权、文化和旅游、农业农村、园林绿化等负有知识产权保护管理职责的部门（以下统称知识产权保护管理部门）应当完善执法协作工作平台，建立知识产权侵权违法行为线上线下快速协查机制，开展远程、移动实时监测监控；对网络平台、展会、大型市场、大型文化体育活动等实施重点监督检查，及时发现、查处重复侵权、恶意侵权、群体侵权等知识产权侵权违法行为。

第十三条 知识产权保护管理部门在查处涉嫌侵权违法行为时，有权采取下列措施：

（一）询问有关当事人，调查有关情况；

（二）查阅、复制有关资料；

（三）对有关场所和物品实施现场检查；

（四）对有关场所和物品依法查封或者扣押。

知识产权保护管理部门依法行使前款规定职权时，当事人应当予以协助、配合，不得拒绝、阻挠。

第十四条 市知识产权部门或者有关区人民政府设立的知识产权保护机构，通过专利预审、维权指导、保护协作等方式，提供知识产权保护服务，为国家重点发展产业和本市战略性新兴产业等领域的专利申请获得快速审查提供支持。

第十五条 知识产权部门、市场监督管理部门应当加强商标管理，规范注册商标使用行为，对侵犯注册商标专用权、恶意申请商标注册、违法从事商标代理业务等行为依法予以查处。

第十六条 版权、文化和旅游部门应当加强对著作权侵权违法行为的监管，制定适应网络环境和数字经济形态的著作权保护措施。

市版权部门应当建立重点作品版权保护预警制度，对国家和本市版权部门确定的重点监管网站加强监管；完善作品自愿登记工作制度，支持自然人、法人和非法人组织进行作品自愿登记。

第十七条 市场监督管理等部门应当指导市场主体建立健全商业秘密保护机制，通过明确管理规则、采取技术措施、签订保密协议、开展风险排查和教育培训等方式保护商业秘密。

行政机关、司法机关以及仲裁、调解等服务机构及其工作人员对履行职责、提供服务过程中知悉的商业秘密，负有保密义务，不得泄露或者非法向他人提供。

第十八条 知识产权保护管理部门应当会同有关部门加强传统文化领域和奥林匹克标志的知识产权保护，为相关专利申请、商标注册、作品登记、商业秘密保护等提供咨询和指导。

第十九条 知识产权保护管理部门及其他有关部门应当依法保护数据收集、存储、使用、加工、传输、提供、公开等活动中形成的知识产权，引导数据处理者建立健全全流程知识产权管理制度，强化知识产权保护意识。

第二十条　市知识产权部门制定数字贸易知识产权保护指引，指导市场主体了解目标市场产业政策、贸易措施、技术标准等，对标国际通行知识产权保护规则，做好数字产品制造、销售等全产业链知识产权侵权风险甄别和应对。

第二十一条　单位或者个人向境外转移国家限制出口的技术涉及知识产权对外转让的，市商务、知识产权、科技、农业农村、园林绿化等部门应当按照规定进行审查。

外国投资者并购在京企业涉及知识产权对外转让，且该并购属于国家规定的安全审查范围的，市知识产权、版权、农业农村、园林绿化等部门应当配合国务院有关部门开展审查工作。

第二十二条　任何单位或者个人有权向知识产权保护管理部门投诉、举报知识产权侵权违法行为。

知识产权保护管理部门应当健全知识产权侵权违法行为投诉、举报处理机制，对接12345市民服务热线及其网络平台，及时处理投诉、举报线索，并按规定将处理结果反馈投诉人、举报人。

第二十三条　人民法院应当完善知识产权审判机制，依法实施知识产权侵权惩罚性赔偿、知识产权行为保全等制度，优化司法资源配置，提高知识产权案件审判质量和效率。

支持北京知识产权法院、北京互联网法院等审判机关加强知识产权审判功能建设，发挥专业化审判作用。

人民法院、人民检察院应当对知识产权案件中反映的普遍性、规律性问题，通过发布典型案例、司法保护状况以及提出司法建议、检察建议等方式，为政府部门、市场主体等健全制度、加强管理、消除隐患提供指引。

第二十四条　人民法院、人民检察院、公安机关应当依法惩治知识产权犯罪，加大对链条式、产业化知识产权犯罪的惩治力度。

第二十五条　本市健全技术调查官制度。人民法院、人民检察院、知识产权保护管理部门处理涉及专利、计算机软件、集成电路布图设计、技术秘密、植物新品种等专业技术性较强的知识产权案件，可以邀请、选聘相关专业技术人员担任技术调查官，提出技术调查意见，为认定技术事实提供参考。

第二十六条　人民法院、人民检察院、知识产权保护管理部门应当结合新技术特点，健全相关证据规则。

鼓励当事人采用时间戳、区块链等电子存证技术获取、固定知识产权保护相关证据。

第二十七条　本市建立健全知识产权行政保护和司法保护衔接机制，推动知识产权保护管理部门与人民法院、人民检察院、公安机关之间开展知识产权案件移送、线索通报、信息共享。

第三章　社会共治

第二十八条　网络服务提供者应当依法履行知识产权保护义务，并遵守下列规定：

（一）建立知识产权保护规则，明确网络用户的知识产权保护义务、知识产权治理措施、争议解决方式等内容；

（二）采取与其技术能力、经营规模以及服务类型相适应的预防侵权措施；

（三）在显著位置公示权利人提交侵权通知的主要渠道，不得采用限定渠道、限制次数等方式限制或者变相限制权利人提交通知；

（四）及时公示侵权通知、不存在侵权行为的声明及处理结果。

第二十九条　在本市举办展览会、展示会、博览会、交易会（以下统称展会）等活动的，展会主办方、承办方应当依法履行知识产权保护义务，并遵守下列规定：

（一）对参展项目的知识产权状况开展展前审查，督促参展方对参展项目进行知识产权状况检索；

（二）要求参展方作出参展项目不侵犯他人知识产权的承诺，并与参展方约定知识产权投诉处理程序和解决方式；

（三）设立展会知识产权投诉机构或者指定专人负责接受投诉、调查处理，并将投诉、调查处理的相关资料在展会结束后报送市知识产权部门。

知识产权权利人或者利害关系人认为参展项目侵犯其知识产权的，可以向展会主办方、承办方投诉，并提供知识产权权利证明；展会主办方、承办方经调查，初步判定参展项目涉嫌侵权的，应当要求相关参展方按照约定采取遮盖、撤展等处理措施。

第三十条 大型文化体育活动的主办方、承办方，应当依法加强知识产权保护，完善知识产权授权合作机制和风险管控机制，规范知识产权运用行为。

第三十一条 本市建立知识产权合规承诺制度。单位或者个人参加政府采购、申请政府资金、参评政府奖项等活动，应当以书面形式作出相关产品、服务或者项目不侵犯他人知识产权的承诺。

鼓励市场主体在交易、投资、合作等市场活动中，作出不侵犯他人知识产权的承诺，并约定违反相应承诺的责任。

第三十二条 行业协会、商会、产业知识产权联盟等组织应当制定知识产权自律公约，加强自律管理，提供知识产权政策研究、宣传培训、人才培养、国际交流、协同创造运营、监测预警、纠纷调处等服务，对实施侵犯知识产权行为的成员进行内部惩戒。

支持版权行业协会利用新技术手段，提供版权数字认证、电子存证、维护管理、交易流转等服务，为市场主体明确权利来源、降低维权成本、提高运用效率提供支持。

第三十三条 本市建立健全知识产权信用评价和失信惩戒机制，依法对知识产权领域严重违法失信行为实施相应管理和惩戒措施。知识产权保护管理部门应当依法将有关行政处罚等信息，共享到本市公共信用信息服务平台，并向社会公布。

第三十四条 企业事业单位、社会组织不依法履行知识产权保护义务，造成不良影响的，知识产权保护管理部门可以对其法定代表人或者主要负责人进行约谈，督促整改。

第四章 促进与服务

第三十五条 本市建立专利导航制度,对重点行业、领域的专利信息开展分析,为宏观决策、产业规划、企业经营和创新活动提供指引。

发展改革、科技、经济和信息化等部门应当会同知识产权部门完善专利导航机制,开展专利导航,定期发布专利导航成果,组建专利导航项目成果数据库;鼓励企业、高等院校、科研机构等自行或者委托专业服务机构开展专利导航,为研究开发、生产经营、人才管理等提供依据和支撑。

市知识产权部门应当引导、支持公益性专利导航工具类产品的开发,组织开展专利导航培训。

第三十六条 支持企业、高等院校、科研机构等成立产业知识产权联盟,构建专利池,提高专利创造、运用、保护和管理的能力。

第三十七条 支持版权产业发展,建立数字出版精品库。鼓励新闻出版广播影视等方面的企业开展版权资产管理和运营,形成全产业链的开发经营模式,提升内容生产原创活力和转化质量。

第三十八条 知识产权部门会同商务等部门组织实施商标品牌战略工程,评估商标发展状况,引导市场主体培育商标品牌。

知识产权部门会同相关主管部门指导相关组织、企业完善技术标准、检验检测和质量体系,支持其申请地理标志产品保护,并通过注册证明商标、集体商标等方式保护地理标志。

第三十九条 本市建立重大经济科技活动知识产权分析评议制度。发展改革、经济和信息化、科技、商务等部门应当会同知识产权部门,对政府投资的重大经济科技项目组织开展知识产权综合分析与评估,防范和化解知识产权风险。

第四十条 支持企业、高等院校、科研机构加强知识产权管理机构建设,建立健全覆盖全类型、全流程的知识产权管理制度,促进知识产权与科技创新、成果转化、产业发展的融合。

第四十一条 金融监督管理、知识产权等部门推动建立和完善知识产权质押融资风险分担、损失补偿和质物处置机制；支持商业银行、担保、保险等金融机构提供符合知识产权特点的金融服务，在风险可控的前提下扩大知识产权质押贷款规模，创新知识产权保险、信用担保等金融产品，为知识产权转化运用和交易运营提供金融支持。

支持评估机构、知识产权服务机构等探索符合知识产权特点的评估方法，开展知识产权价值评估服务，为知识产权质押融资等金融活动提供参考。

第四十二条 市、区人民政府推动知识产权交易、数字版权交易、国际影视动漫版权贸易等平台建设，提供知识产权权利登记、定价交易、评估评价、运营转化、金融服务等一体化服务。

第四十三条 鼓励市场主体设立股权投资基金，投资战略性新兴产业领域现有核心知识产权、具有行业前景和技术趋势的前沿技术。

第四十四条 市、区知识产权保护管理部门应当建立健全知识产权公共服务体系，依托知识产权公共服务中心、工作站等，加强宣传培训，免费提供法律咨询、维权援助、纠纷调解等服务。

市知识产权部门组织制定公共服务清单、标准和流程，并向社会公布；定期组织第三方机构对知识产权公共服务情况进行评估，提升公共服务质量。

市知识产权公共服务中心组织行业、法律、技术等方面专家成立知识产权保护志愿服务队伍，为中小企业、创新创业组织和团队等提供专业化的知识产权志愿服务。

第四十五条 本市建设知识产权公共信息服务平台，推动知识产权保护管理部门、人民法院、人民检察院、行业协会、知识产权服务机构之间信息共享，免费向社会提供知识产权公共信息查询、检索、咨询等服务。

鼓励有条件的高等院校、科研机构向社会开放知识产权信息服务资源。

第四十六条 市知识产权部门应当提供国别知识产权制度指引，及时发布风险预警提示信息，建立海外知识产权纠纷应对指导和维权援助机制，为处理海外知识产权纠纷提供专家、信息、法律等方面的支持。

鼓励企业、行业协会、商会等建立海外知识产权维权联盟，设立海外维权援助互助基金，提高海外知识产权风险防范和纠纷应对能力。

第四十七条　本市促进和规范知识产权服务业发展，指导相关行业协会开展分级分类评价；培育国际化、市场化、专业化知识产权服务机构，支持其依法开展知识产权代理、咨询、投融资等活动；鼓励发展高附加值的知识产权服务。

第四十八条　鼓励高等院校加强知识产权人才培养，开设知识产权相关专业和课程，开展知识产权学历教育，培养复合型、应用型、国际化知识产权人才。

本市将知识产权培训纳入职业技能提升计划，扩大知识产权职业培训规模；组织对从事知识产权行政管理、司法、公共服务、科技创新等工作的相关人员开展业务培训。鼓励、引导行业协会、商会等开展知识产权人才职业技能水平评价。

第五章　纠纷多元调处

第四十九条　当事人可以就专利侵权纠纷依法向知识产权部门申请行政裁决。

市知识产权部门对当事人提起专利无效宣告请求的案件，与国务院专利行政部门建立行政裁决与确权程序的联动机制，协同推进专利侵权纠纷处理。

第五十条　当事人可以就知识产权纠纷依法向知识产权保护管理部门申请调解。经调解签订调解协议且调解协议内容符合相关法律规定的，人民法院依当事人申请予以司法确认。

第五十一条　鼓励行业协会、商会等成立行业性、专业性知识产权纠纷人民调解组织，提供调解服务。知识产权、版权、司法行政等部门应当给予支持和指导。

鼓励知识产权服务机构、法律服务机构等提供便捷、高效的知识产权纠纷调解服务。

第五十二条 本市建立知识产权纠纷诉调对接机制，推广利用调解方式快速解决纠纷。人民法院可以在立案前建议当事人选择调解方式解决纠纷，也可以在立案后经当事人同意委托调解组织或者调解员进行调解；经调解签订调解协议且调解协议内容符合相关法律规定的，人民法院依当事人申请予以司法确认或者制作调解书，并按照有关规定减免诉讼费。

第五十三条 支持仲裁机构加强知识产权纠纷仲裁服务能力建设，为当事人提供专业、优质、高效的仲裁服务。政府有关部门应当为仲裁机构开展涉外知识产权仲裁业务提供相关人员工作居留及出入境、跨境收支等方面的便利。

第六章 法律责任

第五十四条 网络服务提供者违反本条例第二十八条规定的，由文化和旅游、市场监督管理等部门责令限期改正；逾期不改正的，处一万元以上五万元以下罚款；情节严重的，处五万元以上二十万元以下罚款。

第五十五条 展会主办方、承办方违反本条例第二十九条规定的，由知识产权部门责令改正，根据情节轻重，可以处警告、通报批评或者三万元以上十万元以下罚款。

第五十六条 违反本条例规定，侵犯他人知识产权的，依法承担民事责任；构成犯罪的，依法追究刑事责任。

第七章 附　　则

第五十七条 本条例自 2022 年 7 月 1 日起施行。

北京市全面推行中国特色企业新型
学徒制加强技能人才培养实施方案

为全面推进中国特色企业新型学徒制工作，根据人力资源社会保障部
财政部　国务院国资委　中华全国总工会　全国工商联《关于印发〈关于
全面推行中国特色企业新型学徒制加强技能人才培养的指导意见〉的通知》
（人社部发〔2021〕39号）文件精神，结合我市实际情况，制定本方案。

一　总体要求

以习近平新时代中国特色社会主义思想为指导，全面贯彻落实党中央、
国务院决策部署，按照市委市政府关于加强技能人才培养的要求，坚持以北
京城市总体规划对技能人才的需求为导向，围绕首都城市功能定位、产业转
型升级和高质量发展主线，深化产教融合、加强校企合作，深入落实终身职
业技能培训制度，全面实施企业新型学徒制，为本市产业升级和高质量发展
提供技能人才支持。

（一）工作目标

健全政府引导、企业主体、校企合作的运行模式，完善本市中国特色企
业新型学徒制培训（以下简称"新学徒培训"）体系，全面推行以"招工
即招生、入企即入校、企校双师联合培养"为主要内容的新学徒培训模式，
"十四五"期间培养学徒3万人次，中长期形成体系完备、成效显著的首都
特色新学徒培训良好局面，畅通技能人才职业发展通道，提高本市技能人才
总量中高技能人才占比，提升企业技术创新能力和企业竞争力。

（二）工作原则

——部门联动、合力推进。市人力资源社会保障部门、财政部门、国资

监管部门、总工会及工商联成立联合工作组，共同完善实施方案，形成工作合力。建立工作会商制度，定期汇总通报工作情况，研究解决问题，共同推进新学徒培训创新发展。

——统一平台、属地管理。依托市级企业新型学徒制信息管理平台，实施全过程闭环管理，开展市级急需紧缺职业（工种）目录和培训机构目录动态管理；按照属地管理原则，新学徒培训由各区人力资源社会保障部门会同财政部门、国资监管部门、总工会及工商联共同组织实施。

——高端引领、提质培优。充分发挥技能大师、劳动模范、技术能手等师资优势，弘扬劳动精神、劳模精神、工匠精神，通过大师带徒、名师带徒，提高学徒培养质量，提升技术技能等级。

二 参与主体

（一）培养对象。学徒应为签订1年及以上劳动合同，并在本市缴纳社会保险的企业技能岗位新招用和转岗人员，或企业结合生产实际自主确定的人员（含在企业技能岗位工作的劳务派遣人员）。

（二）培训主体。本市各类企业为培训主体，承担新学徒培训主要职责。企业应重视技能人才队伍建设，培训制度和技能人才激励机制健全。优先支持符合首都"四个中心"建设产业发展方向的企业开展培训，企业培训职业（工种）应不在北京市新增产业禁止和限制目录范围内。

（三）培训机构。企业在新学徒培训中应根据自身情况，选择与职业院校、民办培训机构或企业培训中心等培训机构合作。承担培训任务的机构，应具有独立法人资格，取得开展相应职业（工种）技能培训的办学许可或培训资质，各项管理制度健全；具备培训相应职业（工种）所必需的培训场所、教学设施设备和师资力量；具有开发培训方案、培训课程等教学资源的能力。企业培训中心培训条件，参照民办培训机构办学标准进行审核。

三 培训内容与方式

（一）培训内容。企业和培训机构应依据国家职业技能标准和行业、企业培训评价规范开展相应职业（工种）培训。积极应用"互联网+"、职业培训包等培训手段，结合生产实际创新培训方法，采用集中面授、网络教育、岗位指导等多种形式，开展通用素质、专业理论、技能实训课程培训，原则上可参照 1∶3∶6 的比例设置学时比例。加大企业生产岗位技能、数字技能、绿色技能、安全生产技能和职业道德、职业素养、工匠精神、质量意识、法律常识、创业创新、健康卫生等内容的培训力度。

通过企校双制、工学交替、双导师带徒等方式，培养中级（含）以上技术技能人才。培养期限原则上中级工为 1 年，高级工及以上为 2 年，特殊情况可延长至 3 年。

（二）培训方式

1. 企校双制、工学交替，实施"双基地"培训。企业和培训机构应共同承担培训任务，工学交替联合培养学徒：在企业通过导师带徒、跟班见习、岗位实训等方式，提升学徒的岗位工作能力；在培训机构通过一体化教学等方式，系统、有针对性的开展专业知识学习、技能训练，进一步夯实理论知识、专业基础。中小微企业、子公司等培训人数较少的，可由相关部门或所属集团（总公司）等协调组织，协议委托一家优质企业承担培训任务。

企业应与学徒签订《企业新型学徒培训协议》，明确培训目标、培训内容与期限、培训考核标准、培训期待遇和学员义务等内容，同一批次同类职业（工种）可签订集体培养协议。企业应与培训机构签订《企业新型学徒培训合作协议》，委托培训机构承担相应培训任务，明确培训的方式、内容、期限、费用、双方责任等具体内容，保证学徒在企业工作的同时，能够在培训机构参加系统、有针对性的专业知识学习和相关技能训练。

2. 加强师资培养，实施"双导师"带徒。企业和培训机构应建立满足学徒培养需求的企校"双导师"队伍，选择企业优秀技能人才和培训机构的优秀专兼职教师承担培训任务。发挥国家级和市级技能大赛获奖者、技术能手、劳动模范、技能大师工作室等作用，通过开发培训方案、技能比武、专题培训等方式，提升导师培训能力。

企业导师应具备实践操作指导能力，并满足下列条件之一：具有1年以上与指导岗位相关的实践经验；具备相关职业（工种）高级工及以上职业资格（职业技能等级）或中级及以上专业技术职务；本企业认定的技术骨干。

培训机构教师应具有课程开发和教学经验，具备相应的专业理论基础和操作技能，并满足下列条件之一：专业教师为"一体化"或"双师型"教师；从事教学工作不少于2年；具有相关职业（工种）高级工及以上职业资格（职业技能等级）或中级及以上专业技术职务。

导师应身心健康，具有良好的职业道德、较强的工作责任心和沟通表达能力。

3. 开展考核评价。学徒培训期满，企校应联合对学徒进行考核评价，培训考核合格的，核发技工院校毕业证书（与技工院校联合培养的）或企业新学徒培训合格证书。参加技能等级认定（鉴定）考核评价合格的，核发职业技能等级证书（或职业资格证书，专项职业能力证书，安全生产、特种作业操作证书等）（以下简称"职业证书"）。

（三）过程管理

1. 实施实名制学籍管理和学分制管理。企业应制定新学徒培训期限、请销假、成绩考核、学籍异动等规定，对学徒实行实名制动态管理，为学徒建立学籍和培训档案，及时记录学徒各阶段学习情况，与培训机构共同对培训过程进行管理。鼓励企业、培训机构利用信息化手段记录新学徒培训过程，按规定做好培训现场照片、视频的拍摄、录制。

培训采取学分制和弹性学制。总学分由集中培训学分与岗位训练学分两部分构成，中级工不少于40学分，高级工及以上不少于80学分，每学分对应 10 课时，学徒修满规定学分完成培训。企校可共同建立与学分制配套的选课制度，合理确定比例，建立学分互认、学分奖励机制，健全教学质量评价与考核制度。

2. 规范教材管理使用。培训教材的选用和编写应参照人力资源社会保障部《技工院校教材管理工作实施细则》，执行《关于加强我市企业新型学徒制教材建设工作的通知》等有关管理规定。企校应健全教材管理制度，规范教材使用管理，选好用好教材。教材选定后，由企业报属地人力资源社会保障部门存档。

3. 动态调整培训目录。参照《国家服务业扩大开放综合示范区和中国（北京）自由贸易试验区建设人力资源开发目录》，结合企业行业、重点产业领域发展情况，对符合首都高精尖产业、生产生活服务业等急需紧缺人才需求的职业（工种），定期进行评估，形成急需紧缺职业（工种）目录。定期更新培训机构和急需紧缺职业（工种）目录，实行目录动态管理。

4. 加强资金管理，开展绩效评价。对开展新学徒培训的企业按规定给予相应职业培训补贴，拨付给企业的补贴资金应纳入企业职工教育经费管理。市人力资源社会保障部门根据新学徒培训情况，聘请第三方审计机构，对企业的新学徒培训进行专项审计。按照《企业新型学徒制绩效目标评价指标体系》，市、区两级适时组织开展绩效评价，评价结论实行审计结果一票否决。

四　补贴资金保障

（一）列支渠道。所需补贴资金，从职业技能提升行动专账结余资金和就业补助资金中列支，优先使用职业技能提升行动专账结余资金。

（二）补贴标准。按普通、急需紧缺职业（工种）两种类别，分别建立中级、高级、技师、高级技师 4 个等级的培训补贴标准。具体补贴标准如下：

职业类别	职业等级	补助标准(元/人年)
普通职业 （工种）	中级	5000
	高级	6000
	技师	7000
	高级技师	8000
急需紧缺职业（工种）	中级	7000
	高级	8000
	技师	9000
	高级技师	10000

（三）补贴方式。开展急需紧缺职业（工种）目录内职业（工种）培训的，已纳入本市职业技能等级或职业资格考核评价范围的职业（工种），培训合格并取得相应职业证书的按标准全额补贴，培训合格未取得相应职业证书的按标准的85%补贴；对尚未纳入本市职业技能等级或职业资格考核评价范围的职业（工种），培训合格的按标准全额补贴；培训不合格者，不予补贴，并追回已预拨资金。开展普通类职业（工种）培训的，培训合格并取得相应职业证书的，按标准全额补贴；培训合格未取得相应职业证书的，按照补贴标准的85%补贴；培训不合格者，不予补贴，并追回已预拨资金。

（四）补贴资金拨付与使用。企业为学徒建立学籍后，按相应补贴标准预先向企业拨付50%补贴资金；培训工作完成后，按照实际参加培训人数及培训效果，拨付剩余资金。企业、培训机构要健全补贴资金管理制度，严格执行补贴资金管理有关规定和要求，提高资金使用效益；建立资金申请、使用专账和申领补贴人员相关信息台账，做好补贴资金材料存档工作，确保资金使用安全。

五 工作程序

企业、培训机构经上级主管单位同意后，按照"企业、培训机构申请

→区人力资源社会保障部门审核→市人力资源社会保障部门复核汇总→企业学徒报名→区人力资源社会保障部门审核→建立学籍、开班培训→首次补贴申请拨付→考核评价→剩余补贴申请拨付"的程序组织培训，详细流程按照《北京市企业新型学徒制工作指导手册》相关要求进行。实施劳务派遣员工培训的企业，以实际用人企业为申报、培训主体，组织开展新学徒培训。

六 保障措施

（一）加强组织，积极引导。市、区两级人力资源社会保障部门、财政部门、国资监管部门、总工会及工商联要进一步提高思想认识，把全面推行中国特色企业新型学徒制作为实施职业技能提升行动、加强技能人才培养的重要内容，做好组织动员，细化操作流程，完善工作机制。建立工作组会商制度，加强组织协调，及时沟通情况，坚持问题导向，共同解决培训过程中出现的问题。充分发挥各单位资源优势，认真总结典型工作经验，巩固首都特色培养模式，加大宣传引导，不断扩大影响力和覆盖面。

（二）以评促训，提升质量。加快推进职业技能等级自主评价和社会化评价工作，鼓励企业建立健全技能人才评价和任用机制，明确评价标准，加大高级工以上高技能人才培养和评价工作，不断提升培训质量和等级。已实施技能人才自主评价的企业，可按规定自主开展技能等级认定。

（三）完善措施，强化激励。企业应为学徒提供必要的学习条件，保障学徒能够全程系统参加学习，确保出勤率，控制流失率；按照劳动合同法的规定支付工资，保障学徒在参加培训期间工资不得低于本市最低工资标准；制定职工提升职业技术技能水平的激励机制，鼓励企业建立学徒制奖学金、师带徒津贴（授课费、课时费），建立企业导师聘任制度，调动导师、学徒和管理人员的积极性。培训机构应履行合作协议相关内容，建立新学徒培训体系，开发课程资源，建设完善信息化学习管理平台，严密组织培训，与企业共同做好培训管理和考核评价。

（四）加强监管，及时纠错。各区人力资源社会保障部门会同企业的上级主管单位，负责对辖区内新学徒培训总体情况进行督导，通过视频检查、实地抽查等方式，加强过程管理，结合学徒制第三方审计和绩效评估，及时向企业和培训机构通报情况。出现未按计划开展培训、管理不规范、学员流失率高等情况的，区人力资源社会保障部门应会同相关企业主管部门及时约谈企业负责人；拒不改正的报市人力资源社会保障部门，进行停训、整改。出现骗取、套取补贴资金等情况的，由区人力资源社会保障部门按资金申请渠道追回违规所得资金，按原渠道退回；对发现的违规违纪问题线索，移交纪检监察等机构按职责查处，涉嫌犯罪的依法移送司法机关。

附件：全面推行中国特色企业新型学徒制加强技能人才培养实施方案任务清单

附件

全面推行中国特色企业新型学徒制加强技能人才培养实施方案任务清单

序号	任务分类	任务内容	责任单位	配合单位	备注
1	加强综合组织协调	1. 统筹协调本市新学徒培训工作，牵头制定本市企业新型学徒制相关政策； 2. 建立会商机制、组织联合检查，开展新学徒培训流程管理、监督协调； 3. 推进急需紧缺职业（工种）技能等级认定工作； 4. 聘请第三方审计机构，对新学徒培训情况进行专项审计等。	市人力资源社会保障局	市财政局、市国资委、市总工会、市工商联	

续表

序号	任务分类	任务内容	责任单位	配合单位	备注
1	加强综合组织协调	1. 按照属地管理原则,会同相关部门组织各类企业开展新学徒培训; 2. 对辖区内企业、培训机构、学徒实施资质条件审核; 3. 开展新学徒培训的监督管理、资金申领、绩效评价等。	各区人力资源社会保障局、经济技术开发区社会事业局	各区财政局、国资委、总工会、工商联,经济技术开发区财政审计局,有关企业及培训机构	
2	引导国有企业开展新学徒培训	1. 动员市属和区属国有企业积极参与新学徒培训,引导企业主动承担培训主体责任,配合属地人力资源社会保障部门按照工作程序,高效有序组织开展培训; 2. 引导企业建立技能人才薪酬、培训、晋升等激励制度; 3. 指导国有企业及时总结企业新型学徒制工作,宣传特色经验等。	市国资委、各区国资委		
3	鼓励中小微企业积极参与	1. 组织指导行业协会、商会等机构开展中小微企业新学徒培训; 2. 明确中小微企业委托培养办法,制定中小微企业新学徒培训计划及资金使用规定,组织中小微企业采取独立、联合或委托其他企业等形式开展培训,并按要求向区人力资源社会保障局备案; 3. 把好中小微企业审核入口关,对资金使用情况进行监督管理,确保资金使用安全等。	市工商联	各区工商联	

序号	任务分类	任务内容	责任单位	配合单位	备注
4	发挥工会组织作用	1. 在工会会员单位开展新学徒培训的指导、组织协调、宣传引导工作,扩大企业、职工的政策普及率; 2. 组织参加新学徒培训的职工开展技能竞赛,提升职工学习积极性等。	市总工会	各区总工会	
5	加强资金保障	1. 落实新学徒培训补贴资金,对补贴资金进行预算管理,及时拨付资金; 2. 对补贴资金的使用提出具体要求,配合市人力资源社会保障局做好绩效评价工作等。	市财政局	各区财政局、经济技术开发区财政审计局	

Abstract

Annual Report on Development of Beijing's Talent (*2022*) is edited by Beijing Human Resource Research Center for the purpose of comprehensively presenting and summarizing the theoretical achievements and practical experience of talent development in Beijing for a certain period. The report comprises six parts: General Report, Reports on Strategy Planning, Reports on Talent Pool, Reports on Development Environment, Comprehensive Reports and Appendix.

General Report analyzes the basic situation of Beijing's talent team construction since the 18th National Congress of the Communist Party of China, systematically sorts out the policy system of key aspects, summarizes the valuable experience of talent development, and focusing on the goals and tasks proposed at the 20th National Congress of the Communist Party of China and the need for Beijing to build a high-level talent highland, we put forward work suggestions.

Reports on Strategy Planning, Reports on Talent Pool, Reports on Development Environment and Comprehensive Reports have collected reports on talent development in some key areas in Beijing. They in combination aim to display practical exploration, work achievements and strategies by related departments, districts, experts and scholars from a multi-perspective.

Appendix has collected significant events and important documents on talent development in Beijing in 2022, enabling the readers to acquire a comprehensive understanding on the general strategy of development in Beijing during the concerning period.

Contents

Ⅰ General Report

Abstract: The 20th National Congress of the Communist Party of China proposed to accelerate the construction of a major world center of talent and innovation, promote the rational distribution and coordinated development of talent regions, and strive to form a comparative advantage in international talent competition. This report analyzes the basic situation of Beijing's talent team construction since the 18th National Congress of the Communist Party of China, systematically sorts out the policy system of key aspects of talent training, introduction, mobility, evaluation, incentive and service, and summarizes the valuable experience of talent development. On this basis, focusing on the goals and tasks proposed at the 20th National Congress of the Communist Party of China and the need for Beijing to build a high-level talent highland, we put forward work suggestions in terms of improving the way the Party manages talent, building a high-level talent echelon, implementing major talent policies, and deepening the reform of talent development systems and mechanisms in key

377

areas.

Keywords: High-level Talent Highland; Team Building; Policy System

Ⅱ　Reports on Strategy Planning

B.2　Global Integrated Circuit Industry Talent Insight

Li Zhongda / 028

Abstract: The 14th Five-Year Plan period is an important period for the development of Chinese integrated circuit (IC) industry. In order to alleviate the contradiction between talent supply and demand in "stuck neck" key core technology of China, to master the global IC industry talent development status, to find out the distribution of high-level talent, this study selected the United States, Europe, Japan, South Korea, Chinese Mainland and Chinese Taiwan based on the development history of global IC industry and the current market share of IC industry, and analyzed the distribution of talents in IC industry in 6 countries and regions using big data statistical analysis method. This study found that, most high-level talents are in the US and Europe; the US, Europe and Japan have more senior talents, while Chinese talents are in the growth stage; talents training in IC industry has strong local attributes; the "industry-education-research" integration in the US and Europe is better. This study put forward following suggestions on talent development of China's IC industry: accelerating the introduction of global top talents, promoting the construction of IC Discipline, insisting on the deep integration of "industry-education-research", strengthening talent international exchange and cooperation, improving multi-party capital investment.

Keywords: Integrated Circuit (IC); Industry Talent; Integration of "Industry-Education-Research"

Abstract: According to the work deployment of the Leading Group for Talent Work of Beijing Committee of the Communist Party of China, Beijing Municipal Science& Technology Commission, Administrative Commission of Zhongguancun Science Park carried out a special survey on the "scientific and technological talent team" around the construction of high level talent highland. The report analyzed the key elements that "high- level talent highland" should have, and the current situation of scientific and technological talent team in Beijing area. On the basis of affirming Beijing's advantages in scientific research and human resources, in view of the shortcomings such as shortage of strategic scientists, the lack of opportunities for young talents to emerge, the low degree of talents internationalization, and the difficulty of scientific and technological service talents to meet the needs of industrial development, this report put forward reform measures to deepen the reform of the science and technology system, promote the development of science and technology personnel, and support the construction of international center of science and technology innovation.

Keywords: Scientific and Technological Talent; High-level Talent Highland; Vitality of Talents

B . 4　Adhere to the Dual Wheel Drive Model of Introducing and
Cultivating Talents and Promote the Construction of
High-level Talents in Shijingshan District

Research Group of Organization Department of CPC

Shijingshan District Committee / 057

Abstract：Cultivating high-level talent team is the development foundation
and endogenous power for high-quality development and building talent highland,
which is of great significance for implementing the strategy of reinvigorating China
through human resource development, implementing the positioning of the capital
city, and promoting the transformation and development of Shijingshan District.
As an important engine for the new landmark of urban renewal and the talent
highland in western Beijing, Shijingshan District has improved the talent cultivation
mechanism, expanded the scale of talent team and enriched the talent cultivation
carrier by strengthening top-level design, implementing special education, and
strengthening platform construction. As for the requirements of the construction of
high-level talent highland for talent work, there are still some problems, such as
the weak gathering effect of high-level talents, the low efficiency of high-level
talents, and the insufficient training and reserve of young talents. To cultivate high-
level talent team, we should adhere to the dual wheel drive model of introducing
and cultivating talents, with the overall idea of "optimizing the increment,
activating the stock, and stimulating the potential". We should continue to
optimize the structure of high-level talent team, maximize the stimulation and
release of talent innovation and creativity, to accelerate the construction of highland
of high-level talents in Beijing.

Keywords：High-level Talents；Cultivation of Talent Team；Highland of
High-level Talents

B.5 Research on Stimulating the Innovation Vitality of the
Two Teams to Help the Building of the
High-level Talent Highland

Research Group of Beijing Municipal Human
Resources and Social Security Bureau / 074

Abstract: At the Central Conference on Talent-related Work held in September 2021, President Xi Jinping stressed that we should make strategic plans to speed up China's upgrade toward a major world center of talent and innovation, and proposed to build high-level talent highlands in Beijing, Shanghai and the Guangdong-Hong Kong-Macao Greater Bay Area. Municipal party committee conference on talent-related work called for a thorough study and implementation of Xi's new ideas, strategies and measures in talent-related work in the new era. We will strive to build a pioneered high-level talent highland, by taking building a contingent of personnel with expertise of strategic importance as the mainstay, paying great attention to the talent work with the first and the best standard, then provide strategic support for China's upgrade toward a major world center of talent and innovation. In order to implement the relevant requirements of the Central Committee and the Municipal Party Committee, this paper analyzes and summarizes the achievements and deficiencies of the building of professional and technical talent and skilled talent in Beijing, and puts forward policy suggestions on talent introduction, training, evaluation, incentive and service based on the building of the high-level talent highland.

Keywords: Two Teams; Professional and Technical Talent; Skilled Talent; Talent Highland

Ⅲ   Reports on Talent Pool

B.6   Report on Educational Talent Development for Creating a
Premier Talent Pool in Beijing   *Zhang Ge* / 089

Abstract: This report analyzes the current status of high-level talent in Beijing's educational system. It is believed that creativity in science and technology, the size and international competitiveness of the high-caliber talent in the educational system need to be improved, and the assessment and evaluation mechanism is not sound enough. The report also puts forward policy recommendations as follows: deepen the reform of the enrollment system and educational methods of colleges and universities and the reform in training highly-skilled talent at vocational schools; expand the approval review and enrollment power for newly added doctorate and master's degrees; increase the number of national-level talent programs applied by municipal-level colleges and universities, create good conditions for attracting overseas high-caliber talent, and support further opening-up and reform of education in Beijing, etc.

Keywords: Beijing Educational System; High-level Talent Highland Construction; Talent Cultivating Mechanism

B.7   Research on Promoting the Construction of Staff Team of
Skilled Talents with the Staff Innovation
Studios as the Platform
*Research Group of Staff Development Department of
Beijing Federation of Trade Unions* / 104

Abstract: The staff skilled talents are an important part of the talents team, and also important supporting force of promoting the high-quality development of capital. Model workers and high-skilled talents being excellent representatives of the skilled talents team, building staff innovation studios with model workers and highly skilled talents as the leaders, is an important platform for giving full play to the skills and expertise of model workers and highly skilled talents, leading staff to love their jobs, spreading and promoting model workers spirit, labor spirit and craftsmanship spirit. Based on the research and analysis of the work performance of the staff innovation studios in enterprises and public institutions, this report displays the role played by the staff innovation studios of promoting the construction of staff team of skilled talents, proposes the countermeasures and suggestions for deepening the construction of staff innovation studios and promoting the construction of staff team of skilled talents.

Keywords: Innovation Studio; Talent Cultivation; Skilled Talents Team

B.8 Research on the Construction of the Management and Technical
Personnel of Cultural Heritage Protection Projects in Beijing
Research Group of Beijing Municipal Cultural Heritage Bureau / 134

Abstract: Through the questionnaire survey conducted on the units participating in Beijing cultural heritage protection projects in the past five years, this research aims at analyzing the size and structure of the management and professional and technical personnel of cultural heritage protection. It summarizes the characteristics in such aspects as the significant growth in the size of personnel team, the obvious differences in industry distribution and the outstanding professional ability. In addition, through this research, some problems related to the personnel construction have been found out, such as the relative shortage of high-level talents and reserve personnel, the insufficient attractiveness of talents in the industry, the not so perfect talent training system and evaluation and incentive system, etc. Finally, based on the new situation and new requirements, the research proposes the following countermeasures and suggestions: The personnel construction mode and talent training system guided by the government, led by the market and widely participated by social organizations should be further promoted; the talent work system and training system should be improved; classified training and training efforts should be increased; the incentive mechanism of talents should be constructed; professional carriers and key support platform should be built.

Keywords: Cultural Heritage Protection Project; Talent Team; Construction Mode; Talent Training System

B.9 Report on the Construction of Social Work Professional Talent Team in Beijing During the "14th Five Year Plan"

Research Group of Social Work Commission of Beijing Municipal
Committee of CPC and Beijing Municipal Civil Affairs Bureau / 152

Abstract: The social work talent is a significant component of the talents in China. We are challenged by how to give full play to the professional advantages of social work talents and encourage them to contribute more to securing and improving the living standards of the people, social governance and social services. The report teases out the major measures taken for developing social work talents in Beijing, analyzes the development status of such talents, and sets the goal of promoting the social work talent development during the "14th Five Year Plan" and offers suggestions on policies to be taken while summarizing the development features of such talents and reflecting upon issues to be solved and the cause of them, which lays the talent foundation for Beijing to innovate the social governance system and conduct more effective social governance.

Keywords: "14th Five Year Plan"; Social Work Talents; Construction of Talent Team

Ⅳ   Reports on Development Environment

Abstract: The City Talent Retention Index, as an evaluation index that provides intuitive and real access to the city's talent ecology, is precisely the discourse about shaping the relationship between cities and talents. The 2022 Global City Talent Retention Index increases the number of observed cities to 102 and contains 17 sub-indicators, measuring the performance of cities in six pillars: Economics, Innovation, Culture, Environment, Social Welfare and Life Burden. Beijing ranks 6th out of 102 cities in the world and first in China. A strong economic foundation is the long-term "moat" of a highly attractive city. Research shows that fully stimulating innovation is the endogenous driving force of a city to enhance the city talent retention. Paying attention to the perceived experience of public life of talents will be the key to reshape the relationship of talents-city. In addition, the report forms two thematic studies on the integration of industry-academia-research and experience learning from the construction of large scientific devices.

From the successful experiences of San Francisco, London and other cities at the forefront of innovation potential, we can observe five effective paths to promote city's innovation ability and thus leveling up the city talent retention. These five paths are: actively building a platform for the integration of industry, academia and research, giving full play to the spatial agglomeration effect of innovation factors, unblocking the exchange network of innovation subjects, deeply building a diversified innovation ecology and forming a perfect policy support system. From the experience of building Large-scale Scientific Installations, large-scale scientific facilities are the distinctive symbol of a city of science and technology innovation, and they are also the "reservoir" of talents to release the innovation potential of the city. The mode of attracting talents by "retaining the stock" and "increasing the flow" of large scientific devices fits the connotation of the City Talent Retention, and grasping the "spillover effect" of device clusters is expected to become a new growth pole of the city talent retention, so that they can help the city's talents to overcome the challenges.

Keywords: Talent Development Ecology; Talent Retention; Integration of "Industry-Education-Research"; Large-scale Scientific Installations

B.11 Innovate the Digital Professional Ability Evaluation System, Create a Healthy Growth Ecology for Highly Skilled Talents
—*Take The Electronic Information Industry as an Example*

Research Group of Beijing Electronic Information
Technical College Team / 216

Abstract: During the "14th Five Year Plan" period, Accelerating digital development and building a digital China is an important development task. As an important part of China's talent team, highly skilled talents are the main executors to promote technological innovation and realize the transformation of scientific and technological achievements. Their digital skills play an important role in the implementation of industrial digitalization. Taking the electronic information industry as an example, this paper explores the specific needs for the skills, knowledge and experience of highly skilled talents in the process of industrial digitalization, and explores the evaluation system of the digitalized professional ability of highly skilled talents from the perspective of enterprises, taking enterprises as the main body of digitalization, so as to provide reference for enterprises and vocational colleges to evaluate and cultivate digitalized highly skilled talents.

Keywords: Digitalization; High-skilled Talents; Professional Ability Evaluation; Electronic Information Industry

B.12   Practices of Establishing Whole-Process System for Foreign

Talent Services in Chaoyang District

Research Group of Talent Office,

Chaoyang District Party Committee / 245

Abstract: As the first resource, the talent is the key variable to determine the superiority of international competitions. Today, the world is going through profound changes unseen in a century. The competition for international talent is heating up day by day. During the course of implementing the strategy on developing a quality workforce, Beijing takes on the task of building one of the national high-caliber talent hubs. As Beijing's important channel of international communications and interaction, Chaoyang District possesses abundant international resources, foreign talent populations and strong demands for services. This study starts with a foreign talent services research which was conducted in 2021, then sorts out Chaoyang's practices and experience of establishing and improving a whole-process system for foreign talent services. The latter part inclues nourishing ecosystem, strengthening services, optimizing environments and perfecting policies. The study finds out that the current foreign talent services still face several problems which are caused by challenges like international situations, systems and mechanisms for talent improvements, and resources coordination. In consideration of Chaoyang's status quo and development needs in the future, the study offers feasible suggestions on completing the service system, enhancing the environment for international talents and reforming the leadership mechanism and frameworks. From this, the study expects to make further explorations for future orientations and methods of foreign talent services.

Keywords: Foreign Talent Services; Chaoyang District; Internationalization; Reform of System and Mechanism

B.13   Optimize the Talent Development Ecology, Stimulates the
Enthusiasm of Overseas Students to Assistance Beijing Build a
High-level Talent Highland

Research Group of Beijing Western Returned Scholars Association / 261

Abstract: At the Central of CPC Talent Work Conference, General Secretary Xi Jinping directed to build high-caliber talent hub in Beijing, Shanghai and the Guangdong-Hong Kong-Macao Greater Bay Area. To practice General Secretary Xi's profound exposition "innovation-driven is essentially talent-driven", Beijing builds and perfects the dual advantages of science and technology and talent, leads a development foundation for the construction of a high-level talent highland.

Overseas students are an important part of China's talent. Under the guidance of the policy of "supporting study abroad and encouraging return to China, to gain freedom and play to strengths", they return back and render their services in multi-ways, play unique advantageous role.

Today, international relations are becoming increasingly complex, overseas students are subject to two-way restrictions on going abroad and returning back due to external pressures. So we must urgent researching the way to stimulates their enthusiasm to assistance Beijing build a high-caliber talent hub.

The research analyzes Beijing's basic strengths and the characteristics of overseas students. Proposes "Calling on all sectors of society to pay attention to the guidance of pre-overseas study, Further optimize the talent development ecology of the whole society to build agglomeration advantages, Build a homeland for overseas students with an open-inclusive social environment". It puts forward five measures and suggestions, including pre-overseas guidance, attraction to return back, application training, development of employment, and retention services, with the standard of "the nation capital" to assistance Beijing complete the work of overseas talents, strives to take the lead in building high-caliber talent hub, and provide strategic support for China to build world hubs for talent and innovation.

Keywords: Returnees to Study Abroad; Beijing's High-level Talent Highland; Talent Development in Beijing

V Comprehensive Reports

B.14 Construct the Talent Highland and Make the Country
Strong in Science and Technology
—*A Case Study of Beijing*

Chu Xixi , Wang Yujin and Liu Xiangbo / 284

Abstract: We must regard science and technology as our primary productive force , talent as our primary resource , and innovation as our primary driver of growth. It is a vital strategic task during the "14th Five-Year Plan" period of Beijing to vigorously promote the construction of international center for technology and innovation , while building a high-level sci-tech talents team is the key support to achieve this goal. This paper reviews the phased achievements and existing problems of the construction of sci-tech talents team in Beijing. On this basis , the corresponding countermeasures of sci-tech talents team construction are proposed from three levels: ideological guidance , strategic positioning and precise policy implementation , including uphold the Party Managing Talents Principle to ensure the direction of talent management work , and innovate talents management mechanism; combine the talent management work with the construction framework of the two zones , and formulate corresponding policies around the construction strategy of the international center for technology and innovation , and realize the superposing-coupling effect of the policies; consider the triple natures of people and improve the accuracy and effectiveness of policies.

Keywords: Sci-tech Talents; Talent Highland Construction; Talent's Development

B.15 Research on Rural Talent Team Construction in
Beijing under the Background of Digital Countryside

Fan Wei, *Cao Jie* / 299

Abstract: Talent is the primary resource and an important force to promote the process of digital countryside. In recent years, Beijing has introduced various policies to lead talent team construction for rural revitalization, and has achieved certain results. But the polices can't match the needs of digital countryside, there are also many problems, such as the shortage of talents needed for digital countryside, the lack of training to improve digital literacy, and the inadequacy of incentive measures to make good use of talents. At the same time, the talent team construction for digital countryside in Beijing is also facing challenges, such as the high urban-rural population ratio, the excessive aging rate, and the outflow of scientific and technological talents. Therefore, this paper puts forward some suggestions from the perspective of talent introduction, cultivation, retention and use. For example, focusing on the talents in key areas, introducing scientific and technological talents, rural governance talents and skilled person to build a highland of talents, taking full advantages of other provinces, universities and industrial parks to innovate methods of cultivation, improving the measures of social security and talent evaluation to provide services for talents.

Keywords: Digital Industry; Rural Governance; Rural Talent Team Construction

权威报告·连续出版·独家资源

皮书数据库
ANNUAL REPORT(YEARBOOK)
DATABASE

分析解读当下中国发展变迁的高端智库平台

所获荣誉

- 2020年，入选全国新闻出版深度融合发展创新案例
- 2019年，入选国家新闻出版署数字出版精品遴选推荐计划
- 2016年，入选"十三五"国家重点电子出版物出版规划骨干工程
- 2013年，荣获"中国出版政府奖·网络出版物奖"提名奖
- 连续多年荣获中国数字出版博览会"数字出版·优秀品牌"奖

皮书数据库　　"社科数托邦"
微信公众号

成为会员

登录网址www.pishu.com.cn访问皮书数据库网站或下载皮书数据库APP，通过手机号码验证或邮箱验证即可成为皮书数据库会员。

会员福利

- 已注册用户购书后可免费获赠100元皮书数据库充值卡。刮开充值卡涂层获取充值密码，登录并进入"会员中心"—"在线充值"—"充值卡充值"，充值成功即可购买和查看数据库内容。
- 会员福利最终解释权归社会科学文献出版社所有。

数据库服务热线：400-008-6695
数据库服务QQ：2475522410
数据库服务邮箱：database@ssap.cn
图书销售热线：010-59367070/7028
图书服务QQ：1265056568
图书服务邮箱：duzhe@ssap.cn

社会科学文献出版社　皮书系列
SOCIAL SCIENCES ACADEMIC PRESS (CHINA)

卡号：948586751887
密码：

S 基本子库
SUB DATABASE

中国社会发展数据库（下设 12 个专题子库）

紧扣人口、政治、外交、法律、教育、医疗卫生、资源环境等 12 个社会发展领域的前沿和热点，全面整合专业著作、智库报告、学术资讯、调研数据等类型资源，帮助用户追踪中国社会发展动态、研究社会发展战略与政策、了解社会热点问题、分析社会发展趋势。

中国经济发展数据库（下设 12 专题子库）

内容涵盖宏观经济、产业经济、工业经济、农业经济、财政金融、房地产经济、城市经济、商业贸易等 12 个重点经济领域，为把握经济运行态势、洞察经济发展规律、研判经济发展趋势、进行经济调控决策提供参考和依据。

中国行业发展数据库（下设 17 个专题子库）

以中国国民经济行业分类为依据，覆盖金融业、旅游业、交通运输业、能源矿产业、制造业等 100 多个行业，跟踪分析国民经济相关行业市场运行状况和政策导向，汇集行业发展前沿资讯，为投资、从业及各种经济决策提供理论支撑和实践指导。

中国区域发展数据库（下设 4 个专题子库）

对中国特定区域内的经济、社会、文化等领域现状与发展情况进行深度分析和预测，涉及省级行政区、城市群、城市、农村等不同维度，研究层级至县及县以下行政区，为学者研究地方经济社会宏观态势、经验模式、发展案例提供支撑，为地方政府决策提供参考。

中国文化传媒数据库（下设 18 个专题子库）

内容覆盖文化产业、新闻传播、电影娱乐、文学艺术、群众文化、图书情报等 18 个重点研究领域，聚焦文化传媒领域发展前沿、热点话题、行业实践，服务用户的教学科研、文化投资、企业规划等需要。

世界经济与国际关系数据库（下设 6 个专题子库）

整合世界经济、国际政治、世界文化与科技、全球性问题、国际组织与国际法、区域研究 6 大领域研究成果，对世界经济形势、国际形势进行连续性深度分析，对年度热点问题进行专题解读，为研判全球发展趋势提供事实和数据支持。

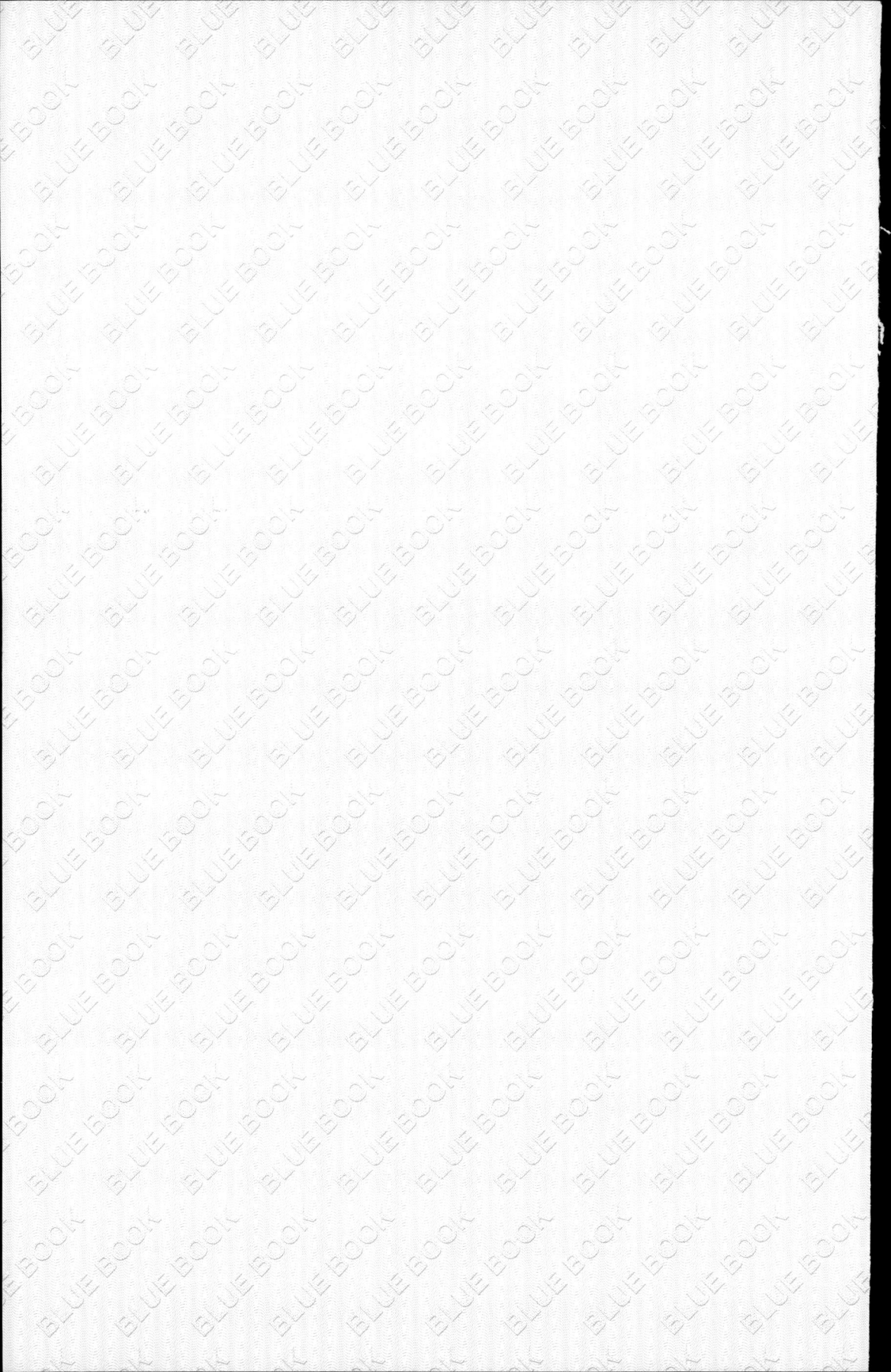